我和我的扶贫故事

WO HE WO DE FU PIN GU SHI

刘凯 禄树晖 ◎ 主编

中国林业出版社

图书在版编目（CIP）数据

我和我的扶贫故事 / 刘凯，禄树晖主编 .
—北京：中国林业出版社，2021.12
ISBN 978-7-5219-1381-1

Ⅰ.①我… Ⅱ.①刘…②禄… Ⅲ.①扶贫－工作概况－昌都地区 Ⅳ.① F127.752

中国版本图书馆 CIP 数据核字（2021）第 205413 号

责任编辑：李　敏
电　　话：（010）83143575

出　　版：	中国林业出版社（100009　北京市西城区刘海胡同7号）
网　　址：	http://www.forestry.gov.cn/lycb.html
发　　行：	中国林业出版社
印　　刷：	河北京平诚乾印刷有限公司
版　　次：	2021年12月第1版
印　　次：	2021年12月第1次
开　　本：	787mm×1092mm　1/16
印　　张：	23
字　　数：	489千字
定　　价：	160.00元

未经许可，不得以任何方式复制或抄袭本书之部分或全部内容。

版权所有　侵权必究

《我和我的扶贫故事》编纂委员会

领导组

主　　任：魏　东
副 主 任：杨　灏　　赵建国　　刘文德　　卓　嘎　　卫　强　　旺　堆
　　　　　欧珠达瓦　高学文　　胡登孚　　泽仁顿珠
成　　员：魏万能　　张万里　　提宝格松　四郎旺堆　杨振林　　巴桑次仁
　　　　　袁兴成　　布　措　　常红强　　泽仁江村　格桑巴珍　泽　仁
　　　　　罗广前　　潘　毅　　群泽巴登　尼玛吉村　罗松吉村　觉昂扎西
　　　　　杨玉斌　　其珠多吉　夏　冰

编写组

主　　编：刘　凯　　禄树晖
副 主 编：王军君　　胡沛萍　　王斌礼　　更登磋
成　　员：于　宏　　马天祥　　蔡　丹　　王昱鑫　　索朗财壤
　　　　　王加同　　仁青才让　张珍珍　　刘　洋　　薛燕霞
　　　　　陈姿婧　　朱盈玫

PREFACE 前言

消除贫困是人类共同理想，共同富裕是中国特色社会主义的根本原则，打赢脱贫攻坚战是中国共产党、中国政府对亿万中华儿女的庄严承诺。

十八大以来，党中央把脱贫攻坚摆在治国理政的突出位置，把脱贫攻坚作为全面建成小康社会的底线任务，组织开展了声势浩大的脱贫攻坚人民战争。党和人民披荆斩棘、栉风沐雨，发扬钉钉子精神，敢于啃硬骨头，攻克了一个又一个贫中之贫、坚中之坚，脱贫攻坚取得了重大历史性成就。2021年2月，习近平总书记在全国脱贫攻坚总结表彰大会上的讲话中庄严宣告：我国脱贫攻坚战取得了全面胜利，现行标准下9899万农村贫困人口全部脱贫，832个贫困县全部摘帽，12.8万个贫困村全部出列，区域性整体贫困得到解决，完成了消除绝对贫困的艰巨任务，创造了又一个彪炳史册的人间奇迹！

习近平总书记反复强调两句话：一是"全面建成小康社会，一个也不能少；共同富裕路上，一个也不能掉队"，另一是"全面建成小康社会，一个民族不能少；实现中华民族伟大复兴，一个民族也不能少"。不论是居住在深山峡谷、高寒地带，还是在自然灾害频发的区域，决胜全面小康不容一个人掉队。

值得欣喜的是，我国的扶贫攻坚工作的伟大实践首先在祖国西南边陲的西藏开花结果。2019年12月，西藏自治区脱贫攻坚指挥部发布公告，全区62.8万建档立卡贫困人口已全部脱贫，西藏74个县区全部脱贫摘帽，西藏真正彻底告别了绝对贫困。这是中国共产党领导西藏人民创造的又一个伟大奇迹，民主改革使西藏社会制度一步跨千年，脱贫攻坚让西藏人民生活方式一步跨千年。

西藏是我国西南边防的一道得天独厚的天然屏障，战略位置十分重要，但是这里地广人稀，海拔最高，自然条件艰苦，社会生产发展相对滞后，是全国唯一的省级集中连片特殊困难地区，也是全国14个集中连片特困地区中贫困程度深、贫困发生率高、脱贫任务重的地区之一，打赢脱贫攻坚战的任务十分繁重。长期以来，党中央始终关心关爱西藏各族群众，大力支持西藏发展，除了政策上的优惠，还举全国之力支援西藏现代化建设。以习近平总书记为核心的党中央提出精准扶贫的战略决策之后，西藏各族人民在西藏自治区党委和政府的领导下，根据西藏社会发展实际、地理环境特点和文化构成的独特性，因地制宜，因人制宜，坚定不移地贯彻落实党中央的决策部署，有力推行党中央提出的精准扶贫政策。经过全区各族干部群众艰苦不懈的努力，西藏自治区消除了绝对贫困，与全国人民一道迈向小康。

位于西藏东南部的昌都市，是西藏高原上的一颗璀璨明珠。新中国成立后，解放西藏的第一场战役就发生在昌都。进入新时代，在脱贫攻坚的战役中，有着光荣传统的昌都人民也走在了前列，圆满完成了脱贫攻坚的艰巨任务。在脱贫攻坚的丰富实践中，昌都各族干部群众在市委、市政府的有力领导下，稳扎稳打，不畏艰辛，群策群力，久久为功，深入贯彻十九大关于打赢脱贫攻坚战、决胜全面建成小康社会的重要战略部署，按照脱真贫、真脱贫的总体要求，有效执行"六个精准""五个一批"的扶贫策略，紧密结合昌都地区的实际情况，瞄准深度贫困县、区、乡、镇、村，紧盯贫困人口，瞅准问题、对症下药，着力解决长效发展的主要问题，努力提升广大人民群众的获得感、幸福感和安全感，使他们的生活更加充实、更有保障。经过各级政府和广大基层干部兢兢业业、尽职尽责地努力工作，广大群众在思想脱贫、观念脱贫的基础上，在政府、社会力量的帮扶下，逐步走上了脱贫致富的道路。

而在这场昌都干部群众向贫困宣战的伟大实践中，涌现出一批令人感动的人民公仆，基层干部，脱贫领头雁，致富带头人，自强自立的奋斗者，演绎着无数催人奋进的真实故事，谱写了中国扶贫事业的壮丽篇章。昌都地区脱贫攻坚取得的巨大成就，充分显示了昌都广大干部群众听党话、跟党走，坚定不移地建设社会主义新家园的信念，也让我们看到了昌都人民斗志昂扬、蓬勃向上的精神风貌和他们勤劳、坚韧和智慧的优秀品格。

这部《我和我的扶贫故事》中记录的一则则动人的脱贫故事，就是昌都人民的理想信念与品格风貌最集中、最生动、最美好的体现，堪称一曲西藏昌都脱贫交响曲。这部纪实作品中记录的人和事，不仅是西藏昌都扶贫攻坚的丰富实践，也是成功解决中国绝对贫困问题的典型范例，还可为世界范围内消除贫困提供可资借鉴的成功模式和成功经验。

翻阅这样一部充满热情和理想信念的纪实作品，内心升起的不仅仅是深深的感动，还有对勤劳勇敢、智慧淳厚、务实坚韧的昌都人民的由衷敬佩。中国人民孜孜以求的摆脱贫困的梦想已经变为现实，我们坚信，在党的英明领导下，实现中华民族伟大复兴的中国梦指日可待。让我们坚定不移，勇往直前，与全国人民一起走上幸福的康庄大道，创造出更加美好灿烂的明天。

刘　凯
2021 年 10 月于陕西咸阳

目录

前　言

第一篇
脱贫攻坚中的人民公仆 / 1

兢兢业业，为扶贫不畏艰难 ………………………………… 3
坚守初心，负重前行 ………………………………………… 6
着眼全局谋发展，多措并举促脱贫 ………………………… 8
一心为民，扶危济困显真情 ………………………………… 10
牢记使命，扶贫路上只为民 ………………………………… 12
促进产业发展，助力脱贫攻坚 ……………………………… 14
精准扶贫，事无巨细必躬行 ………………………………… 17
扎根乡村，恪守职责为扶贫 ………………………………… 19
发挥援藏优势，打造龙头产业 ……………………………… 21
办实事情暖民心，谋发展不辱使命 ………………………… 25
救死扶伤，用爱心传递温暖 ………………………………… 27
不负重托，躬身践行扶贫志 ………………………………… 29
教育援藏，雪山见证青春激情 ……………………………… 32
洒满山路的援藏情 …………………………………………… 34
牢记使命勇担当，脚踏实地只为民 ………………………… 37
不忘初心援藏路 ……………………………………………… 39
赤子情怀，用爱书写扶贫人生 ……………………………… 43
全心全意谋发展，一心为民奔小康 ………………………… 45
牢记使命，甘当攻坚排头兵 ………………………………… 48
坚守初心，扶贫路上甘于奉献 ……………………………… 49

第二篇
脱贫攻坚中的领头雁 / 52

结对帮扶，厦门国企义不容辞 …………………………………… 54
倾心扶贫，中铝公司不遗余力 …………………………………… 57
情系学子，吉祥哈达传真情 ……………………………………… 60
多措并举，"牦牛"走出创业路 …………………………………… 62
统筹规划，让"阳光"温暖民心 …………………………………… 64
群策群力，携手闯出幸福路 ……………………………………… 66
荒地变桑田，酒香飘满葡萄园 …………………………………… 68
知恩图报，唐卡情满小山村 ……………………………………… 70
传承创新，民族服饰创收增益 …………………………………… 72
高原上的"喜羊羊" ……………………………………………… 74
开发能源，水电奏出援藏曲 ……………………………………… 76
为社会增效益，为群众创增收 …………………………………… 79
精准帮扶，谱写援藏新篇章 ……………………………………… 80
争做先锋，致富路上当仁不让 …………………………………… 82
精准帮扶，藏东珍宝走出大山 …………………………………… 84
脱贫攻坚，基层组织身先士卒 …………………………………… 86
四通八达，勇当致富开路先锋 …………………………………… 88
深化企业改革，多措并举主推脱贫攻坚 ………………………… 91
绿色发展，绘就生态扶贫画卷 …………………………………… 94
心系群众健康，爱洒千家万户 …………………………………… 97
翻山越岭，网络连起致富路 ……………………………………… 99
强基惠民，旅游产业发挥优势 …………………………………… 101
电网连接千家万户，扶贫播撒文明新风 ………………………… 102
巾帼撑起半边天，格桑花香满高原 ……………………………… 105
通力合作，因地制宜促脱贫 ……………………………………… 109
统筹规划，立足实际谋发展 ……………………………………… 111
勇于担当，教育扶贫责无旁贷 …………………………………… 113

第三篇
脱贫攻坚中的致富带头人 / 117

一花独放不是春，百花齐放春满园	119
艰苦创业，扬风起帆做旗手	121
饮水思源，致富能手的家乡情	124
科技创业，致富路上的领头羊	125
金融扶贫，昌都人行勇担重任	128
与时俱进，敢当时代弄潮儿	131
一个乡村青年的追梦历程	133
抓住机遇，勤劳开创幸福生活	136
坚持不懈，服装美梦终成真	138
自强不息，昔日孤儿变富翁	140
潜心钻研，藏香飘满小山村	142
脚踏实地，砖瓦筑起致富梦	144
草原上走出的工艺大师	146
心系众生，利众藏药的利民之道	148
双脚踏出致富路，双手打开幸福门	150
不辞艰辛，勤劳酿造甜蜜事业	152
务实创新，养殖业开辟致富路	154
积极创业，旅游观光"玩"出的商机	156
吃苦耐劳，便民店托起致富梦	158
妙笔生花，彩绘绘出多彩人生	160
铺路架桥，用奋斗连起创业路	162
木碗情缘，小工艺创造幸福生活	164
发奋图强，致富路上勇往直前	166
奋发有为，脱贫路上敢为先	168
坚守初心，用忠诚架起致富桥梁	170
知识改变命运，奋斗成就事业	172
扎根农村，科技开创致富路	174
勇挑重担，团结协作共圆致富梦	177
情系桑梓，脱贫路上勇担使命	179

第四篇
脱贫攻坚中的奋斗者 / 182

转变观念，新思想带来新希望 …… 184
夫妻学艺开餐馆，自立自强话脱贫 …… 186
砥砺前行，有梦想就有未来 …… 188
白手起家，小作坊撑起致富梦 …… 190
锲而不舍，辛劳换来幸福生活 …… 192
积少成多，小商店里的大前途 …… 193
自强自立，汗水浇灌幸福之花 …… 195
勤学苦练，小技能开创幸福路 …… 197
苦尽甘来，馒头店蒸出幸福生活 …… 199
锐意进取，木碗工艺里的"生财路" …… 201
锲而不舍，石头上刻出幸福生活 …… 203
知难而进，少年壮志不言愁 …… 205
不畏艰难，用坚韧撑起一片蓝天 …… 206
辛勤劳作，不懈追求创造幸福生活 …… 208
艰苦奋斗，从贫困家庭到最美家庭 …… 210
旧颜换新装，异地搬迁创生机 …… 212
路在轮下，出租车开出新生活 …… 214
脚踏实地走出幸福路，心怀感恩回报扶贫情 …… 215
修车"修"出幸福路 …… 217

第五篇
脱贫攻坚中的选派书记和基层干部 / 220

用脚步丈量土地，用热情温暖民心 …… 222
赤诚以待，扶贫路上洒真情 …… 225
恪尽职守，不遗余力帮扶群众 …… 227
爱岗敬业抓生产，精准识别促脱贫 …… 229
深入基层，做群众的知心人 …… 231
身体力行，做好致富引路人 …… 233
脱贫路上，不忘初心 …… 236
风清气正奔小康 …… 238

党的光芒照四方，惠民政策闪金光	239
因村施策，引领群众奔小康	242
让土豆种满"然爱村"	244
有耕耘就有收获	246
不负青春，圆梦乡村	248
风雨同舟，扶贫路上"鱼水情深"	250
无怨无悔，用青春点亮扶贫	252
任劳任怨，甘当群众的老黄牛	255
盛开在藏东大地上的青春之花	257
砥砺前行，潜心扶贫	260
抓班子带队伍，有效落实精准扶贫	262
倾听群众心声，一切只为脱贫	264
在平凡中闪光，在扶贫中成长	267
意满高原扶贫路，难忘人生驻村情	269
双脚踏上扶贫路，双手播下扶贫情	272
兢兢业业，不辞勤劳为扶贫	275
情系拉根，心系群众	277
倾心倾力，建设美丽的乡村	280
扶贫路上，教育先行	282
舍小家为大家，暖民心为群众	284
牢记使命，甘当致富领路人	286
心系民生，全力以赴不辱使命	288
孜孜不倦，用行动践行使命	290
村书记的大梦想	293
不负青春，只为那一抹微笑	295
美丽的波查，我的家	296
扶贫路上写真情	299
熟知民情，脚踏实地帮扶群众	302
在扶贫中放飞梦想	304
少先队工作，别样的扶贫故事	306
尽心尽力，为扶贫不辞辛苦	308
书写人生华章的格桑花	310
心系群众，争当致富引路人	312
龙西村的鱼水情	314

不忘初心担使命，砥砺前行做先锋	316
坚守扶贫一线，传递人间真情	319
聚民心，暖人心，筑同心	321
敢啃硬骨头的"女汉子"	323
走村串户送温暖，全力以赴抓扶贫	325
异地搬迁换新颜，精准脱贫奔小康	327
任劳任怨的"老黄牛"	329
真情帮扶，扶贫路上播爱心	331
心系民众，切实帮扶争脱贫	333
全面统筹，全力探索扶贫路	335
明确方向，对症下药促脱贫	337
凝聚力量，用心创建幸福村	339
深入群众，点点滴滴为扶贫	341
不畏艰险，扶贫路上勇担当	343
坚守一线，永葆真情为脱贫	345
牢记使命，一心为民谋福祉	348
脱贫有我，青春无悔	350
持之以恒，齐心协力为扶贫	351

后记 …… 355

第一篇
脱贫攻坚中的人民公仆

"火车跑得快,全凭车头带"。这话虽然朴实,但告诉我们一个朴素而深刻的道理:凡事要想获得理想的成果或达到理想的效果,需要参与者目标一致、方向坚定、齐心协力。而能否做到这一点,带头人、指挥官、掌舵人有着举足轻重的作用。脱贫攻坚工作成效如何,关键在于作为人民公仆的各级领导干部,是否在各自的岗位上充分发挥高瞻远瞩、高屋建瓴、统筹规划的领军作用;是否在实际工作中发挥凝聚人心、引领方向、身先示范的作用。

在昌都市脱贫攻坚的征途上,引领各级干部和广大人民群众坚定不移地贯彻执行党和政府的惠民政策,实事求是、因地制宜地制定符合地方地理环境和产业特色的发展规划,从而有效、有力、有序地推进扶贫、脱贫工作,是各地各级领导所必须担负的重要职责,也是历史赋予他们的光荣使命。在昌都市脱贫攻坚中,我们看到了这样一群发挥着领头作用的人民公仆。

作为人民公仆,作为主持大局、统筹全局的担当者,昌都市的各级领导干部都有着高度的政治自觉,有着强烈的现实责任感和历史使命感,有着忘我的奉献精神和勇往直前的奋斗精神。他们始终同党在思想上、政治上、行动上保持高度一致,坚守共产党人为人民服务的初心使命;清醒地认识到社会主义的共同富裕目标和脱贫攻坚全面建成

我和我的扶贫故事

小康社会的重要意义。他们始终坚持以习近平新时代中国特色社会主义思想为行动指南，深入贯彻落实党的十九大精神，认真学习近平总书记在脱贫攻坚工作中的重要指示精神，不断增强政治的坚定性和履职的自觉性。同时，他们自觉学习党中央关于脱贫攻坚工作的重要部署及相关文件精神，在不断提高自身理论水平的同时，注重理论与实践结合，在实践中不断总结脱贫攻坚的成功经验。

在昌都市脱贫攻坚的伟大实践中，涌现出了一大批政治信念坚定、业务能力过硬、意志品质坚韧不拔，能够吃苦耐劳、无私奉献、心怀民众的人民公仆。他们来自不同的工作岗位，来自不同的工作领域，但他们无一例外地把昌都人民的幸福视为他们工作的头等大事，把昌都人民的彻底脱贫视为自己工作的重要目标和最大动力。他们在工作中能够高瞻远瞩，从大局出发，统筹规划脱贫攻坚的进程和具体措施。他们都怀着不负人生，不负人民，不负历史，不负伟大时代的豪情，不畏艰险、前仆后继地奔赴在脱贫攻坚的道路上。他们的努力和付出，换回了昌都人民生活水平的不断提高；他们的无私和贡献，赢得了广大民众的拥护和爱戴。他们用共产党员全心全意为人民服务的宗旨，谱写了新时代的华丽篇章。

兢兢业业，为扶贫不畏艰难

曾记得有人说过这样一句话：如果男人是照亮大地的太阳，那么女人就是月亮。但是今天我却要说：不！女人不仅仅是月亮，也可以成为太阳，发出更大的能量。在家中，我为人妻，承担着一份婚姻中女性的责任和义务；在工作中，作为部门负责人，我担负着卡若区脱贫攻坚的压力与责任。但是，自始至终我都认定一条铁律，那就是：不怕做不到，就怕想不到。就这样，我成了亲朋好友口中的"女汉子"，成为干部群众眼中的"铁娘子"，上级领导心中的"愣头青"。我就是用铁的信念、铁的作风、铁的纪律在精准扶贫、精准脱贫这条道路上雷厉风行、兢兢业业、忘我付出、发扬并践行着卡若精神，让党和政府惠民政策的曙光，在卡若这片大地上绽放光芒。

卡若区地处横断山脉中部，交通不便，山高谷深，自然条件相对较差，经济发展相对滞后，贫困状况十分严峻，致贫原因也是"五花八门"。2016年3月，经过层层的摸排、筛选、评定，共识别出3192户建档立卡贫困户，13030名贫困人口。这是个不小的数据，让我深感揪心和责任之巨大。按昌都市委要求，在12月31日前卡若区要全面完成脱贫摘帽任务。这是一个光荣而艰巨的任务，时间紧、压力大，干部们的负担很重，对于主抓扶贫工作的我来说，更是责任重大，摆在我面前的是一场前所未有的挑战！管理机制不健全，扶贫政策不明确，如何给区委、区政府当好助手，我心中一片茫然，就是想摸着石头过河也找不到石头在哪里。可是在巨大的压力、任务、责任面前，我没有时间灰心和丧气。办法总比困难多，只要挖准"穷根"，把准"贫脉"、靶向"治疗"，有党的坚强领导，有各级干部的团结努力，有贫困群众的信任和支持，我们一定可以克服种种困难，打赢这场攻坚战！

记得有一天，领导指示由我负责和上级部门进行沟通协调，务必多要指标、多要项目、多要资金，为卡若区早日脱贫打下良好基础。可能是当时大家都在连续加班的原因，也可能因为我心急意切、急于求成。在向市指挥部办公室争取时，被某位领导当众"呵斥"，而我还是微微一笑、轻轻地回了一句："领导交办的任务，必须要完成，否则我就不走"。就这样，经过一个多小时的沟通、解释，最终打动了这位领导，同时也完成了卡若区领导交办的任务。

2016年4月的某一天，因为精准扶贫工作落实不到位，卡若区领导非常严肃地找我约谈。短短的40分钟谈话时间，领导批评我蛮干、瞎干、不作为、乱作为。走出领导办公室的那一刻,我的委屈与辛酸涌上心头,不由潸然泪下,分不清是泪水还是鼻涕。一整天的时间脑中浮现的都是领导的话语。下班后回到家,反锁卧室门整整哭了2个小时,哭完后把脸洗洗,进行了深刻的自我检讨,调整好心态之后继续积极投入到工作中。

蓦然回首脱贫攻坚这几年,我对家人说得最多的一句话是"今晚我要加班,你们早点休息,不用等我了"。在说出这句话的同时,我的心里像打翻了五味瓶,很不是滋味。我有多久没去看望年迈的父母了,又有多久没有和丈夫在一起吃一顿饭了,面对心爱的女儿,更是多年没有见面,好久没有视频了……

回望自己走过的脱贫攻坚之路仍历历在目,我跋山涉水,顶着烈日暴雨、阵阵的寒风,骑着马或摩托车,沿着险峻的山路,踏着满地的积雪,分赴15个乡镇,走完了所有的(158个)行政村。特别是汛期,各乡镇受灾严重,雨水冲垮了多处路面、桥梁,但是13030名贫困群众还在等着我,我只有一句话:脱贫就是使命。在走完邻近乡镇之后,带着干部依然奔赴最远的北部乡镇开始了忙碌的工作……所幸多次躲过山体滑坡,让我还有机会走村入户、摸底调研。白天下村,晚上回乡里加班熬夜,比数据、翻资料、探路子,一心扑在工作上。

"正人先正己,打铁还需自身硬"。脱贫攻坚战打响以来,我始终对自己高标准、严要求。白天下乡,晚上学习,全身心投入到精准扶贫、精准脱贫工作中;想办法、动脑子、找路子、谋发展,积极探索卡若区精准扶贫、精准脱贫的新模式。入户调查求精准,着重提高工作的有效性,才能让每一个奋战在扶贫一线的干部事半功倍。充分发扬"铁腕治军"的工作作风,"舍小家、顾大家",牺牲了自己的业余时间,克服了家庭诸多困难,带头表率、以身作则,主动作为,感染着身边每一个人。

"基础不牢地动山摇"。做好精准扶贫工作,做好精准识别,打牢脱贫攻坚基础是首要任务。我协同各专项组、各乡镇、各驻村工作队走村入户,逐户调查,精准核实,逐村摸清底子。几年来,我带头前往15个乡镇,开展了多次"回头看"、全范围复核、督导抽查,对各乡、村建档立卡贫困户进行再摸底、再规范,特别是对家中有在编僧尼、财政供养的人员进行严格筛选,全面掌握贫困状况、准确分析致贫原因,确保已识别对象真正准确。结合卡若区实际情况,亲自制作收入账,让干部心中有本明白账,贫困户手中有本认可账。卡若区脱贫攻坚新模式,得到了市、区领导的肯定,并在全市进行推广。

作为卡若区脱贫攻坚指挥部副指挥长、扶贫办的主要负责人,我时刻心系群众,下乡调研每到一处都嘘寒问暖,伸出援助之手,用心、用情对待贫困群众,送上党和政府的关怀与温暖,最大限度地尽到自己的绵薄之力。有一次到妥坝乡妥坝村,与建档立卡贫困户永增相遇。她是一位单亲妈妈,育有一子一女,儿子10岁,患有严重弱视,几乎失明;女儿刚刚满6个月,家中缺少劳动力,无任何收入,家庭生活十分窘迫。那一刹那，我突然觉得肩上的担子好重好重；那一刹那使我感到扶贫工作真是广大干部接受再教育的最好课堂；那一刹那，我觉得用心、用情、用力帮助每一个贫困家庭多么重要。回去后，我立即组织办公室全体干部职工为永增一家捐款6000元，购买四十余种物品，帮助支持永增开办了卡若扶贫小卖部，为她们一家解决了眼前的实际困难。有一次在嘎玛乡也多村下乡调研途中，碰到了贫困户多吉群珍，她被婆家赶出了家门，独自抚养两个小孩，衣不蔽体、食不果腹，这是我见到的最困难、最凄惨的贫困户。我的心情就在那一刻变得分外沉重。回昌都后，我立即去给多吉群珍购买了棉被、藏垫和食物等价值1000余元的物品，第二天就送到她的手中。对我而言，像这样慷慨解囊、扶弱助困，已不计其数……

打铁还需自身硬，响鼓还需重锤敲。我重视思想意识的培养，积极带领全体干部主动学习贯彻习近平新时代中国特色社会主义思想和党的十九大精神，加强党性锻炼。同时，作为"第一责任人"积极引导教育广大干部群众感党恩、听党话、跟党走，树牢"四个意识"，坚定"四个自信"，坚决做到"两个维护"；在思想、组织、行动上与党中央保持高度一致。完善个人自学和集体学习相结合的制度，组织集体每月至少学习1次，每次集中学习1小时以上。除此之外，我们还积极整治共产党员信仰宗教的问题。召开专题会议安排部署，作为支部书记，我带头教育身边的亲属及子女绝不参与宗教活动，签订《党员不信仰宗教承诺书》。全面加强党支部标准化建设、严肃党内组织生活、落实"三会一课"和组织生活会等基本制度，认真开展"主题党日"、谈话谈心、组织生活会等专题会；对照标准，加强党员队伍管理，组织党员开展学习活动，召开支部党员会议、参加党员学习会，上党课。注重思想政治工作，持续推进"两学一做"学习教育常态化、制度化，开展"不忘初心、牢记使命"等专题活动；在党员队伍中深入开展理想信念教育、廉政和遵纪守法教育等。明确党建工作分工，制定领导班子组织生活会制度、批评与自我批评等制度，促使班子"凝心、聚心、齐心、合力"的团队精神形成。

强化基层党组织政治功能，构筑"党建+扶贫"工作模式。为减轻基层负担，减少填表报数频次，利用卡若区精准扶贫信息系统平台，结合"红黄蓝绿"四级分类管理模式，充分利用卡若区精准扶贫大数据系统平台，更多地通过系统进行掌上输入、掌上调度、掌上落实。一是研发出移动端应用APP支持离线扫码识别功能和及时在线上传数据。二是制作完成建档立卡户二维码门牌。三是深入各乡镇宣讲政策，同时开展贫困户信息核对，对贫困户漏评、错评、错退现象进行核查，动态监测人口自然变更，及时掌握动态信息，确保数据真实可靠。为弘扬新时代主旋律和革命精神，讲好扶贫故事，展示扶贫成效，为打赢脱贫攻坚战，全面建成小康社会凝聚精神动力，举办卡若区脱贫攻坚先进事迹报告会。

习总书记说过：小康路上一个都不能掉队！作为精准扶贫路上的"铁娘子"，我无怨无悔!看到一家家贫困户在我们的帮助下,拔了穷根、走上了致富之路,我感到无比的欣喜和自豪。5年的心血没有白费;5年的努力没有白干;5年的执着终见成效。我想,我的扶贫工作是可以让家人欣慰和骄傲的,让干部信服和支持的,让群众尊重和理解的。我用脚步默默地丈量着心路历程,撒播的更是一路的爱。脱贫攻坚之路依然任重而道远,爱的续写仍在继续……

(卡若区脱贫攻坚指挥部副指挥长 德央)

坚守初心,负重前行

我坚持奋战在脱贫一线,走村入户采集数据,一户一户调查统计,将一条一条数据认真录入,一手整理了全县脱贫攻坚数据档案资料,被同事亲切地誉为"活字典"。

在实际工作中,我善于发现每一位下属的优点,将干部安排到合适的工作岗位,最大限度提高工作效率。我总是以朋友的身份与下属相处,注重办公室工作氛围,引导干部加强团结,我经常强调的一句话就是"团结才是第一生产力"。

为了方便干部日常管理,加强基层党组织建设,提高干部政治思想觉悟,我带领扶贫办干部退出联合党支部,申请成立了左贡县扶贫办党支部。"单独成立党支部,能够更好地发挥基层党组织作用,通过支部学习、讨论及经常性地开展批评与自我批评,可以增强党员干部的凝聚力。只有干部凝聚力提高了,我们才能将力量集中到一处,全力打好脱贫攻坚战",我曾这样说道。事实也的确如此,通过党支部的建设,支部功能不断完善,全体干部不仅能学习更多的政策性文件,更能通过支部活动缓解工作带来的压力,特别是开展批评与自我批评活动,消除了同事之间的隔阂,增进了同事感情。

精准脱贫的基础是统计数据的精准,数据精准才能让脱贫攻坚有的放矢。为使全县脱贫攻坚工作开好局、起好步,自2015年年底开始,我带领扶贫办同事陆续深入各乡(镇)、村开展贫困户贫困状况的摸底调查。每到一处,我就走家串户、深入到田间地头进行细致的调查统计,同时认真听取乡村干部和农牧民群众的反映、诉求,确保各项工作的开展符合农牧民群众的实际需求和切身利益,确保数据统计不遗漏任何一处细节。

几年来,我先后200余次下乡开展数据统计工作,跑遍了10个乡(镇)127个村,累计行程10多万公里;完成5次贫困户贫困状况的摸底调查工作,逐步建立健全了全县10个乡(镇)贫困户档案,弄清了全县贫困乡村人口分布和贫困状况,为县委、县政府和县脱贫攻坚指挥部的决策部署提供了第一手依据,为全县脱贫攻坚工作的顺利开展奠定了坚实的基础。

舍小家为大家。扶贫办的数据统计工作关乎全县脱贫攻坚工作格局，马虎不得，稍有差池就会对各项工作的决策产生很大影响。为了完成好这项基础工作，我只能舍小家为大家。对于家人，我觉得亏欠了太多太多……

2017年，对于我来说是个不平凡之年，家中外婆去世、妻子即将临产。作为家中的顶梁柱，这时的我应该回去料理家中事宜，陪同家里人一起渡过难关；但我却毅然选择留下来坚守岗位，把对家人的亏欠藏在心里，拂一拂衣袖又一次踏上了下乡走村入户的征途。有的时候，妻子总和我开玩笑说："扶贫办怎么有这么多事要做？还不如不当这个扶贫办主任。"这时的我总是一脸淡定的样子说道："怎么能这样说呢，县委、县政府把这么重要的任务交给我，是对我的信任，我在左贡县工作了十多年，对这里的乡亲有感情，人活着不能只图个轻松，而是要做一些有意义的事情。"

一人吃苦万人受益。扶贫办是全县脱贫攻坚工作的"参谋部"，工作推进中的"排头兵"，必须身先士卒。我是这样说的，也是这样做的。脱贫攻坚工作开展以来，办公室就成了我的"家"，电脑成了我形影不离的"家人"，加班成了我的家常便饭。为了能让基层的数据统计更快更准一点，我经常加班加点干到深夜，对着电脑一项一项地录入建档立卡贫困户数据信息，一项一项地进行校对，累了就打个盹爬起来继续工作。日积月累，我的身子越来越憔悴，同事们就劝我回去休息调整一下，但我总是笑着说："反正回去也睡不着，还不如加班把工作落实了，心里才踏实"。

几年来，我通过坚持不懈的努力，带领全体干部完成了左贡县委、县政府制定的脱贫任务，全县共有2676户（13423人）建档立卡户圆了脱贫梦，贫困人口从2015年的2422户11461人下降为2019年年底的0户0人；贫困发生率由20.98%下降到0，127个贫困村全部脱贫，贫困县也实现了脱贫"摘帽"。正是因为我的忘我工作态度，左贡县脱贫攻坚数据质量得到了充分保障，为全县成功脱贫"摘帽"发挥了重要作用。

本着"脱贫摘帽不是终点，而是新起点"的工作目标，我在全县脱贫摘帽后并没有放松对自己的严格要求，而是采取更加积极的工作方式走上了新一轮的扶贫之路。2020年年初以来，为开展好脱贫攻坚全面普查工作，我踏上了熟悉的下乡路，逐个乡（镇）、逐个村进行摸底排查。就在5月，左贡县还没完全走出冬季，天空依旧飘着大雪，严酷的自然环境加大了普查工作的难度。5月26日这一天对于我来说异常艰难。为争取时间，刚完成中林卡乡普查工作，我便带领普查组人员急忙踏上归途，途经山口遭遇山体塌方，雪崩接踵而至，一行10人被困冰天雪地之中，一度与外界失联长达5小时。面对恶劣的天气、前后道路不通、积雪滑坡、塌方落石、车辆轮胎打滑、信号受阻等多重困难，我临危不惧，有条不紊地组织同行人员撤离。一路上，作为领导的我以身作则，冲在最前方为队伍寻找安全路线；在翻越雪崩路段时，积雪一度没及大腿，但我带领队伍最终化险为夷。在平时，从中林卡乡返回县城仅两小时车程，当天却花费了足足十小时之久。事后谈及此次艰险的经历，我也没有半句言语。对我来说，这只是扶贫路上的一段小插曲。

从事扶贫工作以来，我肩负了许多责任，有群众的期盼、领导的期望，面对这些责任，我始终坚守初心、丝毫不敢懈怠。"干工作切记不要浮躁，一定要干一行爱一行，多听、多做、少说话"，这是我时常教导下属的一句话。敢闯敢拼敢于创新、敢打敢干敢于担责，我用自己的领导方式，向大家展现了新一代扶贫工作者的开拓之路，虽然艰辛但也充实。

（左贡县扶贫开发办公室主任 岳东）

着眼全局谋发展，多措并举促脱贫

脱贫攻坚战打响以来，我高度重视精准识别工作，积极推进实施精准扶贫数据大平台工程，精准识别深度贫困人口，动态调整建档立卡贫困群众信息，健全了责任到人、长期负责的精准识别机制，打牢了脱贫的基础。一是根据建档立卡贫困户"六看、四访、三公、二审、一告"的程序识别要求，多次深入乡（镇）、村（居）和农户家中开展精准识别和回头看工作，共识别全县建档立卡贫困户3043户14887人。二是按照建档立卡贫困户"五清"要求，切实摸清掌握贫困户的收入水平、贫困户实际面临的困难，准确分析贫困户家庭的主要致贫原因。全县因病致贫的151户648人，占贫困人口的4.35%；因残致贫的102户445人，占贫困人口的2.99%；因学致贫的16户94人，占贫困人口的0.63%；因缺技术致贫的1327户6742人，占贫困人口的45.29%；因缺劳力致贫的555户2537人，占贫困人口的17.04%；因缺少生产资料致贫的8户41人，占贫困人口的0.28%；因缺少土地致贫的52户225人，占贫困人口的1.51%；因缺少发展资金致贫的796户3971人，占贫困人口的26.67%；因交通条件落后致贫的5户33人，占贫困人口的0.22%；因自身发展动力不足致贫的30户117人，占贫困人口的0.79%。三是准确分析贫困人员属性，为因人精准施策提供数据基础，全县贫困人口中劳动力7024人，占贫困人口的47.18%；无劳力（含丧失劳力）的共7829人，占贫困人口的52.59%；身体健康的12616人，占贫困人口的84.75%；患大病的38人，占贫困人口的0.26%；长期慢性病1485人，占贫困人口的9.98%；残疾714人，占贫困人口的4.80%。四是严格按照"户有卡、村有簿、乡有册、县有档"的要求，进一步进行资料规范归档，对贫困户的扶贫手册填写，特别是逻辑关系、收入的真实性等进行严格审核把关，确保贫困户的基础信息得到真实体现。

产业是群众脱贫致富的基础，为切实把稳县情、找准找实边坝县产业发展方向，我认真分析研究县情，科学准确把握定位。一是把握产业发展的优势。经过深入调研，我从区位条件、发展潜力、资源等方面，认真审视新形势下边坝县发展面临的机遇。一方面，随着G349改扩建工程、S303线改扩建工程等区域交通网络的不断完善和周边区域经济的快速发展，边坝县的地缘优势逐步显现，并将逐步转化为吸纳资金、技术、人才和劳动力等生产要素聚集的区位优势，实现边坝经济的跨越式发展和提速升位。同时，农牧业发展潜力巨大。边坝地域辽阔，农牧业资源丰富，且具有发展康巴香猪、康巴香鸡、藏红麦、牦牛育肥等优质特色农牧产业的自然条件。二是明确产业发展的方向。依托丰富的资源、区位和传统产业优势，协助县委、县政府提出了"生态立县、产业强县、开放活县、民生惠县"的经济发展思路。同时，聘请国家林业局中南调查规划设计院，在原有蔬菜基地、康巴香鸡孵化基地等产业发展的基础上，对边坝的特色产业发展进行了全面规划，提出了以"一核四区"为主要内容的《边坝县特色产业发展规划（2016—2025）》，为特色产业下一步发展提供了规划依据。三是突出产业发展的重点。突出产业基地建设，按照市"五大养殖基地、七大种植基地"的布局，边坝县参照"一核四区"产业规划，大力建设以高山草地畜牧业、河谷畜牧业、康巴香猪繁育基地、康巴香鸡孵化基地、黑山羊养殖基地为主的"五大养殖基地"和以红麦种植基地、白青稞种植基地、蔬菜种植基地、藏药材种植基地、干鲜果种植基地、饲草料种植基地、元根种植基地为主的"七大种植基地"作为重点的产业基地。四是优化产业发展的服务。围绕产业发展、农牧民增收，建设了一批基础设施项目，完善了产业发展所需水、电、讯等配套设施建设，推动公共服务向产业集聚延伸，筑牢了产业发展平台。

按照"调结构、保增长、惠民生"的要求，我把发展现代农牧业作为基本方向，把蔬菜、康巴香猪、康巴香鸡、青稞、红麦等基地作为重点产业来扶持，实现了农牧民增收、农牧业提效，夯实了群众增收致富的基础。一是抓好蔬菜生产基地建设。在我的协调下，近年来，边坝县先后投入资金约3200万元（精准扶产业资金800万元）建设高效日光温室300余座，庭院温室1435座。在基地建设过程中，注重加强对大棚后期生产管理和技术指导，聘请蔬菜种植技术指导员8人，科学合理搭配蔬菜品种。成立了蔬菜种植协会，以"协会+基地+农户"模式建设蔬菜生产基地，全部由本地群众参与种植和销售，并在县城农贸市场为贫困蔬菜种植户提供了20个蔬菜销售摊位。2018年，全县本地蔬菜供应量达到380吨，年产值达320万元，带动建档立卡贫困户78户339人，实现年人均增收3100元以上。二是抓养殖基地建设。边坝县养殖业滞后，通过宏观调控，以集中养殖为主，分散养殖为辅，初步摸索了"合作社（协会）+支部+致富能人+基地+农户+保险"模式，目前，成立合作社或协会40家；全县建成藏香猪养殖基地4座，藏香鸡养殖基地5座，黑山羊养殖基地1座，牦牛养殖育肥基地5座，奶牛养殖基地 1 座，林麝养殖基地 1 座，通过产业项目的实施，2016 年带动建档立卡 1361 人实现增收脱贫，2017 年带动建档立卡 828 人实现增收脱贫，2018 年带动建档立卡 5339 人实现增收脱贫。三是抓加工生产基地建设。截至 2020 年年底，全县已建成扶贫商店、蔬菜肉类供销站、扶贫馒头店、林下资源收购站、扶贫餐饮店、扶贫机动车维修服务点等便民服务站 69 个，建成藏红麦、石材、畜产品、粮油、藏香、纯净水、藏式家具、手工艺品、唐卡绘画等加工厂各 1 座，建成扶贫农家乐 4 个、扶贫洗车场 2 座。在边坝镇布扎村建设红麦加工厂 1 座，投资 1090 万元，建设规划面积 1.4 万平方米，对边坝白青稞糌粑、藏红麦面粉、麦片、人参果、雪莲花、菜籽油、虫草、贝母等农畜产品进行加工和精包装，在县城和昌都市各设立一个销售点，重点打造高原生态特色农副产品品牌。四是抓品牌培育。积极依托各类特色农畜产品展销会、交流会等平台，加强特色产品宣传，对边坝县所特有 22 个农畜产品进行推广。注重发挥品牌作用，积极申请特色产品的商标注册，创建特色品牌，目前已成功注册"三色湖""吉祥火焰"两枚商标以及"边坝藏红麦""边坝贝母"地理标志商标。

  我始终认真学习领会"把培育和弘扬社会主义核心价值观作为凝魂聚气、强基固本的基础工程"的要义，以自身经历深刻诠释了"老西藏精神""两路精神"的内涵。我经常深入基层一线，解决和协调精准扶贫工作中的突出问题和矛盾。从学校一毕业，我就扎根西藏基层，成了一名基层公务员；在走上领导岗位后，我思想解放，实事求是，改革意识强，具有宏观决策能力，善于统揽全局，注意领导方法，讲究领导艺术，善于调动大家的积极性。在生活中，我严于律己，生活俭朴，为政清廉，具有良好的社会公德、职业道德、家庭道德、个人美德，对家属及身边工作人员要求严格，自觉遵守党员领导干部廉洁从政若干准则，塑造了清正廉洁的形象，受到了广大干部群众的爱戴。

（边坝县脱贫攻坚指挥部副指挥长 扎西拉姆）

一心为民，扶危济困显真情

  脱贫攻坚战打响以来，我始终坚持军人本色，扎根基层，服务群众。在各项工作中，始终把"令行禁止，坚决服从"作为工作准则，发扬退伍不褪色的优良作风，坚决带头贯彻执行党中央的各项决策部署，严格执行乡党委的各项决定，始终把群众冷暖放在心尖，全心全意服务广大人民群众，在各种岗位上都得到领导们的肯定。2018 年 3 月担任波罗乡脱贫攻坚指挥部办公室主任以来，我带领扶贫专干立足波罗实际，严格按照扶贫政策，真抓实干，为全乡脱贫攻坚工作打下了坚实基础。

波罗乡是全县深度贫困乡，全乡8个行政村中有7个属于深度贫困村，群众文化水平低下，思想观念陈旧，接受新生事物意识不强。作为乡脱贫攻坚指挥办公室负责人，我深刻认识到全乡扶贫工作的难度；始终认为，扶贫办是全乡脱贫攻坚工作的"参谋部"，工作推进中的"排头兵"，只有发挥好扶贫办每位专干的作用特长，才能有效推进工作。为此，在工作中，我积极发挥模范带头作用，坚持勇于站排头，事事亲力亲为，带领扶贫办同志迎难而上，勇敢冲锋。一是组织扶贫办成员定期学、经常学、互相问、随机考，确保政策知识清楚明白，理解到位，学以致用。二是奔赴于第一线，开展走村入户，全面掌握全乡贫困属性，深入开展扶贫政策讲解，为群众排忧解难，解决实际难题。并教育群众感党恩、跟党走，转变思想认识，主动脱贫，摘掉"帽子"。同时，我还带领基层干部，采取拉家常的方式问计于民，了解群众所思所想，共同制定脱贫措施，提高脱贫成效。三是梳理全乡脱贫攻坚工作基本情况，就全乡449户2543人进行分类汇总，对发现的问题做好记录，及时向乡主要领导汇报，及时更改，确保全乡脱贫数据能够及时更新，符合乡情、村情。四是责任分工明确到位。扶贫办成员按照责任分工，针对各阶段不同工作需求，及时对资金使用、岗位调整等进行藏汉双语公示，各岗位人员做到心中有数，认真履行职责，协调指导各村有序推进各项工作，并完成有关材料的撰写、汇总、上报和归档等。

真心为民不图报，扶危济困显真情。在下村过程中，我发现冲桑七队五保户嘎珍房屋破烂不堪，嘎珍也长期瘫痪卧床，生活无法自理。我积极动员扶贫办成员，为嘎珍打扫家庭及个人卫生，并将身上不多现金捐赠给嘎珍。回乡后，我又主动向乡党委负责人汇报该情况，征得党委领导同意后，利用主题党日活动之际，组织并带领全乡干部深入实地，对原来房屋进行加固更新维缮处理，并为她配备了彩电及生活电器。依然记得，附近的群众在我们带动下，也积极参与进来。他们说，是你们让一位瘫痪30多年的人，第一次知道什么是电，第一次知道什么是电视，第一次知道什么是灯泡，也又一次看到了精彩生活，也又一次听到了吵闹的声音。面对一个又一个的惊喜，嘎珍一遍一遍地说："感谢共产党，感谢习近平主席！"回去的时候，天已很晚，大家都饥肠辘辘，但是心里都美滋滋的。后来，我们又为她购买生活必需品，在村里找人专门照顾饮食起居，并定期发放慰问金，及时向县民政局申请配发轮椅，让负责她生活起居的专人带她走出家门，与邻居们增进感情，摆脱思想困扰，使她相信党不会忘记她，让别的村民看到，我们党对人民的关怀是无微不至的。

在实际工作中，为了让扶贫政策能够家喻户晓、形成人人参与扶贫的工作形势，我主动带领乡干部前往公路沿线、交通干道醒目位置粘贴宣传海报、标语和图案喷绘。那时正值夏天，天气炎热，一干就是好几个小时，全身都快湿透了，晚上回去与家人视频时，家人都说晒黑了，有点儿心疼。群众调侃道，你们都快能干好一个广告公司或施工队的工作了。但我们始终牢记党员宗旨，一切从人民出发，一切为人民，哪里需要就哪里上；为更好地了解群众意愿，我积极主动学习藏语口语，利用走村入户、虫草采挖季节等时机，与群众面对面交流，了解群众所思、所想、所盼。对于行动不便的村民，主动发挥宣讲员作用，深入家中讲解详细政策知识，在宣传活动开展过程中，我带领全体干部心往一处想、劲往一处使。我与基层干部冒严寒、顶烈日，饿了就吃方便面，累了就在车里打盹儿，为的就是要把国家的优惠政策宣传到每一个人，让扶贫政策真正在群众中落地生根见实效。让每一名村民知道：不管他的生活有多难、有多苦，我们党始终都是人民的坚强后盾。

2018年，波罗乡遭受了堰塞湖自然灾害，造成乡政府被淹，在组织群众撤离完毕后，我想到扶贫各项资料还在办公楼内，为了扶贫资料不因灾害而损毁，也为了扶贫工作不受灾害影响而停滞不前，第一时间带领扶贫办全体成员经过两天三夜将所有扶贫资料全部抢救出来转移至俄彭村委会，没有因为自然灾害的影响使辛辛苦苦建立起的扶贫体系遭到破坏，也没有给全乡扶贫工作拖后腿，从而使波罗乡的扶贫工作稳步推进。

时光飞逝，一转眼5年扶贫工作已结束，与成千上万的扶贫工作者相比，我只是那微不足道的一个；但在进行扶贫工作过程中，我积累了许多宝贵的经验做法；在脱贫工作中，也与群众建立了深厚的感情基础，进一步拉近了党群关系；看到全乡人民群众生活越过越好、脸上的笑容越来越多，感觉自己5年的付出是光荣的、值得的！

（江达县波罗乡脱贫攻坚指挥部办公室主任 霍波）

牢记使命，扶贫路上只为民

"打铁还需自身硬"，自开展精准扶贫以来，我深知精准扶贫政策落实的重要性，如何吃透、吃准精准扶贫相关政策关系到全县精准扶贫、精准脱贫的各项工作顺利推进。从成立脱贫攻坚数据组的那一天开始，我始终坚持提高自身素质，增强业务能力，坚持做到在政策学习上先行一步，先懂一步，积极虚心学习老同志的工作方法和经验。我利用自身所掌握的政策知识，深入全县贫困村（居）一线以现场讲、现场教的方式为基层解决一桩桩在精准扶贫中遇到的精准识别、退出程序和资料规范等问题困难，同时也积极深入到农户家中，了解他们致贫的原因，掌握群众所思所盼，向他们讲解精准扶贫的相关政策，促进贫困群众完成"要我脱贫向我要脱贫"的思想转变。

脱贫攻坚战打响以来，我长期深入基层一线调查调研，力求发现并解决精准识别和精准退出相关工作中存在的顽固问题。一是通过多次入户信息核实，我发现农户因思想落后，对户籍认识程度不高，存在上户不及时，身份证号码重复等问题，严重影响了信息精准和政策落实。于是我积极协同县公安局、卫计委、民政局等部门对全县3043户14887人全部进行信息核实比对，共完成修改错误身份证号25人，清退重复人员4人、新上户107人、户口更新310余户、办理残疾证65人、确认贫困人口内患慢性病1485人、患大病42人、患地病596人、残疾713人，进一步确保了贫困户人员信息的准确无误，为脱贫攻坚各专项组在精准施策上提供了强有力的数据支撑。二是针对基层在精准识别建档立卡贫困户仍有对财政供养人员、经商企业人员、长期在外务工等人员把握不准的现象，我通过深入贫困户家中摸底调查了解情况，积极与自治区和昌都市信息数据组进行沟通了解相关政策，按照上级相关文件精神和指示要求，起草了《关于规范建档立卡贫困户精准识别的指导性意见》，切实解决了在边坝县精准扶贫工作中"精准"的问题，确保贫困户真正做到"应纳尽纳、应扶尽扶"。三是通过自己走村入户调查的情况，了解到由于农牧民文化程度低，知识掌握水平差，对党和国家的扶贫政策了解不到位，对自己享受的政策不清楚。为解决这一问题，我制作了《建档立卡贫困户基本情况明细表》3500余份发放到贫困户家中，里面涵盖了所有建档立卡贫困户需要掌握的信息及本人所享受的相关政策。这个明细表能有效地消除农牧民对政策了解的盲区，使贫困群众熟记于心，进一步增强贫困群众明白"惠从何来、恩向谁报"和感党恩的意识，进一步为全县精准脱贫工作夯实了基础。四是扎实推进数据统计人才培训工作，力求解决边坝县精准扶贫人才不足的问题。对每次的动态管理调整、扶贫手册填写、贫困户家庭的收入计算、精准识别和退出程序等，都组织扶贫专干和乡（镇）精准扶贫的负责人进行全覆盖培训，共开展培训10余场，培训200余人次，促进了边坝县精准扶贫和数据统计工作又快又好发展。

信息数据整理是一项很复杂琐碎的工作，稍有不慎，数据就会出现错误，一旦出错就会影响施策的精准程度，每次动态管理后我都积极与各专项组协调，不断加强对信息数据进行核对和整理分析。按照因户因人施策要求，根据致贫原因、结合贫困户所在乡（镇）、村（居）资源优势和实际情况，在对全县贫困户家庭情况进行深入分析的基础上，我将全县贫困户应该享受什么扶贫政策、适宜享受什么扶贫政策进行了分类统计，初步列出了发展产业脱贫2793户6211人、实施易地扶贫搬迁1624户7994人、政策保障兜底1655人、发展教育4609人、转移就业2981人的方案。通过对信息数据准确统计和分析，为各专项组在各项工作开展中找准了目标，明确了方向。

我始终严格要求自己，把"老西藏"精神作为自己的行为准则，工作中严谨、细致、求实、脚踏实地埋头苦干，做到了干一行、爱一行、钻一行，具有较强的责任感、服务意识和协调能力。在工作中，我始终保持端正的工作态度，严守工作纪律，树立了不骄不躁、扎实肯干的工作作风，不断增强工作的主动性和积极性，面对日常工作事务杂、任务重的工作性质，我做到了"眼勤、手勤、腿勤"，以高度的责任感、使命感和工作热情，积极负责地开展各项工作。同时，我能够以制度、纪律规范自己的一切言行，严格遵守机关各项规章制度，尊重领导，团结同志，谦虚谨慎，主动接受来自各方面的意见，不断改进工作，认真开展批评和自我批评，虚心听取领导和同事的意见建议，时刻保持党员形象。我始终坚持践行党的群众路线，牢固树立以人为本的理念，坚持全心全意为人民服务的宗旨，充分尊重群众，紧紧依靠群众，认真倾听群众的呼声，及时反映群众意愿，主动关心群众疾苦，帮助群众解决生产生活中的实际困难，做到权为民所用、情为民所系、利为民所谋，真正在为人民群众办实事、谋利益。因工作业绩突出，于2014年、2015年、2016年被评为"优秀公务员"，2017年荣立"三等功"一次。

"春蚕到死丝方尽，蜡炬成灰泪始干"是我作为一名共产党员对生命价值的追求；也是一名扶贫工作者的追求，我始终把党的事业和党赋予的各项任务作为自己最大的职责和最高的使命，为全县的精准脱贫与全国、全区、全市一道全面建成小康社会贡献自己的力量。

（边坝县扶贫办副主任 母兵）

促进产业发展，助力脱贫攻坚

脱贫攻坚战打响以来，我主要负责全市产业精准扶贫、精准脱贫工作。我的初期工作是负责编写《昌都市及各县（区）"十三五"期间产业脱贫项目规划项目库（2016—2020）》《昌都市及各县（区）"十三五"期间产业脱贫规划（2016—2020）》《昌都市及各县（区）2016年度产业精准扶贫实施方案》《昌都市"十三五"期间产业扶贫中期调整规划（2016—2020年）》《昌都市产业精准扶贫实施方案2018—2020年》《昌都市深度贫困地区产业扶贫规划（2018—2020）》《昌都市深度贫困地区产业扶贫实施方案（2018—2020）》《昌都市乡村振兴战略脱贫攻坚专项方案（2018—2022）》等各类规划方案。我主要撰写了《昌都市产业项目管理办法》《西藏昌都市产业精准脱贫工作指导意见》《昌都市各类产业扶贫项目实施方案》《昌都市产业发展实施细则》，负责起草全市各类督导调研组、巡视巡查组、现场会、调度会等各类脱贫攻坚会议汇报材料，负责全市各类审计组、巡视巡查组、交叉验收组查出的各类产业扶贫整改工作，撰写全市《2016—2019年产业扶贫简报》等各类材料。这些规划工作，为扶贫工作的顺利展开，打下了基础。

我负责审核督办全市已实施产业的 773 个扶贫项目实施方案、项目资料、项目批复、资金拨付等工作，核实项目所带动的 5.36 万人建档立卡贫困户花名册，梳理出整个"十三五"期间需要贷款的产业项目库、统计各县（区）现有产业覆盖情况和利益联结机制、督促各县（区）产业组搜集好"十三五"期间所有产业项目贷款资料（包括：项目会议纪要、项目批复、项目实施方案、项目建议书等资料）、统计各县（区）统计符合标准的龙头企业（含：大型企业、小型企业、引进企业等）申报资料。我多次前往各县（区）产业项目实施地督导调研产业扶贫项目建设情况，已完工产业扶贫项目利益联结机制完善及建档立卡贫困户带动工作等，为全市产业脱贫工作做出应有的贡献。

为破解全市产业发展瓶颈，特别是能人带动不足的问题，我积极督导各县（区）在项目选择上重点发展投资少、风险小、带动大、发展快，扶贫对象能够广泛参与的扶贫产业，着力做强"五大养殖基地""七大种植基地"；督促各县（区）在产业实施过程中，既要注重培育贫困户参与面大、市场前景看好的龙头企业，又大力扶持专业大户、家庭农场、农民合作社等新型农业经营主体；也要大力推行"公司＋合作社＋贫困户""种养大户＋贫困户"等现代农业模式，探索出"引龙头、建基地、扶大户、带农户"的产业化扶贫之路，辐射带动贫困户增收脱贫。我还通过采取援藏"引"、技术"帮"、项目"带"三种方式，来突破全市产业发展瓶颈。按照自治区脱贫攻坚指挥部《关于进一步加强产业精准扶贫提高贫困群众产业精准受益的通知》（藏脱指办 [2017]69 号）文件精神中"五定三精准"的工作要求，我结合昌都本地实际情况提出：建立家庭式产业、委托饲养、合作运作、订单式运作、股份合作、资产收益、"创新创业＋贫困户"新型创业兴业链、园区发展带动等 8 种利益联结机制。同时，我还督促各县（区）对已实施的产业项目按照全市 8 种利益联结机制，明确产业项目带动扶贫户增收方式，确保产业项目覆盖不漏一人，确保扶贫产业项目惠及全市建档立卡贫困户。

结合全市实际情况，我总结出：带动岗位就业、带动劳务输出、带动入股分红、带动订单增收"四带"增收模式。采取"公司＋党支部＋农户"订单种养殖模式、"专合组织＋农户"寄（托）养模式，大力发展订单农牧业，帮助贫困群众增收致富。按照"334"投资模式（其中：政府投入产业发展资金 30%、企业社会资本投入 30%、撬动金融信贷资金 40%），我大力督促各县（区）大力发展农牧产业龙头企业，为今后全市产业发展夯实基础。为了加大产业精准扶贫金融贷款力度，我经常与驻昌各商业银行对接产业项目贷款进展情况，采取金融租赁"筑巢引凤"的投资模式。由昌都市政府委托的蓝天圣洁投资公司利用产业资金或"过桥贷款"资金，将修建好的项目租赁给有实力的企业经营运作，利用企业有销售渠道市场、有优质管理团队的优势，进而做大做强基础产业。

2013 年 12 月，我被昌都市农业农村局选派到江达县德登乡神青村驻村并担任驻村工作队队长。驻村期间,我与队员一同走村入户900多次,农牧业技术指导40余次,慰问神青村"三老人员"、低保户、五保户、孤儿、残疾人等弱势群体300余次,为其购买慰问品、发放慰问金至今共计90多万元。我组织村民维修公路7次,发放各项支农惠农资金80多万元、调处各类纠纷12起;帮助神青村468人办理养老保险、998人办理医疗保险、帮神青村26户口村民办理涉农保险。同时,我召开群众大会21次、组织村民开展党的群众路线教育实践活动学习6次,培训农牧民5000人次。驻村期间,我把群众的生活始终放在第一位,从派出单位市农牧局及江达县农牧局协调项目4项:给群众争取草场网围栏5.6万米、招鹰架(巢)210根、牛棚圈项目90座、人工种草项目1500亩,共分三批次从共青团昌都市委争取各类捐赠衣物350包14552件,从市交通局争取到修建神青村境内涵洞2个,驻村期间为神青村争取到各类项目总经费约400余万元。

驻村一年,我坚守岗位,撰写强基惠民简报55期,共完成招生71人,超额完成县乡下达神青村的招生任务。驻村期间,我非常重视基层组织建设问题,不断思索如何发展基层组织,重点培养一批有责任、有能力、有技术的基层领导班子,驻村一年共吸收入党积极分子2名,成功培养党员1名及村后备干部3名,认真贯彻落实神青村"两委"班子换届工作、双联户分组及户长选举、草管员分组及管长选举等工作。在生活上,我与村民同吃同住同劳动,与农牧民群众打成了一片,为了了解民生、民情,至少每月两次到每家每户走访,千方百计为解决神青村民生问题做努力,积极为百姓做好事、办实事、解难事,深得神青村农牧民群众及上级相关领导的一致好评。驻村一年,我被评为西藏自治区级第三批强基础惠民生先进驻村工作队队员,我所领导的神青村驻村工作队被评为昌都市级第三批强基础惠民生先进驻村工作队、队员被评为江达县第三批强基础惠民生先进驻村工作队队员。

为了全市产业脱贫攻坚工作,我多次下乡下村督导产业项目工作,在单位时经常加班加点整理文件、上报材料,疏于照顾一家老小。我的妻子是一名医护人员,由于工作繁忙,无暇照看孩子。自2015年脱贫攻坚工作开始以来,我既要照管不满2岁的双胞胎儿子,又要带病(高血压、心脏病、脂肪肝、痛风等高原病)奋战在脱贫攻坚路上,但我并没有对单位领导抱怨这些,默默地与妻子一起克服困难。

在脱贫攻坚的峥嵘岁月里,我头上的白发更多了,额上的皱纹更深了,这些都是我长期以来辛苦操劳、夜以继日加班加点留下的印记,但我一点儿都不在乎。在我看来,头上的白发、额上的皱纹,就是脱贫攻坚事业、就是广大脱贫群众送给我的最好的礼物。情系农村,情系农民,上为政府分忧,下为百姓解愁,让党放心,让群众满意,是我的奋斗目标和追求。

(昌都市农业农村局 牛继平)

精准扶贫，事无巨细必躬行

2016年6月4日，到察雅县履新后，我第一次到阿孜乡扎拉牧区调研精准扶贫工作，村"两委"干部为我献上洁白的哈达，面对一张张信任的笑脸，那一刻，我在内心对自己下了一个决心：一定要为群众做点力所能及的事情。

为了解村情民情和群众贫困情况，我和驻村工作队的同志们一起走村入户，通过走访、接触，我深切感受到：只有走进牧民的家，握住他们的手，喝着村民的酥油茶，倾听群众说话，才能真正了解他们的心声；只有怀揣着对人民群众的深厚感情，融入群众生活中去想问题，把群众当亲人，与群众交朋友，才能赢得群众的肯定和赞许。

在精准扶贫工作中，能为他们做点什么呢？刚开始的时候，我也曾豪情满怀，想为村民做点"大事"。但后来我才明白，村民的"大事"其实就是身边普普通通、实实在在的"小事"，就是村民所想、所盼的"小事"。

扎拉牧区教学点，共有36名学生，因为教学设施差，所以学生人数偏低。针对学前教育资源缺乏的现状，我在扎拉牧区调研工作时，和驻村工作队一起，多方联系，克服困难，创造条件争取改善学校的教学条件。我先后发动组织部干部为30名学前儿童募捐衣服30套、书包30个，价值5000余元；利用去牧区调研工作的时间，为返乡的中小学生开展功课补习活动，累计50余小时；帮扶贫困学生3名；慰问贫困学生14名。在有关部门的关心下，现在的扎拉牧区教学点，教室宽敞明亮，学生们再也不用在"土楼"里面读书上课了。

2016年8月的一天，江嘎村索朗拉巴村长向我反映，村里的青稞地屡遭牛羊破坏，大量的青稞苗被踩踏，群众损失严重，急需加强围栏建设。我实地到江嘎村了解具体情况后，第二天我和阿孜乡草奖办干部一起，找到县农牧局负责人，为江嘎村申请了1500米网围栏，现在江嘎村的青稞地再也不会遇到牛羊破坏了，群众种的粮食得到了保护。这件事情虽然很小，但想到能为群众办一件好事，我心里是很快乐的。

作为阿孜乡的联系点领导，我组织部里的全体干部利用微信平台，宣传合作社生产的人参果，帮助销售1000余盒，带动群众增收15万元。利用村级组织活动场所标准化建设和察芒公路建设的有利契机，帮助扎拉牧区6个村一并建立村级集体经济，大约年增收10万元以上。一件件小事，一件件好事，精准扶贫工作在群众心中生了根，发了芽。我再一次感受到：真心可以换来真情，只有把群众当亲人，群众才会把我们当亲人。

邓普村的拉姆，是村里唯一的孤寡老人。在精准扶贫调研时，我为她添置生产生活用品，生病时带她去看病，并委托驻村工作队每月去她家帮助生产劳动，排查安全隐患。后来，巴桑老人每次到村委会和驻村干部们聊天，最喜欢说的就是"精准扶贫好""共产党好"，她沧桑的脸上写满了笑容。那一刻，我深深地明白了在精准扶贫工作中，从"小事"做起的分量。

2017年3月，我在阿孜乡调研精准扶贫工作，在江嘎村进村入户时，我了解到江嘎村的群众仅仅依靠种植青稞增加收入，大部分青壮年在家无所事事达8个月以上，少部分青壮年有外出打工意愿，但缺乏技能因此劳务输出极为困难。村里因缺少计生知识宣传，90%左右的家庭都是小孩子多、劳动力少，精准扶贫、精准脱贫工作难度极大。转变观念，成了摆在我面前亟待处理和解决的问题。现实的困难是比较好解决的，如德拉家，德拉身体不好，丈夫前几年不幸病故，一个人带着3个女儿艰难地生活。一个妇女要承担起一个家庭的确不容易，女儿们全部辍学在家。我了解到这一情况后，立即与乡政府、县民政局、县教育局、县中学和阿孜乡小学积极进行联系，不久，德拉的两个小女儿回到了学校读书，大女儿想帮助家里减轻负担，我帮助她在县城找了一份宾馆服务员的工作，让她们全家解决了生计问题。但是精准扶贫工作任重道远，观念的转变只能从潜移默化中逐步改变。结合"两学一做"学习教育常态化制度化和十九大精神宣讲，在以后的下乡调研时，我开始宣讲精准扶贫政策和法律法规常识。在乡里召开各种会议、与乡干部交流、与群众交谈中，我和组织部的全体干部们大力宣传国家的支农惠农政策、精准扶贫政策、计划生育政策，希望通过改变群众的发展观念，推进精准脱贫，推动发家致富。那一刻，我体会了"小事"的快乐。

觉萨村老党员江白落珠，身体虚弱，腿脚不灵便，平时只有他和老伴在家里。我了解到这一情况后，在精准扶贫结对帮扶工作中，我主动与他结对，每次利用去阿孜下乡的时间去看望他，帮助他解决日常生活中的困难。我同他聊家常时，他总是说"我是经历过旧西藏社会的人，我知道现在的生活来之不易。如今党的政策一年比一年好，组织对我很关心，我感到很温暖。"那刻，我感受到了"小事"的力量。

还有一件事，至今让我记忆深刻。邓普村有这样一户人家，家里有4口人，户主名叫其美次仁，家里有妻子琼琼和两个儿子洛巴、四郎丁巴。我在邓普村调研精准扶贫的时候得知，其美次仁因为患有大骨节病，落有残疾，至今无法治愈。而这兄弟俩为了照顾身患残疾的父亲，主动承担起了家庭生活的重担，加上家中并没有什么劳动力，仅仅靠着家里为数不多的几头牦牛和山上的两亩耕地以及低保救助金生活，家庭的经济条件自然是非常贫困的。有一次，我到阿孜乡下乡时，这兄弟两人哭着找到我，用并不标准的普通话告诉我，他们家的牦牛从山上摔下来了，能不能让我帮忙联系一下保险理赔事宜。我马上联系了邓普村驻村工作队，赶到事发地点，进行现场拍照取证。这件事给了我很大的启发,回到阿孜乡政府后,我立即召集邓普村全体群众召开村民大会,用电话联系县农牧局相关工作人员为大家讲解了牲畜意外保险政策。到了年底,我再次来到阿孜乡,洛巴兄弟看到我,他们流着泪用半生不熟的普通话对我说死亡牦牛的保险金拿到了。但是这次,我能明显地感觉到他们的泪水是感恩的泪水,是幸福的泪水。

"授人以鱼不如授人以渔"。要从思想上解放农牧民,是脱贫的根本之道。在下乡调研的过程中,我发现有不少贫困户存在"等、靠、要"的懒惰思想,这种思想极大地制约了脱贫攻坚任务的实现。我觉得一定要科学地引导贫困户转变落后的思想观念,让他们树立自主脱贫的意识,让他们有脱贫的必胜信心,在国家支农惠农政策的支持和政府的帮助下,用自己勤劳的双手创造美好的幸福生活,走上幸福之路。

绿水青山就是金山银山。阿孜乡属于高海拔牧区,草场资源丰富,养殖牦牛、绵羊等牲畜是牧民的主要收入来源,然而牧区的生态环境比较脆弱,脱贫攻坚和精准扶贫的任务很重,在发展产业项目上,要做好产业项目的科学规划,统筹经济发展和环境保护,在产业项目的发展上应当以绿色产业为主,尽量避免资源开发类项目,不能以脱贫为借口而破坏生态环境和牺牲后代的长远利益,不能出现经济脱贫了生态却破坏了的局面。

"泰山不拒土壤,故能成其大;河海不择细流,故能就其深"。精准扶贫工作是平凡的,但在平凡的工作中,小事情也是大责任,只要用心去做、认真去做,以阳光的心态,以务实的作风,把小事做实,把实事做好,同样可以演绎充实、快乐、精彩的精准扶贫、精准脱贫生活。

(察雅县县委常委、组织部长 陈刚)

扎根乡村,恪守职责为扶贫

脱贫攻坚战打响以来,我一直坚守在基层一线,一心一意带领基层干部开展扶贫工作。作为一名在农牧区生活长大的干部,我深知农牧民群众的疾苦,多年来,我始终坚持为农村、农牧民群众着想,尽心尽力为他们服务,领导他们走发家致富的道路。就职以来,我认真贯彻自治区、市、县关于脱贫攻坚工作的一系列安排部署,不断强化政治意识、健全工作机制、拓宽脱贫思路、落实产业项目,解决广大贫困群众热点、难点问题,不断加大工作力度,积极推进藏鸡养殖场、康巴香猪养殖场、康卡绘画等产业项目提质增效,在推动全乡精准扶贫、精准脱贫任务落实中发挥了积极作用,为全乡脱贫攻坚工作贡献了一份力量。

沙丁乡地处怒江流域峡谷地带，自然条件较差，基础设施薄弱，群众生产生活水平较低，全乡585户3974人中有建档立卡239户1391人，占总人口的35%。自2014年10月担任党委书记以来，我就立志改变沙丁贫穷落后的面貌和改善群众的生产生活条件。全面启动精准扶贫工作以后，我更加明确了自己作为党委书记的"一把手"职责，明确把抓好脱贫攻坚工作作为一项政治任务来推动落实。在日常工作中，我坚持刻苦钻研精准扶贫政策，深刻领会精神实质。结合当地情况，我根据全乡贫困户的基本状况，确立了脱贫攻坚工作思路，找出问题症结，找准致贫原因和制约农村经济发展的主要矛盾，指导制定了适合本乡的发展规划，有针对性地开展精准扶贫工作。按照乡党委书记在任期内要走遍自然村和贫困户的要求，我经常深入到每位贫困户家中，广泛宣讲脱贫政策，开展调查研究，对各类情况分别进行摸排，力求掌握第一手资料，找出制约发展的短板，在帮扶措施上因户而异，精准施策，对症下药。通过逐户摸排，对全乡239户1391人贫困人口，按不同层次、不同致贫原因进行归类，列出需求清单，制定年度实施计划，指导开展精准扶贫工作，为全乡脱贫致富奔小康创造良好的条件。

为了做好脱贫攻坚工作，不让一户贫困户掉队，我逐一走访各建档立卡户，与他们拉家常、问原因、鼓斗志、明方向。针对每户贫困户的不同致贫原因，我要求驻村干部扶贫先扶志，制定每户的发展措施，盯紧市场引导群众发展产业。为了使贫困户切身感受党和政府的温暖，我身先士卒、积极主动、服务群众，与他们谈心、谈生活、谈党的政策。让我记忆犹新的是，2018年11月15日带领党员干部看望慰问全乡"五保户"，特别是在看望慰问时主动为生活不能自理的"五保户"完成修剪指甲、洗脚、洗头发、洗脸、测血压、发放药品等事情。这种平易近人的工作方式，得到了群众的信任与好评。我始终坚信，真心可以换来真情，付出的点滴汗水，赢得的是沉甸甸的回报。通过一桩桩实事好事，使全心全意为人民服务的宗旨切实在群众心中生了根，发了芽，深深感受到只有把群众当亲人，群众才会把党政干部当作可信可亲的亲人。

精准脱贫重在思路清晰，措施精准，规划到位。作为乡村带头人，我始终围绕减贫目标和脱贫摘帽标准定规划、明措施，确保精准脱贫不离心、不偏向。面对基础条件薄弱的现状，我带领全乡党员干部、村"两委"班子抢抓扶贫机遇，把项目建设作为促进群众脱贫致富的有力抓手。近几年来，沙丁乡建成了良种青稞种植基地，完成了安全饮水工程，完成了危房维修加固工程等，群众生产生活条件有了极大改善，全乡热点、难点等问题得到解决，有力地推动了沙丁乡又好又快的发展。

"授人以鱼不如授之以渔"。我领导干部群众转变"抓扶贫就是给资金"的观念，瞄准致贫根源，更加注重源头治贫，坚持走"造血式""开发式"扶贫的路子；扎实抓好项目建设，实现"输血"与"造血"相结合，从根源上解决长远生计和持续发展。经过长时间的调研分析，我领导乡村干部，采取了一些有效的措施。一是切实解决扶贫异地搬迁户的生计问题，通过产业拉动，保证扶贫搬迁群众"搬得出、稳得住、能发展、可致富"。二是引导群众在发展养殖业方面做文章，引导贫困户发展养殖业。在我的积极推动下，沙丁乡现有农牧民藏鸡养殖场、康巴香猪养殖场、康卡绘画项目等多个项目，提质增效明显，群众增收明显，尤其是更多的贫困户通过养鸡、养猪脱贫致富。为有效增加家庭收入，我先后深入各自然村、贫困户家中，对有培训意愿的建档立卡贫困户一一进行登记，分类梳理，建立档案，做到培训对象摸底准确；然后通过开办夜校，培训农牧民群众养殖相关技术，这些举措有效提升了贫困户的劳动技能，为他们脱贫打下了坚实的技术基础。

在我的跟踪督促下，党的各项惠民富民资金做到了及时足额兑现，切实把党的关怀送到了农牧民群众的心坎上。同时，我还组织驻村工作队、村"两委"大力宣传精准扶贫贷款政策，督促村干部深入贫困户认真调查摸底，使所有有贷款需求的贫困户都能享受到精准扶贫贷款政策。通过资金贷款，很好地解决了贫困户发展资金不足的问题，为贫困户进一步发展提供了资金保障。

（边坝县政协副主席、沙丁乡党委书记　多吉）

发挥援藏优势，打造龙头产业

作为厦门市第七批（福建省第九批）援藏工作队队长，我始终将脱贫攻坚巩固与乡村振兴战略有效衔接，持续加大投入，突出产业帮扶，继续改善民生、凝聚人心，把进一步提升人民群众的获得感、幸福感和安全感作为自己的目标使命。

进藏一年多来，我从对新环境的不熟悉到逐渐融入，再到全面推进工作开展，无论是工作环境的巨大变化，还是角色的转变，对我来说都是巨大的挑战。通过克服种种困难，我带领着厦门市第七批援藏工作队取得了巨大的成绩，全面助力左贡县在2019年年底以"综合表现昌都市第一名"的成绩脱贫摘帽，贫困群众全部退出，厦门市第七批援藏工作队也因此获得西藏自治区"五四青年奖章先进集体"的荣誉。这些荣誉的取得，与我和我带领的援藏工作队的努力是分不开的。

以援藏实际工作着力践行"两个维护"。随着援藏工作的深入，我逐渐深刻地认识到西藏极为重要的战略意义，深刻认识到党中央对西藏的种种政策是何其英明和深思远虑，深刻认识到援藏工作是具体贯彻落实党中央决策部署实实在在的举措。无论是做项目决策、开拓创新援藏业务，还是队伍的管理，首先考虑的是必须从政治大局出发。"我们是党中央派来援助西藏建设的,我和全队上下将严格从政治意义和政治大局上认识和开展援藏工作。"我将初来西藏的承诺牢记于心。为此,作为厦门援藏工作队临时党支部负责人,我带头学习各级相关文件精神,严格严肃规范开展党支部系列活动,确保党支部发挥战斗堡垒作用。在2020年防疫期间,厦门援藏工作队临时党支部成员冲锋在前,成立突击队,协调计划外援藏专项资金100万元。在抗疫最紧张的春节假期内,运送近百万急需防护物资进藏,极大地增强了左贡防疫力度,取得了良好效果。厦门援藏工作队临时党支部突击队因此获得昌都市"最美抗疫先锋队"荣誉称号。党组织坚强有力,全队上下团结一致,为援藏各项工作有序开展奠定了坚实的组织基础。

以多方实举助力打赢打好脱贫攻坚战。左贡县于2019年年底顺利完成建档立卡贫困人口2676户13423人全部脱贫、全县脱贫摘帽。我直接参与脱贫攻坚的重要任务,也在这个伟大任务中锻炼成长。由我主导的一些措施,都取得了良好的效果。一是努力争取资金支持,厦门援藏计划外资金力度之大居各地市前列。在计划内资金支援1.72亿元的基础上,争取计划外资金支援9723万元。特别是争取厦门市集美区、翔安区从2020年至2022年每年1400万元的帮扶资金投入。共实施项目44个,这些项目的实施,为脱贫攻坚奠定了坚实的基础。二是积极推动产业发展。领导厦门国企助力左贡产业发展,实施夺达产业园项目,招商引资见成效等,从产业发展上助力左贡脱贫攻坚。三是在助力民生工程方面收获颇丰。易地搬迁方面,投入2000万元助力建成左贡县亚中村易地扶贫搬迁安置点,安置建档立卡户142户683人,投入4103万元助力建成左贡县四方祥和新村易地扶贫搬迁安置点,安置建档立卡户893户4814人。教育脱贫方面,硬件上投资4893万元实施教育项目7个,软件上在旺达镇中心校建成"远程同步智慧课堂",开创了昌都市远程同步课堂的先河。医疗卫生方面,硬件上投资3300万元建设县医院综合大楼,885万元建设疾控中心大楼,推动乡镇卫生院建设,提升公共卫生服务均等化;软件上积极开展培训和传帮带工作,先后组织3批次共30医务人员赴厦门开展培训,组织4批次"组团式"医疗人才10人次进藏指导;切实提升当地医务人员总体能力水平。促进农牧民就业增收方面,协调厦门科技局派出专家指导葡萄种植,特别是为碎片化种植提供有力的技术支撑,通过葡萄产业带动发展和碎片化种植,实现怒江、澜沧江流域6个乡镇1724户建档立卡贫困户户均增收1万元以上。协调厦康公司组织开展消费扶贫、推动农产品深加工,促进农牧民农产品变商品,增加农牧民经营性收入。四是带领厦门援藏工作队全体成员积极参与结对帮扶。先后结对帮扶18个贫困建档立卡户,加上援藏教师结对帮扶贫困学生27人,累计帮扶资金和物资共计8万余元,协调解决问题25个,所结对帮扶对象已全部脱贫。在脱贫攻坚战期间,我带领全队上下全面融入、全面履责,亲自担任左贡县脱贫攻坚健康扶贫组组长,全面落实脱贫攻坚战中"基本医疗有保障"各项具体任务,严格落实县级领导蹲点指导各乡(镇)脱贫攻坚工作,协调解决问题,和全县干部一起加班加点,持续开展脱贫攻坚督导工作,助力脱贫攻坚工作落实。

引进全产业链条理念，助力打造龙头产业。2020年6月22日，厦门援藏工作队引进的西藏成功红集团天基酒庄正式在左贡灌装生产，同时，该公司收购中林卡万亩葡萄基地，这意味着左贡县葡萄产业全产业链全面完成。在左贡县3个乡镇2020年又扩大种植面积946亩，受益群众将达1000多户，丰产期（2023年），全县受益群众将达2000多户，企业利税将达3000万元/年，为左贡县打下坚实的产业基础。在尝到葡萄酒产业的甜头后，结合左贡藏香猪品质好、有群众养殖习惯，我一直在谋划发展藏香猪产业，于2019年年底落地了藏香猪入闽进厦工作。由于这一举措效果明显，更加坚定了我推动藏香猪产业发展的信心和决心。2020年上半年，我积极参与西藏自治区昌都市藏香猪产业发展工作，全力以赴，使左贡县藏香猪产业纳入西藏自治区和昌都市发展重点示范县，并制定打造"左贡县碧土乡藏香猪源头品种"占据西藏藏香猪产业链绝对顶端的发展战略。随后又争取到中央专项扶贫资金3753万元和厦门市援藏计划外资金1000万元，用于支持左贡县藏香猪产业发展。同时，在福建援藏总队的指导下，引进福建供销e家公司，以此打造左贡县藏香猪产业全链条。这一产业的发展，持续受益群众将达3000多户。至此，在厦门援藏工作队的协助下，左贡县种植业唯一的龙头产业和养殖业唯一的龙头产业有了很厚实的基础。

创新医改理念，助力左贡医改显成效、作示范。"当地群众最缺什么，我在藏工作期间的目标任务就是什么。"秉持这样的理念，经过全面深入调研，我发现左贡县发展的历史阶段，决定了当前最缺乏的不是资金，而是先进理念的引进和落地。其中，最大的民生短板就是医疗卫生。在厦门第七批援藏工作队进驻之前，左贡县人民医院还只是一级医院，"全县县域就诊率只有65%，基层就诊率只有13.5%，招不到新医生、留不住好医生、看病难看病贵、公卫没有全面落实、医疗基础设施薄弱"的事实客观存在，这也导致了县医疗卫生事业长期处在昌都市的末端。全县上下都看在眼里、急在心里，却一时没有什么好办法。

面对医疗短板突出的难题，我没有退缩，而是选择勇敢面对。当县里征求分工意见时，我主动担当，积极作为，申请分管医疗卫生部门，并主动担任创二甲指挥部总指挥长、县乡医疗卫生一体化改革领导小组组长的职务。

领下军令状，就得全力以赴。通过大量基础性工作，我发现，问题的源头还是出在机制体制方面，要彻底改变被动局面，就必须彻底改革。医改最大的核心、最难的问题，就是权力的再分配和打破利益藩篱。一定要解放思想才能顺利改革。我全力争取左贡县成为昌都市的改革试点，通过引进来和走出去，让大家看到医改带来实实在在的好处。通过我不辞劳苦，与一个一个单位的沟通协调，让各单位树立要医改的理念和参与医改的决心。最终，全县上下一条心，统一了左贡就是要医改，就是要打赢医疗卫生事业翻身仗的目标。在具体操作层面上，我始终坚持问题导向，引进福建医改理念，结合左贡实际，一个一个地破解难题。在财政体制上：彻底改变了原来乡（镇）卫生院先干活再报销的做法，上级资金在9个工作日内到位乡（镇）卫生院。2020年上半年下拨资金同比2019年上升78.14%，这个举措也破解了西藏县一级医疗卫生资金大量沉淀的老大难问题。在绩效体制上：彻底改变了原来县人民医院绩效吃大锅饭的做法。建立"按劳分配、多劳多得、优绩优酬"的绩效分配制度，使得部分医生从原来的每月的两三千元绩效提高到一万多，保障了医生的工作成果，并在乡（镇）卫生院、村医、县疾控中心和基本公卫实施绩效管理，全面增强工作干劲。在人事体制上：彻底改变全县、乡（镇）医院各自为政的面貌，将全县医务人员由县人民医院统筹使用，实行全员岗位管理，改变了原来一张任命管到底的做法，落实了"能者上、庸者让、劣者下"的良好管理制度。彻底解决了一些困扰基层医疗卫生业务落地的痛点、堵点和难点问题。通过这些切实有效的举措，县域就诊率同比增长23%、基层就诊率同比增长25.2%，左贡县人民医院2020年上半年评定为二级医院，也破解了医疗卫生系统招人难的问题，向各省市招聘到医务人员16名，群众满意度也达到91%。

引进先进模式助力社会治理能力体系现代化。在厦门市集美区担任文明办主任期间，我创造"政府购买社工服务常态运营社区书院"模式，获得各方好评，深受群众喜爱。为此，我结合左贡实际，以左贡县旺达镇列达村爱国主义教育基地为基础，结合厦门先进模式，引入社工运营方式，稳步推进左贡县新时代文明实践品牌建设。

同时，厦门市是全国文明五连冠城市，志愿服务体系完善，项目化运作机制成熟。我努力把志愿服务体系建设理念引进左贡并落地，推动左贡县于2020年5月成立左贡县志愿服务联合会，并策划开展和打造以藏区青少年和儿童身心健康为关注对象的"格桑花开"品牌志愿服务项目。自项目启动以来，得到社会各界的关注，不到两个月，就已经落地项目5个（"格桑花开无疣无虑"、"格桑花开大爱聚力"、"格桑花开豆蔻成长"、"格桑花开书香珠然"和"格桑花开青春奔跑"），各方支持资金（物资）近100万元，共有4000人次青少年儿童直接受益。其中"格桑花开 无疣无虑"项目，委托左贡县人民医院解决藏区青少年寻常疣疾病，首次治疗患者271人，治愈232人，未治愈的39人参加后续治疗。我致力于把厦门志愿服务项目化运作等理念引进来，既要策划系列志愿服务项目，更要培育当地志愿服务队伍发展，努力在左贡促进完善志愿服务体系，为志愿服务搭建更多平台，进一步贡献推动左贡社会发展进步的智慧和力量，助力社会治理理念和治理能力现代化。

以扎实勤恳作风维护好援藏干部形象。作为厦门第七次援藏队长，我始终保持谦虚谨慎、低调务实的作风，尊重领导，维护班子团结，绝不说不利于团结的话，绝不做不利于团结的事，从来不以援藏身份而"高人一等"，严格履行请示报告制度，迅速和当地干部群众打成一片，营造干事创业良好氛围，并建立和落实左贡县援藏工作联席会制度，用制度规范授受双方项目决策、实施等。

我将带好队伍树立福建援藏干部良好形象时刻牢记心中。每月定期召开党支部会议、队务会，开展谈心谈话活动和主题党日活动，超过1万元的支出需上会集体研究，用制度管权、管人、管事，实现援藏队管理制度化、规范化、科学化。以身作则，从不和利益关系人私下接触，清清白白做事，堂堂正正做人，学习在藏干部好的作风和做法，在厦门援藏工作队树立风清气正的良好氛围，致力于干出一番不俗的成绩。

我始终带着厦门特区干部创新开拓的作风，在医改、产业、社会治理等领域大胆改革创新，并结合左贡县实际，让各种举措实实在在落地，通过机制创新带来改革正能量变化，既在藏区走前头做示范，更能为左贡群众带来和留下永久受益带不走的"长效机制"。

（厦门市第七批援藏工作队队长　黄新聪）

办实事情暖民心，谋发展不辱使命

自2013年9月，我作为武钢集团第四、五批援藏干部支持西藏建设（连续留任援藏），任八宿县县委常委、常务副县长，2016年7月挂职到八宿县藏东源创业投资有限公司，担任公司董事长兼法人。在远离故乡、远离亲人的六年时间，我始终坚持发扬"缺氧不缺精神，吃苦不讲条件"的实干精神，紧紧围绕"人才援藏、智力援藏、产业援藏"，践行"听组织安排、科学援藏、真情援藏"的援藏誓言，立足本职，开拓创新，积极开展调查研究，全力衔接项目落地，积极谋划八宿发展，主动研究解决农牧民群众诉求问题，为八宿发展、改革、稳定和脱贫攻坚作出了突出贡献，树立了援藏干部的良好品质，展现了新时代援藏干部的昂扬干劲。

如何使用好有限的援藏资金，是援藏工作的一项重要事务。在援藏资金的管理和使用上，我本着科学规划、合理分配的原则管好用好每一分援藏资金，注重援藏资金的协调衔接，强化对援藏项目的调研论证，加强对援藏项目的监管落实，确保援藏资金用到最需要的地方，确保每一个援藏项目都能发挥最大效益。2013年至2020年年底，武钢集团累计投入援藏资金8280万元（其中：协议内资金6630万元，协议外1650万元），先后建成了益青乡尼穷村新农村、吉达乡东然依村新农村、八宿县藏猪藏鸡养殖基地、八宿县藏族服饰加工厂、县产业园园区供水、同卡镇敬老院、县政府办公楼附属工程等一批重点民生项目，计划安置建档立卡贫困120户840人的西巴易地扶贫搬迁安置点按照计划将顺利完工并实现入住。这些切实有效的举措，很好地解决了当地群众的实际困难，助推了八宿经济社会跨越赶超发展和脱贫攻坚。

经过深入调研和缜密分析，我认识到八宿要实现大发展、群众要脱贫，产业是关键。如何把援藏工作重心放在由"输血型"向"造血型"转变上，需要充分利用八宿资源优势和发展潜力，而产业则是突破口。为此，我科学谋划藏东源投资公司筹建工作，学习借鉴各省市产业发展运营管理模式，致力于搭建产学研发平台，全力推动八宿产业发展。八宿县藏东源创业投资有限公司2018年共计提出2738466.09元，用于全县产业分红，此次分红覆盖了10个深度贫困乡镇4514户12970名建档立卡贫困群众，在增强八宿发展后劲的同时，为八宿打赢脱贫攻坚战奠定了坚实基础。除此之外，我还采取诸多措施，推进扶贫工作。

八宿县各项工程陆续开工建设，对建材需求剧增，为满足工地砂石、商混的需求，我负责招商引资了一个砂石生产企业，该企业将每年收益的40%交至投资公司，作为全县产业分红。2017年1月，该企业在八宿县注册成立八宿县鑫源建材有限公司，注册资金2500万元，主要从事商品混凝土、砂石加工销售等，该公司建设有砖厂生产线一条、砂石生产线两条、两个商混站及一个标准化实验室。每年为八宿县解决用工50余名，签订了16户结对帮扶协议，培训扶贫专业技能9人。2018年，鑫源建材公司实现销售收入5502.79万元，实现利润911.7万元，发放扶贫物资7040元，发放扶贫就业收益64.25万元，发放产业分红34.8万元，辐射带动周边运输车队收入达345万元。这些看得到的经济收益，为八宿县脱贫攻坚发挥了重要作用。

为了有针对性地做好扶贫工作，我带领工作人员经常走村串户深入建档立卡户家中，进行细致的调研摸底，对建档立卡户的基本情况、所在村居和乡镇的经济发展产业现状、群众脱贫愿望有了清晰深刻的认识。我个人自2016年为三户建档立卡提供资金支持28000元，看望慰问物品发放4500元；为解决八宿县异地搬迁群众就业问题，按照"就业一人、脱贫一户、稳定一家"的工作要求，我在八宿县组建了培训就业中心。培训方式侧重培训周期短、易学易会、脱贫增收见效快的"短平快"技能培训，以八宿本地特色包子为主。之后，等易地扶贫搬迁户的食品加工技能熟练后，再指导他们转型，由他们自己承包门店创业（建档立卡户承包门店给予相关优惠政策），增加自身收入。然后，培训中心再招收下一批易地搬迁贫困户进行技能、创业培训。每批可解决6~8人，综合工资每月能达到2000元以上，这一举措为解决转移易地搬迁贫困户就业问题提供了有效途径。为促进建档立卡户就业，根据建档立卡户情况，多次介绍建档立卡户到建材公司和相关企业工作就业，累计为14人提供就业岗位。

八宿县区位优势明显，旅游资源丰富，是昌都市旅游发展的重点区域。县域茶马古道文化、民俗文化和红色文化底蕴深厚，集结了318国道的"惊、险、绝、美、雄、壮"的各类景观特色。特殊的地理位置、旅游资源、气候条件给八宿县带来了发展契机。为响应县委、县政府"全域旅游"规划安排，我委托武汉市规划研究院对泛邦达景区、然乌湖景区进行了规划，并亲自参与制定了泛邦达、然乌湖两个景区的详细规划、总体规划。同时，我制定了八宿县藏东源创业投资有限公司《旅游产业发展精准扶贫工作方案》。精准扶贫方案共有四个大块，分别为助学帮扶、孤寡老人帮扶、创业培训帮扶、扶贫产业发展帮扶。每年提取业拉山、然乌湖—来古冰川两个景区经营收益的10%资金，用于精准扶贫。我所规划的产业扶贫项目"西藏八宿怒江72拐峡谷观景台建设工程"，于2019年2月开工，2021年2月完工投入运营。

八宿风高不惧行，怒江河水连亲情。在援藏这个大舞台上，我把青春、智慧、汗水和梦想挥洒在高原，我的一言一行不仅折射出的是中华民族几千年来一脉相承的家国情怀——舍小家顾大家，而且更展示出我践行援藏诺言、服务边疆地区，为推动民族地区各项建设事业、为八宿县脱贫摘帽默默耕耘、无私奉献的情怀。

（八宿县常务副县长、武钢集团援藏干部 黄萌）

救死扶伤，用爱心传递温暖

我是一名援藏医生。进藏之初，许多人问过我为什么去援藏？我回答说："人活着是需要有家国情怀的，总会有顾大家舍小家的时候，总要有顾大家舍小家的人，不是我就是你或者他。更何况，我的家人们非常支持我的决定。"所以我来到了平均海拔4500米、年平均温度2.6摄氏度的雪域高原上。我觉得自己一定能为这里做些什么。

就像是要考验我一下似的，到类乌齐县没多久，我就遇到了一件需要花大力气的事儿。4月末的一个早上，我带着科室的医生们例行查房时，发现了一个刚出生8天的幼儿，被确诊患有先天性食道闭锁。我有些吃惊，食道闭锁是需要第一时间手术治疗的，怎么确诊了还不赶快去医院呢。细问之下才得知，患儿的父母是本县牧区的，患儿出生后在昌都确诊患有先天性食道闭锁，医生建议患儿的父母赶紧带孩子去医院手术治疗，否则孩子随时都可能出现生命危险。由于患儿的父母不会讲汉语，对孩子出现的病情手足无措，茫然间把孩子抱回了家，但又不忍心在家里眼睁睁地看着孩子死，于是把孩子又抱到了县医院来，想着能熬一天是一天，能看着孩子一天是一天。

我一下意识到，自己遇到了一件需要和死神赛跑的事儿。我立刻在患儿床边和重庆的相关专家联系，得知了重庆市儿童医院可以手术治疗孩子的病，如能尽早转诊，治愈率是很高的。孩子的父母知道了自己的孩子有治愈的希望后，极力地向我表达，希望我能救救这个孩子。我一边积极治疗稳住孩子的病情，一边向各级相关部门汇报求助，获得了包括类乌齐县医院、重庆儿童医院、昌都市卫计委、重庆市卫计委、重庆第八批援藏队等渝藏各级各部领导、专家们的大力支持。在发现患儿病情的第3天，一场跨越1500公里的"生命接力"实施了。临走时，类乌齐县援藏队的全体队员自发到医院给孩子送行，为了图个吉祥，大家给孩子取了个小名叫"扎西"。小扎西的父亲对我说，他把家里和亲戚所有能凑到的钱都带在身上了，总共有三万块，但他还是担心钱不够。我告诉他，别担心，钱的事情，我来想办法。

当小扎西乘坐的西藏航空TV9907次航班顺利降落重庆江北机场时，重庆市儿童医院的救护车及救治专家们已经早早地等候在T3航站楼的出口，小扎西顺利入院了，顺利手术了。此次住院，医生发现他不仅患有食道闭锁，还合并有先天性心脏病等多种先天性疾病。虽然经过重庆儿童医院专家团队的精心救治，顺利出院，花的十余万手术费大部分也被医院采取项目经费的形式减免了。但术后小扎西还要经历食道扩张手术及其他矫正治疗，后续费用还很大。他家每年的主要经济来源是挖虫草，他生病的这个时间段正是类乌齐的虫草采挖季，2020年不能挖虫草，还要花钱给孩子看病，这个家已经拿不出钱来为他做后续的治疗了。在得知了这一消息后，大家纷纷解囊相助，我派出医院的同事们自发捐助了2万多元，我的家人们去医院捐了1万多元，网上募捐到1万多元，类乌齐援藏队的队员们捐了五千多元，在挽救生命这件事情上，大家都不遗余力。

一天，小扎西的爸爸把我叫到医院门口，神神秘秘地交给了我一个小铁盒子。我打开一看，里面是十多根虫草。他告诉我，这是他回来的这些天亲自到山上挖的，希望我能收下。我当然不会收的，在艰难的解释沟通中，这个有些瘦弱的康巴汉子哭了，哭得稀里哗啦，我只好收下了这份"贵重"的礼物，但我悄悄地在小扎西第二次住院时折合成现金给他放进了住院费里了。

在这之后，有一天，我正在机场接工作组，突然接到援藏办公室的电话，说有一个藏族老汉带着一个藏族小姑娘给我送了一罐牦牛酸奶来。说是由于他们不懂汉语，在医院也找不到我，费了好大力气，才找到了援藏中心来。牦牛酸奶，我突然想到自己好像在他们面前无意中说过自己喜欢吃牦牛酸奶，然后他们就记下了。

当然他们记下的，还不只是这个。在这边，老百姓有"遇事问活佛"的习惯，生病了是否治疗，是否手术，在哪里治疗，在哪里手术都要听"活佛"的。我对此非常反对，也经常在他们面前说起。他们把这个也认真地记下了，现在，如果他们家人病了，都会第一时间到医院找医生看病，而不会去寺庙问"活佛"了。他们还给周围的乡亲们宣传，苦难并不是他们命里面一定要承受的，疾病带来的痛苦是可以让医生帮他们消除的。周围邻居的陈腐观念在他们的影响下也在慢慢发生着转变。

出于对小扎西后续情况的关注，我多次去他家看他。有一次，他爸爸让我抱着他照了张相，留在了自己手机里，然后对我说："他一定会让孩子记住，给他二次生命的人是你，是来自重庆的你"。但我不觉得是我给了扎西第二次生命，扎西的生命承载了太多人的爱。我并没有做任何解释，只是看着扎西的脸，轻声说："孩子，你的这条命是西藏和重庆的许多许多好心人给的，不只是我"。

在这以后，为了多做一些力所能及的事，我一边在医院继续本职工作，一边抽时间下到边远乡镇去了解困难群众的需求，然后想办法尽力解决。我的努力没有白费，我在医院带的徒弟们顺利通过了2019年的医师资格考试；我所牵头的县医院的"二甲"创建工作获得了圆满成功。我在县里开展的几十次健康讲座、免费义诊受到了普遍的欢迎；我募捐来的两万多件冬衣给边远乡村的村民们带去了温暖。我践行了自己援藏的誓言，我把昌都当成了自己的第二故乡。

（类乌齐县援藏医生 周青梅）

不负重托，躬身践行扶贫志

2019年8月，我作为中国一汽集团援藏的干部，来到昌都市左贡县，挂任左贡县县委常委、常务副县长，分管发改委、文化局、统计局，联系碧土乡、县移动公司、县联通公司、县电信公司、县农行、冲玉寺。在工作期间，我不辱使命、不负重托，始终传承"特别能团结、特别能吃苦、特别能忍耐、特别能战斗、特别能奉献"的老西藏精神，始终坚持"科学援藏、真情援藏、奉献援藏"的理念，在市、县两级党委、政府的正确领导下，积极利用自身优势，深入开展调查研究，用自己的实际行动，履行着援藏干部的援藏职责。

在左贡，我从本职工作出发，精益求精，认真钻研，积极协调援藏工作。一方面，我认真学习当地文化，尊重当地风俗，积极参加单位组织的政治理论学习，认真学习市、县里的相关文件精神，把自己当作一名左贡人。我始终牢记"援藏一任、造福一方"的神圣使命，在市、县两级党委、政府的正确领导下，积极利用自身优势，深入开展调查研究，按照"立足当前、着眼长远、因地制宜、讲求实效"的原则，做到"心定得下来，身沉得下去"；以坚定的信念、有力的举措、优良的作风，倾情、倾力、倾智，想群众之所想，急群众之所急，解群众之所难，帮群众之所需，用自己的实际行动，奋力开创群众工作新局面。在我的不懈努力下，一汽援藏先后完成以下援藏项目：

①中国一汽援助左贡县小学改扩建项目。建设内容为：办学规模1200人，校舍4000平方米、学生食堂2000平方米、学生宿舍3200平方米、教师宿舍2000平方米、学生澡堂300平方米、250米塑胶运动场等，项目总投资为550万元。②中国一汽援助

左贡县教育奖励资金项目，建设内容为继续落实中国一汽教育奖励基金 80 万元。③中国一汽援助左贡县卫生服务中心数字化系统建设项目，总投资为 235 万元。④一汽援建左贡县精准扶贫及新农村建设（果热新农村建设项目）总投资为 1020 万元。⑤左贡县扶贫用车项目，市政皮卡及电动摩托车；学校皮卡车及其他公务用车总投资为 100 万元。⑥中国一汽援助左贡县人才交流培训，宣传费项目总投资为 150 万元。⑦左贡县田妥镇德达村新农村建设（对德达村进行风貌改造等）总投资为 460 万元。⑧新冠肺炎疫情物资捐赠（呼吸机 20 台，鱼跃牌指夹式脉搏雪氧仪（YX301）30 台）投资为 10 万元。⑨协调左贡县出租车事宜，现左贡县出租车已开通。⑩确定碧土乡小学教师周转房项目，预计资金 280 万元。⑪调研、研讨一汽希望小学的供水工程改造，解决师生冬季用水困难问题，初步预算资金 60 万元。⑫申请计划外资金 730 万元。⑬慰问建档立卡户 4 户，边缘户 1 户，共 9 次，对结对帮扶户宣讲惠民利民政策、宣讲党和政府的方针政策，并发放慰问物资和现金累计 7000 余元。这些项目的完成，很大地推进了左贡县脱贫攻坚工作的顺利完成。

　　在发改委，我深入调查研究，征求各行业部门意见，与西藏民族大学沟通，做好左贡县"十四五"规划的前期准备工作和初稿的形成，为左贡县以后的发展提供依据和打下基础。严格把关项目的审批，促进各行业部门的前期把关程序；制定项目推进过程中的监督制度及推进计划表，促进项目保质保量地完成。并指导制定了项目管理的绩效制度，很好地约束了设计、施工、监理方的责任。制定现场巡视计划，并带队深入施工项目实地，检查指导项目实施 20 余项，对 3 个行业部门，5 个监理单位下达整改通知，对县里的整体项目推进起到了很好的警示和促进作用。作为"清洁能源"推进小组组长，多次参加自治区、市里组织的与"华电""华能""大唐"公司的研讨会，对于左贡的"清洁能源"发展提出了意见，确定了"美玉光伏"项目，促进"扎拉电站"的后续进展及开展"美玉电站"涉左搬迁的调研。作为"农电代管变直管"推进小组组长，多次组织行业部门和国电研讨对接，已解决问题 10 余项，争取按进度完成交接，不影响国家此项工作进度。为稳步推进 2020 年易地扶贫搬迁工作开展，易地搬迁组结合搬迁工作实际，制定了《左贡县 2020 年易地扶贫搬迁工作计划》，明确了易地搬迁工作的主要任务。指导并完善物价认定相关工作，认真按照《价格认定行为规范》及《价格认定文书格式规范》的要求，以履行价格服务职能为中心，做好涉案、涉纪财产价格认定工作。为确保辖区粮食市场稳定，吕洪明联合相关部门对辖区的粮油经营户进行检查，开展相关法制宣传，严查进货渠道和粮食销售价格，防止陈化粮和不合格粮油的上市销售，坚决严厉地打击扰乱市场秩序的行为。

　　在统计局，我担任脱贫攻坚普查组办公室主任。在此期间，我领导完成普查人员抽掉，充实普查办公室的工作，完成了普查员、指导员、数据审核员共 140 人的选拔，组织了 4 次普查培训，组织全县完成了摸底清查工作，顺利圆满完成了自治区、昌都市的普查抽查工作。与此同时，我积极开展人口普查机构组建工作，为第七次全国人口普查的顺利开展提供组织保障。为此，在我的领导下，十乡镇和县级机构全部成立了第七次人口普查领导小组及其办公室。我带领工作人员制定了左贡县人口普查领导小组成员单位职责和办公室组成人员及内设工作组职责分工，同时持续抓好乡镇人口普查领导机构组建和普查"两员"摸底等方面工作，有序推进左贡县第七次全国人口普查准备工作。

在文化局，我实施了初步的绩效管理办法，结合自己的企业管理经验和文化局的实际情况，在文艺演出队里实施绩效管理，使整个文艺队充满了活力，得到大家一致好评，并且带动了整个文化系统的工作，为以后的管理"趟了趟路"。作为昌都市解放70年大庆筹备组副组长，指导完成了文艺演出队、大庆方阵人员的选拔工作和后勤保障方案的完善等工作。文化建设方面，努力实现公共文化设施全覆盖。在我的领导下，为县数字影院配备了价值50万元的放映设备，投入347.92万元，为128个行政村文化室配备了文体设备；开展文艺下乡、进校园、进社区活动，共开展文艺演出活动520场次，观看人数达12.5万人次；组织左贡县圆满完成了昌都市第五届三江茶马艺术节期间的参演任务，并获得最佳团队奖。与此同时，为了社会稳定和谐，充分发挥"扫黄打非"在维护意识形态安全和文化安全中的重要作用，结合左贡县意识形态领域的斗争形势，坚持把"扫黄打非"工作与规范文化市场秩序相结合，与加强社会治安综合治理相结合，与净化社会文化环境相结合，联合文化市场执法大队、公安、市场监管等部门开展"扫黄打非"集中行动和专项治理，在封堵和查缴政治性非法出版物、扫除淫秽色情文化垃圾、打击侵权盗版行为、清除互联网有害信息等方面取得了巨大成效。在文化保护和发展方面，围绕"保护为主、抢救第一、合理利用、传承发展"的工作方针，我采取"走出去"和"请进来"的方式，主动加强与群众的沟通交流，全面加强非遗申报、保护与传承力度。为此，我及时召开非遗工作专题会议，研究部署非遗申报相关事宜，确定了局长亲自抓、负责非遗工作的副局长直接抓、承办人员具体抓的"三级"工作责任制。在"文化和自然遗产日"，选派木龙藏香厂和碧土木碗合作社负责人参加昌都市举办的非遗展示活动。2018年将碧土木碗传承人开设的木制品专业合作社列入文化扶贫产业项目，总投资100万元，现已完工，此合作社将带动当地7户贫困户就业。2019年，在我的积极协调下，左贡县将8个县级非遗成功申报为市级非遗，尼木棋传承人永珠次邓成功申报为自治区级传承人。在文物保护方面，我将文物保护工作纳入各级领导责任制，实行县、乡（镇）、村三级文物管理责任体系，层层签订《文物保护工作目标责任书》，形成了"党政领导、文化主管、部门联动、社会参与"的齐抓共管格局。围绕文物安全消防专题督查、重点节庆、宗教节日、自治区及昌都市安全消防专题督查等工作，以文化局为首，初步形成了各文物保护单位自行检查，县文化局巡查、抽查的模式。在实际工作中，文化局联合统战部、消防队、公安局、民宗局、电力公司等部门，以查阅台账、实地检查、座谈会的形式，先后6次深入7处文物保护单位开展文物安全消防隐患排查，发现文物消防隐患 33 个，完成整改 33 个。

在援藏期间，我时刻保持清醒的政治头脑、坚定的政治立场，不论是日常工作，还是维稳的攻坚时刻，都能挺身而出、冲锋在前。一年来，我多次深入碧土乡实地调研，了解乡党委、乡政府工作情况，展开脱贫攻坚督导、维稳等工作；督导甲朗村党支部"软弱涣散"整改，与县公安局一起解决了甲朗村公路项目纠纷问题；参加地巴村脱贫攻坚会议，与老百姓面对面，宣讲政策，聆听他们的心声，把脱贫攻坚做实；深入最偏远的龙溪村调研；深入百姓家中，解决了非建档立卡户搬迁补偿纠纷；协调野生动物伤牲畜补偿问题；督促解决违规占地私建民宅问题。我多次与县电信、移动、联通公司及农行领导进行沟通，并调研走访，摸清企业经营现状、发展方向与实际问题困难，另外，结合左贡实际，开拓和停止一些网络相关业务。这些切实有效的工作，为昌都市脱贫攻坚的推进发挥了重大作用。

（左贡县常务副县长、一汽集团援藏干部　吕洪明）

教育援藏，雪山见证青春激情

2018 年 3 月 18 日，我有幸作为福建省第八批援藏专技人才，被委派到西藏自治区昌都市左贡县任职教育局副局长，开启人生最精彩的援藏生活。在任期结束前，怀着对藏区教育的深厚感情，继续申请留任为左贡教育事业发展服务，当好厦左教育友谊大桥的使者，帮扶左贡教育打造"厦门精准、左贡教研"模式。通过"厦左远程智慧课堂""厦门铸远左贡县教育发展基金""厦门名师送培""爱心图书馆""左贡英才素拓""厦门支教教研室"等举措，助力左贡县义务教育均衡验收，推进教育信息化建设进程，为左贡教育质量大提升、大发展奠定扎实基础。

自进藏以来，我不断加强理论学习，提升援藏服务能力，认真学习习近平新时代中国特色社会主义思想，落实党的治边稳藏方略，坚持"当好昌都人，做好昌都事"，倾情倾力倾智做好师资培训、教研管理、教学信息化，开展各类教师技能比赛等教育援藏工作任务的落实，推动厦门和左贡远程智慧教研帮扶常态机制，积极探索教育援藏新思路。因雪域高原冰天雪地、干燥高寒、稀氧低压，尤其是左贡县海拔 3800 米，含氧量更低，两次被紧急送回厦门住院抢救治疗；但我仍不忘初心，不辱使命，迎难而上，紧抓住教育援藏工作，积极组织厦门各界力量投入到左贡县的教育建设当中。围绕当地所需，我们实行了多样化的援助措施，努力将厦门先进的教育理念、经验和措施融入昌都当地的教育实践，取得了令人瞩目的成绩。

积极协调，加大教育投入力度。沟通协调援藏工作组，在教育人才、资金、优质教育资源等各方面予以了大力支持和帮助，为改善左贡县教育基础条件、提高整体办学质量做出了积极的努力。4500万元用于左贡县小学新建工程建设，该项目已完成；300万元分别用于旺达镇小学（厦门援建）、田妥镇小学（厦门援建）改扩建工程建设；协调120万元用于教师专业成长培训，先后组织左贡教育系统管理人员及骨干教师54人次赴厦门培训；协调20万元解决左贡县东坝乡小学校车1部，保障学校"三包"物资补给；2020年6月，为助力左贡教育义务教育均衡发展，协调厦门援藏资金50万元用于教师专业成长培训活动。

主动作为，深化"厦左"两地互动。积极协调厦门市教育系统对口帮扶左贡教育，坚持"引进来与走出去"相结合，分批次组织左贡县骨干教师赴厦门参加各类培训54人次，厦门教育专家远程异地培训或亲赴左贡县开展短期交流培训共计59人次，左贡教师3000多人次受益，充分发挥了桥梁纽带作用。

牵手名校，助力义务教育均衡。充分发挥大学和名校优质教育资源，积极沟通协调集美大学师范学院、厦门市教育科学院、思明区教师进修学校、湖里区教师进修学校、同安区教师进修学校、厦门市第二实验小学、思明区二实小、同安区大同中心小学等名校，引进70多位厦门中小学教育专家、知名校长、优秀骨干教师参与西藏左贡教育援藏工作，通过远程同步课堂、名校牵手帮扶、远程专家讲座、名师送培等机制，为左贡县的教育及时"输血""充电"，共同推进教育援藏，用智力扶贫推动精准扶贫工作，助推左贡县义务教育均衡验收。

远程教育，引领课堂革命创新。在我的努力争取下，牵手厦门优质教育资源，协同各方精心打造"远程智慧课堂"教育帮扶品牌，创新教育援藏工作的新模式。同时，率先成立了县级支教教师教研室，全方位、多学科、多样化、多领域对口帮扶全县19所中小学，为左贡县培养一支高素质、专业化的教师队伍，惠及全县8600多名师生，为2020年脱贫攻坚验收奠定了扎实的教育基础，创新了全国援边支教帮扶新思路，打造了精准教育扶贫新模式，彰显了"厦门爱心、厦门元素、厦门力量、厦门贡献"。自项目开展以来，开设各类远程同步课堂、远程教研、讲座等共27场次，左贡师生近3000人次受益。

目前，"远程智慧课堂"从最初1对1帮扶，发展到"一校聚多校，多校帮一校"帮扶模式；从资金帮扶深化到"扶师资、扶课堂、扶科研"教学帮扶全面发力；从师资帮扶到"互联网＋教育"同向发力，探索出一条全新的教育援藏模式，逐渐形成了"一人援藏，全市援藏"的格局。

爱心捐赠，广泛开展慈善帮扶。自进藏以来，我广泛发动社会力量，开展慈善帮扶，积极协调厦门社会各界向左贡教育系统捐资助学，大量社会物资和爱心汇集左贡，截至 2020 年 8 月，累计捐赠资金和物资合计 900 多万元，努力改善提升了左贡师生的教学、学习和生活条件。其中"厦左远程智慧课堂""厦门铸远左贡县教育发展基金""爱心图书室"已成为厦门教育援藏三大重要标识。在本人的积极策划、倾心协调、努力争取下，厦门铸远集团在左贡县设立 300 万元的教育发展基金会，用于左贡县奖教奖学；大 G 福建俱乐部捐赠 400 万元的教学设备物资。这些举措为藏区的教育发展营造了"重教乐学"的良好氛围，突显厦门爱心企业"重教善行"的精神。此举也是藏区教育援藏的首创，大力助推左贡教育向"内涵式教育强县"转型，为藏区的文教振兴、民族团结、社会稳定、经济繁荣、全面建设小康社会奠定固本的教育根基。

引领示范，发挥援藏教师作用。为更好发挥援藏教师桥梁纽带、专业引领作用，我带领援藏支教队努力搭建厦左教研的交流合作平台，组建援藏教师教研团队，实施"厦门教研、精准左贡"模式，不断探索教育援藏新思路，创新了"精准支教"帮扶机制。通过资源导入、网络培训、制度创新、专业指导等方式，在市县各级比赛中，勇挑重担，多人荣获昌都市"优秀评委""优秀指导教师"；我个人撰写的教育简报几十篇，其中《智慧课堂打造教育扶贫新模式》在人民网转载报道，《精准扶贫教育援藏，厦门助援藏助力昌都左贡县教育事业发展》在西藏自治人民政府网转载报道，《厦门市精准援助左贡，助推教育现代化转型》在中国发展网转载报道；《技术创新引领课堂革命》《精准扶贫先扶智，集美大学勇担负》等多篇报道在厦门网、福建在线、福建新闻网等许多主流媒体大幅转载报道，得到广泛的关注与好评。

时间如白驹过隙，即将结束为期三年的援藏历程，回首三年来援藏工作的点点滴滴，虽然自然条件严酷、严重缺氧、生活艰苦，但日子过得充实、忙碌、有价值，是种不一样的宝贵人生财富。三年来，虽无愧于新时代援藏人的称号，尽心尽力尽情尽责为左贡教育做了些事，但比藏区教育工作者，还远远不够。一次援藏行，终生左贡人，我会永远扮好闽昌、厦左教育的使者，继续为藏区教育服务。

（左贡县教育局副局长、福建省援藏干部 李永昌）

洒满山路的援藏情

瓦江村距离察雅县新卡乡人民政府 20 公里，属半农半牧村，全村共 46 户，181 人，建档立卡户 17 户，其中，五保户 8 户，低保户 9 户。辖 3 个自然村，面积 26.5 平方公里，现有耕地面积 344 亩，草场面积 1.29 万亩。村民的主要收入来源为种植业、养殖业、务工等。全村山高坡陡，沟壑纵横，高寒阴湿，交通不便，靠天吃饭，自然条件极差，村民文化程度不高，扶贫底子薄弱，扶贫难度大。

每次带着慰问的砖茶、大米、食用油和募捐的衣服，沿着波涛汹涌的澜沧江，绕过一座座贫瘠的大山，走完一道道狭窄的盘山路，看着瓦江村渐渐临近，我都会有一种近乡情更怯的感觉，心情格外沉重。总书记的声音一遍遍回响在耳畔："做好精准扶贫，任务艰巨，使命光荣，责任重大。消除贫困，改善民生，实现全体人民共同富裕是社会主义的本质要求！"结对帮扶"亲戚"的生活处境，是我心里绷紧的那根弦。

高原上，三月的雪依旧下得纷纷扬扬，一天我要去给洛顿家的四个女儿和其他帮扶"亲戚"送御寒衣物和其他生活用品。洛顿是个帅气的小伙子，年龄不大，才26岁已是四个孩子的父亲。每次见到我，他都很腼腆，"高原红"的脸上更显红润。还记得第一次去洛顿家，妻子在墙边劈柴，他和四个孩子在院子里晒太阳，他妻子艰难将斧头举起又落下，衣衫不整的四个孩子争抢着一个盛满糌粑的小碗，吃的满身满脸，看着他满脸的无助与哀愁，让人忍不住的心酸。经过深入了解后，我开始给他讲国家的扶贫政策，引导改变他固有的"等、靠、要"思想，为他家制定具体的脱贫措施，鼓励他及时让孩子接受教育，通过接受教育改变孩子的命运，鼓励他外出务工，帮他联系县人社局参加建筑技能培训，并顺利地在施工队找到了工作。他告诉我，自从找到工作后，每个月都有几千块钱的收入，再加上低保收入和生态补偿，家里的生活条件一天比一天好，喜悦之情溢于言表。孩子在学校学习汉语，能和我进行简单的对话，在孩子叽叽喳喳的笑声中，我真真切切地感受得到了这个家庭的温暖与幸福，也更加坚定了我扶贫的信心。

挥别了相送的"亲戚"，我们踏上回程，汽车在山路上艰难地向前蠕动，雪后的盘山路格外湿滑，司机师傅开得小心翼翼，乘车的我胆战心惊。车行一段距离，司机师傅满头冷汗，我们不得不给车子装上防滑链。车外雪还很大，司机师傅赶忙从车子的后备厢里拿出防滑链，一下子就爬到车底下安装，他的半个身子都在雪里，没有手套，双手被冻得通红，握住冰冷的防滑链不停地在雪地里摆弄，不知是天气太冷还是什么原因，防滑链迟迟没有装上。正在我焦急的忙碌中，看到山上村子里出来两辆摩托车，等他们走进了，才知道是洛顿带着我的另一户"亲戚"尊珠和他弟弟来帮我们。他们不顾满地的泥水，开始帮我们装防滑链。洛顿打着手电，尊珠单腿跪在刺骨的雪水中，给司机递工具，虽然当时天气很冷，但我的心中很热，感谢他们不顾彻骨的寒风，不顾夜色中雪路的危险。装好了防滑链，他们还一直嘱咐路上要多小心。后来才知道，自我们下山后，他们担心我们的安全，一直在注意我们，看到我们的车子停下后迟迟不动，判断我们的车子出了故障，他们就带着手电和简单的工具来帮忙。生活中爱无处不在，爱心的传递，不仅仅是语言，有时更是一种行动。

踏过杂草丛生的小路，绕开破旧开裂的土墙，走进光线昏暗斑驳的房间，我看到了眼窝深陷、瘦骨嶙峋的吉美多邓老人，看到我走进，那饱经风霜的面容，就像墙边的格桑花，笑意越来越浓。这些年患有长期慢性病的吉美多邓老人和妻子，心里万分感谢党的好政策。老人有个儿子，身体健康，但文化程度不高，缺乏致富技能，我通过联系县人社局，让老人的儿子参加技能培训，并帮助他找到了工作，有一份稳定的收入，解决了他们全家的生计问题。虽然语言不通，让我们交流起来有些障碍，但每当老人看到我的时候，脸上的皱纹都会舒展开来，我知道那是幸福的微笑，是发自内心的信任和感谢。这让我想起了洛赤一家，在得知洛赤的大儿子患有癫痫病后，我及时帮助他去重庆看病，联系重庆市第五人民医院的专家，开绿色通道，进行问诊和治疗，事后悄悄地给他们留了两千元慰问金，用于孩子的后续康复。现在，看着孩子的状况越来越好，看着孩子父母放下了压在心头的巨石，愉悦之情不禁油然而生。

还记得第一次去占堆老人家的时候，距村主干路比较远，有一段坑坑洼洼的路非常颠簸，下雨的时候，更是泥泞不堪。没有关门，迎上前来的是只吠声吓人、张牙咧嘴的大狗，我连忙后退了几步，狗随后也追着过来，正在我恐惧的时候，院内跑出一个小伙子把狗抱住，对我满怀歉意地笑了笑，后来知道是占堆老人的小儿子。我联系驻村工作队，向附近村民家借了车子，拉了一车渣土将路垫平。当得知老人的小儿子是名大学生后，我衷心地为老人一家感到高兴，给老人一家讲解了教育扶贫相关政策，为老人的儿子争取到了"建档立卡大学生"免费教育补助，听说每年减少了一大笔开支，不用再因为学费令家人犯愁，孩子脸上露出兴奋的笑容。

下乡调研时，了解到59岁的拉松老师不慎从楼梯上摔下来，腰部受了重伤，联系县教育局了解具体情况后，安排他随我县小学教师培训班到重庆市綦江人民医院体检。经过联系协调，綦江区人民医院对拉松老师进行了全面体检。确诊后，院方专题开会讨论诊治方案，进行多科会诊，抓紧时间治疗，全程开启绿色通道。经过针对性治疗，阿松老师病情好转。返回后，联系入住县医院继续进行观察治疗。现在，阿松老师已经康复，重新回到神圣的讲台上。

回忆起扶贫路上的点点滴滴，我深深地感到，结对帮扶不仅仅是扶贫任务，更是要深入地去了解他们的生活困苦，切切实实把他们的要紧事装在心里，时时刻刻要想着如何才能帮他们渡过难关。结对帮扶是我们和他们交流的绝好的机会，也是我作为援藏干部亲密接触、深入了解藏族群众的难得机会，通过互相认识，互相了解，深入帮扶，拉近了彼此的距离，拉近了他们与幸福的距离，也拉近了重庆与西藏的距离。

作为一名援藏干部，我深刻地认识到，如果没有真正踏入那一间间阴暗的房屋，没有喝过一碗碗清茶、酥油茶，没有亲眼看到过他们勤劳的身影，没有亲身体会他们生活的坎坎坷坷，就不可能深入地认识贫困户，不可能深刻地感受他们的精神力量，不可能看到顽强的生命与艰苦的自然条件抗争的奇迹，不可能深入了解西藏这片神秘的净土。正是这扶贫路上的一幕又一幕，更加坚定了我的援藏信念，正是这些藏族"亲戚"向往美好生活进行的抗争奋斗，让我学会了以百折不挠的奋斗精神应对工作和生活中的各种困难，相信现在扶贫路上筚路蓝缕的披荆斩棘，定会铺就一条西藏各族群众通往美好生活的幸福之路。

（重庆市援藏干部 杨鸥）

牢记使命勇担当，脚踏实地只为民

"决战决胜脱贫攻坚，是以习近平总书记为核心的党中央向人民做出的庄严承诺，我们'民政人'作为新时代党的干部，要脚踏实地，保障好群众的基本生活。""一定要竭尽全力，不辱使命，以高度的政治责任感和使命感做好民政工作，让群众满意。""把民政兜底网织牢织密，把群众的困难及时解决好，才能不负组织和人民的重托。"这些话，是我与干部交流中经常提到的，也是我带领全体民政干部在实际工作中脚踏实地、一丝不苟地去践行的。

当贡觉县脱贫攻坚取得巨大成就后，我曾激动地说："脱贫攻坚取得伟大胜利，这份荣誉不属于我一个人，而是自治区、市、县和上级行业部门大力支持以及民政系统干部真抓实干、努力奋进的结果，是群众和社会各界齐心协力的结果。"

2015年1月，我被任命为贡觉县民政局局长。2016年，按照县委县政府对脱贫攻坚工作的部署，我担任社会保障兜底组组长，接力"兜底扶贫棒"。

"任务艰巨，使命光荣，担子虽重，但我会竭尽全力做好此项工作，发挥作用，助力打赢脱贫攻坚。"我坚定地说道。在我看来，帮助群众解决实际困难本质没变，只是需要投入更大力气、更大决心让群众过上更好的日子。

自脱贫攻坚战打响以来，从事民政工作十多年的我，团结带领班子成员、局干部职工勤奋负责，认真学习领会习近平总书记关于扶贫工作和民政工作的重要论述，落实新部署、新举措，更好的发挥民政口子社会保障兜底作用。按年度要求，我始终如一地带头起草低保、特困、残疾等动态调整工作等相关文件，带头入村入户开展调查摸底，对照户口本询问群众家庭劳动力、学生上学、身体状况、家庭年纯收入、国家政策享受情况、急需解决的实际困难等，做到尽可能详细；并到村（居）委会实地查阅相关资料、向驻村（居）干部和"两委"班子核实政策落实情况，确保了民政领域保障对象精准、政策落实精准。

在一次走访中，我了解到一户贫困群众家中男主人去世不久，家中劳动力仅剩1

人，且家中还有2个未成年儿童。针对此种情况，为及时解决该户群众的燃眉之急，我当即与乡镇主要领导进行了沟通联系，及时提交了临时救助申请，按照相关规定进行了及时审批。我的这些措施，不但确保了困难群众及时得到救助；同时，让群众对政策熟悉度有了进一步提高，对民政工作也有了深一层的认识，那就是"民政为民"。

当时所走访村的驻村干部仁青拥宗说："吕局真是巾帼不让须眉，入户核查、政策宣传都是'一针见血'，让群众不仅再次明白政策，还要求让群众知晓为什么。作为像我这样的年轻干部，应该向您学习，特别是在各种政策如何宣传得更好、日常工作如何开展得更好等方面，都值得我们学习。""实地调研是基础，还要把工作干在实处，落到群众的心里面，才能得到群众的认可。"我如是说。

历经几个年头，我总是舍小家，顾大家，由于忙于单位工作，特困人员集中供养中心便成了我的家。每逢老人生日，节假日，我便出现在这个大家庭里，像女儿一样地照顾着老人们，陪他们过节日，为她们过生日。2016年春节，我劝慰自己的丈夫："谁叫我是民政局局长呢，'亏了'咱这个小家，但幸福了五保对象的'大家'。"那个除夕，我的丈夫是一个人对着电视机度过的。

昌都市2018年"10·11"金沙江山体滑坡重大自然灾害发生后，在接到灾情第一时间，我前往受灾点，一待就是半个月。作为安置点后勤保障工作组的组长，我主要的工作就是协调急需物资，报备数据等。同时，我还要扮演搬运工、厨师、宣讲员等角色。我这种忘我的工作状态，赢得了群众的尊重和信任。可急坏了远方家里的老母亲，电话打了无数，信息发了无数，但是我这个民政局局长仍然在安置点上笑着发物资，直到将群众安置妥了走进帐篷后，才给母亲、丈夫回电话。克日乡沿金沙江的群众一提起我这位女民政局局长，都竖起大拇指。

我的工作不但赢得了群众的赞扬，也得到了同行的认可。民政局干部松布江村满是佩服地说道："我参加工作6年了，像这样大规模的救灾行动还是头一次遇到，感到工作经验不足，有点手忙脚乱；但局长手把手地教我做台账、分发物资……局长对工作认真负责、兢兢业业，是我学习的榜样。"

参加民政工作这么多年，通过脱贫攻坚工作的磨炼，我摸索和总结出了自己的一套工作经验。在工作、学习中，我像"老大姐"一样，主动传授自己工作心得，让干部更好、更快成长，努力让每一名干部都能独当一面，尽快地适应新形势、新要求，成为工作上的"多面手"。2016年以来，按照社会保障兜底一批重点工作要求，我每年度都要精心部署组织12乡镇民政专干开展业务知识培训，做到认真准备、精细讲授。与民政专干、局党员干部通过交流谈心，积极探讨如何更好、更扎实落实好各项工作，教育引导他们要"处处留心、事事关心"，通过客观和主观影响，才能更好成长。通过民政专干业务能力的不断提升，在践行"民政为民、民政爱民"的路上，越干越有劲，在工作落实上更加有力，以此进一步凝聚民政系统干部、专干的力量，抓好了社会兜底人员动态更新，做好了农村低保资金、特困人员资金、定向补助资金、残疾两项补贴、临时救助资金等各项惠民资金的及时有效兑现，确保了社会保障兜底工作扎实有效的推进。

民政专干仁增说道："吕元香局长通过组织业务知识、政策知识培训，让我更进一步了解民政工作是脱贫攻坚的一项重要工作，与群众切身利益息息相关。她认真负责、严谨的工作态度是我们学习的榜样。"

"正身律己，以民为本。全体民政干部要始终坚持'求真务实，忠于职守，廉洁奉公，勇于奉献'的'孺子牛'的精神。"我经常这样教育干部，当然我也是这样带头执行的。

实行机构改革以后，民政工作更加精细化，当然人员也更加紧张，我坚持以大局为重，统筹兼顾，积极组织和带领全局干部职工加班加点，在保证脱贫攻坚工作、单位日常工作完成同时，也集中力量确保完成县委、县人民政府交给的各项中心工作任务。在接待群众过程中，做到"五个一"，即"一杯热水、一把凳子、一支笔、一个本子、一个翻译"，耐心细致的解答群众疑惑、解决群众困难，起到了模范作用，发挥了"领头雁"功能。

贡觉县民政局干部在闲暇之余说道："局长真是个'女强人'，自律性很强，也像长辈一样严格要求我们，当然对她自己更严格，是我们每个人学习的榜样，心中的'标杆'。"

在我的带领和努力下，2016年以来，民政局共保障农村低保32812人次、特困对象2085人次、临时救助13288人次、残疾人两项补贴8185人次、定向补贴18350人次，确保了社会保障兜底工作扎实有效，为全县顺利脱贫摘帽奠定了坚实的基础。

脱贫攻坚战已经打赢，乡村振兴战略即将开始。我的职责依然在肩、干劲依然充足、信念依旧坚定。我也时刻警醒自己："把群众的冷暖挂在心上就是民政工作的重心，群众的冷暖就是自己工作的风向标。始终不忘初心，牢记使命，砥砺前行，用心、用情做好每一项民生工作，脚踏实地为人民服务。"

（贡觉县民政局局长　吕元香）

不忘初心援藏路

有人告诉我西藏的美就在于蓝天白云，我每天都在拍它，想等到拍满500张，就把它汇编成一段视频的一帧帧画面，没有浓墨重彩，只有属于自己的美好回忆。

远赴西藏，青年时代梦幻般的向往。雪域高原，如同一块巨大的磁场，一直深深地吸引着我。读本科和研究生时，都曾有机会到墨脱支教工作，因为种种原因，未能实现。可美丽的西藏就像一个装满了世上所有漂亮衣服的橱窗，让每次路过那条街道的小姑娘驻足许久，直到小姑娘长大，拿着信用卡鼓足勇气走进去。我魂牵梦萦的橱窗就在雪域高原。

工作四年多，终于在单位的 OA 系统里看到了招募专业技术人员援藏的文件，没有单位宣传动员，申请书受到了所有领导和同事的劝阻，说年轻专技干部援藏回来，也只是破格聘任到副高级岗位，并不能评到农业系统的正高级职称上去，况且离开岗位和领导的视线太长，影响个人发展不说，离开家及幼小的女儿，还会影响家庭的稳定。然而这些并不能动摇我的决心。我比其他援藏干部多写了一份请愿书，幸福如我，退休教师的父母，并没有两地分居的现役军官的丈夫，都在请愿书上签了字。于是，告别小小的牵挂，我来了，来追寻诗和远方。

为了能更好地工作，援藏名单还没确定便开始了魔鬼训练，一个月只休息 3 天，大年三十都在健身房储备体能。为了能更有效率的为农牧民服务，整理了农业技术方面的很多网站、检索工具、文献库、工具书，担心网络不好，买了关于西藏的所有的地图集、旅游攻略和书。

2018 年 3 月 16 日，动员会终于召开了，第八批第一期干部的宣讲会是打给我们的强心剂，而夏林副县长在扶贫岗位上坚守了 100 多个日日夜夜，出来时眉毛都绿了的那一段，让我深深体会到扶贫岗位的艰辛及任重道远。睁着眼好不容易挨到凌晨 5 点，每天只有一班且经常取消的 TV9907 航行很顺利。

飞机舷窗外的蓝天白云下巍峨的雪山，邦达机场外白雪皑皑的草原上遍地的牦牛。在酉西村喝到了第一杯清茶，欣赏了强巴林寺的璀璨夜景。在昌都市区能随处见到重庆援藏建设的痕迹：两条江，很多座桥，相似的纪念碑，叫他小重庆都不足为过。这些，都让人欣喜。已援藏一年半的杨书记和刘县长很热情，带我们吃藏餐，喝酥油茶，安置周转房，开接洽会，快速到了各自的岗位。察雅这个能从街头走到街尾的小县城，紧靠奔腾的澜沧江支流麦曲河，依偎着群山，就是我的诗和远方。

圆梦察雅，援藏实现了我的人生追求。刚到察雅，连续一个月又停水又停电，房间门锁不上，第一天晚上只能一个人躲在漆黑的被窝里，靠充电宝的电照明，冻得不敢出声，也不敢跟家里人打电话壮胆。在浑浑噩噩的半睡半醒中过去了。第二天晚上就着月光，蹭着食堂的柴油机发电给手机和充电宝充电，同行的 6 名专技人员围着太阳能发电灯，从陌生人一直聊成了家人。

好不容易自来水管里有水了，早上流出的是"牛奶"，晚上是"咖啡"，矿泉水也就成了必需品。身体一天天适应了高原的环境，从夜晚入睡难，多梦易醒，到现在有规律的作息、锻炼，周末聚在一起爬爬山，挖野菜、高原蒲公英包饺子，做可口的饭菜，给每个队员过生日，苦中有甜，生活也越过越好。白天清澈的蓝天、仿佛触手可及的云朵和天黑后明亮的星空陪伴着我，每天晚饭后就在县城散步，眼见着灰蒙蒙的小县城慢慢地发展起来，慢慢地，很少停水了，也很少停电了，光秃秃的山越来越绿，精致的小县城越来越有都市的气息。

援藏是对人生的一种历练，是的，远方不一定是美丽的，美丽的是一种诗意的心境。感谢命运带我来到了这里，虽然人在高原，却困在原地看不到川藏线的一路风景，不能体验"一错再错"的圣湖的平静，不能感受阿里无人区的壮阔，不能随意抵达布达拉宫的神秘……而我却能再深入一点，察雅有78所寺庙，我能和穿红衣的僧人尼姑擦肩而过点头微笑，向号称"活佛"的平措主席学习藏传佛教文化，到农牧民家里体会他们的信仰和疾苦，体会常常被泥石流冲垮村级道路给生活带来的艰难。内地有几人能见到如此颠簸的路况，及车下滚滚的能淹没大半个车轮的泥浆水般的河流？有几人能在美丽的雪山里体会下有江水奔腾，手伸出窗就是悬崖万丈的步步惊心？有几人能上山体验挖虫草，割农牧民家里的原味风干牦牛肉，喝掺杂着青稞粉的新鲜牦牛酸奶，在开着大片格桑花的草原撒丫子狂奔？有几人能亲手将保暖衣物和书本文具送到需要的贫困学生的手上？有几人跳广场舞能跳上锅庄？有几个人能在最明亮的夜空下，在三千多米海拔的破旧篮球场和高中毕业的藏族学生一起打篮球？

是的，生活很美妙，远方就在脚下。

坚守察雅，人生似乎焕发青春。从重庆九龙坡区农委农技站的高级农艺师到昌都察雅县扶贫办任副主任，要经历农业专业技术人员到扶贫管理人员的身份转变。然而，做自己擅长的事情，才能真正发挥作用，得到察雅县县长书记的肯定。上班第二天，便调到了农牧局做农业技术推广工作。到农牧局，下乡就是家常便饭，带着干粮，一路惊险。我参与了全县"3414"肥料效应田间试验、荣周乡二级种子田工作、土壤深松项目验收，利用工作经验组织实施察雅县首个基层农技推广体系改革与建设项目，启动察雅县"三品一标"工作，牵头"察雅黑青稞""察雅苹果""察雅干杏"三个农产品地理标志认证登记，组织察雅县首次参加"第三次全国农作物种质资源普查与收集行动"，申报吉塘镇为昌都市首个国家级"农业产业强镇"，首次培育新型农牧民，培训农牧民人员500余人，培训新型农药的选用及使用技术达20余次。从最初的调研到后期项目的策划实施，察雅县本身薄弱的农技推广工作得到了大大的加强。

农业科技援藏"造血"是关键，我主动协调有联系的内地院校及企业，指导农推站技术人员，向自治区科技厅申报了《种养循环一体棚技术研究与示范应用》《藏区菜用生姜优质抗病新品种渝姜1号的引进与示范》两个科技项目，建立了"察雅县红拉山鸡科技示范基地""察雅县藏青2000万亩青稞田科技示范基地"，争取了派援单位的资金项目支持。还利用一年多的时间，以传帮带的形式带着几名农业技术人员，教他们搜索文献信息开阔眼界、写高质量的简报、申请农业科技类项目等，为察雅培养宝贵的农业科技人才。

援藏总队提供了重庆市农委援助的7000多袋共11个品种的蔬菜种子，要求发放到农牧民手中。我分门别类，按照海拔及土壤等适宜种植的条件，利用下村培训新型农药的机会分发。农牧民们会早早地来到村委会门前的空地，或拿着小板凳，或席地而坐，顶着烈日等着藏族干部的授课。课上完后发放种子，大家都排好队，井然有序，登记，签名，领取，即使有主动提出想换蔬菜品种的，也都用有限的汉话跟我交流，不争不抢。他们说买种子得去昌都市区，每袋种子都价值不菲（是内地农资市场的5倍以上），所以每次发放种子，都能感受到极大的热情和感激，好几次，我们都上车走了，还有人在用藏语向我们祝福及再见，甚至还会追出来行礼。在这种物资匮乏，所有产出都很珍贵的条件下，每一颗种子都会被善良对待，即使在有些地方只能露天种植，也能得到良好的收成。偶然的机会下乡尝到了4000多米平均海拔的肯通乡的自留地种出的小白菜，是我吃过的最好吃的牦牛肉炒白菜。

援藏队在农业上对农牧民群众的无私关心和援助，除了发放蔬菜种子，还有两个计划外的产业扶贫项目：藏香猪产业扶贫项目采用"重庆援藏队帮助建立国家生猪市场昌都市场（销售）、提供仔猪（寄养）+公司规模规范养殖（代养）+贫困户分红增收"模式，由援藏队购买经过基础免疫的健康藏香猪仔116只，交由瑞丰农业公司进行代养销售，由援藏工作队联系帮扶的35户建档立卡贫困户与瑞丰农业公司按照4∶6进行纯利润分成，购猪款作为发展基金，每年1.7批的出栏率，贫困户每年纯利益最低能有1632元。经果林产业扶贫项目不但能生产经济林产品，还具有观赏价值、发挥水土保持等方面的功能。我们多方争取资金，联系技术支持，探索线上线下销售渠道，为建档立卡贫困户打造"前端培种育苗+中端培训、种植、养护+后端销售扶持"一条龙的经济林全产业链。在察雅县荣周乡荣周村萨达组为9户63人贫困群众种植苹果大苗40亩，3年内即可全面挂果收获，吉康公司基地已种植10亩苹果、红杏幼苗，供后期移栽扩大规模，3年后，将为每户贫困户带来2万~3万元的持续年收入。

这两个项目的投入资金和援藏队计划内外项目比起来，真的不算什么。可是少少的资金却为44户贫困户带来了丰厚的经济回报和工作机会，就像发到他们手中的蔬菜种子一样，慢慢地生根发芽，带着他们脱贫致富。

回首察雅，依然是那样依恋。想家的时候，慢跑的时候，《川藏线》和《陪我去转山》便循环播放，歌词很美，那是最初支撑我离家背起行囊的信仰。

援藏写青春，察雅留足迹，藏汉一家亲，高原照返程。我就是察雅人，办着察雅事，也慢慢有了察雅梦。我的脚印丈量不了川藏线，便要用它丈量察雅的13个乡镇，帮助悠哉行走在马路上的牦牛绵羊藏香猪们夜晚有自己的圈舍，为农牧民创造财富；帮助昌都人民的冬季也有本地产出的新鲜瓜果，高原葡萄的味道不再酸涩只适合酿酒；帮助"察雅黑青稞""察雅苹果"等国家地理标志产品有后端产品，苹果醋、青稞米、青稞饼干、青稞麦片将打破高原壁垒，走出西藏，成为内地人餐桌上的高端健康食品。

想要更加完全的了解这片土地，想要看遍察雅的所有美景，记住它的彩虹、雪山、日月同辉、千变万化的蓝天白云；我愿记得错落的玛尼堆上的功德和飘扬的金幡传载的祝福；我要引进新品种新技术，为高原特色农产品的发展助力，为察雅县农牧民脱贫致富尽一份力，不忘初心援藏路，风雪高原任平生。

（重庆市援藏干部　葛钊宇）

赤子情怀，用爱书写扶贫人生

2021 年 2 月 25 日，在全国脱贫攻坚总结表彰大会上，我荣获"全国脱贫攻坚先进个人"称号。"我只是全国千千万万扶贫干部中的平凡一员，荣誉不是我个人的"。从北京接受表彰回到工作岗位后，我曾动情地告诉记者，"现场聆听习近平总书记的讲话，心情激动、备受鼓舞。今后我会继续坚守为人民服务的初心和使命，努力为推进乡村振兴贡献自己的力量。"芒康县的扶贫脱贫工作的顺利展开和不断取得显著成绩，是与我们带领的各级扶贫干部与工作人员的辛勤努力分不开的。

芒康县地处藏、川、滇三省（区）交界处，携澜沧江、金沙江澎湃于东西，坐横断山脉、宁静山脉逶迤于南北，国道 318、214 线在这里交汇，是内地进藏的"第一站"，也是与祖国内地交往交流交融的纽带和桥梁。但是芒康县贫困人口多、贫困程度深、贫困类型多，是西藏自治区 44 个深度贫困县之一，脱贫攻坚任务十分繁重。压力就是动力，在党中央的关怀关心下，在区、市的大力支持下，在县委、县政府的领导和在重庆市、在一汽集团的大力援助下，我作为县扶贫办主任，带领全县各级扶贫干部，齐心协力，勠力同心奋战全县脱贫工作，使芒康县脱贫攻坚工作取得了显著的成绩。

赤子其人，寸心如丹。我始终把对脚下土地、身边群众的热爱，对肩上责任、心中信念的执着，书写在芒康大地，铭刻在百姓心间。自精准扶贫工作开展以来，我始终将一腔热血倾注于脱贫攻坚事业，我用实际行动诠释了对党和人民的忠诚，用真抓实干书写了脱贫攻坚的时代华章。我始终战斗在脱贫攻坚第一线，全身投入到脱贫攻坚第一线，用攻城拔寨的毅力、破釜沉舟的勇气落实精准扶贫各项工作。按照坚决打赢脱贫攻坚战和"两不愁三保障"的总体要求和目标任务，始终坚持把打赢脱贫攻坚战与贯彻落实习近平总书记扶贫重要论述结合起来，认真落实"六个精准""五个一批"脱贫措施，认真履行自身职责。我一直告诫身边的干部,要带领群众脱贫,党员干部自己必须先脱"三层皮":"嘴要脱皮",把习近平总书记和党中央对西藏人民的特殊关怀向各族群众讲清、把扶贫政策宣传到户、宣传到人;"脚要脱皮",走进每一户贫困户家里,摸清贫困真貌,从群众中掌握如何脱贫的第一手资料和办法;"手要脱皮",政策讲清楚了,事情摸准确了,对策找精准了,就剩下和他们想在一起、干在一起。我,是这么说的,也是这么做的!

五年来,我以身作则,恪守"功成不必在我,功成必定有我"的责任担当,坚持不休假不轮休,节假日基本成了工作日,加班加点是常事,尤其2019年——芒康县脱贫摘帽之年,我与指挥部所有扶贫干部一道,几乎每天都加班至深夜,一一核实建档立卡户信息和收入情况,谨记总书记"要聚焦深度贫困地区和特殊贫困群体,确保不漏一村不落一人"的指示精神,确保脱真贫、真脱贫。我总是深入脱贫攻坚一线了解实际情况,凡事都要到实地调查,工作大部分时间都深入(镇)、村组宣传精准扶贫政策、了解贫困户情况、查看产业项目实施、易地搬迁工作等情况,全县60个行政村、362个村民小组中,我走过最偏远、最贫困的332个村民小组,全县5029户贫困户中,我走访了4692户,尤其是在产业建设方面,实施葡萄种植和康巴蜜橘种植项目时,徒步十几个小时深入山谷查看灌溉用的水源点和引水线路,并到田间地头与群众交流沟通,宣讲发展致富的路子,同时组织人员对葡萄种植地块进行规划测量,拿着皮尺一亩一亩、一户一户精心组织测量登记,为期3个月时间,全县葡萄种植面积增加到1.17万亩,受惠群众达到923户。

木许乡阿东村木瓦组村民贡嘎赤列说:"我家有4口人,2个劳动力,2016年仁增贡布主任鼓励我参与葡萄种植,于是我就种植了7亩,从2016年年收入18000元到2019年年收入35500元,我觉得我的日子越过越好了"。

我调研时发现,很多地方不通水不通电不通路,当地村民一年到头基本上都在本村生活,对外界新鲜事物毫不知情,于是我主动积极下乡,用通俗的语言向村民们详细宣讲易地扶贫搬迁各类政策,起初对不愿意搬迁的群众,我时常深入家中耐心开导讲解,虽然有时被群众拒之门外,但我仍一而再、再而三地坚持去沟通,最终实现了16955人县域内搬迁和涉及昌都市三岩片区的戈波乡151户1181人跨市整体搬迁任务,造福了因居住地环境受限,制约发展的贫困群众。

我坚持搬迁群众"一人一岗"原则,谋划芒康县德吉康萨万人搬迁安置点后续巩固工作任务,重点依托县城产业园区项目带动搬迁群众劳力人员,主要在县城宾馆、餐馆、产业园区内以及政府公益性岗位等地方灵活就业,实现稳定就业的脱贫措施,保障搬迁点贫困群众实现稳步脱贫。"很感谢仁增贡布主任为我们积极协调,让我也有了一份工作可以补贴家用,我一定会好好工作的",芒康县政府公益性岗位次仁卓嘎眼含泪水的说。

我始终把工作放在第一位,经过不懈努力,用坚决打赢脱贫攻坚战的决心和信心,实实在在做到了扶真贫、真扶贫,脱真贫、真脱贫。用实际行动真正践行了这份信念,在平凡的岗位上尽自己最大的努力取得了不平凡的成绩,完成了5029户30255人的脱贫任务,使全县60个贫困村全部出列,如期实现了全县脱贫摘帽。

一切伟大成就都是接续奋斗的结果,一切伟大事业都需要在继往开来中推进。我总是念叨总书记那句"脱贫摘帽不是终点,而是新生活、新奋斗的起点",脱贫攻坚虽然取得胜利,但我清醒地认识到全面实施乡村振兴战略的难度丝毫不亚于脱贫攻坚。道阻且长,行则将至;征途漫漫,唯有奋斗。乡村振兴等不来、也送不来,更加需要坚定信心、咬定目标,苦干实干、久久为功。以"上下同心、尽锐出战、精准务实、开拓创新、攻坚克难、不负人民"的脱贫攻坚精神,咬定青山不放松,一年接着一年干,一件事情接着一件事情办,才能绘就乡村振兴的壮美画卷,朝着共同富裕的目标稳步前行,全力以赴书写芒康发展更加辉煌的新篇章。

(芒康县扶贫办主任 仁增贡布)

全心全意谋发展,一心为民奔小康

我叫段世昌,1992年12月参加工作,1995年8月入党。参加工作后,我长期在芒康县水利系统工作,先后担任水利局局长、政府副县长,现任芒康县委常委、索多西乡党委书记。在乡党委书记任上两年多来,我始终严格按照共产党员的标准要求自己,认真落实昌都市委、市政府关于打赢脱贫攻坚战的重大决策部署,按照"八个到位""六个精准"要求,理清发展思路、规划项目建设、全力以赴落实"五个一批"等脱贫措施,切实履行好了工作职责,顺利地完成了全乡脱贫攻坚目标任务。

芒康县索多西乡位于县城东部,下辖4个行政村24个村民小组,全乡共有人口786户6011人,其中建档立卡贫困户共有365户2167人,贫困发生率达到了36%,为切实做好全乡脱贫攻坚工作,我带领乡党委、乡政府"一班人",立足实际,狠抓落实。一是深入各村,开展专题调研。担任索多西乡党委书记以后,我利用两个月时间,走遍了全乡4个行政村24个村民小组,走遍了全乡80%的建档立卡贫困户,帮助解决群众生产生活中的具体困难40余件,就全乡脱贫攻坚工作中存在的问题进行专题调研50余次。二是立足实际,谋划发展思路。面对自然灾害频发、人多地少、产业单一、致富门路少、群众自我发展后劲不足、群众增收困难、基础设施建设落后、生产生活条件差、村集体经济实力薄弱等困难和问题,我通过深入调查研究后,摸清了全乡贫困群众的生产生活情况,进一步掌握了贫困群众致贫的主要原因。同时,通过调研中认真倾听贫困群众的所需所求、所思所盼,征求贫困群众、老党员、村干部对全乡经济发展的意见建议,结合索多西乡实际,我制定了索多西乡各年度脱贫攻坚总体实施方案和全乡产业、教育、社会兜底、生态补偿、易地扶贫搬迁等"五个一批"专项规划、实施方案,审定全乡脱贫攻坚作战图;实现了脱贫攻坚工作挂图作战,挂牌督战,压实了乡、村两级脱贫攻坚责任;明确了乡、村两级脱贫攻坚年度任务,为全乡开展脱贫攻坚工作理清了思路、指明了方向,为圆满完成好县委、县政府制定的年度脱贫计划打下了坚实的思想基础。

在索多西乡的两年多以来,我针对全乡产业发展单一的现状,有效推进产业结构调整和转变经济的发展。一是多方筹措资金发展种养殖业。通过整合社会资金1000多万元,流转安麦西村萨日西组400亩荒山荒坡集体土地经营权25年,发展高效经济林示范种植400亩,建成康巴香鸡养殖示范基地,每年通过土地出让使94户贫困群众户均增收500余元;带动33户建档立卡贫困户科学养殖康巴香鸡,户均增收800余元。在此基础上,2018年,继续流转萨日西组1600余亩荒山荒坡集体土地,发展经济林示范种植基地。项目实施后,将带动61户萨日西易地搬迁安置点群众就近就便就业和科学发展脆红李、康巴香鸡等种养。同时,我积极争取精准扶贫产业扶持资金200多万元,实施康巴香鸡、香猪养殖产业项目,全乡香猪、香鸡养殖产业规模得到进一步扩大,群众依靠养殖香猪、香鸡脱贫致富意愿更加强烈。项目实施后,全乡334户建档立卡贫困群众香猪年出栏达到700余头、香鸡年出栏达到800余只,鸡蛋年出售量达到18000余个,户均增收达到2400余元。二是引导和扶持全乡农户进一步扩大索多西辣椒种植面积,在全乡辣椒主要种植区群众土地因电站开发被征收的情况下,引导自然条件较好的格朗西村群众种植辣椒,保证了索多西辣椒种植面积稳中有增。同时,我邀请专业技术人员对全乡辣椒种植户开展专业种植技术培训,进一步打造"索多西辣椒"品牌,群众通过种植索多西辣椒,实现年创收达160多万元。三是积极引导全乡贫困群众参与苏洼龙电站、西索路等重大项目建设,组织引导60余户群众成立索多西乡农牧民运输协会,组织200多贫困群众组成劳务输出队,积极有序参工参建,抢抓增收致富机遇,通过参与电站开发建设,群众年创收1500多万元,极大地拓宽了贫困群众的增收渠道。

自从担任索多西乡党委书记以来,我始终坚持群众利益无小事的工作原则,积极想问题,办事情,做决策,时时刻刻把群众利益放在首位;充分发挥自己从事20多年水利工作积累的丰富经验,积极向县委、县政府主要领导汇报,同县直相关部门协调,大力推进易地扶贫搬迁、基础设施"十项提升工程"。一是协调解决易地扶贫安置点建设过程当中的重大问题,保障乡易地扶贫搬迁安置点良好施工环境。作为乡党委主要领导,在安置点施工进场前,主持召开村组干部会议和村民代表大会,协调做好乡安置点施工用水、用电、建材运输及农牧民群众参工参建等问题，及时化解施工过程的各类矛盾纠纷4件，为安置点建设创造了良好的施工环境。二是积极同华电金上公司苏洼龙分公司协调，争取资金30余万元，为1户居住在危房的贫困户家庭建成新居。三是争取国家农田水利建设资金400余万元，新建完成农田灌溉水渠5条，有效缓解了部分自然村"庄稼与人争水喝"的局面。四是按照属地管理原则，积极协调推进格朗西、达海龙通村公路、萨日西易地扶贫安置点公路及西索路等重大项目的建设，依法依规处理项目建设中涉及群众利益的各类问题，保证群众利益不受损害，在索多西乡工作的两年时间里，经我积极协调争取，各类项目资金累计达到约1.3亿元（其中，产业发展资金1600多万元；基础设施建设资金1亿多元；危房重建资金30万元；退耕还林资金1200万元）。

调任索多西乡工作以来，我率先垂范，推动全乡脱贫攻坚工作得到有效落实。一是带领乡、村两级干部认真学习贯彻党的十九大、十九届二中、三中全会精神和习近平新时代中国特色社会主义思想，认真落实习近平总书记扶贫开发重要战略思想和市委、市政府关于打赢脱贫攻坚战的重大决策部署。在工作中，以抓铁有痕、踏石留印的态度，确保政策不走样、不打折扣。二是不论节假日，加班加点，推动全乡精准扶贫工作更好更快落实，常常周六日召开乡党委、政府精准扶贫专题会议，研究解决全乡精准扶贫工作中存在的各类问题，带头帮扶特困户7户，组织召开脱贫攻坚工作专题会议80多场次；常常节假日坚持同扶贫干部一道深入贫困户家中，开展调查研究，现场办公，解决广大贫困群众在生产、生活中遇到的实际困难。两年多来，索多西乡加快水、电、路、讯等基础设施建设，全乡饮水安全得到较好保障，通村公路、村组主干道路畅通，4个行政村全部通电，群众生产、生活得到极大改善。全乡广大干部群众经过两年的共同努力，全乡脱贫攻坚工作取得了不错的成绩，截至2017年年底，全乡农牧民人均可支配收入达到7637元，全乡人均可支配收入增长了24.1%，角比西村、安麦西村已经达到脱贫标准，贫困发生率由2016年的36%降至22%，圆满完成了脱贫目标任务。

两年以来，在我的带领下，索多西乡面貌焕然一新，乡村两级干部干事创业热情进一步高涨，发展、稳定、生态工作得到进一步加强，为索多西乡同全国、全区一道实现小康社会打下了坚实的基础。

（芒康县县委常委、索多西乡党委书记 段世昌）

牢记使命，甘当攻坚排头兵

我叫钟文斌，藏族，中国共产党党员，2011年12月参加工作，现任卡若区扶贫开发办公室副主任，主要从事易地扶贫搬迁相关工作。自卡若区打响精准扶贫攻坚战以来，我立足岗位、主动作为，全身心投入到扶贫工作中，用真心扶真贫、用真情扶真困，为助推打赢脱贫攻坚战做出了极大的贡献。

在平日的工作生活中，我充分利用业余时间不断加强马列主义、毛泽东思想、科学发展观和习近平新时代中国特色社会主义思想的学习，特别是对自治区、昌都市和卡若区三级精准脱贫政策文件精神更做到了起早贪黑进行学习，同时将各类方针政策与精准扶贫政策有机结合，做到了"活学活用"，我常说"好记性不如烂笔头"，自2016年从事易地扶贫搬迁工作以来，我共撰写读书笔记10余万字。在平时的工作中，我还刻苦钻研业务知识，善于敏锐洞察新的形势，准确把握时代脉搏，不断增强自身工作能力，为开展扶贫开发工作打下了坚实的基础。

天色灰蒙，小雨淅淅。我开着车，急匆匆地驶出政府大院，这样的场景很常见，熟悉我的同事们都知道。我这是又奔向自己的"钟情"之地——卡若区城区搬迁点。2016年年初，因工作岗位调整，我正式开始接触易地搬迁工作，并担任卡若区易地扶贫搬迁专职工作人员。易地搬迁工作政策性强，工作辛苦、责任重大，更关系着群众的切身利益，作为一个还是很懵懂的年轻干部来说，压力可想而知，但我却没有半点退缩和搪塞，义无反顾地扛起了这个"担子"。"这既是组织对我的信任，也是对我的考验！"，我这样对同事们说。上任伊始，我就争分夺秒地学习易地搬迁扶贫有关政策、法规，并和其他同事一起，"披星戴月"地穿梭于15个乡镇走访摸排，开展宣传动员。靠着一股子拼劲和韧劲，仅用了2个月时间，我和同事们便对易地扶贫搬迁工作已经了然于胸。往后的日子里，我白天下乡入村，晚上处理业务工作，再挤出时间整理众多安置区资料，每天的日程被安排得满满当当，但我没有多做抱怨，始终满怀热情，把这份工作当成事业来做。

"易地扶贫搬迁工作是一项重要的民生工程，不能出现丝毫差错。"这是我常说的一句话。为顺利推动安置区建设，我下发通知百余份，积极主动衔接各易地搬迁安置区负责人、施工单位、监理单位等，督促加快各安置区建设进度，为了抢时间、赶进度，我多次向上级反映情况，共同商讨解决办法，经过十几次反复讨论，决定实行倒排工期，大力实施"白＋黑""大干晴天，抢干阴天，巧干雨天"大会战，要求各安置区加快项目建设进度,并经常深入调查研究,及时发现问题,解决问题,努力做到了解情况到一线,发现问题到一线,解决问题到一线,检验成效到一线,处处率先垂范,事事躬身带头,增强责任意识,让心里的"石头"落实落地。最终,卡若区共计实施30个易地扶贫搬迁安置区,1792户7710人住上了安置房、走上了平坦路、喝上了干净水、用上了安全电、过上了幸福新生活。

殚精竭虑,全心全意为人民。

俗话说"人穷志短、马瘦毛长",对于搬迁户来说,他们的心里很脆弱,到了陌生的地方,该怎么生活、能不能适应成了一大难题。为进一步让群众"安其居、乐其业",我从小事做起,组织人员对各安置点进行入户调查,解决群众从贫瘠的乡村出来生活习惯不适应的问题,经常性的带队开展宣传生活常识、易地扶贫搬迁政策。我总是"亲力亲为",通过耐心地讲解和对今后发展的展望较好地消除了搬迁群众心中的顾虑。我还积极沟通协调再就业、产业、社会帮扶等一系列帮扶措施,分门别类地与区政府和社会有序对接,为搬迁群众寻求就业机会,让每户贫困家庭人人有事做、户户有增收,并在就医就学上积极为群众联系跑办手续,为群众答疑解难,使搬迁群众从转变生活中的自身体会感党恩、知党恩。平时我随时携带一个"小本子",上面记满了各安置出现的新问题、新矛盾,回到家,我就立马开始和各相关负责人、各行业部门煲起了"电话粥",生怕自己的"搬迁家人"后续生活受到一点影响和委屈。

一个村庄,因砥砺奋进改天换地而沧桑蜕变走向春天,在卡若脱贫攻坚易地扶贫搬迁的篇章上留下浓墨重彩的一笔;一种经验,因以人民为中心务实创新而历久弥新,成为"一方水土养活不了一方人"的贫困村庄走向新时代的重要标志。我以饱满的工作热情、扎实的工作作风、优异的工作业绩,努力践行基层党员干部的使命和初心,一排排拔地而起的搬迁新房、一张张洋溢幸福的淳朴笑脸,见证着一户户贫困群众的新生、一个个小康梦想的逐渐实现,贫困群众倍加珍惜来之不易的幸福生活,发自内心地感党恩、听党话、跟党走,党在西藏的执政根基得到进一步夯实。

(卡若区扶贫办副主任 钟文斌)

坚守初心,扶贫路上甘于奉献

"经自治区相关部门同意贡觉县实现脱贫摘帽!"听到期待已久的好消息,我脸上终于露出久违的微笑,几年来辛勤培育的"扶贫树",终于结出脱贫"硕果"。

贡觉县位于昌都市东部，地处川藏交界的地理中心，是连接国道318与317线的重要交通枢纽，也是正在规划并即将实施的川藏铁路进藏的第一站。由于特殊的地理条件加之特殊的历史进程，贡觉县整体呈现出边疆边界地区、民族地区、连片特困地区共有的特征，是全区最为典型的维稳前沿阵地、深度贫困县。2015年年底全县识别建档立卡贫困人口2665户13362人，综合贫困发生率32.26%。

面对艰巨的脱贫任务，作为贡觉县扶贫办副主任，我被组织赋予了更多重任，担任县脱贫攻坚指挥部办公室负责人。面对组织的安排和信任，尽管感觉到压力重重，但我没有一丝的犹豫，勇敢地挑起了贡觉县摘"穷帽"贫困群众拔"穷根"的重任，在脱贫攻坚路上践行"不忘初心、牢记使命"的承诺。

用脚步丈量民情。"不能让一个贫困群众掉队。"这是我经常挂在嘴边的话。为了不让一个贫困群众掉队，我和指挥部各专项组的同事们走遍了贡觉县6000多平方公里的山山水水。贡觉县很多偏远村居道路崎岖、路途遥远，当车辆无法通行的时候，就需要采取步行的方式，"晴天一身汗，雨天两脚泥"早已是常态；但是为了全面、准确了解每一户贫困户的家庭情况，我不停地奔波在走访各家各户的路途中，经过多次的清洗调整，反反复复的确认审核，确定了贡觉县3055户17843人的建档立卡贫困群众。

扶贫工作处处艰难，只有扎根群众，做到心中有数才能有针对性的出谋划策，让脱贫事半功倍。为了制定出符合贡觉县实际的方案规划，我走遍了全县12乡镇131个深度贫困村居，充分掌握每一户的情况，掌握第一手数据，带领脱贫攻坚指挥部办公室同事一同起草编写了《贡觉县脱贫攻坚深度实施方案（2018—2020）年》《贡觉县脱贫攻坚三年行动计划》等规划方案，为全面打赢脱贫攻坚战奠定了坚实基础。

用真心排解民忧。"党和国家的政策越来越好，让我们的生活也变得越来越好，自从搬迁到拉萨市达孜区后，我们的生活就更好了，我们跟党走信心十足，感谢党给我们的幸福生活。"泽仁拉姆自信地说道，泽仁拉姆是我的结对帮扶户，在没有实施搬迁之前，家住在沙东乡阿香村。泽仁拉姆家是贡觉县众多易地搬迁户中的一户，她家成功搬迁且过上比之前富裕的生活，与我和同事们的努力是分不开的。

"三岩搬迁"是自治区党委针对贡觉县三岩片区"一方水土养不活一方人"的特殊现状，着眼打好深度贫困地区脱贫攻坚战的目标要求，顺应人民对美好生活的向往做出的决策部署。为了严格按照区党委、市委的安排部署，我一有空就往我的结对帮扶户家中跑，说尽千言万语、想尽千方百计，吃尽千辛万苦，力求打消结对帮扶户的顾虑。我的2名结对帮扶户都在2018年年底搬迁至拉萨市达孜区，开启了幸福新生活。

"民生问题无小事，群众利益大于天"，我总是那样说，也是那样做的。扶贫项目只有真正地落实到了群众身上，才是真正的发挥了效益。2015年之前，贡觉县很多村居道路未硬化，路面坑坑洼洼，遇上雨天就泥泞不堪。面对这种情况，我向相关职能部门提建议，积极争取扶贫道路项目。目前，贡觉县所有乡（镇）、建制村全部实现通达，6

个乡（镇）、103 个建制村实现通畅，乡、村通畅率分别达到 100% 和 96.26%。昔日让群众苦不堪言的泥土路，变成平坦宽敞的脱贫致富路。

脱贫攻坚工作开展以来，我始终把排解民忧，改善民生作为脱贫攻坚重点工作来做。2016 年以来，我就贡觉县扶贫项目共提出意见建议 8 条，协调实施扶贫项目 216 个，受益贫困户数达 37278 户，贡觉县致富基础进一步夯实、贫困人口稳定脱贫，群众的获得感、安全感、幸福感进一步增强。

用实干托起"小康梦"。"5+2""白 + 黑"是我的工作常态。"见到问题不怕、碰到困难不让"，是我对扶贫脱贫攻坚使命担当的理解。

翻开我的几十个工作笔记本，上面密密麻麻地写着脱贫攻坚的数据。上面详细记录了项目推进的困难，数据存在的问题，政策落实情况，哪些问题还没有整改，脱贫摘帽还剩多久？交给谁去处理，什么时间完成等等。

不仅如此，我与脱贫攻坚指挥部的扶贫干部一同日日夜夜坚守在岗位上，一起研究扶贫政策、调整数据等。面对困难，我没有逃避和退缩，反而越难越上，一干就是五年，全心全意投身脱贫攻坚一线，舍小家顾大家，不管什么时候只要脱贫攻坚指挥部灯亮着，就一定有我的身影。

经过了五年的不懈奋斗，1800 多个日日夜夜，2019 年，贡觉县已实现脱贫 3055 户 17843 人（其中：2016 年脱贫 228 户 1598 人、2017 年脱贫 225 户 1417 人、2018 年脱贫 396 户 2360 人、2019 年脱贫 2206 户 12468 人），149 个贫困村（居）全部退出，顺利通过国家第三方考核评估和全国脱贫攻坚普查验收，实现高质量脱贫摘帽，消除了绝对贫困。

五年的脱贫攻坚，我带着对人民群众的感情，俯下身子沉一线，脚踏实地办实事，从最初的不了解情况，到现在的行家里手；从刚开始的面对深度贫困，到现在的小康圆梦，我一直坚守在扶贫工作的前沿，做好自己的每一件事。我对同事说："下一步，我将深入贯彻落实习近平总书记脱贫摘帽不是终点，而是新生活、新奋斗的起点的重要指示精神"，在巩固脱贫成果和乡村振兴工作中将永不止步。

"功成不必在我，功成必定有我"。我将以执着的信念、炽热的忠诚、奉献的精神服务人民。虽然没有惊天动地的感人事迹，但我将情系百姓冷暖，心怀万家忧乐，凭着钉钉子的精神、为民服务奉献的情怀，奋斗在扶贫道路上。

（贡觉县脱贫攻坚指挥部办公室副主任 何继胜）

2 第二篇
脱贫攻坚中的领头雁

　　成功者的力量是巨大的无穷的,它的示范作用也是有力的强大的。他们的成功,总会给社会带来巨大的积极效应,激起人们的热情和斗志,给人们增添向前的动力,甚至给人们指引前进的方向。

　　在如火如荼的脱贫攻坚中,总有些企业、团体或集体以及个人,他们凭借时代赋予的机遇,依靠他们的无穷力量和坚定意志;同时,在社会各种力量的帮助和支持下,经过坚韧不懈地努力和敢于创新的探索,开创出一条具有社会示范效益的致富道路。他们所走过的道路和取得的成绩,最终将发挥出巨大的能量,为社会经济的发展带来巨大的效应。他们也凭借着自身的力量和成绩,走在了扶贫、脱贫的前列,成了扶贫脱贫的领头雁。

　　在西藏昌都市扶贫脱贫征程上,在各方面力量的不断努力和探索中,在各级政府扶贫脱贫政策的推进中,各县、各乡镇都出现了许许多多扶贫脱贫的领头雁。这些走在扶贫脱贫攻坚前列的领头雁,他们的显著业绩和为社会做出的巨大贡献,为昌都市扶贫脱贫工作的有效进展和顺利推进,发挥了不可替代的重大作用。而他们遵循党和政府的惠民政策与脱贫攻坚战略规划,为昌都市人民彻底摆脱贫困,走上致富道路,过上小康生活,同样做出了不可低估的贡献。

我和我的扶贫故事

无论是来自内地沿海地区的国企投入大量资金和人才，为昌都各个县、镇、乡、村的经济发展开辟各种适合当地环境和产业优势的致富渠道，从而带动当地经济发展，提高人民生活水平，帮助他们走出贫困；还是当地民众在思想观念转变的基础上，充分利用国家惠民政策，通过借贷和技术培训等多种方式与渠道开发地方优势产业，建立村级、乡级、县级合作社，群策群力、携手共进，走共同富裕的集体经济道路；或者是心怀志向，学有所成的知识人或掌握先进业务技术的科技工作者，回到家乡，借助家乡经济发展的东风，瞅中时机，聚合当地人力财力，开创事业、创办企业，奔向致富的康庄大道，他们都是时代潮流中的领头雁。

这些领头雁的出现和存在，以及他们所取得的巨大成绩，为地方经济发展带来可观效益，为昌都市脱贫攻坚注入了强大的活力和动力。他们不仅仅意味着一个个企业，或一个个合作社的存在，不仅仅意味着某些地方、某些人收获了经济效益。他们更是昌都人民智慧和力量的象征，是昌都人民信心和追求的象征。他们就是飞翔在辽阔蓝天的大雁，引领着更多的鸟儿飞向远方，带给期盼过上幸福生活的人们无限的希望和不尽的动力。

结对帮扶，厦门国企义不容辞

——厦门打造国企援藏组合拳

自 2016 年 7 月厦门市与西藏昌都市左贡县结对帮扶以来，厦门市国资系统积极响应中央脱贫攻坚的号召和省委书记于伟国关于"抓引资、兴产业"援藏工作的指示，主动担当，勇于作为，遵循"当地所需、国企所能、项目可持续发展"的指导思想，先后从厦门港务、夏商、海翼、旅游、轻工、市政和轨道 7 家厦门市属国有企业集团派遣两批计 12 人次厦门国企干部奔赴西藏深度贫困地区——左贡县，开展援藏扶贫开发工作。3 年多来，厦门国企通过挂职帮扶和直接设立产业扶贫开发公司等方式，有力弥补了当地脱贫攻坚工作的短板，开创了全国地市国企参与援藏扶贫开发工作的先河。2018 年 9 月，由厦门夏商集团、厦门旅游集团、厦门海翼集团、厦门轻工集团 4 家市属国企联合注资 1000 万元，在左贡县注册设立"昌都市左贡县厦康经济发展有限公司（以下简称厦康公司）"作为产业扶贫的运营主体，并由 4 家股东选派 6 名干部常驻左贡县开展工作，力争更有效地衔接左贡县资源禀赋与后方厦门国企运营资源，努力增强当地"造血"功能，补齐当地民生短板，助推左贡县脱贫攻坚，为厦门援藏工作献力献策。

以商引商，商商联合，奏响厦门援藏的交响曲

左贡县山高谷深，沟壑林立，土地贫瘠，农作物、经济作物品种相对单一，农牧民增收渠道有限，脱贫难度较大。左贡县中林卡乡打造的万亩葡萄基地，因缺乏专业的团队管理人员和经验，葡萄基地种植情况堪忧。厦康公司立足实际，急当地所急，结合当地所需，决心帮助当地发展葡萄酒种植、酿造业。2018 年 9 月，经厦康公司后方股东厦门夏商集团牵线，邀请厦门成功红实业集团有限公司总经理苏长山等专家，前往左贡县考察万亩葡萄园项目。通过多次交流，2018 年 11 月底，左贡县人民政府与厦门成功红实业有限公司签订了《左贡县中林卡万亩葡萄基地项目投资框架协议书》，并与厦康公司签订《三方合作框架协议》，帮助减轻投产初期的销售压力。该公司在左贡设立西藏成功红天麓酒庄有限公司，全面接管左贡县中林卡万亩葡萄基地。天麓酒庄公司注册资金 3000 万元，项目总投资 3 亿元，投资项目主要包括中林卡万亩有机葡萄种植园基地和夯达农产品加工厂天麓酒庄 2 万平方米综合体（包括葡萄酒厂、生态酒庄、葡萄酒文化展示中心、专家科技楼、温泉酒店和其他配套服务设施）。2019 年 4 月底，位于海拔 3911 米的"天麓酒庄"开工建设；2019 年 9 月，榨汁车间开始酿造，首期收获的 30 吨葡萄共酿造葡萄酒 20 吨。2020 年 6 月 22 日，灌装生产线正式启动，标志世界海拔最高葡萄酒庄正式投产运营。

截至 2020 年年底，西藏成功红天麓酒庄有限公司在册员工总数 268 人（酒庄 12 人，中林卡乡万亩葡萄园区 256 人），其中西藏籍员工 255 人（含建档立卡贫困户约 60 户），占员工总数的 95.14%。公司响应国家和政府号召，积极为当地农牧民培训葡萄种植管理技术，全力解决当地贫困人口就业。

厦门成功红实业集团有限公司入驻左贡，承接万亩葡萄基地，建设西藏天麓酒庄，是厦康公司以商引商的成功范例，体现了商商联合的内在生命力，后续厦康公司将继续扩大本项目的带动效应。

产业扶贫，增强造血，打响厦门援藏的攻坚战

基于当地独特珍贵的野生菌菇等丰富的林下资源，原生态的自然、人文环境等优势，当地特色农产品生产加工、旅游资源开发、特色手工等有极大发展前景，有助于促进当地经济总量增长，提升贫困人口自我发展能力，保证贫困人口稳定就业机会，增加收入。

左贡县政府与厦门援藏队联手打造的夯达农产品加工厂已快竣工。建好之后，厦康公司将在后方的支持下，注入先进的经营和管理经验，帮助和带动当地国企掌握生产运营管理技术，通过当地国企直接设立农特产品加工车间或招商引资的项目运营方，向全县及周边收集农特产品原料，带动农牧民增收致富，吸纳当地建档立卡贫困户就业，增加农产品附加值，为当地财政增收，协助打造当地农特产品特色品牌。经过前期大量调研考察，已完成古树核桃油压榨、果蔬冻干及初加工两个项目的可行性方案。加工厂已于 2020 年年底建成，2021 年投产运营。

消费扶贫促增收，彰显厦门援藏的多面手

消费扶贫作为农牧民增收的有效途径，厦康公司主动联系左贡县碧土乡农牧民合作社，依托厦门市国资委、厦门市各大国企工会资源，收购松茸干片并最大程度让利给农牧民，成功推进 73 家厦门国企采购公司收购左贡县碧土乡松茸干片。2019 年至今，公司向左贡县碧土乡农牧民合作社采购松茸干片 1300 斤，采购金额近 85 万元，帮助当地农牧民、贫困户增收，并在过程中引导农牧民提升产品质量，为今后打造地理商标产品打下基础。

技能培训增就业，心系高原凸显兄弟情深

技能脱贫是智力援藏的一种有效形式，"授人以鱼不如授人以渔"，厦康公司经过大量走访、调研左贡当地各乡镇，针对很多年轻人提出的学技术难、就业难的困境，决心通过技能培训，帮助他们掌握新技术，早日实现脱贫愿望、圆致富梦。2019 年 5 月，公司牵线搭桥股东下属企业——厦门厦工机械股份有限公司在左贡设立"厦工机械技能操作培训基地",通过带师资、带设备、带服务进藏,手把手教学。该公司是当今中国最大的工程机械制造厂家之一,是生产装载机、挖掘机、叉车、小型机械、环保机械等产品的国家骨干大型一类企业,同时厦工在焦作市的"厦工工程机械职业培训学校"拥有雄厚的师资力量,常年为社会培养专业技术人员,可颁发全国通用的"职业资格等级证"。首期挖掘机、装载机操作培训已圆满顺利完成,首期学员共40多名。学员学习热情很高,教学效果良好,挖掘机考试通过率93%,装载机考试通过率91%,以上学员均已获得国家颁发的"机械行业能力水平证书",正式获得上岗就业条件。公司通过成熟一批发展一批的目标,今后还将继续探索搭建各类人才培训培养平台,帮助当地解决就业难问题,及人才紧缺问题。

组合援藏,提升厦门产业援藏新高度

厦康公司与厦门援藏队行政干部队伍、医生队伍、教师队伍形成互补型的帮扶格局,首批国企援藏干部通过在当地国有企业挂职,输入先进的经营管理经验,并以现代企业制度要求,推动其改革,强化管理,激发发展活力。管理方面,帮助搭建现代企业治理结构、制定基本管理制度、规范国有资产管理、加强党建工作等。经营方面,精准制定产业扶持方案、探索产业扶贫模式、研究产业发展思路、加强项目效益分析、加强专项资金管理、努力拓展业务,各项工作稳步推进,并取得良好成效。人才培养方面,采取"一对一师带徒"的传帮带和"请进来,走出去"的交流学习模式,通过跟班学习、举办专业知识和专业技能培训、选派骨干到内地学习交流等,培养了两批次当地国企干部成为能够独当一面的骨干,提升他们的业务技术和管理水平。

脱贫攻坚,厦门参与是合力

充分发挥国企龙头作用,有效动员和凝聚更多社会力量。首先,国企先行,做好表率,主动注资进藏办企,增强福建及内地民营企业参与产业扶贫开发的信心。如成功引进厦门成功红实业有限公司到左贡县投资万亩葡萄基地,改变了过去左贡县单方力量发展高原红葡萄酒产业力量薄弱的问题。其次,广泛宣传当地企业参与脱贫攻坚的优惠政策,如税收优惠、扶贫企业贷款优惠、职业培训补贴等,激发内地企业到贫困地区投资的积极性,使企业愿意来,留得住。第三,搭建平台,整合资源。通过凝聚国企后方强大的资源和力量,努力搭建各类平台(包括电商平台),多渠道拓展,让当地产品走出西藏。如帮助销售松茸解决农特产品滞销问题,在厦门设立"昌都传奇"特色产品展示厅、在左贡设立"古龙健康食品馆",促进双方特色产品交流,组织当地农牧民合作社成立的"藏香厂"参加厦门当地组织的国际性佛事展,推广藏香、唐卡等产品,通过后方国企商超、专卖店,布置陈列专柜,销售当地农特产品,将左贡县特色农副产品纳入厦门市国资系统扶贫生活馆展示范围等,全力推广当地产品。

发展特色产业是脱贫攻坚工作的重要支撑,厦门国企将继续紧紧围绕脱贫攻坚目标任务,充分发挥厦门国有企业在履行社会责任方面的引领和表率作用,带动更多的厦门民企赴左投资,大力开展产业协作,不断探索帮扶新路子,构建政府、市场、社会协同推进的扶贫开发格局,从而巩固脱贫攻坚成果,迈向乡村振兴新阶段。

倾心扶贫,中铝公司不遗余力

——中国铝业公司助力察雅高质量脱贫

国有企业是中国特色社会主义经济的"顶梁柱",是中国特色社会主义的重要物质基础和政治基础,是党执政兴国的重要支柱和依靠力量,为中国经济社会发展、科技进步、国防建设、民生改善做出了历史性贡献。中央第四次西藏工作座谈会后,中央骨干企业讲政治、顾大局,积极参与援藏,对口支援西藏,开创优势互补、长期合作、聚焦扶贫、实现共赢良好局面。中央企业对西藏大力支持、无私援助,彰显社会主义制度的无比优越性,彰显祖国大家庭无比温暖,体现国务院国资委和中央企业对西藏各族人民的深情厚谊。

中国铝业公司响应党中央号召,充分发挥企业资金优势、产业优势、人才优势、渠道优势,围绕就业扶贫、教育扶贫重点,积极创新扶贫方式。"让藏区人民过得更好。"——这是中国铝业公司24万员工共同心愿。2004年,中铝第一批援藏干部来到察雅。12年6批援藏干部,前赴后继,告别故乡和亲友,把青春和汗水奉献给他们原本并不熟悉的雪域高原;12年77个援藏项目,无一例外,全部获评百姓满意工程、民族团结工程,为察雅经济社会发展插上腾飞翅膀;12年1.48亿元资金,倾情投入,只为让生长在这片土地上的每一位农牧民都能拥有幸福生活。12年来一份剪不断的兄弟情义,将中国铝业公司和"高原河谷"察雅紧紧连接在一起。

项目落地,援藏有力抓手

中国铝业公司秉持"责任、诚信、开放、卓越"核心价值观和"点石成金、造福人类"社会责任感,以贯彻落实中央历次西藏工作座谈会精神为己任,以"支持察雅县长远经济发展、改善农牧区农牧民生产生活环境、提高农牧区人民生活质量"为理念,从改善察雅县基础条件入手,全方位开展援藏工作,倾力打造"造血源",铺设"发展路",为察雅县社会经济发展注入强大动力。中铝援藏干部们从来到察雅第一天起,沉下心思、认真履职,切切实实办实事、做好事、解难事,有力促进察雅经济持续健康发展和社会和谐稳定。

项目建设是开展援藏紧抓不放的抓手。中国铝业公司坚持把改善民生作为支援出发点和落脚点，立足解决制约农牧区发展突出问题。累计在察雅启动各项援藏项目77个，涉及交通、基础设施建设等方面。

面对察雅居住条件有限的现实，中国铝业公司以改善察雅县广大干部职工和农牧区困难群众居住条件为抓手，大力推进各类安居工程——2004年，公司投资285万元建设职工周转房56套，解决120名干部职工住房难题；2006年，公司再次出资500万元，实施农牧区美丽乡村建设项目，让如给村19户农牧民群众住上安全舒适新房。

近年来，中国铝业公司还修建察雅县敬老院和五保老人供养中心，为170名孤寡老人提供安全、舒适居住养老条件；为正在建设中的若格村美丽新农村建设配套附属投资954万元，让当地居民住有所居，居有所乐。

12年来，中国铝业公司将基础设施建设与公益事业发展相结合，援藏项目遍及当地农牧民生活教育、医疗、卫生、养老、交通等方方面面。从投资1100万元建设县自来水（含改造）工程，到修建县广播电视中心；从修建县老干部活动中心，到投资692万元为察雅中学修建塑胶操场；从建成察雅县入城道路，拓宽硬化道路、安装路灯和护栏，到为宗沙乡察姆、拉松两个村修建水泥桥三座……每一个援藏项目背后，都是中铝人对这片土地的深情厚谊。

如今，中国铝业公司修建的集培训、阅览、会议、剧院于一体的县科技培训中心，可为400位农牧民群众提供培训，成为标志性建筑和察雅县重大活动首选场所；斥资330万元修建的中铝广场，成为察雅县百姓主要休闲、娱乐场所。

教育援藏，拔掉穷根的根本

改善农牧民生活条件，只是中国铝业公司援藏第一步，以建设教学点为突破口，着力解决制约察雅教育事业发展瓶颈，才是中铝公司的"远虑"。

"授人以鱼不如授人以渔。"中国铝业公司援藏干部看来，要想改变察雅现状，必须努力提高察雅人文化教育水平，转变发展方式。而这一切，都要从做好教育开始。

为改善察雅县教育环境，2007年，中国铝业公司投资上千万元建成村级小学、教学点及县幼儿园7所，为实现"普九"和巩固"两基"攻坚成果做出重大贡献。为解决部分学校基础设施薄弱问题，中国铝业公司对宗沙乡拉松村小学、荣周乡麦堆小学功能餐厅、宿舍和教室屋顶、操场等进行全面维修。实施荣周乡小学周转房援藏项目，修建周转房18套，有效解决教师住房难问题，得到教师和当地群众广泛好评。

自2009年起，中国铝业公司还发起成立"中铝·格桑花"教育基金，每年投入100万元专项资金用于资助贫困学生、奖励优秀学生及为察雅教育做出突出贡献的单位个人。如今，"中铝·格桑花"教育基金已成功资助1063名家境贫困学生和40名家庭困难教师。

大力改善察雅教育条件，中国铝业公司积极开展人才援藏和智力援藏。历届援藏干部特别注重将企业先进管理经验与当地实际相结合，通过言传身教，使察雅县干部群众更快接受和掌握新思想观念和管理理念,为提高管理效能发挥积极作用。中铝援藏干部定期组织察雅县干部赴内地考察交流,组织培训,切实提高察雅县干部职工素质。

精准扶贫,对症下药疗效好

大力做好教育扶贫,中国铝业公司还围绕"精准扶贫"大力发展特色产业,促进农牧民牧业经济结构调整,帮扶农牧民早日脱贫。

"2007年,中国铝业公司在吉塘镇投资150万元建成立体农业园区,取得以果业为核心的立体农牧业产业化建设新突破。2009年投资100万元建成烟多镇反季节蔬菜基地,不但解决察雅县干部群众吃菜难问题,还为近300位农牧民提供就业机会和长期、稳定可靠收入来源。2011年投入600万元,为吉塘镇和香堆镇修建现代农业示范园,在不改变土地用途前提下,利用优惠政策实施农田改造,通过更新理念,学习先进耕作技术、增强市场意识。通过多年实地调研,中国铝业公司为察雅奉献多个产业发展新思路——开发旅游资源,对察雅县旅游资源按照人文景点、自然景观、产业旅游资源三大类型进行梳理,确定沿察芒路宗教历史文化旅游线、沿214国道生态观光休闲旅游线两条发展主线;充分发挥察雅苹果品牌优势,筹备察雅县首届康巴苹果文化节,精心策划,使察雅苹果取得生态原产地地理标志保护及有机产品认证,并以此作为实现精准脱贫切入点之一。

继往开来,为察雅勾勒蓝图

12年辛勤耕耘,换来硕果累累。中国铝业公司援藏12年来,察雅县经济社会得到飞速发展,2015年,察雅县GDP比2004年增长6.3倍;地方财政一般预算收入增长14.22倍;农牧民人均纯收入增长5667元,增长4.29倍。

虽然察雅县经济社会取得长足发展,但仍面临贫困面大、程度深,发展能力弱;产业支撑能力弱,产业总产量、规模小;公共服务滞后,发展不够均衡;受教育程度低,脱贫意识低,缺乏谋生技能等问题。面对此情此景中国铝业公司一如既往关心察雅社会经济建设,并结合自治区、昌都市"十三五"建设规划和察雅县"十三五"建设计划,大力实施精准扶贫、民生改善,加大投入力度,推动察雅县经济社会更快更好发展。

援藏12年岁月里,中铝和察雅县早已水乳交融,亲如一家。12年来中国铝业公司始终将援藏作为公司重点,公司领导亲力亲为,公司上下全力支持,共同推进援藏项目顺利进行。未来,中国铝业公司将一如既往做好援藏工作,为察雅美好明天做出应有贡献。

情系学子，吉祥哈达传真情

——西藏吉祥哈达有限责任公司

  西藏吉祥哈达有限责任公司在发展壮大企业的同时，不忘回报社会，情系教育，捐资助学，扶贫济困。在公司领导扎加先生及各位爱心人士的倡议下，西藏吉祥哈达有限责任公司全体员工，积极捐资助学，设立了"西藏吉祥哈达助学金"项目，主要资助昌都市品学兼优的贫困大学生。2017年5月，西藏吉祥哈达民族用品有限责任公司和西藏昌都市教育局签订了《捐资助学协议书》。2017年，昌都市教育局收到西藏吉祥哈达100万元助学金，对昌都市特困大学生146人次进行了精准资助。2018年西藏吉祥哈达助学金爱心企业和爱心人士再次捐出100万元，对昌都市贫困大学生185人进行了资助。2019年继续资助了100万元，资助了200名大学生，每人5000元。2020年受新冠疫情影响，全球经济形势严峻，该公司和爱心人士在狠抓企业复工复产的同时，心中非常挂念昌都贫困大学生，继续献出大爱。2020年9月17日，向昌都市教育局捐款100万元，继续实施西藏吉祥哈达助学项目，按人均5000元的标准，资助200名特困大学生，主要资助特困大一新生顺利入学，帮助孩子们实现大学梦，走出大山，看看外面的世界，早日成才，建设好家乡，报效父母和祖国。2017—2020年，连续4年，西藏吉祥哈达公司捐资了400万元，资助昌都市贫困大学生731人次，极大地帮助贫困大学生安心学习、成长成才。这种捐资助学大爱善举，体现了爱心企业和爱心人士扶贫济困、勇担社会责任的人文关怀。

  为做好西藏吉祥哈达助学金项目，市教育局高度重视，安排市学生资助管理中心全程组织实施。2018年9月专门召开局长办公会，通过了《西藏昌都市西藏吉祥哈达助学金项目实施方案》，学生资助管理中心统筹操作，把好审核关，精准识别、资助贫困大学生，确保资助金及时发放到受助学生手中，让资助金发挥最大效益，社会反响特别好，让爱心企业和爱心人士捐资助学的初衷顺利实现。

  2019年度，按照《捐资助学协议书》要求，市教育局设立资助专户，将捐助资金专款专用。市学生资助管理中心参考《昌都市特困大学生市级一次性临时资助项目实施细则》，按照精准资助和资助育人的原则，依据《家庭经济困难大学新生入学资助项目申请表》和《西藏昌都市温暖在传递志愿服务情况评价表》，开展资助项目申请、审核、发放、汇总等工作。收到资助金后，资助项目审批、公示、发放流程规范，资金发放监督管理到位，项目材料单独建档，使用绩效达到了100%，实现了预期目标。为避免重复资助，公司主要资助了非建档立卡特困大学生。从2019年度约900名贫困大学生市级申请者中，主要选择了其中低保、孤儿、残疾或父母残疾、父母丧失劳动能力、烈士子女、单亲困难和突发事故的特别困难的大一新生，按照公平、公正、公开要求，在局大门口公示栏进行了至少5天的公示，公示期间未接到任何举报或异议。

2020年1月21日上午，昌都市教育局领导、西藏吉祥哈达有限责任公司及爱心人士代表、受助家长学生代表在七楼会议室，举行了"吉祥哈达助学金"发放仪式。市教育局巴桑次仁局长、西藏吉祥哈达有限责任公司及爱心人士代表次仁玉珍，市教育局办公室、学生资助管理中心等工作人员，及受助学生及其家长共70余人，参加了发放仪式。昌都电视台、西藏日报以《昌都市教育局为100名学生发放助学金》为题，对西藏吉祥哈达助学金发放情况和西藏吉祥哈达有限公司助学行为，进行了广泛宣传。中共西藏自治区委员会、西藏自治区人民政府、中国西藏网、中国西藏新闻网、藏东教育公众号等网络媒体，对西藏日报的宣传文章，进行了转载、宣传，扩大了影响力。

2020年1月20日，公司电汇第一批100人，每人5000元。3月19日电汇第二批100人，每人5000元。2019年度200人共100万元全部兑付给贫困大学生。公司电话联系了每一名受资助学生或家庭，介绍了西藏吉祥哈达助学金项目情况，告诉学生及其家长，该笔资助金是西藏吉祥哈达公司和爱心人士捐助，要懂得感恩，把爱心传递下去，多做好事，传递温暖。受资助学生和家人纷纷表示，非常感谢爱心企业和爱心人士的大力帮助，将来之不易的资助金用在最需要的地方，促进学生成长成才。昌都市区的部分受资助学生，积极参加志愿服务，例如：寒暑假在市一小、二高、市青少年活动中心办辅导班，义务辅导小学生；在市教育局资助管理中心当志愿者；参加新冠肺炎防控志愿者；参加扫雪、环保等温暖在传递系列志愿活动。

党和政府关心关爱困难群体，公司认真落实国家、自治区等教育惠民政策。2020年1~9月市教育局组织申报和资助困难师生群众3616人次，申报和发放资助金2018.5万元。但昌都市是"三区三州"的深度贫困地区，贫困面广、贫困发生率高、贫困程度深，存在不稳定脱贫户、边缘户，因患大病等原因返贫人口和新发生贫困人口较多。但家长和孩子求学热情高涨，每年大学生人数不断增加；有的贫困家庭同时有2、3名在读大学生；有些大学生求学路途遥远，总体上贫困大学生求学经济压力大。贫困大学生帮扶工作任重道远，公司希望爱心单位和爱心人士继续献出大爱，形成合力，帮助贫困大学生早日成长成才。公司也将按照中央第七次西藏工作座谈会精神，坚持把改善民生、凝聚人心作为经济社会发展的出发点和落脚点，多措并举，坚持精准资助和资助育人，继续加大对贫困大学生资助力度，巩固脱贫成果，向着共同富裕的目标继续前进。

多措并举,"牦牛"走出创业路

——西藏昌都市藏家牦牛股份有限公司的致富路

西藏昌都市藏家牦牛股份有限公司成立于2014年9月,是一家集牦牛养殖、育肥、繁育和加工、销售于一体的股份制企业。公司注册资金3000万元,第一期投资主要用于加工基地的建设,目前累计投资5000多万元。公司加工基地占地40亩,建筑面积8000平方米,拥有一条先进的、年加工牦牛8万头规模的标准化冷鲜肉生产线和一条年产300吨牦牛休闲产品的生产线。此外,新上马的牦牛肉酱生产线,在2020年10月投产使用。公司还拥有5万多亩的天然养殖基地和一个500亩育肥基地,这为公司的后续发展奠定了厚实的基础。公司2015年年底开始正式投产,经过5年时间的发展,2019年产值达到6260万元,2020年计划达到8000万元。

目前,公司在类乌齐县和昌都市各开设一个"类乌齐牦牛肉厂家直营店",位于昌都市的"类乌齐牦牛肉主题餐厅"于2019年8月正式营业。

多年来,公司积极探索符合社会经济发展需要的运作情况,取得了不错的业绩和社会效益。

以"公司+基地+合作社+农户"的发展模式,西藏昌都市藏家牦牛股份有限公司立志走一条健康的可持续发展的高原牦牛产业之路。西藏昌都市藏家牦牛股份有限公司于2015年投产以来,共组织资金近3000万元,收购类乌齐牦牛肉300多吨进行了加工。牦牛收购涉及农户1000多户,这使得用户均增收3000元以上;同时多年来,已使用临时工、季节工700人次之多,支付工资180多万,仅在公司育肥基地附近的觉恩卡村,支付工资就达80多万元。可以说,从公司到农户基本上达到了措施到户的扶贫效果,让村民直接受益,很好地提高了生活水平,感受到了扶贫政策的富民效益。公司推出的这种发展思路,既推动了企业的快速发展,也带动了当地贫困户的就业,这是扶贫工作有效机制的充分体现。

积极参与"产业精准扶贫"工作,最大限度地扶持建档立卡贫困户脱贫致富。西藏昌都市藏家牦牛股份有限公司积极响应脱贫攻坚号召,通过各种方式参与地方扶贫工程。2018年,公司直接为70户建档立卡贫困户分红35万元,户均5000元;公司直接带动建档立卡贫困户的数量增至170户,户均年增收将达到5000元以上。2019年公司实现总产值6000多万元,良好的生产效益使得公司有能力带动377户、1500余人直接或间接得到经济收入390余万元，户均增收达到10400余元。这些成就的取得，充分体现了西藏昌都市藏家牦牛股份有限公司关注社会效益，回馈社会的企业宗旨。2020年公司产值预计可达到8000余万元。为贫困户带来的收益会更高。

企业扶贫对象精准、资金使用精准，可以说企业把大部分收益用于扶贫项目，用于贫困户的直接脱贫，让贫困户和企业发展紧紧联系在一起，企业发展带动扶贫，扶贫工作促进企业更快发展。

采取多种方式，确实把公司发展与农户利益紧密结合起来。近五年来，除了公司在秋杀时以不低于市场价集中收购牦牛外，以牦牛养殖合作和饲草种植合作方式，采取公司提供技术服务、兜底收购的模式也取得了初期成效，在一定程度上调动了农牧民的积极性，同时也保证了公司肉源及品质，为今后全方位与农牧民合作打下了基础。既让农牧民的收入有了保障，也让企业长远发展有了保障。

就业方面，很好地带动了贫困户就业。加工厂吸纳当地38人长期就业（建档立卡户21人），公司名下的牦牛育肥基地和类乌齐牦牛主题餐厅解决了本地46人长期就业（建档立卡户19人）。切实做到精准扶贫、精准就业。为农户脱贫就业带了一个好头。这也是脱贫成效精准的一个具体体现。让贫困户直接在企业发展中收益，也让企业的扶贫作用立竿见影取得成效。

企业践行社会责任，取得了很好的社会效益。近年来，公司在年关、节假日为环卫工人发放慰问品；累计赞助县里多支足球队训练比赛经费5万余元；公司管理层每人结对帮扶贫困户3人以上，为贫困户解决实际困难（就业及创业启动资金）；2020年在"新冠疫情"暴发初期，公司向疫情灾区和类乌齐县防控指挥部捐款捐物累计达30余万元。回馈社会是一个企业的责任，我们始终牢记着自己的使命，也感恩着党的扶持政策，积极帮助困难户、基层工作人员，为社会的和谐发展尽一份自己的绵薄之力。

昌都市委、市政府提出了"把类乌齐牦牛产业"做大做强的明确要求，并制定了详细的《类乌齐牦牛产业发展规划》。按照这一规划，到2021年，全市牦牛出栏将达到60万头，加工销售要达到30万头的规模。围绕这一目标，公司将在"立标准、提质量、树品牌、扩规模、带农户"五个方面入手，加大生产和销售力度。其中带动当地农户生产致富是一个重要的方面。对于特别注重企业社会效益的公司来说，这是义不容辞的社会责任。这是公司在发展的同时，以市场为导向，大力引进人才，高标准建好产品研发团队、市场营销团队，让公司的发展符合《规划》的需要，肩负起"产业龙头"应担的责任。

公司在昌都市委、市政府的关心和带动下日益强大，这是党的惠民政策的具体体现，也是精准扶贫政策的具体体现，公司建立了有内生动力、有活力，能够让贫困人口自己劳动致富的长效机制，真正做到了扶贫对象精准、项目安排精准、资金使用精准、措施到户精准、脱贫成效精准，用企业来带动一方脱贫；做到了想办法、出实招、见真效。虽然公司在发展中也遇到了各种各样的问题，但都在一一克服，目的就是要在致富的路上带着大家一起奔小康，让村民越来越有幸福感。

统筹规划，让"阳光"温暖民心
——类乌齐县吉多乡达多村阳光合作社的致富路

类乌齐县吉多乡达多村阳光合作社是根据村里的实际情况，在脱贫攻坚的大背景下成立的集体经济体，它的直接目的就是帮助村民们脱贫致富。类乌齐县吉多乡达多村由于地理环境特殊，生产技术条件也相当落后，算是重点贫困村。村里的建档立卡户多，如何让众多贫困户快速有效地脱贫，成为脱贫攻坚的一个重点。

根据"热血青年创业有关文件"的指示精神，县委、县府、乡政府和驻村工作队经过大量的调研，最终决定成立合作组织，带领大家一起致富。在2012年创立了达多村阳光合作社（简称：达多阳光合作社），社员6人，启动资金30万元。2013年正式注册成立，新增加了11名社员，社员集资总额达170万元。

合作社创立初期由于人员少，资金不足，技术落后，管理没有经验，产销渠道不畅通，一时打不开市场局面。但合作社创始人加央措成始终本着办好一个合作社，带富一方群众，让更多村民得到经济实惠这一宗旨，不怕吃苦，克服困难，带领全体社员顺应新形势，走紧密合作之路，发挥集体的创造力，不断地开拓进取，闯出一条产购销为一体，服务于农牧民群众的道路。通过几年的不断努力，得到了当地人民群众的认可和一致的好评。合作社的规模不断扩大，并于2014年新增12名社员，扩充到29名社员，总集资达到290万元。

通过多年发展，合作社不断壮大，并成立了财务部、达多阳光酒店、林木种苗基地、蔬菜种植基地、达多阳光建筑商贸有限责任公司、粮油批发店、农机具销售及维修店、拉萨分公司、丁青县分公司和砂石厂等多个管理经营部门。现合作社正式员工共有56人，其中：社员28人（合作社主要管理层），大学生4人，建档立卡贫困户8人，非建档立卡户16人。

合作社注册资金共计611万元，发展固定资产8000万元，平均年收入515万元。合作社经营的业务范围主要包括：温室大棚蔬菜种植、铁艺加工、农机具销售与维修、粮油批发、砂场、餐饮、酒店、工程施工等领域。

2013年，达多阳光经济合作社得到政府投资30万元，奠基公司的发展基础，提高了合作社经济收入。

2014年，为全乡五保户、低保户和孤儿"三大节日"慰问人数315人，慰问金额66150元。

2015年，达多阳光经济合作社农蔬菜种植基地24个温室大棚总投资240万元，为当地农牧民群众提供新鲜蔬菜和水果，解决了65人就业问题，其中12人为建档立卡贫困户，同时带动了全村的经济收入。回报社会、感恩乡亲、节日慰问人数75人，慰问总资金107625元。

2016年，通过产业扶贫，投资80万元建立达多阳光经济合作社农机具销售公司，带动建档立卡20户135人就业，通过产业分红每户增收3110元。同年我公司为积极响应精准扶贫政策，踊跃参与投标吉多乡达孜村易地搬迁安置点建设项目，中标后公司以高质量、高效率完成项目建设。同时，在施工期间吸纳当地村民就业124人，其中40人为建档立卡贫困户，户均增收8000元。贫困户"三大节日"慰问人数80人，慰问总资金160000元。

2017年，达多阳光经济合作社承担吉多乡达孜村易地搬迁安置点扩建工程项目；同时，在施工期间吸纳当地村民就业98人，其中28人为建档立卡贫困户，户均增收6000元，通过产业分红户均增收3840元。

2018年，达多阳光建筑商贸有限责任公司承建了林业产业扶贫项目林木种苗基地建设项目，该项目投入资金3999.99万元，施工期间解决当地就业140人，其中：建档立卡户43人，非建档立卡户87人，户均增收7500元。该项目已于2019年7月完工。投入运营后，带动建档立卡贫困户200人，预计每人增收1500元。类乌齐县物资筹备库建设项目、村级活动场所、寺片区管委会附属项目和吉多乡达如村异地扶贫搬迁扩建等项目，总投资约758万元，施工期间解决当地村民就业68人，其中：建档立卡户20人，非建档立卡户48人，户均增收8500元。年底，公司在县城新建了达多阳光酒店，投入资金475万元，酒店包括餐饮、住宿，招聘员工26人，其中：解决建档立卡贫困户就业8人，通过产业分红户均增收4455元。

2019年，达多阳光建筑商贸有限责任公司承接造林绿化项目，总投资5074415.55元，施工期间解决当地就业90人，其中：建档立卡户20人，户均增收7000元左右。农业产业发展项目，总投资25万元。林业产业扶贫项目，投入运营后，带动建档立卡贫困户200人，通过产业分红户均增收5168元。

由于在扶贫工作中成绩显著，几年来，合作社的成员和合作社受到了各级政府和部门的充分肯定和褒奖，可以说是硕果累累。

2016年度，合作社负责人加央措成荣获"昌都市2016年度优秀青年致富带头人"。

2017年度，合作社负责人加央措荣获自治区级"十佳农牧民""2017年度类乌齐县优秀共产党员"等荣誉称号，2017年度，达多阳光合作社被评为"昌都市级农牧民专业合作示范社"。

2018年度，达多阳光建筑商贸有限责任公司荣获昌都市住建系统"2018年度先进农牧民施工队""2018年度类乌齐县级民族团结模范个人""2018年度组织创新先进单位"。

面对这些荣誉，合作社领导和员工并没有骄傲。他们清楚：达多阳光合作社本身就是扶贫项目的产物，是在党和政府的惠民政策下产生的，是在县、乡、村各级政府和领导的大力支持下才有了今天的成就。公司更应该积极回报社会，回报村里，带动更多的人富起来，大家一起共同富裕，让村民越来越有幸福感。

群策群力，携手闯出幸福路
——左贡县碧土乡甲郎村共同致富的故事

左贡县碧土乡甲郎村农牧民专业合作社于2014年12月25日登记注册，注册资金100万元；社员25户、146人合作社，固定资产100万元。合作社主要经营劳务输出、农副产品加工销售等，2016—2019年，合作社年经营收入分别为：2016年4万元、2017年1万元、2018年8万元、2019年8万元。2019年3月成立木碗加工厂，每年收入达到8万元。

合作社成立以来，在各级领导的帮扶和支持下，依托当地的资源优势，依靠科技进步，不断提高自身的独立运作经济业务的能力，发挥自身作用，带动身边群众致富，为促进周边乡、村农业发展、农民脱贫致富做出了积极贡献。合作社产品在2016年进行合格认证，注册了"察玉曲"商标，产品销售到昌都市、拉萨市及内地。合作社2016年荣获"国家农民合作社示范社"荣誉称号，产品在昌都市第一、二届三江茶马文化艺术节荣获"最佳特色产品奖"，2017年昌都市第三届三江茶马文化艺术节中本合作社的花椒和木耳荣获"最佳特色产品奖"，2018年荣获"农牧民专业合作社先进示范社"，以及在昌都市第四届三江茶马文化艺术节特色产品展销会上荣获"优秀合作社奖"。2019年昌都市第5届三江茶马文化艺术节荣获"优秀参展合作社奖"。

左贡县碧土乡甲郎村农牧民专业合作社，位于左贡县比碧土乡甲郎村，目前主要经营藏猪养殖加工销售、林下资源加工销售、民族手工艺品制作销售业务，截至目前已在我县壁土乡建成藏猪养殖场1个，存栏藏猪50头。建成农产品加工厂1个，占地350平方米，生产柚子、干果、松茸、玉米精料、花椒、虫草王、藏猪肉等特色产品。

为规范合作社的管理，建立完善的组织、生产和科技支撑管理制度，合作社制定了责任人制度、组织管理制度、资产财务管理制度、生产管理制度、社办内部管理制度、技术推广体系建设制度、种植人员培训制度等制度，在日常生产管理中严格执行各项制度条款。

合作社以入社自愿、退社自由、地位平等、民主管理、共担风险、共享利益为原则。同时要求在工作中及时听取社员意见，召开社员大会，交流经验，总结工作，研究发展，不断进取，为今后合作社发展奠定良好的基础。合作社坚持以质量第一，信誉至上、诚信为本、公平交易为宗旨，建立了高效的运行模式，实行统一购种、统一种植标准、统一技术服务、统一产品销售额四统一管理，实现信息共享、技术互助、优势互补和利润共享，通过培训指导、推广新技术、科学管理等，使种植生产标准统一。要发展就要走科学路，合作社积极学习有关科学种植的相关知识，并将其应用到实践中，认识到产品销售对于合作社及基地发展、促进社员增收的重要性，为此合作社成立专业的营销队伍，负责营销、运输、收集信息，免费给社员提供生产和销售的决策依据，引导社员关注市场，准确定位定量，搞好外销，为本村的种植业创造好条件，力求将本社发展成有力竞争的"生产+销售"经营模式。同时合作社还在大力发展种植面积，走规范化种植道路，以实际行动办实事，使更多的农户加入合作社，提高了他们在合作社工作中的积极性和信心。

合作社每年都要举办几期科技培训，让社员学到更多的知识，在生产实践中还要及时请农业专家及技术人员为他解答。合作社根据社员的要求统一采购生产资料，保证了质量。参加合作社的社员，收入大幅增加。合作社社员不仅在技术上、信息上能及时进行沟通，而且还能得到低价高质的生产资料供应，社员的农产品不仅能卖个好价钱，得到好收益，2016年实现经营收入40万元，实现盈余25万元，人均增收5500元。合作社的运营离不开碧土乡甲郎村的大力支持，合作社本着感恩祖国，回报社会的理念，自2018年到至今帮助建档立卡户3人，给予他们生活补贴每人每月3000元，一年每人36000元，还对贫困户10户给予每户每年2000元的帮助。给他们5亩苹果经济林木的果实由他们自己销售，以此来增加他们的经济收入，早日实现脱贫。合作社每年不仅对甲郎村3个村的3户贫困户给予粮食、资金上的帮助并对7名残疾人员给予每人2000元的长期帮助。

2016年，合作社在经费紧张的情况下，花费近万元，打造左贡县本土的商标，并完成"察玉曲"的商标注册。合作社的产品已在第一、二、三届的茶马艺术节上展出，产品受到大家的好评。"玉米糌粑"和"花椒"在拉萨藏博会上展销，产品深受广大消费者的喜爱。2016年合作社成功申报为国家级农牧民专业合作社。

荒地变桑田，酒香飘满葡萄园
——左贡县成功红天麓酒庄的致富之路

2020年是脱贫攻坚决战决胜之年！左贡县全县上下为脱贫攻坚的顺利完成团结一致、齐心协力开展各项工作。"要坚持以人民为中心的发展思想，扎实办好民生实事""要瞄准突出问题精准施策，做好剩余贫困人口脱贫工作""各级党委和政府要加大扶持力度，通过各种方法保障贫困群众就业……"习近平总书记的重要讲话为常态化疫情防控前提下，打赢脱贫攻坚战提供了根本遵循。

到2020年现行标准下的农村贫困人口全部脱贫，是党中央向全国人民做出的郑重承诺，必须如期实现。这是一场硬仗，越到最后越要紧绷这根弦，不能停顿、不能大意、不能放松。西藏经济发展起步晚、积累少，发展不平衡不充分问题比较突出，自主发展动能和机能还没有完全形成，要实现高质量脱贫，不仅需要全区上下艰苦奋斗、自力更生，更离不开中央和国家机关部委、对口支援省市、中央企业的大力支持、无私援助。对于身处左贡县的援藏人员来说，这同样是义不容辞的神圣使命与责任。因地制宜，寻找发展地方优势经济，是一个值得探索的好路子。

在怒江穿流而过的左贡县村庄中，盘绕百年的葡萄树随处可见。据说当地百姓种植葡萄已有近千年历史，葡萄酿酒的历史也有三百多年。2004年，左贡县被国家林业局授予"中国野生红葡萄之乡"的称号。如此优厚的自然资源，蕴藏着巨大的经济潜力。

但遗憾的是，2012年之前，左贡县的万亩葡萄园，还只是怒江河畔的荒凉坡地，呈露在大自然的怀抱，静默地等待着。为了使左贡县农牧民不离开家乡，也能依靠产业发展致富，经过充分调研和论证，左贡县决定充分利用荒山荒地，开发建设"中林卡万亩葡萄园区"。经过漫长的艰苦奋斗，左贡县终于建设完成了中林卡万亩葡萄园。这为发展地方优势经济开了一个好头。

2018年，左贡县人民政府同时与厦门成功红实业集团有限公司、昌都市左贡县厦康经济发展有限公司三方签订合作共建框架协议，就未来将中林卡万亩葡萄基地打造成集高原葡萄园种植、红酒酿造和销售为一体的发展战略目标达成合作意向，决定由三方合作，投产建设葡萄酒生产基地，利用左贡县天然的资源优势，推动地方经济的快速发展，增加当地农牧民收入，提高人们的生活水平。

2019年，在318国道3556公里处、在海拔3911米的凌云高处，全球海拔最高的酒庄——成功红天麓酒庄（含葡萄酒厂、生态酒庄、葡萄酒文化展示中心、温泉酒店的综合体）开工建设。

西藏成功红天麓酒庄作为政企合作支援西藏的扶贫项目，通过发展支柱性的第一产业和第二产业，带动第三产业的发展，进而提升西藏左贡县的GDP，从根本上带动西藏人民脱掉贫穷的帽子。成功红集团的加入，科技化的设备和专业人才的参与生产，预示着左贡葡萄酒正式开启产业化发展道路。葡萄种植专家夏农深入到中林卡乡进行调研期间，惊喜地发现，怒江河谷的中林卡万亩葡萄园，兼有高原地区紫外线强烈、光照充足的特点，无病虫害和全年无霜冻期等气候条件，让这片怒江中的干热河谷成为种植葡萄的绝佳地点。做技术指导的过程中，由于语言不通，夏农先生随身携带小黑板指导农牧民种植管理葡萄园。在夏农先生的系统化培训下，左贡越来越多的果农逐渐掌握了科学的种植方法，葡萄产量大幅提高。

稳定脱贫归根到底靠产业。习近平总书记指出，"发展扶贫产业，重在群众受益，难在持续稳定。要延伸产业链条，提高抗风险能力，建立更加稳定的利益联结机制，确保贫困群众持续稳定增收。"贫困地区产业基础薄弱，贫困户因为观念、技术、市场、资金等多方面因素的限制，独立发展产业难度很大；而"头企业+合作社+贫困户"把三者结成了利益共同体，带动了农民从"小生产"走向"大市场"。天麓酒庄葡萄园区管理模式园区采取"公司+合作社+园区+农户"的经营管理模式，变农牧民为产业工人，实现农牧民就近就业。

结合左贡河谷土地碎片化的实际，2018年，左贡县给群众发放葡萄苗木32万株（折合900余亩）。随着葡萄产业的稳步推进，逐步扩大农户碎片化种植的覆盖面。实现碎片化葡萄种植1800亩。辐射带动效益通过葡萄产业带动发展和碎片化种植，可实现2700余亩种植规模，可覆盖6个乡镇60%以上农户，丰产期年产葡萄1600余吨，实现群众出售葡萄收入1500余万元，可供应天麓酒庄26%的葡萄原料。怒江河谷葡萄园区丰产期可采摘优质葡萄4600余吨，酿酒2300余吨，年产值将达到2.2亿余元。可带动当地100余户农牧民增收400余万元，实现户均年增收万余元。

如今，左贡县的大型红酒酿造厂（成功红天麓酒庄）已经基本建设完工，2019年8月采摘的葡萄首次在本地酿造成葡萄酒——西藏天麓系列葡萄酒。

2019年第一批葡萄酿造的葡萄酒，不负众望干浸出物33个（普通酒庄酒在25~29个，顶级酒庄酒29~35个），稀少的高海拔红酒在雪域高原迎来了它神圣的时刻。

"民生是人民幸福之基、社会和谐之本。"成功红天麓酒庄要把总书记讲话精神转化为更加有力的实际行动，坚决兜住民生底线，深耕西藏葡萄酒产业，贯彻因地制宜发展模式多样、持续性强的集体经济项目，增强"造血"功能，为扶贫助力。

知恩图报，唐卡情满小山村

我叫曲扎，是岗格村的一名普通村民。岗格行政村位于长毛岭乡西部，平均海拔4050 米。村子距离昌都市 158 公里，距离类乌齐县 53 公里，距离长毛岭乡人民政府驻地 13 公里左右，我们乡下设 4 个自然村，分别为长毛岭、比龙、塔门、岗格。岗格村现有村民 75 户 507 人。有劳动能力的 250 人，享受低保政策的有 16 户 41 人，五保户 4 户 4 人（其中 2 个县集中供养，2 个分散供养），残疾 12 人，建档立卡户 30 户 174 人，岗格村属于纯牧区。由于地处偏僻，加上劳动力少，严重影响了村子的发展，成为远近闻名的贫困村。从县里到乡里、从乡里到村里，各级领导都很着急，但受自然条件的影响，始终找不到一条好的致富之路。各级政府不断到村里做调研，希望尽快解决村里的贫困问题。

这时，我主动请缨，愿意为村里做些事情，因为我是岗格村的一位民间传统艺人。2016 年，我积极响应脱贫攻坚号召，在岗格村创办了勉唐画派唐卡绘画公司，投资了 49 万元。该项目扶持类型为扶贫到村项目，主要建设内容为建立绘画基地 120 平方米，购买相关仪器设备，绘画唐卡销售并带领村民学习唐卡技术，带领大家一起致富。我在努力经营好"东勉唐卡文化艺术发展有限责任公司"产业的同时，没有忘记本村其他贫困户，时时关心他们的生产生活情况。

我生长于当地唐卡绘画世家，父亲江村达吉（1924—2000）从小随父学习勉唐画派，最终成长为一名远近闻名的绘画艺人。我 7 岁开始学习藏文读写，13 岁起跟随父亲专攻唐卡绘画，在父亲的精心培养下掌握了藏族传统唐卡画派勉唐派的技法，成为一名唐卡艺人。由于家族传承，技艺精湛，2016—2017 年所绘画的唐卡获得了很多奖项。唐卡绘画技艺声名远扬，作品遍及藏区各地，唐卡公司经营效果良好，先后吸收了本村 35 名村民到公司学习唐卡绘画技艺。

我虽然文化水平不高，但却懂得感恩，我觉得党和政府在我传承唐卡绘画技艺的过程中给予了相当多的政策支持，公司能有今天的成绩与党和政府的支持密切相关，我一定要在精准扶贫、精准脱贫的工作中贡献一份力量。我在教授唐卡绘画技艺的时候，耐心细致，要求严格，时常挂在嘴边的一句话就是：学好唐卡绘画既是传承民族文化的大事，也是掌握一项技能立足社会，发家致富的本钱。为了让孩子们增强学习的信心，找到学习的差距，我还经常组织孩子们参加区、县、市各级各类绘画比赛。比赛中，我的学员多次获奖。现在，我所教的学员中，有的已走入社会，依靠所学技艺为当地农牧民群众修房起屋绘制墙画壁画；有的自己开店收徒授艺，或进入高一级学府继续深造绘画技艺。在我的悉心指导下，目前已有大批青壮年村民掌握了一技之长，走上了依靠双手、勤劳致富的道路。

岗格村民族手工业唐卡绘画基地建设项目自创立以来，给贫困群众提供了就业岗位，增加了贫困群众的收入，2019年我在岗格村易地搬迁点上开办了唐卡绘画培训班，不少的贫困群众学到了唐卡绘画技艺，公司唐卡年销售的资金达15万元。

我除了无私地教授农牧民群众绘画技艺外，在2017—2019连续三年从企业效益中共拿出11.25万元作为扶贫红包分发给了25户贫困户，用以改善他们的生产生活条件，受惠人群已达100多人。我在持续抓管理、提效益的同时，也主动承担了更多的社会责任，献出了一份份的爱心，不仅经常对身边有困难的村民给予资金和物质上的帮助，而且还长期帮助贫困户，从衣、食、住、行各个方面给予照顾。

为把家乡的脱贫产业做大做强，我把业余的时间和精力都倾注在了这片土地上，对贫困户，做到扶上马、送一程，继续深化产业帮扶，延长拓宽产业链条，把以农村资源为依托的二、三产业尽量留在农村，把农业产业链的增值收益和就业岗位尽量留给贫困户，探索解决相对贫困方式方法等不懈努力，我在脱贫攻坚路上一直引领贫困群众脱贫致富。

有人问我为啥毫无保留地传授绘画技术，我觉得他们学会了技术，能挣钱了，我也很高兴了。还有人问我为什么把钱分给贫困户，我自豪地告诉他们：党和政府培养了我，我不能忘本，在扶贫的路上我不能缺席！

俗话说：打江山容易守江山难！虽然唐卡公司取得了一些小成绩，但与实现贫困村整体脱贫、全面小康目标还有一定距离。公司还要继续发展，还要不断扩大销售市场，让唐卡更多更好地销售出去，既让这种非物质文化遗产发扬光大，又能让这种技艺不断传承下去。随着越来越多的村民学习唐卡技艺，让我感到肩上的担子更重了。我要带领大家一起致富，要保持公司发展活力，使其不断发展壮大，带动贫困户及地方群众实现全面小康目标；也必须把公司建成小有名气、规范化管理的一流唐卡公司，让它在众多的企业中脱颖而出。发扬唐卡技艺，是我的使命和责任。

（东勉唐卡文化艺术发展有限责任公司 曲扎）

传承创新,民族服饰创收增益

——吉塘镇康巴民族服装厂传统藏装里的致富经

西藏服饰历史可追溯到昌都卡若遗址出土的骨角锥、骨针与兽皮衣服、陶纺轮。专家从这些器物推断,4000~5000年以前,生活在卡若的先民们可能已经开始缝制衣服。受地理环境和生产生活方式影响,形成以袍状为主的服饰,而这其中又分为牧区服饰和农区服饰。牧区服饰就地取材,大部分面料是羊皮,间有织锦、水獭皮、豹皮等装点,或配蜜蜡、绿松石等作点缀,雍容华贵;而农区则以氆氇为主,装饰图案简洁流畅,朴素大方。早在2008年,藏族服饰被列入国家第二批非物质文化遗产名录。近年来,藏族民族服饰产业发展迅速,在保留传统技艺基础上不断吸纳现代时尚元素,设计生产出来的产品备受市场青睐。藏族服饰在传承中不断创新,贴近藏族甚至更多非高原地区年轻人审美,国内国际市场随之不断拓展,其作为产业也在脱贫攻坚与精准扶贫中发挥重要作用。

扶持传统民族手工业也是吉塘如今新举措之一。当地手工艺人向巴丹增在政府帮助下,成立康巴民族服装厂,并通过组织当地群众学习民族手工制品技术、提供就业机会等方式直接带动群众增收。

重新起航的察雅县吉塘镇康巴民族服装厂

察雅县吉塘镇康巴民族服装厂位于西藏察雅县吉塘镇社区居委会,属于个人独资企业,向巴次成1978年开始跟随父亲学习制作藏靴技艺,2002年开始独立制作藏靴,建有小型私人手工藏靴加工作坊。主营手工藏靴,但是产值小、规模小,无规范化厂房等问题一直是发展的主要困境。后因向巴次成年纪较大无力经营管理,2014年10月将法人变更成其女婿,也就是现在的传承人向巴丹增,经营范围是:生产藏靴、卡垫、布袋、牛皮袋等民族特色手工制品。2016年企业得到察雅县扶贫产业扶持,进行重组,变更名称为察雅县吉塘镇康巴民族服装厂,变更企业经营范围,原来基础上增加藏装和民族手工艺品加工。扩大生产规模,察雅县吉塘镇人民政府积极协调帮助新建厂房,招收手工艺人。

产品种类

吉塘藏靴采用牦牛皮和上等羊皮为原料,经过手工加工生熟、揉制、上色、裁剪、缝纫、定型、装饰等九道工艺完成。有独特民族风格和地方特色。造型美观,形式多样,隔潮保暖,防水耐磨,久穿不变形。与选料考究、加工精细的传统工艺分不开。一张生牛皮经过熟皮、染色,变成手感柔软,不干裂,无皱纹,色泽透亮缝靴革,然后按图形分片裁出,用定形木植头依型缝制,靴底用牛皮 5~7 层,用麻绳缝制,纳靴底时不仅要求针码均匀、前后端正,而且每只靴底针码不能少于 57 至 58 针。此外,吉塘藏靴靴筒高,一直套到膝盖,即使不穿裤子,也能起半条裤子作用。若将裤腿套于靴筒内,不但防潮保暖,也可免受蚊虫叮咬。每只靴筒后面,都有一道二十厘米长的开口,不但穿起来方便,天热时亦可将靴筒挽下。

近年伴随藏区旅游业发展,康巴民族服装厂抓住机遇,坚持创新,在制作满足当地农牧民群众日常生活所需外,大力开发民族旅游手工艺品,将民族产业与旅游产业融合,逐渐加入色彩更多的皮料,制作出具有本地特色的旅游纪念品,产品丰富化、品牌化。

授徒传艺情况

以前藏区人民几乎都着传统藏装,对藏装有独特情感的阿旺向巴家族是自祖辈制造藏靴,属家族传承式,阿旺向巴一直以发扬和传承藏靴制造技艺为己任,其子向巴次成也对藏靴制造技艺情有独钟,一直专心致志地研究和制造藏族传统民族服饰。

为增加经济效益,更好地传承工艺,向巴旦增于 2016 年开始在原来基础上生产藏装和特色民族特色手工制品,扩大生产。察雅县吉塘镇康巴民族服装厂主要产品为藏靴制作,已传承 5 代(可追溯),有 100 多年历史,有学徒 27 人。招收学员开展工艺培训,共培训 5 次,受益 50 人次。

带动脱贫就业情况

为贯彻习近平新时代中国特色社会主义思想,保护、传承、发展民族传统手工艺文化,助力脱贫攻坚,拉动就业,带动更多"建档立卡户"脱贫致富、创业增收,满足日益增长的旅游市场需要,提升藏民幸福指数,激发全民族文化创造活力,自觉、主动推动文化大发展大繁荣。察雅县吉塘镇藏靴厂创业初期有员工 8 人,都是当地贫困家庭。2016 年扩大生产规模和经营范围后,员工人数增加到 21 人,其中 13 人系属吉塘镇精准扶贫对象。响应国家号召,参与到脱贫攻坚来。展现一个企业应有的使命感。企业还参加昌都市首届青年创业大赛并入围,为更多青年走上创业之路起到引领作用,大大增加了就业率。

2018 年,康巴民族服装厂实现收入 150 万元,盈余 72.25 万元,其中可分配盈余向社员返还 47.25 万元,占到可分配盈余 65.4%。社员人均月收入 1800 元。2019 年,带动社员收入提升效果显著,13 名员工在 8 个月(去除挖虫草、过年等 4 个月)内工资总收入 374400 元,日均工资 120 元。一年间昌都市察雅县吉塘镇康巴民族服装厂生产出藏靴(男女共产:300 双)、门帘(共产:250 件)、藏装春秋款(男女共产:150 件)、藏装冬季款(男女共产:300 件)、藏式民族风衬衣(男女共产:150 件)、民族真牛皮包、纯棉线包（工艺品共产：600双，现实使用款共产：50双）藏垫（共产：150双）等各类藏式手工产品2000件、双，累计实现收入70万元，取得较好经济效益。服装厂为察雅县扶贫产业项目（已带动吉塘镇13户建档立卡困难群众实现脱贫）。服装厂拥有缝纫机13台（代加工缝纫机30台），2020年因疫情原因，服装厂正在加急赶制察雅县小学校服订单。

高原上的"喜羊羊"
——贡觉县藏东科技开发有限公司的"羊"生意

　　昌都市贡觉县阿旺绵羊是西藏优质绵羊，主要分布在贡觉县拉妥乡、阿旺乡、哈加乡、莫洛镇等乡镇，其他乡镇也有少许分布。贡觉县根据"做大、做强、做优"的产业发展思路，引进先进养殖技术，立足贡觉县资源优势，不断深化我县阿旺绵羊养殖体系，贡觉县阿旺绵羊产业坚持走"优质、高效、高产"的路子。建立健全阿旺绵羊养殖基地，打造昌都阿旺绵羊品牌，拉动贡觉县阿旺绵羊养殖乡（镇）农牧民增收和农村实体经济的全面发展。

　　昌都阿旺绵羊主要分布于贡觉县境内及周边地区，是在适应高海拔、气温低、昼夜温差大、牧草生长期短、氧气压低等贡觉气候的自然生态环境条件下，经过长期的闭锁繁育和民间自然选育而形成的一个优良绵羊类群。近年来，在党和政府的关怀重视下，随着阿旺绵羊种群的不断扩大，产业化发展形成规模，产业化进程加快，阿旺绵羊产业已成为贡觉县农牧民收入的主要来源。为此，2006年完成昌都阿旺绵羊品种审定，2015年进行自治区品种认定；阿旺乡（昌都阿旺绵羊）2012年被荣誉为"第二批全国一村一品示范村镇"；2015年荣获国家"2015中国喜羊羊之乡百宝榜"。昌都阿旺绵羊产业带项目建设将以昌都阿旺绵羊及其羊肉、羊毛、皮张等为主要产品体现其直接经济效益。从市场前景来看，该项目不仅有较广泛的本地市场，也有巨大的区内、外市场。目前，全县昌都阿旺绵羊存栏7.3万只，该产业资源急待加以保护和发展。

　　"昌都阿旺乡绵羊"地理标志已注册成功，现正对阿旺绵羊及其产品进行绿色、有机及QS认证。已拥有符合西藏特点、昌都特色、贡觉实情和昌都阿旺绵羊产业带发展的商标图案并申报注册专利。派专职负责人和服务技术人员赴内地养殖企业参观考察，由中国农业大学专家组对产业带进行整体规划及系统设计。

　　昌都阿旺绵羊产业带发展是以"一带、三区"为布局，坚持结构调整和产业转型升级。在区、市党委、政府的大力支持下，在上级业务部门的技术指导下，在产业脱贫的任务推动下，贡觉县昌都阿旺绵羊产业带建设已完成繁育、扩繁的部分产业发展前期基础建设工程。以当地资源为主，充分利用当地人力、物力，鼓励农牧民参与产业带建设，积极投身到产业带发展中，学习养殖技术、管理技术等，增加农牧民就业渠道、经济收入，实现产业脱贫。通过政府投入的方式筹措资金，着力将"昌都阿旺绵羊"建设成为龙头企业，并采用"企业＋基地＋合作社＋农户"的模式，从事生产经营活动。在实际生产中，公司采取了一些有效的措施。

因地制宜，立足资源禀赋和产业特色

根据产业规划设计，成立贡觉县藏东科技开发有限公司为龙头企业，通过"公司＋基地＋合作社＋农户"运营模式，建成阿旺绵羊产业体系，完成阿旺绵羊繁育场、饲料厂和有机肥厂等项目建设；2018 年藏东公司阿旺绵羊养殖规模达到 3700 只，出栏 400 只，出售 12000 只，产值 3088 万元，玛曲绿康有机肥 600 吨，产值 198 万元，玛曲绿康颗粒饲料 1000 吨（其中：自用 875.27 吨），实现产值 394 万元，全年公司利润达 350 万元，缴纳税费 2.9 万元，解决 38 人就业，带动 182 户 925 人建档立卡贫困户。目前，正实施建设屠宰分割包装厂、冷链物流体系，搭建电商销售平台等下游产业。

突出政府引导，扶持贫困户养殖

贡觉县因势利导，一是制定出台了《贡觉县阿旺绵羊养殖帮扶政策的实施办法》，计划落实扶持资金 2600 万元，为有意愿长期养殖阿旺绵羊的建档立卡贫困户扶持性发放 20~50 只绵羊，政府与扶持对象签订《羊羔回收协议》，按市场价格收购贫困户手中的羊羔。先后投资 2625.69 万元为 853 户贫困户发放阿旺绵羊 15569 只。二是对实施人工种植饲草的群众，政府除免费提供牧草种子外，并由贡觉县藏东生物科技开发有限责任公司以 0.4 元／斤进行统一收购，所获经济收益全部给饲草种植户。2018 年饲草收购量达 210 万斤，实现经济效益 84 万元，群众户均收入 0.26 万元，带动精准扶贫建档立卡户 518 户 2464 人增收。三是分别在拉妥乡、哈加乡、莫洛镇等地修建阿旺绵羊扶贫棚圈 627 座，辐射带动 6200 余名群众参与到了阿旺绵羊产业链建设当中脱贫致富。

拓宽销售渠道，丰富产业链发展

贡觉县与昌都市阿旺绵羊餐饮有限公司联合打造的"阿旺绵羊"主题餐厅开始试营业，就市场、客户需求不断改善服务水平。天津市多兴庄园在莫洛镇阿嘎牧场（养殖生态贫困村），发展生态养殖阿旺绵羊，为发展阿旺绵羊产业搭建了平台，树立了脱贫攻坚的信心。

加大技术合作，培养专业人才

贡觉县与天津奥群牧业有限公司签订合作框架协议和技术服务协议。技术人员首次成功在阿旺绵羊种公羊实现人工采精；对 425 只阿旺绵羊进行疾病检测工作，完成阿旺绵羊种羊核心群的筛选工作；天津奥群牧业提供的 230 只代孕羊和种羊在县内成功饲养;完成第一批阿旺绵羊母羊的同期发情(成功率93%),并首次采用人工授精技术完成了对发情母羊的受精。

树立品牌,确保阿旺绵羊产业发展思路逐一落实

按照"执行一个标准、确定一个主体、培育一个品牌、制作一张生产模式图、建立一份生产脱贫档案"的要求,推行统一供应生产、统一技术指导服务、统一产销衔接,促进标准化示范园区建设,提高产业与脱贫攻坚结合能力。

以改善民生、实现脱贫为出发点和落脚点,紧紧抓住发展和稳定两件大事,将昌都市贡觉县阿旺绵羊产业发展成国家安全屏障、生态安全屏障、高原特色农产品基地。产业定位为昌都阿旺绵羊、高原羊王——西藏领头羊;功能定位为示范引领、强基富民;市场定位为高端市场、品牌消费;产品定位为天然有机、绿色优质的无污染产品,优化绵羊品种,使阿旺绵羊成为地理标志,打造脱贫攻坚龙头企业,带动昌都脱贫攻坚战的胜利,一起奔向小康。

开发能源,水电奏出援藏曲

——华电金沙江上游水电开发有限公司援藏扶贫

党的十九大报告指出,要坚决打赢脱贫攻坚战,让贫困人口和贫困地区同全国一道进入全面小康社会。2020年如期打赢脱贫攻坚战,将在中华民族数千年历史上第一次消除绝对贫困现象,这是实现党的第一个百年目标最重要的任务。习近平总书记指出,他最关注的工作之一就是贫困人口脱贫,"三区三州"连片深度贫困地区是主要难点,是脱贫攻坚的坚中之坚。西藏是"三区三州"中贫困程度最深、脱贫任务最艰巨的地区之一,中央动员全社会力量支持西藏等地脱贫攻坚。华电金上公司坚持以习近平总书记扶贫思想为指导,认真贯彻落实中央打赢精准脱贫攻坚战部署,全面落实中央第六次西藏工作座谈会精神,切实履行中央企业的政治责任、社会责任,发挥电力央企的优势和作用,积极助力西藏打赢脱贫攻坚战。

加快深度贫困区清洁能源开发,助力当地经济社会发展

在党中央、国务院、国家有关部委和藏川两省(区)各级党委政府正确领导和支持帮助下,金上开发不断取得突破,创造了让各方称赞的"华电速度"和"金上模式"。金上梯级电站已被列为"十三五"中央支持西藏经济社会发展的重大项目,成为国家"西电东送"接续基地的重要内容和先导工程,叶巴滩、巴塘、拉哇电站被列为国家加快深度贫困区能源开发助力脱贫攻坚的重点水电项目。苏洼龙、叶巴滩、巴塘和拉哇电站分别于 2015 年 11 月、2016 年 11 月、2017 年 10 月和 2019 年 1 月获得核准，在建装机达到 619 万千瓦。苏洼龙电站于 2017 年 11 月截流，叶巴滩电站于 2019 年 3 月截流，巴塘、拉哇电站工程建设全面启动。计划波罗、昌波和岗托电站"十三五"末核准，在建装机达到 1000 万千瓦，2020 年苏洼龙电站首台机组投产，运行装机 130 万千瓦；"十四五"期间，金上梯级电站和沿江风光电陆续投产，运行装机达到 1000 万千瓦；到 2030 年，基本建成总装机 2000 万千瓦的大型清洁能源基地，建成新时代清洁能源开发示范工程。截至 2019 年 7 月，累计完成投资 181.01 亿元，"十三五"期间计划完成投资 500 亿元。通过水电开发，带动地方相关产业发展，在当地累计缴纳税费 3.77 亿元。

在推进电站开发建设的同时，公司全力加强研究论证和沟通协调，落实消纳市场和送出配套条件。2018 年 1 月，河北省人民政府与西藏自治区人民政府和华电集团签订金上送冀战略合作协议；2018 年 5 月，国家能源局正式明确金上电力送冀消纳，启动金上送出工程；国家电网公司将金上直流作为重点工程，加快推进前期工作。金上电力送冀消纳、金上清洁能源送雄安，拓宽了对口援藏方式，实现了藏区深度贫困区与中东部发达地区的互利共赢，成为落实党的十九大关于区域协调发展战略部署的生动实践。

切实履行央企社会责任，助力西藏脱贫攻坚

积极开展捐赠扶贫。金上公司成立以来，积极参与西藏自治区社会主义新农村建设和电力援藏，共捐赠资金 10580 万元。支付电力援藏资金 7600 万元，其中"十一五"2600 万元、"十二五"5000 万元，由西藏自治区统筹用于无电地区电力建设；2011 年至 2013 年，派驻 2 个工作队 6 人次驻村，出资 360 万元在江达、贡觉和芒康 3 县修建 3 所"华电希望小学"（分别是芒康县朱巴龙乡华电尼增希望小学、贡觉县罗麦乡中心校、江达县波罗乡中心校，各 120 万元），出资 120 万元资助当地 300 余名贫困学生完成学业，资助 2400 万元用于当地农牧民实施"安居工程"；2016 年，出资 100 万元用于昌都市爱心乐园建设。

支持地方交通建设。结合项目建设，金上公司投资 7.39 亿元，在昌都市先后修建了约 117 公里交通公路，切实改善了当地群众的出行条件，成为当地各族群众的"致富路"。其中，结合苏洼龙电站移民复建，出资 1.6 亿元修建库区右岸西索路 46.97 公里并与国道 318 连通，金沙江西藏侧沿江数十公里范围内的村民彻底告别了不通公路的历史。结合波罗电站建设，投资 3.84 亿元改扩建同波路 54.14 公里，惠及波罗乡群众 2244 人。结合巴塘电站建设，投资 1.95 亿元改扩建右岸通乡通村公路 16 公里，惠及当地群众 2500 人。

积极开展就业扶贫。随着苏洼龙、叶巴滩、巴塘和拉哇电站相继核准，金上建设规模逐步增加，金上公司在昌都市及各县的统筹协调下，合理引导当地群众参工参建，积极吸纳闲置劳动力就业务工，增加群众收入，带动当地群众脱贫致富。截至目前，共招收了 5 名西藏籍大学毕业生就业；累计支持当地 305 人、273 辆车参与工程运输和部分辅助工程建设，创造产值约 1.41 亿元；在公益性岗位中尽量聘用当地藏族贫困群众，累计吸收就业 29 人，每人每年增收 4 万元，实现一人就业、全家增收、长期脱贫。组织开展"三定培养"，2018 年 9 月招收电站库区和定点扶贫村符合条件的昌都籍建档立卡贫困户 15 名高中、初中毕业生未继续上学的人员开展中等职业技术培训，合格后安置到电厂工作。"三定培养"就地就近、优势突出，被西藏自治区教育厅称为"解决就业创收、脱贫致富、促进西藏自治区经济社会长足发展和长治久安的重要举措"。

扎实做好定点扶贫。"十三五"期间，按照昌都市安排，金上公司定点扶贫芒康县索多西乡角比西村和安麦西村、贡觉县敏都乡雄果村、江达县波罗乡宁巴村 4 个村，建档立卡贫困人口共计 226 户 1360 人。经与各县对接协商，按照 3 个县基本平衡的原则，对定点帮扶的 4 个村，结合移民安置，以帮助贫困户建房、修建贫困村道路和产业扶持等方式进行帮扶，每个县各援助 500 万元，共 1500 万元。2018 年，金上公司已与各县签订了帮扶协议并全额拨付了帮扶资金，正有序实施帮扶项目。

大力助推产业扶贫。按照昌都市安排，金上公司大力扶持昌都阿旺绵羊产业化发展，认真组织项目规模、市场销售、建设资金缺口等调研，经与昌都市、贡觉县协商一致，帮扶昌都阿旺绵羊项目建设屠宰车间、冷冻库等项目，已给予帮扶资金 980 万元，昌都市委托贡觉县统筹组织实施。坚持"输血"与"造血"相结合，加大产业扶贫力度。建设期间，金上公司及参建单位优先采购当地农户种植的蔬菜、水果，已累计达 50 余万元，有力推动当地扶贫产业发展。

稳妥实施移民扶贫。金上梯级电站西藏部分移民人数 5 千余人，其中贫困人口 1000 余人，征地移民静态投资约 120 亿元。金上公司坚持"移民优先、贫困优待"，将移民安置与精准扶贫相融合，统筹协调脱贫攻坚任务要求，结合移民安置规划，合理提高移民新村建设标准，提前实施库区水、电、路等移民工程建设，加快实施贫困移民搬迁安置，尤其是提前实施拉哇水电站的移民搬迁，助力三岩片区扶贫整体易地搬迁，做到移民搬迁一户，脱贫一户。截至目前，支付征地移民补偿资金 13.9 亿元，搬迁安置移民 1188 人，人均搬迁安置补偿费超过 10 万元。华电金上公司援藏扶贫得到自治区各级党委政府和人民群众肯定和赞誉。先后荣获昌都市 2017 年度履行社会责任突出贡献奖、昌都市 2018 年度脱贫攻坚组织创新先进单位，华电集团社会责任"最佳聚善公益奖""十佳案例""最具影响力责任品牌"等荣誉称号。公司援藏扶贫有关事迹被国家和西藏媒体多次报道。

为社会增效益，为群众创增收
——八宿县鑫源建材有限公司扶贫纪实

近年来，随着八宿县各项工程陆续开工建设，对各类建材的需求不断上升，尤其是对砂石和商混的需求更是如此。为满足工地砂石、商混的需求，八宿县人民政府结合八宿县的优势资源和发展潜力，积极响应国家西部大开发战略，做出了前瞻性规划，将内地在绿色环保新型建材领域的先进技术成果通过招商引资的方式引进，建立了八宿县鑫源建材有限公司。该企业于2017年1月在八宿县注册成立，公司注册资金2500万元，占地面积约80亩，位于八宿县白玛镇旺比村，紧邻318国道。八宿县鑫源建材有限公司是一家集高原集中预拌混凝土、砂石生产及水泥砖生产型企业。现有两条自动化商品混凝土生产线，年产商品混凝土40万方量；两条自动化砂石生产线，年产各种砂石原料50万方量；一条自动化水泥砖生产线，年产各型水泥砖100万匹。八宿县鑫源建材有限公司的成立和顺利投产运营，为八宿县的经济发展提供了很好的动力，对八宿县脱贫攻坚产生了积极影响。

发展扶贫产业，树立八宿县建材龙头企业形象

八宿县鑫源建材有限公司自成立以来，先后为318国道怒江大桥、八宿县海螺水泥厂、八宿县学校、八宿县医院等重大项目的顺利实施保障了高标准、高质量建筑原材料，得到了八宿县社会各界一致好评，并得到行业内的高度认可。2018年公司实现生产总值为6858.57万元，销售收入5502.79万元，净利润829.12万元，利润率达到15.07%。其中商砼站实现产值4920.69万元，销售商混7116.55万元，销售收入4621.89万元；砂石厂实现产值1349.84万元，销售6612.48万元，销售收入450.54万元；砖厂实现产值588.04万元，销售195.28万匹，销售收入430.34万元。向国家缴纳各项税款298万元。八宿县鑫源建材有限公司良好的经济效益，为八宿县的经济发展做出了巨大贡献。

创新扶贫机制，带动当地农牧民脱贫致富增收

八宿县作为国家级贫困县，在脱贫攻坚中担负着艰巨的任务，需要发动和利用一切可以利用的力量。在脱贫攻坚中八宿县鑫源建材有限公司义不容辞，走在了脱贫攻坚的前列，为八宿县的脱贫攻坚工作做出了应有的贡献。为确保八宿县如期脱贫摘帽，公司积极响应县委、县政府号召，制定了适合八宿县的扶贫措施，并与八宿县脱贫攻坚指挥部及建档立卡户签订了帮扶协议,为当地农牧民提供就业岗位,培训劳动技能等,带动当地农牧民脱贫致富增收。为此,采取了一些有效的措施。

一是与八宿县投资公司合作,每年将利润的40%交投资公司统一用于八宿县分红,用于提高广大群众的实际收入。2017年,八宿县投资公司利润分红24.8万元,2018年利润分红298.5万元。这些资金对推动脱贫攻坚工作发挥了巨大作用。二是每销售1方砂石料,按照1.5元价格支付给旺比村,用于扶持帮助建档立卡户。截至2018年年底,八宿县鑫源建材有限公司已对建档立卡户发放分红34.79万元,帮助旺比村16户建档立卡户实现脱贫致富。三是一对一培养农牧民掌握专业技术(经营管理、作业技术人员、装载车驾驶技术人员等共计8名),使之能够完全独立开展工作,后期根据生产需求逐步扩大培训规模。这一举措对巩固脱贫成果具有重大意义,因为它很好地提高了贫困户自力更生的能力。四是通过提供就业岗位,为贫困户增加经济收入。为此,八宿县鑫源建材有限公司积极寻找发展机会,拓展业务,优先考虑贫困户上岗。经过这些举措,八宿县鑫源建材有限公司两年带动当地农牧民就业60余人次,增收达72.29万元。五是提供商品混凝土物流设施,并负责培训当地专业操作人员,然后在其能够独立工作的前提下优先聘用当地人员30余名,辐射带动当地运输队(日吉村、乃然村、西巴村)致富创收345.87万元。六是免费为八宿县提供了价值10余万元的混凝土,对产业园部分道路进行了硬化。道路的维修为老百姓的出行提供了方便,也加快了他们致富脱贫的步伐。七是发放扶贫物资,慰问当地农牧民,为其提供生活上的帮助,提高农牧民生活水平。2017年为旺比村建档立卡户发放扶贫物资(大米、茶叶、食用油、电饭锅等)、资金及补贴等共计6.03万元,2018年为旺比村建档立卡户发放扶贫物资(大米、茶叶、食用油等)0.7万元。这些实实在在的帮扶措施,让老百姓看到了党和政府对他们的牵挂与关心,感受到了国家惠民政策的利好,从而更乐意投身到脱贫致富的劳动生产中。

精准帮扶,谱写援藏新篇章

——福建省、中国电信集团公司的援藏扶贫

福建省、中国电信集团公司深入贯彻落实中央第五、六次西藏工作座谈会,积极响应党中央、国务院的号召,充分发挥各方面优势,从人才、技术、资金等方面对边坝县的经济社会发展各项事业给予了极大的帮助和支持;同时,福建省、中国电信集团公司始终助力全县脱贫攻坚工作,在全县脱贫攻坚工作中发挥了重要作用。

融入群众深入调研

结合边坝县地广人稀、基础设施薄弱的实际，福建省、中国电信集团公司采用集团式调研的方式，主动会同县发改、财政、医疗等部门，组织相关领导干部和专业人员到全县各个乡镇实地考察，并深入走访村民家庭，根据具体情况为贫困户建档立卡。在此基础上，针对全县贫困现状进行全方位的把脉问诊。在前期深入各乡镇开展调研的基础上，福建省、中国电信集团公司和边坝县相关部门一起多次召开精准扶贫专题座谈会，讨论扶贫的具体方案和实施细节，并积极协调编制《对口支援边坝县的工作规划》。福建省、中国电信集团公司援藏队员克服边坝县高寒缺氧、交通不便、生活环境艰苦等种种困难，弘扬老西藏精神，主动融入边坝县实际生活，有序展开工作。

积极对接协作交流

一是积极探索脱贫攻坚新路子。福建省、中国电信集团公司贯彻落实习近平总书记在银川东西部扶贫协作座谈会上的重要讲话精神，围绕精准扶贫、精准脱贫这一中心任务，按照"优势互补、互惠互利、长期协作、共同发展"的对口支援原则，深化结对帮扶关系，协调启动福建区县对口支援西藏乡（镇）、内地乡镇对口支援西藏村（居）的模式。刘远市长、林兴禄市长、欧龙光书记、蔡蔚获副市长、张斌副市长等主要领导干部，先后带队分别到边坝县调研指导脱贫攻坚对口帮扶工作，与边坝县委、县政府就脱贫攻坚、产业发展以及医疗卫生、教育、文化、新农村建设等重点领域，积极探索推动两地对口协作，签订了一系列重要协议。通过福建省、中国电信集团公司努力争取，取得了较大的资金、技术和人才支持，为进一步扶贫脱贫提供了有利帮助。二是积极开展人才交流锻炼。积极协调做好选派边坝县教育、医疗卫生技术人员到漳州、龙岩开展培训的前期对接工作，得到漳州、龙岩市委的高度重视和支持。选派第一批30名科级干部赴福建漳州、龙岩两市进行挂职锻炼，在工作上，根据挂职干部现有岗位、从事工作的特点和本身的专业特长逐一落实相应挂职岗位。致力于脱贫攻坚工作，先后为边坝县组织6批次43名边坝党政干部、专业技术人才到漳州、龙岩开展培训。

科学规划，稳步实施援藏项目

因地制宜组织修编完善《"十三五"对口支援边坝县规划》，规划总投资18137万元。落实县综合医院、福建新村、电信新村等援建重点项目的建设工作。认真推进"四个一"民生工程和"援藏十项精神文化工程"。福建省、中国电信集团公司援藏队成立了边坝县"四个一"民生工程和"援藏十项精神文化工程"项目建设领导小组。在推进"援藏十项精神文化工程"方面，积极争取福建方面5000册书籍捐赠给边坝县中小学，以实施青少年思想政治网络教育优化工程。2018年11月，启动首批16名边坝中小学教师到龙文区开展培训工作，开展中小学语文教师普通话引进交流项目。在开展标语标识优化工程方面，累计投入6.5万元在援藏阵地建设宣传标语、县界主干道路口设立了醒目的宣传栏。在提升精神内涵工程方面，投入资金30万元举办"龙文杯·民生边坝"

摄影大赛及开展为期 10 天的中医义诊活动，共捐赠药品 3 万元，有效提升了精神内涵工程。在开展爱党爱国教育方面，全年累计组织 9 批次 110 人次赴福建龙岩古田会址、漳州东山谷文昌纪念馆等革命教育基地开展爱党爱国教育活动。

重抓招商，引领带动产业发展

通过福建省、中国电信集团公司协调，利用福建"6·18""9·8"等各类招商平台和各级商会、企业优势，积极帮助边坝向福建以及海内外地区招商引资，努力策划促成招商项目，加强产业对接，大力引进福建客商前来边坝投资，已经引进 10 家公司注册落地边坝，计划投资额达 10 亿元。同时，充分利用边坝党政团回访福建契机，拜访企业和各地商会，形成良好招商梯次。目前正在与漳州市片仔癀药业股份有限公司、厦门都森医疗科技有限公司等就 8 个项目开展洽谈工作，招商势头强劲，有力提升了边坝发展的内生动力，助力全县脱贫"摘帽"工作。

聚焦民生，积极参与中心工作

一是聚焦脱贫攻坚。福建省、中国电信集团公司援藏队积极响应县委、县政府的号召，全体援藏队员全部挂钩二户以上建档立卡贫困户，通过捐款捐物、主动送去生活必需品、冬令物资等活动，认真参与结对帮扶脱贫工作。通过多方协调沟通，为全县建档立卡贫困户共争取鞋子 14000 双、衣服 250 套及现金资助，已全部发放到全县五保户、贫困户、学生手中。二是聚焦医疗救护。充分发挥 2 名福建援藏医生带头作用、整合广东中山医院技术支援以及国家医疗队的帮扶等资源，积极开展医学知识培训、协调组织实施乡镇巡回义诊、积极引进中医理疗义诊、建立远程医疗平台、疾病筛查等一系列活动，有效传播医学先进理念、前沿技术和宝贵经验，通过逐步完善医院核心制度，规范诊疗流程，有力提升了边坝县卫生服务中心的综合服务水平。

争做先锋，致富路上当仁不让

——察雅县工青妇群团组织助力脱贫

职工、青年、妇女等群团组织是党开展群众工作的重要力量，是党联系群众的桥梁纽带。加强党的执政能力建设，必须充分发挥群团组织作用，通过群团组织有效工作及群团组织作用发挥，提高党领导民主政治建设能力、驾驭市场经济能力、推进先进文化建设能力和构建社会主义和谐社会能力。习近平同志强调"群团改革是全面深化改革重要的任务"。在脱贫攻坚工作中，察雅县群团组织紧紧围绕察雅县中心工作，不断创新，扎实推进各项工作。各级群团组织积极投身到脱贫攻坚中，持续实施贫困青年助学帮扶行动、青年创业就业行动、扶贫关爱行动、金秋助学、单亲母亲帮扶等，创新工作思路、工作举措、工作载体，提升号召力、战斗力、凝聚力，形成力量足、作用强、影响深的群团组织新格局。

发挥群团组织号召力，创新扶贫思路

察雅县群团组织进行制度创新，通过新、活、好制度，促进内容从虚到实转变，促进目标从软指标到硬任务转变。群团组织自我加压、量化考核，提高节奏和效率，促进队伍人员办实事、求实效，扑下身子、真抓实干；加强思想教育，凝聚脱贫攻坚共识。坚持党建带职工、青年、妇女组织思想建设，结合"两学一做"学习教育，以专题讲座形式向工青妇组织干部讲解习近平总书记关于扶贫工作系列重要讲话及中央扶贫工作精神，统一广大职工、青年、妇女思想，把察雅县工青妇组织建设成政治坚定、组织巩固、充满活力的脱贫攻坚生力军和突击队。

发挥工会特色，创新扶贫形式

察雅县总工会深入推进职工技能素质提升，积极营造创业创新氛围，针对务工农牧民群众，开展农牧民群众"订单式"技能培训，扎实推进就业创业服务体系建设；切实加强工会组织规范化，更好地发挥工会在推进城乡统筹基层建设中的领导作用。开展"金秋助学"活动，2019年以来资助28名贫困学子，发放助学金210560元；开展送温暖、困难职工帮扶救助活动，为49名困难职工发放慰问金160892元；为78名困难农民工和劳模发放慰问金39000元；结合每年工会会员慰问，自2018年以来，创新工作机制，整合工会会员慰问费324.1万元，结合察雅县扶贫产业，将察拉乡菜籽油、扶贫羊毛加工产羊毛被、建档立卡技能培训中心手工制品等列入慰问品行列，带动12个产业协会、扶贫企业销展产品27419件，带动建档立卡户240余人。

发挥共青团优势，创新扶贫就业平台

团县委以"党团共建创先争优"活动为统揽，推动组织青年、引导青年、服务青年、维护青少年合法权益等工作；紧扣"七城同创"创建文明城市、服务民生工作、普及法律法规、营造文化氛围主题，依托现有资源，深入开展各类志愿服务活动，做到事前有策划，事中有效果，事后有反响，确保各级团组织各项工作务实高效。坚持帮助农牧民青年创业就业，一是实现自主发展作为扶贫目标，搭建拓展就业、见习、培训服务平台，加大就业培训力度，强化人才队伍建设和跟踪服务，切实提高农牧民青年自主脱贫意识和能力。2019年以来开展青年农牧民培训班7次，培训贫困青年农牧民425名，指引就业200名，建立见习基地3处，选送10名青年农牧民到区内外学习，建成实体店青年创业者1名，积极帮助青年致富带头人出谋划策，转变观念，增强内生动力。二是积极探索帮扶新方式新方法，主动与外地学校、对口支援团系统联系，与友好省市团青组织联系，通过开展"青春暖冬行""微心愿""志愿辅导班""各民族手拉手"等活动，及时掌握并解决扶贫青少年急需。建成图书室1所（10000余册图书）、2个音乐教室，聚焦贫困青少年缺衣等问题，对38所中小学贫困生发放爱心衣物、物资总计50万元，惠及1000余学子，实现帮扶效果最大化。深入开展圆梦助学行动，瞄准因学致贫家庭，坚持向上争取和社会筹集两个方向，广泛整合资源，开展"国酒茅台·国之栋梁""金惠助学""渝昌助学""平安希望助学"活动，2018年为117名困难学生发放助学金30.8万元，为90名困难留守儿童捐赠助学金1.8万元，2019年为77名困难学生申报助学金27.4万元。

发挥妇联独特作用，创新"巾帼脱贫"理念

县妇联积极组织创新载体、服务妇女，深化家庭文明建设行动，努力营造文明和谐社会氛围；响应号召开展巾帼志愿者行动和妇女儿童关爱行动，切实关爱单亲妈妈等困难妇女家庭，充分发挥妇联参与社会管理协同作用。一是凝聚爱心，温暖贫困弱势群体，积极开展"国奶扶贫工程"，与北京联慈健康扶贫基金会协调"国奶扶贫工程"，签订资助协议书并接受奶粉捐赠及儿童福利津贴794万元；"巾帼心向党·建功新时代"下基层送温暖活动，察雅县妇联为公益性岗位贫困妇女30人、学校贫困儿童40人、13个乡镇建档贫困妇女每个乡（镇）6人，共148人送上慰问品，价值44400元物资。二是组织培训，解放妇女陈旧思想。深入贯彻落实党的十九大精神，积极配合卫健委"两降一升"工作，开展《喜庆党的十九大·感受昌都新风貌》专题培训，组织50名农牧区妇女进行为期4天专题培训，参观昌都市博物馆等，使农牧区妇女感受到昌都市、察雅县翻天覆地的变化、人民群众生活质量飞速发展带来的幸福感和妇女群众的思想转变。三是依托项目，实现关爱扶贫。积极组织单亲家庭独女参加2018年察雅县"春风行动"就业服务活动招聘会，促进内生动力；成立察雅县妇联手工艺品巾帼创业岗精准扶贫短平快项目，组织单亲家庭妇女制作灯芯、刺绣、串珠、藏式特色编制腰带、甩带（挂饰）、毛衣、衣帽等手工艺品，设立"巾帼创业岗"销售手工艺品。直接带动60名单亲家庭妇女就业创收，人均月增收3000元。引领帮助农村贫困妇女脱贫致富，将党和政府的关怀送到贫困妇女和儿童中。

精准帮扶，藏东珍宝走出大山

——芒康县藏东珍宝酒业有限公司

昌都属"三区三州"深度贫困地区，是贫困发生率最高、贫困程度最深、扶贫成本最高、脱贫难度最大的区域。农行昌都分行全力推进扶贫工作，助力脱贫攻坚。多年来，昌都农行站在金融扶贫最前沿，坚持增加信贷投入、创新金融产品、延伸服务渠道，全力支持地方特色产业发展，带动当地贫困人口脱贫致富，走出了一条具有特色的"农行扶贫路"。其中由芒康县藏东珍宝酒业有限公司生产的藏东珍宝"达美拥"，便是农行扶贫取得的显著成果。

地处芒康县盐井纳西乡的达美拥雪山，是藏东最壮丽、最雄伟的山峰之一。就在这座雪山脚下，坐落着由康巴汉子洛邓牵头建设的"芒康县藏东珍宝酒业有限公司"生产基地。在农行资金的大力支持下，公司建立人洛邓继承父辈的红酒酿造工艺，心怀脱贫致富梦想，奋发向上，不断创新，全力研究红酒酿造。经过不到10年的发展，洛邓的红酒酿造从最初的小作坊，逐渐成长为了区内乃至享誉全国的知名品牌，主打产品"达美拥"系列红酒不但在国内有销售，而且已经销往世界。洛邓的红酒酿造产业经过多年的探索发展，走出了一条成功的、产生巨大社会效应的传奇之路。

芒康县藏东珍宝酒业有限公司于2011年1月13日经芒康县工商行政管理局核准，注册登记为有限责任公司，主要经营范围为酿造葡萄酒、青稞酒，批发零售。成立起初，芒康县藏东珍宝酒业有限公司仅仅是一家年产酒量不足10吨的小酒厂。公司厂房不大，工人也不足10人。但盐井当地葡萄酒酿历史悠久，加之该企业原材料使用芒康纳西乡当地所生长的一种名为"黑珍珠"的野葡萄，酿造的"达美拥"干红葡萄酒品质卓越、口感甘醇。优良的产品质量，使得芒康县藏东珍宝酒业有限责任公司的产品逐步得到了消费者的认可，同时也引起了当地农业银行的注意。芒康县农行更是一直关注该企业的发展。2012年，在了解到该企业资金困难后，农行芒康县支行主动出击，派专业人士进入厂房，对该企业进行实地考察。在了解到公司生产发展的实际情况后，农行结合金融扶持政策的相关规定，向芒康县藏东珍宝酒业有限责任公司发放了400万元的小企业简式快速贷，为企业的发展注入了外来的"第一桶金"，为企业的快速发展注入了蓬勃动力。

"金融要为实体经济服务，满足经济社会发展和人民群众需要"。2016年产业扶贫工作铺开后，芒康农行了解到该企业有扩大生产规模的需求，便积极与该企业开始对接产业项目问题。一方面，农业银行通过优惠利率发放产业贷款，减轻企业融资成本；另一方面，通过扶持该企业的发展，让企业带动周边建档立卡贫困户发展生产。2017年，在芒康县扶贫相关部门的帮助支持下，农行再次向芒康县藏东珍宝酒业有限责任公司发放了扶贫产业贷款3000万元用于支持企业发展。芒康县藏东珍宝酒业有限责任公司的生产又一次获得了巨大动力和活力。

苦心人，天不负。最终，在各级政府和农业银行的持续帮扶下，该企业近年来业绩不断增长，产品遍布西藏各地市，公司信誉良好、知名度越来越高，产品越来越得到广大消费者的青睐。企业从产量不足10吨的小酒厂，一跃成为昌都市乃至西藏自治区内的知名企业。公司成立以来，先后被评为"西藏自治区扶贫龙头企业""全国质量信得过产品""全国质量稳定商品""全国葡萄酒行业标准领先品牌""西藏自治区农牧业产业化龙头企业",是芒康县、昌都市乃至自治区的酒行业龙头企业。

作为公司创始人的洛邓,饮水思源,在自身壮大的同时,不忘回馈社会。在公司逐渐发展的过程中,全力带动地方经济发展,促进贫困户就业,鼓励全乡农牧民群众种植葡萄,促进家庭增收致富。不吝向同业传授酿酒方式方法,得到了当地广大群众的一致认可。如今,"达美拥"葡萄酒庄园已经成了众多旅游爱好者的打卡地,而因酒厂产生的各种附属企业也如雨后春笋般涌现,乡民生活幸福,百姓安居乐业,呈现一片富足祥和之景。

对芒康县藏东珍宝酒业有限公司的帮扶成效显著,但这仅仅是农业银行产业扶贫之路和支持小微企业的冰山一角。长期以来,昌都农行扶贫贷款重点支持了农牧民发展生产、农牧区基础设施建设、农网改造、农村公路、农牧区特色产业、传统民族手工业、藏药开发、建筑运输以及农牧民合作组织等诸多领域。通过持续不断开展信贷扶贫和基础金融服务工作,有力地推动了农牧民脱贫增收致富步伐,为西藏社会大局持续稳定和农牧区的文明进步做出了应有的贡献。

随着各地脱贫摘帽,金融扶贫和服务"三农"工作由解决贫困户的"两不愁三保障"向建立起持续、稳固、长效的脱贫机制转变;由传统农业向现代农业转变;由脱贫攻坚向乡村振兴转变。未来,农行昌都分行将在做好、做实群众扶贫工作的同时,还将继续加大产业扶贫的支持。积极介入贫困地区交通、能源、电网、通信、饮水安全等基础设施项目,不断扶持对当地脱贫攻坚有带动作用的重大基础设施项目;并立足贫困区域的发展基础和资源禀赋充分挖掘县域资源特色,找准当地的主导产业、基础产业和优势、特色产业,紧紧围绕自治区提出的河谷经济建设和青稞、牦牛扶贫产业发展战略定位,精准实施信贷支持和金融服务,做好金融扶贫与乡村振兴信贷服务的有效衔接。

脱贫攻坚,基层组织身先士卒

——芒康县曲孜乡达许村村委的致富路

达许村位于乡政府所在地,村委会驻地海拔2346米,行政村距曲孜卡乡政府0.8公里,距214国道6公里,距芒康县108公里,交通便利,基础设施完善。村辖5个自然组,村面积155.18平方千米,农户216户,常住人口1360人,劳动人口624人,耕地面积1361.6亩,人均耕地面积约1亩,基层组织健全,村"三委"干部11人,全村拥有87名党员，组织活动开展有序。村委会始终把践行社会主义核心价值观转化为农牧民群众的自觉行动，引导广大农牧民群众树立科学健康文明的生活理念、生活态度、生活方式，始终把全面建成安居乐业、保障有力、家园秀美、民族团结、文明和谐的小康社会作为全村指导思想。

达许村认真贯彻落实习近平新时代中国特色社会主义思想和党的十九大精神，贯彻落实自治区第九次党代会精神，全面贯彻落实上级关于脱贫攻坚的系列重要指示批示精神。达许村在县政府的指导下和乡政府的坚强领导下，在县、乡扶贫部门的关心指导下，深入贯彻落实上级的各项扶贫开发工作部署，紧紧围绕"两不愁三保障"，用精准措施，过细工作，集合攻坚力量。以实干的精神和务实的作风，团结带领全村群众，锐意进取、埋头苦干、拓宽思路、落实帮扶、解决村里实际困难。重点开展了"五个一批"工作，包括产业入户、产业发展、危旧房升级改造、农村饮水工程以及农村小额贷款等工作，扶贫工作均取得一定成效，群众生产生活条件明显改善，社会反响好，群众满意度较高。2013年11月习总书记到湖南湘西考察时首次做出了"实事求是，因地制宜，分类指导，精准扶贫"的重要指示，全面建成小康社会最艰巨最繁重的任务在农村，特别是在贫困地区。习近平总书记指出，"小康不小康，关键看老乡，关键看贫困老乡能不能脱贫"。让农村人口如期脱贫是最终判断我国是否能在2020年全面建成小康社会的重要标志。扶贫工作是一项解决民生实际的习题，联系群众最直接、最根本的工作。

重责任抓分工，不断健全扶贫机制。始终围绕强基础惠民生，夯实基层基础，打牢执政根基，多办实事好事，增加民生福祉，不断增强基层党组织的政治领导力、思想引领力、群众组织力、社会号召力，不断满足人民日益增长的美好生活需要。按照上级提出的脱贫攻坚工作任务具体要求，曲孜乡达许村建立了以村支部书记为组长的脱贫攻坚领导小组，村"两委"包片帮扶的脱贫攻坚责任链条，形成"一级抓一级、层层抓落实"的良好工作机制。驻村工作队还选出一名扶贫专干，安排全村扶贫事项，保障工作开展。根据贫困户标准，组织驻村工作队，村主任走访了解贫困家庭的经济、劳动力等情况，做到不漏组、不漏户、不漏人，并严格按照相关程序对贫困户进行筛查。2019年年底实现全村整体摘帽，全村实现脱贫61户278人，其中享受易地扶贫搬迁政策29户155人，享受低保兜底政策28户119人，享受产业扶持政策278人。

重规划抓统筹，进一步完善扶贫规划。对于群众来说，喊十句口号，不如做一件实事。在为群众办实事上，不能轻易承诺，而一旦做出了承诺，就一定要兑现。近两年来，村委会始终情为民系，利为民谋，把为民办实事作为重要工作日程。一是成立达许村扶贫办。打好脱贫攻坚战这场硬仗，驻村工作队和村"三委"高度重视，全面部署，精心准备，并与乡政府签订军令状，不脱帽誓不休。将脱贫攻坚作为一场战争来打，时刻保持着高度的警觉性，坚决打赢脱贫攻坚这场硬仗。二是制定并完善了村扶贫计划。

对全村的扶贫计划依据实际情况进行了调整和修订，完善了做得不够详细和不合实际的地方，使扶贫计划更贴近实际、贴近群众、贴近整村推进的要求，确保扶贫工作按步实施，有序推进。扶贫工作就是一项解决民生实际问题，联系群众最直接最根本的工作。开展扶贫工作，实现贫困地区脱贫奔小康，离不开党的关心与支持，更离不开地方自身凝心聚力，不懈奋斗。消除贫困、改善民生、实现共同富裕，是社会主义的本质要求，是我们党的光荣使命，是党做出的庄严承诺。

重效益抓落实，着力推进村建设。曲孜乡达许村积极响应上级号召，在前几年的摸索探实中，2020年开办了一村一社。村党员在脱贫攻坚中发挥先锋模范作用，为危房户（2户）轮班帮忙建新房，修建自然组内公共活动场所5处，村公共锻炼设施5处，安装村内路灯数盏。

重效益，抓典型，着力抓产业扶贫。在推进产业化扶贫，帮助贫困户增收方面，曲孜乡达许村注重致富带头人帮助贫困户调整生产结构，积极发展特色种养殖，帮助贫困村改变面貌，促进增收。至今共发放红拉山鸡苗给户30农户共计310只，全村共养殖效益更高的改良品种黄牛77头。达许村先后引进100亩车厘子种植园、康巴蜜橘41亩，确保贫困户有长期收益，产业转型初见成效。

四通八达，勇当致富开路先锋

——昌都市交通运输局

脱贫攻坚战打响以来，昌都市交通运输局紧紧围绕"两不愁三保障"目标，以"抓好精准扶贫工作，提升百姓生活水平，确保建成小康社会"为中心目标，深入贯彻落实中央、自治区、市关于精准扶贫工作的安排部署，坚持把脱贫攻坚精准扶贫工作作为今年工作的重中之重，结合交通行业特点，动员各方力量，凝心聚力、迎难而上、主动作为、扎实工作，充分发挥交通行业在扶贫攻坚中的基础性、先导性作用，扶贫开发工作取得显著成效。

加强组织领导，压实工作责任。一是充实领导小组。结合工作实际，进一步调整充实全局扶贫工作领导小组，成立了以局党委书记为组长，局党委副书记、局长为副组长，其他班子成员和相关科室负责人为成员的脱贫攻坚工作领导小组，下设扶贫办公室，负责日常工作的组织、协调。二是及时安排部署。领导小组经常性召开专题会议，学习上级文件精神，听取脱贫攻坚工作汇报，及时研究解决脱贫攻坚工作中存在的困难和问题；经常性召开专题学习会，组织干部职工深入学习上级关于脱贫攻坚工作的各项决策部署，使干部职工熟知脱贫政策知识，提高扶贫帮困能力。三是落实主体责任。局主要领导自觉强化责任担当，亲自抓、经常抓，重要问题亲自研究、关键节点亲自过问、重点工作亲自督办，通过以上率下，有力推动了各项工作任务的落实落地。分管扶贫工作的领导时刻把扶贫工作放在心上，抓在手上，经常性下乡调研督办易地搬迁点道路建设工作，有力推动了市委市政府关于易地搬迁各项决策部署的贯彻落实。四是加强宣传引导。利用国家扶贫日、出差下乡、帮扶慰问等时机，积极向广大贫困群众宣传脱贫攻坚的各项政策措施，特别是交通行业脱贫攻坚的具体举措，营造人人关心扶贫、人人支持扶贫、人人参与扶贫的浓厚氛围，增强干部群众打赢扶贫攻坚战的信心和决心。

发挥行业优势，做好行业扶贫。一是大力实施农村公路项目建设。2018年，分两批共落实农村公路项目664个（含易地扶贫搬迁项目153个），计划总投资159.5907亿元。第一批项目535个，计划总投资158.13亿元，已批复项目515个，批复总投资105.4亿元，第二批项目（2018年自然村通达项目）共计128个，解决自然村通达129个，总投资1.4607亿元。两批项目共能解决5个乡镇通畅、382个建制村通畅、130个自然村通达问题。待项目完工后，全市通公路里程达到1.77万公里，全市乡镇通畅率将达到98.47%（不包含三岩片区7个乡镇），建制村通畅率将达到80.7%，自然村通达将达到53.58%，农牧民群众出行条件将得到极大改善，各类物资、人员、信息交往交流将更加便捷。二是抓实易地扶贫搬迁点公路项目建设。2018年，昌都市交通运输局共修建易地扶贫安置点153个，全部下达批复并开工建设，批复总投资8.76亿元，已完工108个，在建45个，累计完成投资7.32亿元，涉及12882户建档立卡贫困户65696人。其中，左贡县开工建设易地扶贫搬迁安置点7个，项目总投资7425.37万元，截至目前完成投资6289.51万元，涉及建档立卡贫困人口1415户6978人。截至目前，7个安置点中，点外道路通达7个（其中：通畅6个，通畅在建1个），点内道路硬化7个已全部完成。三是千方百计促民增收。①加强培训力度。让各县（区）交通运输局和各项目办对公路项目建设沿线贫困群众进行技能培训15次，涉及998人次，提高农牧民群众参与运输业、道路建设的专业化水平。②安排就业岗位。把达到运输和公路建设条件的农牧民优先安排到交通运输建设岗位就业（包括机械、运输、砂石材料、务工等），新修公路、公路维修等要求施工方优先考虑当地农牧民及运输车辆，促进农牧民增收。③吸纳施工队参建。在项目建设过程中，鼓励支持农牧民施工队伍参与交通项目建设，对技术等级低、施工工艺简单的项目，直接交由当地农牧民施工队组织实施，共吸纳农牧民施工队伍46支，涉及6308人，为农牧民创收5454万元。④实施养护帮扶工程。把农村公路养护和解决贫困户就业相结合，面向全市建档立卡贫困户公开招聘养护人员，全市共有2763名贫困人口列入生态保护扶贫的养护员岗位，人年均增收3500元，取得了养护与脱贫的"双赢"成效。⑤动员企业参与扶贫。积极动员组织施工企业履行脱贫攻坚社会责任，充分发挥企业自身优势，想方设法帮助贫困群众实现脱贫致富。

加强统筹协调，开展定点帮扶。一是强化责任分工。昌都市交通运输局把结对帮扶作为重点工作的一部分列入干部职工年度考核计划，并安排专人负责日常联络，制订了实施方案、明确分管领导、责任落实到人。二是深入调研摸底。局党委领导身体力行、率先垂范，多次带队深入八宿县夏里乡3个帮扶点和左贡县扎玉镇2个驻村点进行实地走访调查，通过召开座谈会、走村入户体察民情、走访群众征求民意等形式，针对贫困户的实际困难，对所在村组空巢老人、因病致贫等特殊困难群体再次进行排查、摸底；对资金短缺、技术培训、乡间道路整理、低保等一系列问题进行摸底排查。三是理清帮扶思路。结对帮扶干部通过分析农牧民群众家中的贫困原因，有针对性地帮助群众出主意、谋思路、找对策，结合实际制定了帮扶方案，指导他们如何改善生产生活条件、拓宽致富门路，一些暂时不能帮助指导的，将问题带回局里，向局党委汇报，由局党委进行指导帮扶。同时，结对帮扶干部与帮扶群众互留了联系方式。四是加强宣传引导。在结对帮扶工作中，干部职工将扶贫与扶智、扶志相结合，坚持把群众当亲人，把群众放心上，和农牧民群众朝夕相处、促膝谈心，互学互帮互助，面对面向群众宣传脱贫政策措施，教育引导贫困群众树立脱贫致富的信心和决心，改变"等、靠、要"思想，转变发展观念。五是进行慰问帮扶。活动中，结对帮扶干部纷纷购买了米、油、面、茶等物资送给贫困农牧民群众，向结对帮扶户的贫困户送去了慰问金及干部职工和联系爱心人士捐赠的衣物和文具用品，及时帮助解决他们当前家庭生活上面临的暂时困难。

落实工作责任，做好集团帮扶。一是抓好帮扶片区道路建设。按照市脱贫攻坚指挥部《昌都市市级路段联系深度贫困县及乡（镇）实施方案》（昌脱贫指[2018]31号）和市人大常委办《昌都市人大帮扶集团对口帮扶左贡县的工作方案》（昌人大常委办发[2018]52号）安排部署，加快推进道路联网工程和贫困乡村公路安全防护设施建设，加大对断头路、瓶颈路、年久失修路、牧场道路和危桥改造，打通深度贫困地域与外界的交通联系，主要解决扶贫片区左贡县仁果乡、下林卡乡、中林卡乡、左碧公路4个乡（镇）路段的道路项目建设，涉及资金108679.4249万元，道路总长303.715公里。①仁果乡公路：左贡县仁果乡通畅由昌都市左贡县G318 K3551+900至仁果乡公路工程批复资金26079.42万元，建设里程50.46公里，起点位于东达山垭口，终点接仁果乡沙龙村。按四级公路技术标准建设，路基宽度4.5米，单车道，设置错车道。②左贡县扎绕公路（K45+450）至下林卡乡公路改扩建工程：项目总里程39.403公里，总投资26319.5143万元。③中林卡乡公路：公路全长77.852公里（主线长76.576公里，支线长1.276公里），项目总投资35157.6594万元。④左碧公路：该项目批复资金为21122.8312万元，建设里程136公里，按四级公路技术标准建设，路基宽度5.1米，路面宽度4.5米，行车时速20公里，单车道，设置错车道。二是多措并举结对帮扶。①把农村公路养护和解决贫困户就业相结合,将196名建档立卡贫困户招聘为养护人员,列入生态保护扶贫养护员岗位,促进196名贫困户增收686000元/年,人年均增收3500元。②在左碧公路各危险路段和转弯处增设555块安全警示牌,并设置错车道,拓宽路面。③指导县交通运输局动员参建企业参与帮扶,共协调交通领域内的4家总承包企业,投入55万元资金为55户易地搬迁贫困户捐赠了电视机、桌子、床、坐床、电视柜、火炉等物资。

昌都市交通运输局扶贫工作得到自治区各级党委政府和人民群众肯定和赞誉。交通运输局始终追求把工作做得扎实,动员各方力量,充分发挥交通行业在扶贫攻坚中的基础性、先导性作用,以改善民生、实现脱贫为出发点和落脚点,紧紧抓住发展和稳定两件大事,为昌都脱贫攻坚添砖加瓦。

深化企业改革,多措并举主推脱贫攻坚
——昌都市林业有限责任公司

近年来,昌都市林业有限责任公司在市委市政府、市林业和草原局的坚强领导和监督指导下,坚持以习近平新时代中国特色社会主义思想为指导,深入贯彻落实习近平总书记关于脱贫攻坚工作系列重要讲话和重要指示批示精神,始终把脱贫攻坚工作作为一项重要的政治任务来抓,坚持"绿水青山就是金山银山"的绿色发展理念,着力加强企业组织建设、思想作风建设、职工队伍建设,把增加收入、改善民生和保护生态作为总目标,不断增强企业凝聚力与战斗力,着力推动各项工作有序有效开展,取得了显著成效。

深化改革完善制度,实现企业管理效益化。昌都市林业有限责任公司始建于1966年,现有各类职工550余人(包括临时务工人员)。1994年以来获得全国、全区、全市各类表彰14项。在改革前,公司是集采伐、加工、销售木材为一体的国有林场。随着生态文明建设力度不断加大,2015年,根据党中央国务院、自治区党委政府和昌都市委市政府《关于深化国有林场改革实施意见、方案》等要求,昌都市启动了国有林场改革,研究制定了《昌都市国有林场改革实施方案》《昌都市国有林场改革实施细则》。按照"以人为本、确保稳定"及"内部消化为主、多渠道解决就业"等原则,在上级林草主管部门的监督指导和公司的不断努力下,企业得到转型升级,经营管理制度、财务管理制度、安全生产制度等一系列规章制度得到建立健全,75名正式职工和92名长期临时工得到妥善转岗安置，公益类企业优势作用逐渐发挥，资产由原来的2000多万增长了10倍之多，职工工资从改革前人均月收入2000~3500元增加到8000~10000元，管理效力不断释放，改革动力不断激发，职工工作积极性充分调动，改革红利明显。

创新模式聚焦重点，实现产业扶贫长效化。按照自治区"就近就便、不离乡不离土、能干会干"的要求，结合昌都市产业扶贫决策部署和市林草局具体安排，公司创新模式，以"公司+基地+农户"的方式因地制宜发展产业，大力开展苗圃建设。在为全市造林绿化提供苗木保障的同时，链接利益机制，让更多的群众在苗圃建设中获得更多收益，通过雇用群众参与建设与管理、土地流转、利润分红等方式，多渠道带动当地群众脱贫致富，减少政府负担，切实让群众长久吃上"生态饭"。目前，公司建成并管理苗圃15个，分别位于卡若、察雅、类乌齐、芒康等县（区），总面积12780.1亩，近年来分别向当地群众兑现劳务费849.76万元、土地流转资金3808万元、利润分红34.5万元，参与总户数达820户3906人（其中建档立卡户267户1197人），人均实现年收入1.2万余元。苗圃建设带动了稳定增收，方便了就业，且提升了技能，让租户和群众实现了在家门口致富，掌握了一技之长，实现了"富口袋"的同时"富脑袋"，为政府脱贫攻坚做出了重大贡献。

一位建档立卡贫困户这样说道："林业产业扶贫建设项目有效帮助了我们实现家庭稳定增收，在很大程度上减轻了生活负担，不仅可以不离乡不离土在家门口干事，还得到了不少的分红，还可以通过参与产业建设获取不少的劳务报酬。这以前我们是想都不敢想的。"一位刚拿到土地租赁资金的群众更是急不可耐地说道："林业产业是真心为我们老百姓办的，今后，我会继续积极主动参与到林业产业的建设中来，配合市林业有限责任公司做好方方面面的工作。以前就我这点土地每年也就收入几千上万元，现在每一年都有4万多的土地租赁费，生活是越来越好了。"

打牢基础保障民生，实现脱贫增收多元化。习近平总书记指出：要以新时代中国特色社会主义思想为指导，全面贯彻党的十九大和十九届二中、三中、四中、五中全会精神，一以贯之、坚定不移全面从严治党，坚持和完善党和国家监督体系，强化对权力运行的制约和监督，确保党的路线方针政策贯彻落实，为决胜全面建成小康社会、决战脱贫攻坚提供坚强保障。一是打通致富之路，昌都市卡若区如意乡是我公司如意苗圃所在地，因如意乡基础设施较为滞后，当地群众出行和日常生活都受到了影响，且阻碍了经济发展和产业建设。鉴于此情况，公司投入大量资金对如意乡14.6公里道路进行了道路硬化，打通了这条城乡互联的"致富路"。二是林业产业集散，提升了物资流通效率、方便了群众日常生活、促进了我公司林业产业发展、提高了群众生活水平和质量。三是发展生态旅游，通过建设森林公园、藏东民俗旅游文化村，大力发展森林旅游，为周边群众及外地旅游者提供了集游览、观光、娱乐、休闲等服务于一体的特色旅游场所，每年为企业带来增收70万元，带动群众参与服务，每人每年增收6万元，切实让旅游带动经济发展,让群众受益。

实施绿化美化昌都,实现增绿增收共赢化。为进一步加快市周边绿化步伐,公司按照国土绿化目标、任务、地块、方式、内容、管护"六个精准"要求,明确建设主体,落实管护责任,牢固树立大局观、长远观、生态观,全力推进大规模国土绿化行动,提高国土绿化全过程精细化管理水平。通过承担全市绿色通道建设、城区周边造林等绿化任务,积极组织、细化安排,开展城市周边造林,栽植云杉、雪松、紫叶矮樱等树木7万余株,做到应绿尽绿、见缝插绿,切实提高森林覆盖率。

2018年开展国土绿化建设面积4851余亩,带动户数57户、人数291人,其中建档立卡贫困户18户,人数96人,人均增收3680元,在为建设绿色昌都、美丽昌都、宜居昌都贡献了一份力量的同时又增加了群众的收入。

扶贫助学帮扶救济,实现助力增收根本化。为积极响应国家号召,深入履行国有企业政治责任和社会责任,支撑地方经济和社会发展。一直以来,公司紧紧围绕扶贫帮困的总体目标,认真落实帮扶措施,持续助力教育公益事业,探索精准扶贫方法,从人力、物力、财力方面促使扶贫工作的深入开展。一是为进一步践行感恩社会、回报社会、热爱公益的社会责任,公司多次开展专项招聘工作,扶持和吸纳37名高校毕业生就业,月平均工资7500元。组织向环卫工人、孤寡老人、社会困难学生、孤儿院等社会弱势群体组织发放慰问金累计20.8万元;针对周边偏远贫困学校开展捐资助教活动,捐赠学习用品、生活用品等价值6.8万元。二是为退休职工和困难职工能够切实感受到来自公司"大家庭"的温暖和关爱,公司积极为困难职工考虑帮扶办法,并多次开展退休职工座谈会,从资金和精神上都给予了大力支持与鼓励。退休职工代表说道:感谢市委、市政府和市林草局、市林业有限责任公司,对退休职工的关心与关怀,在今后我要继续紧密团结在以习近平同志为核心的党中央周围,以习近平生态文明思想为指导,深入贯彻中央第七次西藏工作座谈会精神,发挥余热,做自己力所能及的事。三是在湖北武汉新冠肺炎疫情防控的关键期,公司党员、职工为支持湖北武汉疫情防控工作,体现"一方有难、八方支援"的精神,进行自愿捐款活动,共计捐款72520元整,为全面打赢战胜疫情防控阻击战贡献了一份力量。

迎接新时代、立足新起点,公司作为全市唯一一家主营绿化造林及苗木种植的国有企业,作为一家以带动群众增收为主业的公益类企业,将深入贯彻习近平生态文明思想、脱贫攻坚系列重要论述精神和中央第七次西藏工作座谈会精神,始终牢记林草人的责任与使命,扎实做好造林育苗、助推增收等各项工作。在精准扶贫、精准脱贫方略指引下,不断增强"四个意识"、坚定"四个自信"、做到"两个维护",不断加强党的基层建设,紧紧围绕扶贫帮困的总体目标,认真落实帮扶措施,扎实开展脱贫攻坚工作,不断提高自身理论素质及管理水平,不忘初心,牢记使命,对企业发展及脱贫攻坚做出一份贡献,坚持为改善人居生活环境、带动群众增收,建设美丽昌都贡献力量!

绿色发展，绘就生态扶贫画卷

进入脱贫攻坚阶段，我始终心系群众，时刻践行"全心全意为人民服务"的宗旨，牢固树立"绿水青山就是青山银山"的理念，紧紧围绕"生态补偿脱贫一批"的目标任务，坚持扶贫开发与生态保护并重，坚持在生态建设中促进增收，在绿色发展中消除贫困，在生态保护中改善民生，坚持带领全市广大贫困群众吃上生态饭，走上致富路，着力为实现昌都扶贫开发与生态保护相协调、脱贫致富与可持续发展相促进、脱贫攻坚与绿色发展统筹推进的良好局面不断付出努力、积极做出贡献。

精准施策，做生态脱贫的领头人

昌都作为国家集中连片贫困地区和全区整体深度贫困地区之一，在全区脱贫攻坚大局中具有特殊性，是全区扶贫开发的主战场，呈现出点多面广线长、致贫原因多、脱贫任务重、脱贫难度大的特征。同时，昌都作为国家生态安全屏障的重要部分，森林草原和野生动植物资源丰富。据不完整统计，昌都市现有森林面积382万公顷，草原面积571.46万公顷，自治区级及以上自然保护地9个，总面积44.8203万公顷，有高等植物1000余种，各类野生动物400余种。实施生态扶贫对保护昌都的绿水青山，助力群众脱贫致富有着极其深远的意义。

2016年脱贫攻坚工作开始启动时，如何更好更深入更广泛的通过生态补偿来吸纳群众就业，帮助群众实现脱贫致富小康梦，是我一直在思考的问题，常常彻夜难眠，担心做不好。一天，我突然想到了"没有调查，就没有发言权，更没有决策权"这句话，顿时豁然开朗。于是通过深入基层调研、倾听群众心声，并结合林草工作实际，确定了"实施生态补偿机制、开展林业项目建设、创新林业产业发展"三大途径助民增收。并先后组织参与编制了《昌都市深度贫困地区生态补偿脱贫攻坚规划（2016—2020年）》《昌都市生态补偿脱贫攻坚实施方案（2018—2020年）》《大"三岩"片区生态补偿脱贫攻坚规划（2016—2020年）》及各年度生态补偿方案，有效推动了各项生态补偿工作开展。

要做好生态扶贫工作，贵在生态岗位精准。开设生态岗位初始，由于生态岗位政策不清晰，岗位人员招收混乱，群众普遍认为生态岗位是国家对西藏特殊的照顾，"拿钱不需要做事"。为有效解决生态岗位精准识别问题，督促岗位人员强化履职尽责，避免生态岗位福利化"陷阱"，结合自治区相关政策，我参与多轮修订补充完善相关文件。市林草局（生态补偿组）于2019年5月在全区率先制定出台了《昌都市生态保护政策性岗位管理办法（试行）》及行业部门制定的岗位人员管理办法，统一明确了各级各部门生态岗位选聘必备资料清单，统一制作了管护合同、出勤日志、考核登记表、资金兑现台账等相关资料模板，为县（区）、乡（镇）、村（居）开展相关工作指明了方向，奠定了基础。

知行合一，做先锋党员的示范人

作为一名党员，我始终牢记着自己的身份，牢记着习近平总书记的嘱托，时刻把人民放在心中最高的位置，坚持深入学习贯彻习近平总书记关于脱贫攻坚工作的重要论述及党的十九大及系列全会精神，不断树牢"四个意识"、坚定"四个自信"、增强"两个维护"，恪尽职守，用行动践行民族地区好干部标准，充分发挥党员模范先锋带头作用。

要做好生态扶贫工作，关键在于做通群众思想。昌都深处横断山脉腹地，偏僻的地理环境及久远的宗教文化影响深远，群众内生动力不足。我坚持以改善贫困群众生产生活条件为重点，以增加贫困群众收入为核心，以帮助贫困群众脱贫致富为目标，学用结合，深入一线掌握基层实情，积极主动参加脱贫攻坚各类下乡督导调研工作，特别是强化政策培训宣传引导的深度广度，努力激发贫困群众内生动力，让贫困群众摒弃"等、靠、要"思想，实现了"要我脱贫"到"我要脱贫"的转变。

我的结对帮扶户共3户，有两户为建档立卡贫困户在察雅县巴日乡罗格村、一户为边缘监测户在察雅县荣周乡达日村，我每年都去了解相关情况、嘘寒问暖、宣传教育，每年分别给3户群众慰问帮扶资金1000元，并要求村委会时刻关注其家庭情况，并做好动态监测工作，防止返贫。特别是在察雅县荣周乡达日村边缘监测户江村旺修家入户时，我了解到：江村旺修家在一处小山坡上，距离村委会所在地开车兜兜转转得半个多小时；家中达瓦拉姆患有长期慢性病，主要靠其偶尔外出打零工、担任生态护林员岗位及种植少许粮食来维系生活；有时候2个女儿帮忙做点家务活。在了解相关情况后，我当即拿出1000元表示慰问，并告诉他们"再苦不能苦孩子，再穷不能穷教育，教育是改变穷人命运的最重要途径，一定要教育管理好小孩，不能因为春耕秋作等原因，而使他们学习用心不够、用功不够"，鼓励他们在享受党和政府的好政策的同时，一定要自力更生，把小日子过活过好。随后，达瓦拉姆感激地说："以前吃不饱、穿不暖、住的房子也破破烂烂，近些年党和国家的政策越来越好，特别是担任了生态岗位护林员，平时不忙的时候就在村附近山头查看是否存在偷猎盗伐及山火等情况，一年下来能拿到3500元，基本上解决了茶米油盐等生活问题。两个小孩在学校也享受了三包政策，即使自己平时辛苦一点，也绝不会耽误他们的学习。"像这样的例子，基本每次下乡都能碰到，我所努力做的一是督促他们要认真履行好生态岗位职责，做到劳动后增收；二是鼓励群众积极走出去，抽空外出务工增加收入；三是教育适龄儿童上好学，好上学，用知识改变命运；四是树立感恩教育，感党恩、听党话、跟党走。

多措并举,做群众增收的引路人

按照习近平总书记关于生态扶贫的重要讲话精神,在生存条件差、生态系统重要、需要保护修复的地区,可以结合生态环境保护和治理,探索一条生态脱贫的新路子。我带领昌都市生态补偿脱贫工作组,结合生态扶贫实情,坚持以生态为底色,发展为根本,扶助贫困为关键,积极落实"绿色发展"战略,不断转变方式,创新工作思路,通过完善"四大生态机制",发展"两大生态产业",实施"五大生态工程"。这既巩固提升了脱贫攻坚成果,又实现了生态保护与群众增收致富双赢。一是完善"四大生态机制"。通过生态岗位、森林生态效益补偿基金、天保工程、新一轮草原奖励,累计选聘生态岗位、老护林员、天保护林员20余万人,其中有很多是建档立卡户的贫困群众,守护着藏东美丽国土的山水林田湖。落实公益林补偿面积3700多万亩,持续加强对工程区1900多万亩天然林常年实行严格有效管护,实施草原生态保护补助奖励面积8000多万亩等,在保护生态环境同时,积极保障群众增收,形成良性循环。二是发展两大产业。完成经济林建设34981.96亩,带动建档立卡户4222户20069人,人均增收1080元;新建林业扶贫苗圃13072亩,积极吸纳建档立卡贫困群众参与苗圃土地平整、灌溉设施修建、基础设施建设,通过劳务输出及后期管护带动建档立卡户2111户5841人,人均增收1580元。三是实施五大工程。通过新一轮退耕还林、退耕还草、退牧还草、防沙治沙及营造林建设,广泛吸纳建档立卡贫困人口参与生态项目建设,鼓起群众的钱袋子。

要做好生态扶贫工作,只有沉下心子,俯下身子,深入基层一线调查研究才能更好地解决问题,促进群众增收。2016年以来,我先后40余次参加市内下乡督导调研、积极参与地市脱贫攻坚交叉考核验收、生态岗位对接和全国脱贫攻坚普查工作,足迹遍布昌都市11个县(区)100余个乡(镇),全区5个地市14个县(区)、乡(镇),在脱贫攻坚生态补偿工作方面做出了自己的积极贡献。特别在两次深入阿里地区交叉考核时,即使自己身患高血压、糖尿病,身体感到不适,也从未给组织添麻烦、给领导提要求,顺利地完成了各项任务。在参加全国脱贫攻坚普查和基层督导调研时,我走村入户面对面向乡村干部和贫困户在宣传政策、明确职责方面提出来切实可行的措施和意见。在与同事赴拉萨、林芝、山南等三岩片区迁入地市转接生态岗位相关事宜时,我们合力完成了2019年搬迁至拉萨市1703人手续转接工作,兑现完成853人符合条件群众生态岗位资金284.9万元,完成2019年搬迁至林芝市的2321人的手续转接,兑现完成1034人符合条件群众生态岗位资金361.9万元,完成拉萨、林芝、山南市3289人2020年生态岗位转接,确保了贫困搬迁群众能够按照"四个不摘"的要求继续在迁入地享受生态岗位政策,促进了搬迁群众"搬得出、稳得住、能致富"。

初心不改,做为民务实的实践人

自1981年参加工作以来,我一直致力于为民增收解难题。1982年,我参与在芒康县纳西乡开展的《实行土地家庭承包经营》改革试点工作；1983—1985年组织举办农机培训班7次，培养农机手200余人；2001年、2003年，我两次被抽调昌都、林芝两个地区联合成立的"天保工程"跨地区搬迁安置办公室工作，圆满完成了2001年搬迁145户987人，2003年搬迁406户2548人；2010年12月派到芒康县如美镇参加"百千万工程"活动，走村入户调研40余次，促成了达日村教学点教室修建和教师选派，使50余名辍学了3个学期的学生，于2011年入学并接受教育；并为当地争取核桃基地建设任务，种植近3万株核桃，年产值10余万元。等等事例，历历在目，刻在了我的脑海里，载入了我的扶贫故事中。

回首走过的路、回望做过的事，我深深认识到，伟大蕴涵于平凡，高尚见之于细微。扶贫不是任务，而是责任，群众工作，就是根本工作。那些年参与扶贫走过了千万里路，看到过巍峨的雪山、洁白的云朵、遍野的牛羊，印象最深的，却是每一名群众黝黑淳朴的笑脸。

（昌都市林业和草原局 嘎志）

心系群众健康，爱洒千家万户

为了做到精准扶贫，我帮助那些真正需要帮助的患病者和他们的家庭。边坝县卫计委做的首要工作是从建档立卡贫困户中筛选出需要帮扶的患病者，然后根据患者的实际情况开展救助工作。由于前期工作做得周密严谨，边坝县的医疗扶贫措施落实的有效而及时，取得了很不错的效果。经过一段时间的努力，边坝县贫困群众在疾病治疗和恢复方面成效显著。2016年，边巴县建档立卡贫困户患病人口2489人，截至2018年年底，全县建档立卡贫困户患病人口1519人，其中患慢性疾病1486人，患重大疾病33人，重大疾病发病率为2.17%。较2016年患病人口减少了970人，减少率38.97%。

为有效推进健康扶贫工作，实现医疗救助脱贫工作，我每季度定期召开健康扶贫工作例会，细致安排部署各阶段工作任务。结合边坝县贫困户医疗帮扶的实际情况，我带领相关人员，统筹安排医疗健康扶贫办公室工作人员编撰《边坝县"十三五"卫生健康扶贫事业发展规划》《边坝县医疗健康精准扶贫工作实施方案》《边坝县农牧区贫困人口大病专项救治工作实施方案》《边坝县医疗救助兜底保障实施方案》《边坝县健康扶贫领域作风问题专项治理实施方案》等工作方案。这使边坝县的医疗扶贫工作有据可依，且能够做到有的放矢。除此之外，在我与其他领导干部的协调下，边坝县卫计委与11乡

(镇)卫生院院长签订健康扶贫工作目标责任书,明确了工作职责和任务目标,有序推动了健康扶贫工作的顺利进行。

为确保因病致贫、因病返贫的家庭、患者和病种精准识别全覆盖,我带领医护人员,动态调整治愈退出和新增患病人员。2018年1月至5月,我组织县人民医院、乡(镇)卫生院医务人员,对全县建档立卡贫困户3042户,14853人进行了免费健康体检;检查出慢性病1486人、重大疾病33人,并为建档立卡贫困户建立了健康档案,建档率达到100%。

为认真贯彻落实习近平总书记关于开展扶贫领域腐败和作风问题专项治理的重要指示要求,2018年,我领导各级医护人员,开展扶贫工作督导检查33次;重点排查治理"四个意识"不强、责任落实不到位、工作措施不精准、工作作风不扎实、考核监督从严要求不够等问题。对发现的工作措施不精准、工作作风不扎实等问题,及时组织召开健康扶贫领域作风问题专项治理工作推进会,要求各乡镇卫生院及时整改,营造了良好的精准扶贫健康扶贫工作氛围。

自健康扶贫工作开展以来,我严格按照《关于实施健康扶贫工程的指导意见》文件精神要求,积极落实"三个一批"①健康扶贫行动计划。2016年以来,全县累计新农合医疗报销建档立卡贫困户1032人次,自治区大病保险赔付9人,重病兜底保障6人,以上累计报销或赔付847.45万元。同时,按照医疗扶贫政策,我安排专职医生、民警陪同,县后勤派专车集中送诊重性精神病患者11人(建档立卡户7人)到成都第四人民医院救治,投入救治费用31万元。这些措施有效降低了贫困患者医疗费用自付比例,防止了因病返贫、因病致贫现象的发生。我还发起组建82个家庭医生签约服务团队,307名医务人员对患有慢性病1486人家庭医生签约服务管理,让贫困户家庭享受到基本公共卫生服务,享受常见病和多发病的诊治、健康指导、健康咨询、联系转诊等服务。同时,设立建档立卡贫困人口重特大疾病兜底保障资金,2018年累计兜底11人次,报销金额10.2317万元。为确保建档立卡贫困户参合率达到100%,我积极协调县民政、财政等有关部门,减免或免收建档立卡贫困户参加新农合医疗个人筹资,实现贫困人口新农合医疗报销、大病医疗报销、民政医疗救助、重病兜底保障四重医疗保障政策。

为做好困难单亲母亲健康服务关心关爱工作,我安排组织妇科专业医务人员对全县11个乡(镇)单亲母亲开展健康体检,完成332名单亲母亲健康档案建档工作。2018年,我特别邀请市妇幼保健院专家到边坝县对单亲母亲开展"两癌"(宫颈癌、乳腺癌)筛查工作,共计筛查困难单亲母亲90人。

我在工作中踏实肯干、爱岗敬业、求实创新,在分管的健康扶贫工作较好地完成

---

① "三个一批"即大病集中救治一批、慢病签约服务管理一批、重病兜底保障一批。

了各项工作任务，没有拖全县脱贫摘帽的后腿，得到了群众的一致好评和领导的高度认可，在全县的精准扶贫精准脱贫攻坚战中做出了积极贡献。

（边坝县卫计委主任　普布泽仁）

翻山越岭，网络连起致富路

2017年12月，我从中国电信集团公司昌都分公司调至边坝县电信局任局长，担负起边坝县电信局脱贫攻坚的任务。带着加快推进网络基础设施建设的责任和使命，到任后，我及时了解边坝县网络覆盖、建设进度，义不容辞地肩负起"推进完成网络能力扶贫'五'项任务。了解边坝县通信状况的大致情况后，我希望通过电信公司全体干部职工的努力，改善和提升边坝县通信状况，切实提高电信扶贫工作成效，助力边坝打赢脱贫攻坚战"这一艰巨任务。

长期以来，由于特殊的地理环境和偏远、落后的道路交通所造成的影响，致使边坝县通信网络覆盖成为当地广大农牧民群众日常生活最关心、最迫切的一件大事；与此同时，受地理环境、道路以及有限的项目实施周期等综合因素制约，施工难、造价高、工期短成为解决边坝县整体通信能力提升问题的难点。自2002年，中国电信承接国家定点扶贫和对口支援昌都市边坝县的任务以来，在集团公司各级领导的高度重视和指导下，西藏电信克服各方困难，全力加大边坝县基础网路能力建设政策倾斜，试图彻底改变边坝县通信能力薄弱的局面。多年来，通过有线、无线（含微波）相结合的有力措施，边坝县整体通信能力得到了明显的改善和较好的发展，这不但为边坝县人民群众的生活带来了很大的便利，也很好地推进了边坝县经济的发展，提高了人们的生活质量。但随着"集中安置""四通"（水、电、路、讯）等重点脱贫攻坚项目的快速落地、推进，基建工作对通信基础网络能力又提出了覆盖、质量、进度三方面的更高要求。如何在现有的基础上再次提升边坝县通信能力，是摆在边坝县电信公司面前的重大课题。公司上下群策群力，寻找渠道和方法，准备为边坝县通信能力的升级加大投入。以我为领导班子的边坝县电信局，根据县委县政府的要求，及时向上级公司汇报，提出清单级的建设需求。边坝县电信局的建设规划取得了上级公司的资源倾斜及支撑，电信公司及时召开相关会议，迅速制定了《2019—2020年西藏公司昌都市边坝县扶贫专项规划》，明确了关于边坝县的网络建设规划。这为之后具体的工程实施明确了目标、奠定了基础。

在制定了方案、明确了目标后，决定性的步骤是如何落实项目建设。为了使建设项目能够有效推进，按时完工，电信公司根据脱贫致富相关指导，细致规划了具体的实施细则。电信公司最后确定，网络能力扶贫工作以"12345"为方向，即打造贫困地区人口"用得上、用得起、用得好"的网络品质为一个目标；以"普遍服务试点项目（光宽/4G）新一代基础设施建设"和"重点贫困地区基础通信能力建设项目"两项工作为抓手；坚持精细扶贫策略指导、精准建设到县到村、台账制精确管控的"三精"工作原则；从项目规划、投资策略、网络建设、项目验收等"四个环节"狠抓落实。根据《昌都市脱贫攻坚指挥部办公室与中国电信昌都分公司关于联合开展中国电信通信业务扶贫工作的实施方案》要求，我组织相关人员，主动向县脱贫攻坚指挥部办公室汇报有关情况，获取全县建档立卡贫困户名单，积极采购10余万元的扶贫资金，开展存话费送手机送话费活动。这一活动解决了一部分贫困户的一些问题，首批通信设施的完成将覆盖近500户贫困户。除此外，我还通过其他方式争取资金，为82个村级活动室免费赠送宽带。同时带领电信公司职工开展了"中国电信家家通宽带"示范村建设，惠及5个易地搬迁点200余户贫困户。

边坝县是中国电信扶贫和对口支援的贫困县，当地县委县政府及广大群众对改善电信通信条件充满了渴望，提出了全面提升总体网络能力的强烈要求。作为肩负扶贫重任的中国电信公司，为不断提升边坝县市区，以及各乡镇以上区域网络的深度覆盖，满足人民群众日益高涨的需求，我们提出在2019年持续保持城市及乡镇光宽覆盖率100%的目标；同时，争取完成32个30户以上的自然村和20个寺庙光宽覆盖，实现自然村覆盖率达12.03%、寺庙光宽覆盖率达100%；2020年，力争完成61个30户以下自然村宽带覆盖，自然村宽带覆盖率提升至34.96%。2020年实现自然村的无线网覆盖达到93个。同时，我们逐步推进行政村和自然村网络广覆盖，实现边坝县行政村光宽、4G"双100%"覆盖，实现寺庙、国道无线网络100%全覆盖；加快县乡波分部署，提升传输容量与网络安全，大幅改善边坝县整体通信网络能力，支撑互联网+教育、医疗、政务等系统应用；拓展县、乡、村视频监控范围，提升边坝县政府综合治理能力，努力将边坝县打造为西藏信息化示范县，助力边坝县安全维稳和脱贫摘帽，造福当地群众，为边坝县打赢脱贫攻坚战做出更大的贡献。

（边坝县电信局局长、中国电信集团公司援藏干部 陈学燕）

强基惠民，旅游产业发挥优势

自精准扶贫工作开展以来，我严格按照县委"生态立县、产业强县、开放活县、民生惠县"的经济社会发展战略思想，立足"重长远、抓基础、求实效、创品牌"的工作思路，以积极打造旅游产业促脱贫为主线，以开展"两学一做"学习教育常态化制度化和"四讲四爱"学习教育活动为契机，深化巩固党的群众路线教育实践活动和"三严三实"学习教育成果，围绕中心、服务大局，科学谋划，精准实施。

强化旅游城市目标建设，抓好旅游规划编制，是边坝县旅游局一切工作展开的基础和前提。作为旅游局局长，我对此非常重视。我领导相关干部，力求做好项目协调工作，强化项目规划管理，坚持旅游规划引领，依托资源优势，重点突破旅游发展，推动旅游全局发展，采取了一系列有效措施。一是积极配合重庆华翰旅游规划设计院，完成了《昌都市"十三五"期间旅游业精准扶贫规划》编制实地调研工作，为整个昌都市旅游业的未来发展指明了方向和确定了目标；协同配合中山大学旅游规划组一行，深入拉孜乡过查村、三色湖景区、边坝寺、夏贡拉山景区、金岭冰川湖、部分特色产业建设点等地，集中全面地了解边坝县旅游产业的基本情况，为吸引外资和援藏资金寻找机会。二是全面加快推进边坝县创建"国家全域旅游示范区"城市工作，以此促进全县旅游产业转型升级、提质增效，实现旅游业由"景区旅游"向"全域旅游"发展模式转变，从而推进旅游脱贫、旅游致富的步伐。在我的领导下，边坝县旅游局现已初步制定了边坝县创建国家全域旅游示范区工作实施方案。为抢抓旅游供给侧结构性改革和消费需求升级的历史性机遇，我提倡各级班子成员转变旅游发展思路，创新旅游发展战略，变革旅游发展模式，加快旅游发展阶段演进，努力构建"产业围绕旅游转、产品围绕旅游造、结构围绕旅游调、功能围绕旅游配、民生围绕旅游兴"大旅游发展格局。构建大旅游发展格局，目的是为了让旅游多元化，尽可能寻找旅游资源，为当地贫困户提供就业机会，帮助其脱贫致富。

强化工作措施，强化工作进度，按照规划要求，对每一个项目建设精心实施工作计划。一是抓好农家乐帐篷项目建设。以农家乐帐篷营地项目建设为依托，以促进建档立卡贫困户转移就业为目标，实现建档立卡贫困户转移就业脱贫30人，有力地推进了脱贫致富工作。具体从两个方面着手，并取得了一定成效。一是做好三色湖农家乐帐篷营地建设。在我的协调下，从上级有关部门争取50万元资金，购置7顶"洒咧"营地帐篷，包括50平方米帐篷3顶、20平方米帐篷4顶。这项措施对解决村民就业问题提供了巨大帮助，增加了村民们的经济收入，推进了贫困户脱贫的速度。二是完成拉孜乡过查村村级餐饮点产业项目建设。在我的领导和协调下，为拉孜乡过查村设立了村级餐饮点产业项目，目的是以多样化发展的方式助推脱贫攻坚工作。该项目总投入资金1097278.76元，已投入使用，带动建档立卡贫困户19户增收。三是抓好村级餐饮服务产业项目建设。在旅游局的规划引导下，边坝县共建设村级餐饮产业项目5个，建设地点分别位于尼木乡叶嘎村、热玉乡热玉村、沙丁乡沙丁村、金岭乡玉贡股村、加贡乡加贡村。这些村级餐饮服务产业项目总投入资金为557.41万元，实现带动建档立卡贫困户14户84人，对扶贫工作的顺利进展发挥了巨大作用，而且具有巩固扶贫成果的长效作用。四是强化兑现，资金落实保障到位，创造就业机会，转移就业人员招收和完成补助兑现。按照旅游局的整体指导思想，坚持绿色发展理念，按照"生态补偿脱贫一批"的要求，加强厕所管理人员配备。配备人员均为具有劳动能力的18~60岁建档立卡贫困户。精准扶贫生态文明转移就业人员，完成旅游厕所保洁人员调岗59人，所有调岗人员全部为建档立卡贫困户及边缘贫困户；落实上级要求，按每人每年3500元的补助标准发放，共计发放金额为206500元，并签订了岗位协议书。

在我和其他班子成员的带领下，边坝县旅游正在蓬勃向上地发展。作为边坝县经济发展的一个重要领域，旅游业的健康发展，为边坝县脱贫攻坚的顺利完成，发挥了重要作用。

（边坝县旅游局局长 仁青彩吉）

电网连接千家万户，扶贫播撒文明新风

2017年10月18日，我和我的同事一起聆听了习近平总书记的十九大报告，党中央向全国人民再次做出庄严承诺，坚决打赢脱贫攻坚战，脱贫奔小康的路上，一个都不能掉队。为了这个承诺，千千万万的扶贫工作者被派往贫困的基层农村，以实际行动践行党的承诺。

2017年7月，我满怀激情来到了国网西藏电力有限公司昌都供电公司，来到脱贫攻坚的第一线，扎根基层，用激情和真情奉献青春。面对陌生的岗位和环境，一切都得从零开始。在重重困难面前，我没有抱怨和逃避，而是迎难而上，因为我知道"九层之台，起于垒土，千里之行，始于足下"。

为尽快适应角色和环境，才刚入职国网昌都供电公司经济技术研究所，部门领导就带我走访入户，现场协调，了解当地情况，教会我用最质朴的语言与群众沟通，当地百姓成了我生活的朋友；基层同事成了我学习的榜样，部门领导成了我成长的导师。不断的历练，使我从一名普通的大学生成长为一名成熟的国网人；不断的耕耘，使我从一名刚跨出校门的职场菜鸟，成为一名务实的基层工作者。尽管忙，尽管累，但快乐而充实，我深信，我的人生在脱贫攻坚的工作中得到了锻炼，人生价值在这里得到了升华，我可以自豪地说："我对得起自己的青春，我的青春无悔。"

我作为国网西藏电力有限公司昌都供电公司脱贫攻坚前线工作队的一员，有幸被派往察雅县巴日乡参加"三区三州"电网项目，至今快一年时间。在这一年的时间里，我见证了巴日乡的美丽，也目睹了巴日乡的贫困的现实，这里山清水秀，风景绮丽，由于特殊的地理落差环境，导致巴日乡极度贫困。

为解决昌都市察雅县巴日乡所辖17个行政村41个自然村约6102人的用电难题，实现察雅县最后一个无"大网电乡"通电，在做好疫情防控的前提下，国网昌都供电公司实施建设"三区三州"深度贫困地区电网工程——察雅县巴日35千伏输变电工程。

察雅县巴日乡受地理环境、自然状况和经济条件等因素的制约，全乡近750户人家，绝大多数都是用煤油灯或太阳能进行照明，既不能满足生产、生活的正常供电，也不符合发展需要，极大地制约了当地经济发展。2019年12月5日，国网昌都供电公司"三区三州"深度贫困地区电网建设工程全面开工，巴日35千伏输变电工程总投资1755万元，以满足巴日乡发展用电负荷，实现主电网延伸覆盖，优化电网结构，提高供电可靠性。受疫情影响，该工程于2020年3月23日复工，并优先考虑使用察雅县人力、物力资源，切切实实为当地农牧民群众增收，助力察雅县全面打赢脱贫攻坚战。

播撒文明新风，电力"红马甲"一直在行动。2020年五一前夕，我跟着项目部党员服务队带着米面油等生活物资来到结对帮扶的巴日乡群众索朗次仁一家慰问，并为他家里检修了电路，更换了漏电保护设备，还帮助索朗次仁家干农活抢收青稞。索朗次仁家里有4口人，父亲早年去世，母亲年老体弱，妻子要照顾小孩和老人。目前，家里只有他一个劳动力。了解到索朗次仁家的实际困难后，项目部与索朗次仁一家结成帮扶对子，结合"党员先锋、电亮昌都"主题实践活动，在2020年秋收时节还帮助他们及其他乡亲收割青稞，获得一片赞誉。

"电力师傅，你们像我的亲人一样……"情意深深、暖意融融。党员服务队深入藏族同胞家中送温暖、献爱心，让他们十分感动，藏族老阿妈曲珍双手合起激动地向党员们致谢。索朗次仁还依次向党员们献上洁白的哈达，由衷地感谢国网昌都供电公司无私的帮助，并现场表演藏族舞蹈，演唱藏族歌曲传递心声、表达感动，向大家致以美好的祝福。项目部一路施工一路播撒文明新风。

项目临时党支部结合项目材料站的实际，在材料站旁边建起简易的党员服务驿站，为过往行人提供茶水、雨具等便利服务，同时还积极宣传党的创新理论、普及安全用电常识；他们还在工余时间开设藏族同胞夜校培训班，由党员骨干带头传授钢筋加工、索道运输等实用技术，助力藏族同胞提高职业技能，改变生活面貌，做好电力先行官，架起党联系群众的连心桥。

2020年5月6日，我和察雅县巴日35千伏输变电工程总监及施工项目经理走进贫困村民多吉江村的家里，由于多吉江村身体状况不好，家里有7个子女，最大的已上高中，最小的只有一岁多一点。刚走进贫困户多吉江村家，7个孩子的境况让我震惊，多吉江村"长期体弱多病"，不要说养活一家，以多吉江村夫妇的吃苦耐劳精神，解决家里生活都成问题，而且要想把7个孩子并培养成人，更是天方夜谭。看到他们家的情况后，经过我们业主项目部与施工项目部协商后，决定将施工项目部设立在多吉江村家里，现场施工需要当地小工时，尽可能多考虑多吉江村家里的劳动力，这样可以缓解他家里的经济困难。回想起与贫困户交往的点点滴滴，我不禁感慨：唯有用心，精准扶贫才有保障；唯有动情，精准脱贫才有希望。家境贫寒不可怕，志气贫穷不可扶。

还有许多其他的帮扶队员每天进村入户结穷亲，做贫困群众的知心人；还有很多单位和企业相互联动，确保交通、水利、金融、教育、健康扶贫等一系列政策举措兑现见效、落地生根。

习总书记说："脱贫致富终究要靠贫困群众用自己的辛勤劳动来实现。"所以，我们就坚定不移地发挥广大基层干部群众的首创精神，让贫困户们的心热起来、行动起来，给自己沉寂的梦想插上翅膀，靠辛勤劳动改变贫困落后面貌。坚信自己的选择，用微笑和智慧将人生的梦想放飞，甘踏泥泞慰青春。

"少年壮志潮头立，击掌青春要打拼"，把最简单的事情做好就是不简单，把最平凡的事情做好就是不平凡！在基层，我不求轰轰烈烈，但求踏踏实实。不浮躁、不消极、不悲观，有自己的目标、奋斗的方向，我们不畏艰苦，保持一份正确的心态，做好我们的工作。把青春安放在一线，把汗水挥洒在田野，把致富的希望留在村庄。在自己的岗位上，尽自己的最大力量，发挥所学到的知识，结合工程项目的工作实际，服务群众，奉献热情，让自己的梦想在这片热土谱写出最美的乐章！

（昌都市供电公司 格桑罗布）

巾帼撑起半边天，格桑花香满高原
——西藏昌都市妇女联合会

  自脱贫攻坚政策实施以来，昌都市各级妇联组织坚决贯彻落实习近平总书记关于打赢脱贫攻坚战的系列重要讲话指示精神和党中央、自治区党委、市委决策部署，主动担当作为，发挥妇女的优势和作用，扎实推进"巾帼脱贫行动"。根据全市妇女工作、生活的实际情况，通过采取多种多样的有效措施，为脱贫攻坚做出了应有的贡献。

强化技能培训，推动素质提升工程

  一是加强宣传，转变观念。为进一步推动贫困妇女脱贫致富、转变观念，增强昌都市贫困妇女脱贫致富的责任感、使命感，提升昌都市贫困妇女参与全市经济建设和社会生产活动的积极性与主动性，切实激发内生动力，坚定贫困妇女脱贫志向，把扶贫脱贫政策机遇转化为贫困妇女脱贫致富的发展优势，市妇联先后下发了《昌都市妇联、市扶贫办关于做好市贫困妇女脱贫致富工作的实施方案》《昌都市妇联深化改革方案》《关于上报妇女特色产业扶贫项目的通知》《昌都市妇联 2018 年度定点精准扶贫工作计划》《市妇联 2019 年扶贫工作方案》等重要文件。把惠及妇女群众的相关扶贫政策编印成册，引导贫困妇女知晓、理解、掌握政策，让贫困妇女真正能用足用好政策、享受政策红利。同时，深入实施"乡村振兴巾帼行动"，号召引领广大妇女群众坚决打好精准扶贫、精准脱贫攻坚战，多项脱贫举措不断拓宽农牧区妇女群众增收渠道，全面改善农牧区贫困家庭生产生活条件，切实增进农牧区妇女群众福祉，创造农牧区妇女群众高品质生活，让广大妇女群众共享脱贫攻坚工作成果。广宣传，引导贫困妇女掌握脱贫政策。坚持扶贫、扶志、扶智相结合，依托巾帼宣讲团和各类培训班，编印《昌都市高等学校学生资助政策汇编》《昌都市女大学生创业就业指南》《高校毕业生就业创业政策宣传手册》等脱贫宣传资料 15000 余本，先后组织 2000 余名各级妇联干部及巾帼志愿者利用国家扶贫日、驻村帮扶日，深入驻村点、贫困户家中、贫困妇女技能培训现场，通过耐心细致地向贫困户宣讲党和国家脱贫攻坚的好政策，引导广大妇女不等不靠，树立脱贫信心，主动参与脱贫。破陋习，带动贫困妇女增强脱贫信心。市妇联大力推进移风易俗，弘扬乡风文明。结合"七城同创"，认真贯彻落实"家家幸福安康工程"，发挥妇女在弘扬中华民族家庭美德、树立良好家风方面的独特作用，以小家庭的和谐共建大社会的和谐，切实形成产业兴旺、生态宜居、乡风文明、家风良好、民风淳朴、治理有效、生活富裕的人居环境。自该项工作启动以来，各县（区）妇联先后组织基层妇女干部和妇女群众5000余人次开展以"共建幸福和谐美好家园"为主题的环境卫生整治活动；在全市范围内组织开展寻找"最美家庭""五好文明家庭""好婆婆、好媳妇""最美格桑花""巾帼建功先进个人、集体""三八红旗手、集体、标兵"等活动，五年来，全市共计1000余个优秀女性和集体获得国家级、自治区级、市级、县（区）级荣誉称号；定期组织开展"我的家风、家训、家规"征文比赛，并对评选出的优秀文章进行表彰，通过市妇联官方微信公众号"藏东妇女"和纸媒杂志《昌都妇女》进行刊发；组织开展"巾帼大讲堂"活动60余场次，大力宣传勤俭持家、孝顺公婆的先进典型事迹，用身边人、身边事，教育引导广大妇女群众破除陈规陋习，崇尚文明新风，为防止农牧区贫困家庭因婚姻等传统习俗致贫返贫发挥了积极的作用。树典型，带动贫困妇女增强脱贫信心。市妇联通过在《西藏日报》、昌都电视台、市妇联微信公众号和《昌都妇女》等新闻媒体刊登江达县拉措、芒康县玉珍、卡若区泽永拉姆、类乌齐县扎西次措等女致富带头人脱贫典型事迹，通过先进典型引领作用，激发我市贫困妇女求富裕求发展的内在动力，用自己的双手改变贫困面貌、创造美好生活。

二是强化培训，促进就业。为了进一步提升妇女参与昌都市经济建设和社会建设，进而提高昌都妇女社会地位和家庭地位，市妇联结合昌都实际，从开展妇女就业技能培训到赋予妇女群众更多的生产技能，通过采取请进来和送出去相结合的方式，将昌都市建档立卡贫困妇女送到拉萨技能培训学校以及邀请西藏现代服务业职业技能培训学校来昌都市组织开展贫困妇女烹饪技能培训班5期。截至目前，各级妇联组织先后组织开展了西藏首届女子驾驶技能培训班、农牧区贫困妇女烹饪技能培训班、女子缝纫技能培训班、贫困妇女家政技能培训班、女大学生就业创业培训班、贫困妇女民族手工艺品技能培训班、农牧区妇女串珠丝网花编制技能培训班、农牧区贫困妇女种养殖培训班、农牧区妇女电商培训班、民族服饰加工技能培训班等各类培训班80多期，共计培训包括易地扶贫搬迁点贫困妇女群众达5200余人次，妇联系统累计投入培训资金达1000余万元，培训后实现转移就业人数达4390人，就业率达到84.42%。

三是带动引领，增添活力。为进一步带动更多贫困妇女参与产业发展、增收脱贫、互助脱贫，昌都市妇联通过强化妇女技术能人引领，坚持以先进引领持续加强妇女脱贫工作活力。联合农业农村局等部门组织优秀妇女技术能人送技术进村、送服务上门，如芒康县纳西村葡萄基地和藏红花种植基地，占地17亩，年产值达48万元，基地自创建以来，开展贫困妇女技能培训达64次，培训将近600余人，辐射带动200余人，帮扶家庭困难妇女群众达180余人，人均增收150~200元。卡若区祥泰蔬菜种植农民专业合作社，自2019年10月成立以来，在注重自身经济效益的同时，还积极解决本地贫困户妇女群众的就业问题，带动当地56名家庭困难妇女增收致富。近年来，市妇联还培树了卡若区宗嘎秀然、芒康县纳西村、洛隆县加日扎村、左贡县孟琼村、丁青县仲佰村妇女专业合作社等多个妇女创业就业基地，其中洛隆县加日扎村、左贡县孟琼村、丁青县仲佰村妇女专业合作社被评为"全国巾帼脱贫示范基地"荣誉称号，并争取到妇女创业扶持资金各 5 万元。江达县妇女民族服饰加工合作社、丁青县妇女手工串珠合作社、类乌齐县藏装加工合作社、芒康县玉珍佳酿 4 个妇女创业就业示范基地被评为全自治区巾帼脱贫攻坚先进基地，并以奖代补落实补贴资金各 10 万元。

强化关爱帮扶，推进健康关爱工程

一是推进妇女"两癌"救助筛查工作。积极与市妇幼保健院等卫生部门合作，持续推进农牧区适龄妇女免费"两癌"检查工作，累计对 9231 名农牧区妇女群众完成"两癌"免费筛查工作。广泛开展"健康与美丽同行"宣讲活动，通过打造宣传文化墙、编印宣传册、播放公益广告等多种形式，在广大妇女中广泛开展预防"两癌"健康知识讲座 10 余场，发放"两癌"宣传资料 5000 余册，教育引导广大妇女，特别是广大农牧区妇女积极参与定期健康检查，推动关爱工作重心前移，从源头上降低"两癌"的发生率，解决"两癌"患病者家庭因病致贫、返贫问题。凝聚多方力量，形成全社会共同关爱"两癌"妇女的良好氛围，并使工作常态化。按照中央、区妇联政策，继续实施贫困母亲"两癌"救助，努力扩大贫困两癌患病妇女的受益面。五年来，共计救助"两癌"患病妇女 180 人，发放救助金 181 万元。

二是开展"蓝天春蕾"助学行动。认真实施"蓝天春蕾"助学行动，最大限度发挥教育扶贫作用。为防止贫困女童因贫失学，积极与教育部门配合组织实施"蓝天春蕾"助学行动，使贫困地区失学女童重返校园，截至目前，救助了包括小学班在内的学龄女童 100 余人，发放助学金 18.4 万元。

三是推进母亲水窖项目落地。为帮助偏远农牧区特别是贫困妇女摆脱因吃不上干净水或吃水带来的贫困和落后，市妇联积极落实"母亲水窖"公益项目，组织实施了卡若区埃西乡达村、面达乡诺通村和芒康县如美镇拉乌村果农组 3 个"母亲水窖"。项目资金达 128 万元，已经通过相关部门验收，投入使用，解决了 290 户 1686 名群众和 1140 头（只、匹）牲畜的用水困难问题。

四是加强贫困单亲母亲救助工作。截至目前，昌都市共有单亲母亲 6088 人，且普遍存在贫困程度较深，文化程度低，就业状况不佳，经济收入低，生活动力缺乏，健康水平低等制约生活质量提高的问题。为做好单亲贫困母亲帮扶工作，各级妇联组织结合脱贫攻坚工作任务，协同宣传、农牧、林业、民政、人社、司法等多家部门，详细制定帮扶措施，通过采取思想帮扶、政策帮扶、就业帮扶、社会保障和医疗帮扶、住房帮扶、教育帮扶、岗位帮扶、项目帮扶、法律帮扶、舆论帮扶、应急帮扶 11 项措施，深入单亲母亲家中走访慰问，送慰问金、发慰问品并帮助解决实际生活困难，鼓励她们勇敢乐观地面对当前遇到的困难，要相信党和政府，切实保证了单亲母亲家庭脱贫致富。尤其是近年来市妇联通过在单亲母亲群体当中组织实施"母亲邮包"公益项目，经过资助和鼓励,使广大单亲母亲进一步树立起了自强、自立、自信、自尊的乐观生活态度,已累计投入资金100.4万元,帮扶贫困单亲母亲将近6000余人。

五是全力做好亚青寺接返女性帮扶服务工作。根据市委的安排部署,2019年该项工作启动以来,市妇联迅速动员各级妇联组织力量,全程参与亚青寺集中整治专项工作,期间,抽调市、县两级女性干部360余人组成暖心服务组开展暖心服务和后勤服务相关工作,累计开展暖心服务工作10余次,出动市、县两级巾帼志愿者达4200余人次。先后组织400余名巾帼志愿者集中进入到各县(区)教育基地内,按照"吃得饱、住得惯、穿得暖、学得进、有效果"的总体要求,积极在教育基地开展一系列巾帼志愿关爱活动。同时投入资金30余万元,向1700余名接返女性发放了床单被套、衣物、卫生用品等"暖心包裹"。市妇联还积极协调辖区的医疗卫生部门,定期对接返女性开展上门送医送药义诊活动,建立"接返女性疾病防控档案"(一人一档),按照属地管理原则,统一记录保管和申请救助;同时大力发挥基层妇联组织作用,特别是国家级和自治区级"巾帼脱贫攻坚示范基地"作用,按属地和户籍,对一些有条件也愿意就业的妇女进行统计和筛查,进行分类就业帮扶,并将接返女性纳入到后续重点技能培训计划中,确保实现安置有技能,不回流目的,切实为教育转化取得实效贡献了巾帼力量。

六是积极开展扶贫帮困活动。各级妇联组织以"真扶贫、扶真贫"为宗旨,切实立足妇联群团职能作用,积极发挥桥梁纽带作用,坚持与时俱进、开拓创新,强化工作举措,把扶贫帮困工作作为巾帼脱贫工作的一项重要内容来抓。近五年来,市妇联分别在市妇联驻村点、偏远尼姑寺庙等地落实藏香猪个体养殖项目、牦奶牛养殖、经济林种植、小麦种改良、桥梁修建、村委会基础设施建设、购买农机具、修建澡堂等扶贫项目9个,投入扶贫项目资金152.712万元,联系扶贫点1个,联系困难户15户,各县(区)妇联联系困难户57户。同时,全市各级妇联每年利用"三八"妇女节、"五一"劳动节、"六一"儿童节、"七一"建党节、重阳节等重要时间节点,组织巾帼志愿者深入农牧区建档立卡贫困户家庭中、集中供养中心、儿童福利院等地,集中对贫困母亲、脑瘫等患病残疾儿童、家庭困难离退休党员干部、困难女环卫工人等弱势群体开展集中慰问活动,为她们送去米面粮油和衣物等生活必需品及学习用具、暖心包裹等,并组织巾帼志愿者为孤寡老人等弱势妇女群体清理个人卫生、理发等暖心服务活动,经统计,五年来,全市各级妇联系统累计发放慰问品及慰问金共计1519906元。2018年,因昌都市部分县(区)遭受特大洪灾等自然灾害,市妇联积极落实市委关于抢险救灾工作的安排部署,号召全市妇女群众全力参与到救灾抢险和灾后重建工作中,第一时间向市特殊教育学校、江达县波罗乡小学等在校300名女童发放了价值3万元的"馨芽邮包"300包。在贡觉县人民医院实施"母亲健康快车"项目,为贫困母亲身心健康保驾护航。

强化就业创业扶持,推进巾帼创业工程

一是保障创业就业政策资金投入。为全面贯彻落实习近平总书记关于扶贫工作重要论述和党中央脱贫攻坚决策部署,充分发挥妇女在社会主义新农村建设中的作用,助推脱贫攻坚工作,全面提高农牧区妇女素质和创业致富技能,促进贫困妇女得实惠、普实惠、兴实惠。2017年,昌都市妇联以全市基层妇联改革为契机,为进一步落实好妇女创业就业工作,向市政府申请妇女扶贫创业基金800万元,使妇女创业就业工作有了资金保障。申请昌都市妇女创业贷款的利息和担保补贴(贴息)200万元,进一步推动政府注入担保资金,以建档立卡贫困妇女为扶持对象,帮助解决在发展种、养、加、旅游、民族手工特色产业等合作社方面的资金需求,通过金融扶持实现创业一人、脱贫一户。截至目前,全市成规模"妇"字号巾帼创业就业示范基地17个,辐射带动周边贫困妇女群众1000多人脱贫致富。

二是春风行动助力创业就业促脱贫。为进一步推动城镇妇女劳动力就业,满足失业或未就业妇女劳动力的就业需求和企业用工需求,搭建求职者与用工单位实现双向选择的平台,全力以赴打赢精准脱贫攻坚战,各级妇联配合人社等部门积极实施"春风行动"助力脱贫攻坚,为广大妇女群众送岗位、送信息、送政策、送知识。近年来,现场招聘成功妇女共计600多人,发放宣传资料6750份,政策咨询1000多人次,为她们就业创业需求提供全方位政策服务。

格桑花香满高原!昌都市各级妇联的工作和取得的成绩,得到全市广大群众和政府组织的认可,在全市各级部门的评优活动中,市妇联获得了"2019年度全区妇联系统巾帼脱贫攻坚工作优秀奖"。

通力合作,因地制宜促脱贫

——丁青县津鹏农业发展有限公司

2017年,在天津市援藏前方指挥部和天津市北辰区人民政府指导下,天津津鹏企业管理合伙企业(有限合伙),在对口援助的昌都市丁青县投资成立丁青县津鹏农业发展有限公司(以下简称津鹏公司),主要承接各类农业项目建设和运营。2017年5月起,津鹏公司与丁青县协雄乡合作,整合现有资源,有效利用政府扶持资金、金融贷款,投资1250万元大力实施丁青县农业生态产业园项目,对协雄乡协麦村蔬菜种植基地原有的60栋棚室进行升级改造,建设2000平方米智能温室1座,积极开展蔬菜、水果、花卉种植,着力将当地农业产业发展水平推向一个新高度,为丁青农业产业发展竖起标杆,发挥好示范带动作用。

在丁青县农业生态产业园项目中,公司认真履行企业社会责任,投身于脱贫攻坚工作中,以合作社为基础平台,采取多种方式让农牧民群众得实惠。一是土地投入有"租金"。公司以11.5万元/年的租金,与丁青县协雄乡签订115亩土地的租赁协议,用做生态园区项目建设用地,让群众通过土地投入获得收益。二是上班有"薪资"。公司与丁青县惠民蔬菜种植合作社签订合作协议,采用劳务合作方式雇佣合作社17名社员参与农业种植工作,其中13名普通社员劳务收入为3600元/(月·人)、4名管理人员的劳务收入为4200元/(月·人),并为17名园区员工购买人身意外险,使园区员工获得保障。在当地5~6月虫草采集期间,公司为每名员工额外增加1400元/月作为虫草采集月的补助,使社员改变了对虫草收入的依赖,收入得到保障。三是合作发展有"分红"。在保证人员工资的基础上,公司每年给合作社固定红利,支持其发展。截至目前,丁青县津鹏农业发展有限公司在土地租金、分红、工资等方面共支出318.97万元,完成精准扶贫17户66人。

丁青县农业生态产业园项目与协雄乡惠民蔬菜种植农牧民专业合作社的深度合作,使农牧民获得了发展致富的机会。合作社的社员通过项目不仅获得了经济收益,提高了参与生产的积极性,还得到了技术水平和经验的提升和积累;合作社也通过项目得到了管理经验的积累和组织化程度的提高。经过企业的有效带动,协雄乡惠民蔬菜种植农牧民专业合作社被全国农民合作社发展部际联席会议认定为2018年度国家农民合作社示范社。

丁青县农业生态产业园项目的实施,使园区从原有每年不足10万元的收益,发展至年收益超过60万元,并且通过标准化的管理与销售渠道的拓展,园区的收益还将稳步提高。

2018年3月,津鹏公司对丁青县觉恩乡进行实地考察后与觉恩乡合作,整合资源,投资500万元大力实施丁青县觉恩乡红土豆种植基地项目。津鹏公司与觉恩乡党委、政府确定种植区域,采用机械化种植技术,建立高原特色红土豆种植基地,并打造试验田进行高原特色红土豆育种实验培育基地,通过使用机械化、规模化红土豆种植技术,在项目区种植优质红土豆,进一步推广宣传科学种植优质红土豆的技术,有效提高红土豆产量,使得项目区扶贫产业得到稳定发展。

丁青县觉恩乡红土豆种植基地项目认真落实惠民政策,采取多种方式让农牧民获得实惠。津鹏公司与丁青县觉恩乡签订租赁协议,租用土地221亩,租金为221000元/年,用于红土豆种植基地的建设。公司与觉恩乡觉恩村红土豆种植合作社合作,种植期间由合作社成员按照种植要求提供劳务,公司负责支付劳务费。每人每月3000元,共计8人,临时工的劳务收入为每人每天150元,按天结算。

通过觉恩乡红土豆种植项目的实施,农牧民不但获得了劳务收入,还学习到了先进的田间管理技术和标准的机械化种植技术。农牧民的农业技术水平得到了提升,田里的红土豆产量也得到了大幅度的提高，红土豆亩产量从原来的不足 800 斤，提高到现在的亩产 2000 多斤。红土豆不仅满足本地市场的需求，还通过对口帮扶远销天津市场，获得天津消费者的广泛好评。

经过几年的稳步运营，津鹏公司已经在各个项目中取得了一定的成效，不但被评为丁青县农业龙头企业，更为丁青脱贫攻坚事业做出了一定的贡献，先后通过产业项目带动建档立卡户 69 户 311 人实现稳定脱贫。津鹏公司在保障丁青县百姓"菜篮子"供给和食品安全方面，也取得了一定成效，尤其是在新冠疫情防控期间，坚持稳定生产，为保证丁青县农产品供应充足、流通有序、价格稳定贡献了自己的力量。

授人以鱼，不如授人以渔。津鹏公司的产业项目在给农民带来土地租金、分红和劳务工资等收入的同时，还帮助农民学习掌握了扎实的农业种植管理技术。在各个项目的实施过程中，公司注重农牧民的技术培训，组织多次内部农业技术培训活动，外聘农业技术专家到产业园区对参与管理和生产的农牧民进行针对性的农业技术培训；通过"管帮带"的方式，让园区常驻技术员在日常生产中进行技术培训和指导，使参与管理和生产的农牧民逐渐积累农业技术知识和经验；此外，在智能温室的管理运营中，参与生产和管理的农牧民有更多的机会学习到农业和服务业结合、产业升级后的运营和管理经验。

经过几年的实践摸索和经验积累，津鹏公司逐步确定了"政府+企业+科研机构+合作社"的项目发展模式——"津鹏模式"，这是一个"企业+合作社"为实施主体的可行性发展模式。未来，津鹏公司在政府的支持和引导下，将继续与合作社携手发展，以市场为导向，以效益为中心，以科技为依托，以提高农业的专业化、标准化、规模化、产业化和农民组织化程度为中心，坚持发展农业产业项目，通过产业项目带动农民增产增收，推动乡村振兴，加快推动农业现代化的进程，加快迈向更高的平台和更广阔的市场。

统筹规划，立足实际谋发展

——丁青县当堆乡人民政府

当堆乡地处丁青县西南部，距县城 56 公里，全境属高山峡谷地带，平均海拔 3780 米。当堆乡下辖当堆村、依塔西村、洛霍村、斯容村、白日村等 5 个行政村 17 个村民小组 99 个自然村，共 1166 户 7516 人。近年来，为深入贯彻落实市委、市政府"八个全部自给"的要求,不断巩固脱贫攻坚成果、助推乡村振兴,在丁青县委、县政府的统一安排部署下,当堆乡紧紧围绕市委"七大种植基地""五大养殖基地"总体部署,着力在产业兴乡上下功夫,做文章,以优质气候资源为依托,因村施策,加快推进特色优势产业发展。

统一思想,坚定产业发展

2017年以来,当堆乡党委多次召开专题会议,结合自身作为一个农区乡镇,群众多以种植、养殖为主,经济来源单一,生活水平不高的实际情况,深入学习领会西藏自治区、昌都市和丁青县委、县政府关于扶贫开发和促进产业发展的相关文件精神,深入村组调查走访、了解掌握实际情况,认识到必须走养殖产业发展之路,才能带动全乡经济发展,带动群众增收致富。同时,全乡干部也深刻认识到,必须紧紧抓住脱贫攻坚的历史机遇,乘势而上,向贫困"宣战",打一场轰轰烈烈的攻坚战、翻身仗。随着认识的不断深入,当堆乡明确了把产业发展放在突出位置,成立了当堆乡脱贫攻坚指挥部产业项目组,压实责任、统一部署、协调推进,动员广大群众投身产业发展,并按照"村为基础、整乡推进、统一规划、产业开发"的思路,大胆创新、大胆实践,为下一步的产业发展工作奠定了坚实的思想和组织基础。

转变观念,抓好宣传引导

为切实转变群众"等、靠、要"思想观念,当堆乡多次召开群众大会向群众宣传相关精准扶贫工作政策,乡主要负责同志多次深入群众当中同群众同生活、同劳动,身体力行帮助贫困群众树立勤劳致富的观念。2017年以来,开展宣传教育16次,受教育群众7500余人次。同时,发挥好各村科技特派员的职能作用,通过用通俗的语言宣传、直观的图片展示和实际操作,进行产业知识讲授,并通过组织各村"两委"干部及群众代表实地走访我县附近藏香猪及藏香鸡养殖基地,让群众切实感受到产业发展带来的实际效益,有效调动起广大群众参与产业发展的激情和热情。

瞄准目标,确保项目落地

当堆乡紧密结合各村实际,提前谋划部署、深入调查研究,因村施策、分步实施;在积极做好征求群众意见、化解矛盾纠纷、争取资金支持、寻求技术指导等四个层面的衔接工作和完成群众民主决策、选定场地厂址、明确利润分配等三个方面前期准备工作的基础上,争取和投入资金1496.3万余元,申报建立了当堆村安措特色手工艺品加工厂,集藏香鸡、藏香猪养殖、蔬菜大棚为一体的当堆村生态养殖园,洛霍村曲玛丁奶制品加工农牧民专业合作社,洛霍村生态养殖园,斯容村富源绵羊养殖农牧民专业合作社,伊塔西村牦牛育肥基地,白日村犏奶牛养殖场等7个村级集体经济。目前存栏藏香猪160头、奶牛62头、绵羊180只、藏香鸡300只,累计实现销售收入74.09万元,带动建档立卡贫困户180户680人,实现增收38.8万余元,有效促进了贫困群众"造血"能力的提升,做到了"村村有产业、户户有收入",初步实现了依靠政策脱贫、依靠项目致富的目标。

干群协力，规范发展管理

一是抓培训。当堆乡围绕本地产业特点和实际发展需要，切实加大贫困群众就业技能培训力度，特别是提高就业培训的实用性、针对性、有效性，定期发放学习资料，将有劳力群众安排进犏奶牛喂养、藏香猪养殖、民族手工艺加工及生态养殖藏香鸡等培训班，进行技术学习，增强他们的劳动能力和独立能力，以技能提升助推产业发展。近年来，共开展军旅式种植技术培训、装载机、挖掘机、摩托车、厨师等技能培训8期，受教育群众220人，实现就业100人。这一举措产生了良好效果，解决了部分群众的贫困问题。

二是抓销售。为促进产业发展，当堆乡政府与群众一道，积极寻找产品销售渠道。除通过群众在传统市面销售外，积极利用网络平台，加大产品宣传力度，打开销路。目前，当堆乡酥油、糕点、藏香鸡蛋、手工艺品等农牧特色产品已经在各超市柜台销售，并在丁青县特色农产品展销中心设立了销售专柜。

三是抓管理。当堆乡坚持在产业运作上下功夫，在规范化上用巧力，建立了产业项目制度、并与村"两委"签订了项目运营责任书，与参与群众签订了就业协议书及产业分工办法等。产业项目管理、运营得到进一步规范。

谋划前景，助推提质增效

一是提升产业发展质量。①加大对贫困户的种植、养殖、务工等技能技术的培训力度。②加大产业项目的规范运行和制度化管理。③及时总结产业项目建设工作的经验，推动种植业、养殖业的健康发展，让产业效益真正能够带动贫困户致富。

二是拓宽增收渠道。做好土地流转，各养殖场将贫困户的土地进行租用，同时雇佣贫困户在自己的土地上种植元根、豌豆等经济作物，实现多元化经营、多渠道增收。

三是注重产品品牌打造。为提升产品价值，顺应产品销售模式，下阶段当堆乡将在提高产品知名度和质量合格度上做文章，对自身产品进行定位分析，注册相关的品牌标识，形成差异化、特色化产品去满足消费者的需求。

在脱贫攻坚工作中，当堆乡根据实际情况所实施的一系列举措，很好地加快了当地群众脱贫致富的步伐，提升了人民群众的生活水平，增强了他们的获得感、幸福感。

勇于担当，教育扶贫责无旁贷

我叫毛拥，1999年参加工作。参加工作二十余年来，我始终坚守在教育岗位上，从学校到县教育局,从一名普通的教师成长为基层教育管理者,历任教师、德育主任、副校长、校长、县教育局局长等职务,现任江达县教育局(体育局)党组书记。多年来,我将自己所有的青春年华都奉献给了家乡的教育事业。我深知发展教育对一个地区、民族、家庭和个人的重要意义,在江达县精准扶贫工作展开伊始,我便主动担起教育脱贫工作重担。几年来,我勤勤恳恳、夜以继日,以实现江达县"教育脱贫有保障"为目标,为江达县教育事业蓬勃发展、江达县脱贫摘帽和成效巩固贡献着自己的力量。

深入思考,谋划教育发展思路

在全县精准扶贫开展之初,针对教育系统大多干部职工对精准扶贫政策不太熟悉的情况,我坚持做到逢会必学精准扶贫政策、逢会必讲精准扶贫理论,坚持向全县教育系统广大教师传达学习好习近平总书记关于精准扶贫工作的最新论述和讲话精神,在教育系统内部兴起了精准扶贫理论学习热潮。同时,我还坚持组织教育局全体干部每月一学习、不定期抽查政策理论知识学习情况,以准确把握教育脱贫政策新理论,确保全县教育工作紧紧围绕着"教育脱贫有保障"这一目标有序开展。在个人自我学习方面,我坚持每月撰写精准扶贫学习笔记和心得体会,每天观看新闻联播,时刻关心全国各地扶贫领域时事政治,积极通过"学习强国""中国扶贫"等网络平台学习其他地区教育脱贫举措,并与单位同事进行探讨研究,谋划符合我县实际的教育脱贫举措。

如何做好"义务教育阶段学生有保障",是我一直思考的问题和关注的重点。早在学校时,我就十分关注贫困家庭孩子的教育教学工作,作为教师,我始终坚持不放弃任何一位学生的信念,在日常教学和生活中非常关心贫困生和学困生的状况,通过和学生做朋友,给他们讲故事、讲道理,鼓励他们坚持学习、走出大山、走出高原,学生们都亲切地称我为"阿妈"。为了做好易辍学生控辍保学工作,我放弃周末休息时间,对易辍生逐个进行家访,挨家挨户地对学生和家长做工作。有时候会遇到思想较为顽固的家长,吃闭门羹也是常有的事情,但我从不放弃,一次不行、那就两次,两次不行、那就三次,直至学生家长思想转变为止。在家访途中,我总是积极乐观的面对一切困难,有时累了就坐在草地上休息一下,饿了就吃口随身带的饼子,渴了就喝一口山泉水,从未抱怨过、后悔过。经过不懈努力,原本不愿送学生上学的家长思想有了明显的改变,送孩子入学的积极性也进一步提高。如今,我所教授过的学生大都已参加工作,投入到了精准扶贫事业当中。精准扶贫工作开展以后,作为全县教育系统的"一把手",我更是重视适龄儿童少年的控辍保学工作,经常性深入全县各乡镇学校,了解实际情况,查找制约教育发展症结。每到一处,我都要与学校老师、在校学生、当地群众进行交流,听听大家的意见,问问工作和生活中的困难。

"治贫先治愚,把下一代的教育工作抓好,把贫困地区孩子培养出来,是扶贫根本之策。"习近平总书记这一句对教育脱贫的重要指示,也成了我的口头禅和座右铭。不管是风雨交加,还是漫天冰雪,我从未曾放弃对基层的调研。有一次,因过河险些被急流冲走。单位同事劝我不必再冒风险进行调研，但我说："这是一个深入了解基层教育需求和困难的好机会，我必须要去。"在经过认真而细致地基层调研后，我提出要将教育脱贫攻坚任务目标与义务教育均衡发展相结合，各项教育工作要紧紧围绕"脱贫攻坚"这一重点来开展，带头制定了《江达县教育脱贫"十三五"规划》，谋划出了全县教育脱贫工作整体发展思路。

聚焦重点，扎实推进教育保障

"教育是阻断贫困代际传递的重要途径"。作为一名多年的教育工作者，我深知彻底解决贫困问题的根本在于发展教育，而教育工作的重点往往聚焦在"控辍保学"上，只要抓好"控辍保学"成绩，贫困家庭就能看到光明的未来。担任县教育局局长以来，我坚持重抓"控辍保学"，从制度控辍、环境控辍、质量控辍、氛围控辍等方面全方位推进工作。一是严格执行各项"控辍保学"工作制度，层层签订"控辍保学"目标责任书，将"控辍保学"工作作为考核各乡镇党委、政府、村（居）委会和县教育局、各学校年度工作的重要内容，积极兑现奖惩，坚持依法招生，严格"控辍保学"。二是积极争取教育资金投入力度，全面改善江达县各级各类学校办学条件。几年来，江达县各级学校基础项目建设蓬勃发展，乡村小学硬件设施得到极大改善，学校环境有力提升，同时学校管理方式进一步规范，师资队伍建设不断壮大，教师关心爱护学生，学校文化活动丰富多彩，育人环境整体良好。三是全县上下充分营造教育宣传氛围，大力宣传《义务教育法》《未成年人保护法》等相关法律法规宣传工作，让农牧民群众充分认识适龄儿童少年接受义务教育既是权利又是应尽的义务。同时，积极宣传教育"三包"政策、农牧民子女"营养改善"计划、江达县中小学生"东风润苗"奖学金、大学生"圆梦基金"等各项教育惠农政策，让农牧民群众毫无经济负担的送子女入学。四是狠抓教育教学质量，努力培养优秀人才。2016年以来，江达县中小学毕业班教学质量稳居全市前列，乡镇小学成绩质量逐年提升，全县教育教学有了长足发展。通过上述内容的实施，学校管理进一步规范，教育教学质量不断提升，师资队伍建设进一步加强，学校德育工作成效明显，江达县学生到位、巩固情况明显提升并得到良好保持。

全身投入，积极服从组织安排

自2016年以来的各级各类督导检查考核中，我始终全面服从县委、县政府各项工作安排，积极配合上级督导考核检查。作为单位主要领导，为切实做好教育脱贫工作。自2016年起，我便放弃每年休假机会，仅在教育系统工作较为轻松的一二月份选择轮休。2018年，二姐突发脑出血，一度在ICU病房抢救，几次生命垂危；而母亲也因年岁已高，各项身体机能逐渐衰竭，病情日益加重，最终不幸病逝。两位至亲相继饱受病痛，作为家中顶梁柱的我虽然悲痛不已，但依然振作坚强一边照顾好家人，一边处理单位工作。一天，正在丧假中的我，得到了自治区第三方将赴江达县开展脱贫攻坚验收的消息后，考虑到自己对各乡镇脱贫攻坚情况比较熟悉，我主动放弃假期，毅然将家中事宜交予丈夫处理，不顾家人的反对，坚决要求返岗，投入到督导考核验收工作中来。返岗后，我立即调整好工作状态，对全县各乡镇脱贫攻坚工作进行了详细梳理，并积极配合督导考核组开展下乡调研活动，向工作组详细讲述了江达县精准扶贫工作以来的举措、变化和成效。最终，江达县督导考核工作顺利圆满完成，教育脱贫工作更是得到了工作组的高度认可。

  2018年10月11日7时许，江达县波罗乡突发山体滑坡并形成了堰塞湖。在得知发生山体滑坡事件后，我立即联系了波罗乡第一小学校长，要求抓紧时间开展受困学生及教师的初步转移工作；同时，第一时间驾车前往波罗乡实地帮助受困师生转移。当天，波罗乡第一小学所有受灾师生安全转移到了波罗乡第二小学。随着波罗乡江段江水不断上涨，我考虑到波罗乡师生生命安全，立即安排中巴车将波罗乡两所学校400多名学生和教师撤离到同普乡小学。尽管此时我已经将近30个小时没有休息了，但我依然坚持在工作一线，不断地安抚受灾学生和老师，直至师生全部安全到达同普乡小学安置点。因为担心受灾孩子们在同普乡小学安置点的生活和学习状况，我便将工作和家一并"搬"到了安置点，在安置点同孩子们同吃、同住、同生活。

  作为一名领导干部，在贫困户结对帮扶工作上，我进一步深入思考帮扶方式。我认为"扶贫，不仅要扶智，更要扶志"。我根据每个帮扶户家庭致贫原因对症下药、分类帮助。例如贫困户普巴，因家庭缺乏劳动力而致贫。普巴一家四口人，作为家中唯一劳动力，需要养活妻子和两个学龄前孩子，为了让他既能够照顾家庭又能增加收入，我介绍他到附近学校应聘临时性岗位工作，为家里谋得一份稳定收入；贫困户斯郎培青因病致贫，我就积极向他宣传卫生医疗救助政策，帮助联系县卫生部门进行合规的医疗报销，鼓励他树立生活信心，积极治病，早日康复；贫困户冲吉有两个孩子在乡镇小学读书，每次路过学校，我总是要停下车来，走进课堂去看望两个孩子，同孩子们谈谈心，了解他们的学习状况，鼓励他们好好学习。通过我的坚持帮扶，目前我所帮扶的3户贫困户都已经实现了稳定脱贫，过上了比过去富裕的生活。

（江达县教育局党组书记 毛拥）

第三篇
脱贫攻坚中的致富带头人

榜样的力量是无穷的。那些通过自己的努力而成为众人关注、仰慕的榜样的人们，他们身上所放射出的灼热的能量，能够点燃人们的激情，能够激发人们的信心，能够催生人们的活力，从而带动一大批人走上实现人生价值、追求幸福生活的道路。在昌都脱贫攻坚中，各个县区、乡镇均出现了大批的致富能手——致富带头人，他们就是这种蕴含着灼热能量的光辉榜样。

在昌都市脱贫攻坚工作中出现的许许多多的致富能手，是世世代代生活在昌都大地上的广大民众的杰出代表。他们因为个人创业致富方面表现出的能力和魅力而受到社会的广泛关注，进而引起巨大的社会效应，成了广大民众心目中的致富英雄，成了人们争相学习的榜样。他们通过个人的辛勤劳作和不懈追求而脱贫致富，不但改变了个人的生活面貌，提高了家庭生活水平；也带动了周围人的积极性，激励人们寻求致富的道路，鼓动他们改变家庭贫困状况，启发他们实现自己的人生价值，引领年轻一代奋发向上。他们是昌都人民坚韧不拔、顽强奋斗、不屈不挠精神和品格的象征。

在这些人群中，有凭借坚强的毅力和不懈的奋斗，同时依靠政府相关部门的大力支持和帮助而走上致富道路，且乐善好施帮助他人脱贫的全国"三八红旗手"；有为了发家致富不停东奔西跑，最后回到自己的家乡，凭借掌握的科学技术走上致富道路，并

我和我的扶贫故事

引领他人奔赴小康的科技能手；有因地制宜，根据家乡环境和地域优势发展特色产业而富裕起来的乡村企业家；有通过建立乡村合作社走集体经济带领村民致富的乡村干部；有通过勤学苦练掌握"绝活"，并以此建立乡村生产厂子，带领群众发家致富的民间能手……

这些出生成长于乡村，最后通过努力成为乡村致富能手的致富带头人，为昌都乡村经济的发展发挥了重要作用，做出了巨大贡献。把他们称作致富带头人，就在于，他们的致富经历，为广大的乡村民众脱贫致富提供了宝贵的经验，增加了他们的信心；同时，他们通过自己的努力，借助时代东风走上了致富道路之后，以感恩的心态回报社会，尽可能地帮助和带领其他民众共同富裕的行为，成为了广大民众的榜样，从而传递了社会正能量。

出现在脱贫致富路上的这些致富带头人，不仅仅依靠他们的智慧与能力创造了巨大的物质财富，也通过他们的创业经历和光荣事迹，感染了一大批像他们一样追求幸福生活的人。作为致富带头人，他们是时代的佼佼者，也是致富路上的排头兵。

一花独放不是春，百花齐放春满园

我叫玉珍，1961年出生于芒康县纳西乡纳西村。我只有小学文化程度，却有着敢为人先、发现商机的经营头脑，有着一股吃苦耐劳、永不服输的创业精神。我依靠自己勤劳的双手，辛勤的努力，从小生意做起，赚到人生的第一桶金，随后经营藏家乐，酿造本地葡萄酒，开设藏红花基地，饲养藏香猪成为当地赫赫有名的致富能手，带领家乡村民一起创业致富。

谋致富，开辟创业路

我从小生活在偏僻的小山村。在我的记忆中，小时候一家的生活虽然不是很富裕，但也过得很是快乐。随着年龄的增长，我才知道家里的生活很艰辛，父母亲为了让家人过上好日子，付出了许多。看着父母亲艰辛的劳动和辛勤的操劳，我很是心疼。于是，我暗自下决心，长大后一定要让父母亲过上幸福生活。

1983年时，我20岁出头，心怀一颗对美好生活的向往之心，肩负着长女对家庭沉甸甸的责任，利用农闲时间尝试性地做起了小生意。虽然起初只是销售头花、盐巴这种利润很少的小商品，挣不了多少钱，且异常奔波辛苦，却初步锻炼了我在生意场上的各种能力，如观察市场、开拓市场的能力和经商创业的信心，以及在生意场上待人接物的方式方法。25岁时，我逐渐积攒了一点本钱，已经有了一定经验的我决定去内地进货，扩展自己的业务。我第一次去云南德钦进货，身上只带了2000元，买回了不少帽子、衣服、袜子、饼干等商品，带回乡里很快就销售一空。初次的成功鼓舞了我，我要沿着这条道路走下去。三年以后，我以月租300元的价格租下了一间门面，小摊位扩大成了一家商店。但是市场很快就发生了变化，纳西乡里商店越来越多，大家都去内地进货，经营利润开始下滑。我渐渐发现买来的货卖不动了，店里不少食品快到保质期也无人问津。那时家里正在盖房子，我索性放下生意，上山砍木料，一边给家里建房，一边思考生意的出路。

当时藏区文化开始在内地流行，但很少有人卖与藏区文化有关的商品。我决定尝试一下。经过试卖，发现行情不错，我认为这是一个好生意。于是一次就从拉萨进了3万元的藏族服饰，在本地和云南德钦同时卖。进货的路千里迢迢，我跋山涉水，到拉萨单程就需要五六天，遇到雨雪天气就得十来天。毕竟是一个女孩子，搬运沉重货物、连夜跟车运货、货物丢失、路况出问题而在外露宿等有很多不便。尽管如此，但我从不放弃，从不退缩，顺利的话，一次进货就可以赚到 2 万元利润，这样的买卖还是值得努力的。就这样，在新经济的大浪潮中，我凭借着坚韧不拔的毅力，吃苦耐劳的精神，在外拼搏多年，开办了纳西乡第一家藏族特色小店，终于淘到了人生的第一桶金，也为我积累了宝贵的经商经验。

献爱心，走上扶贫路

"一花独放不是春，百花齐放春满园"。2007 年，我在纳西民族乡纳西村创办妇女创业就业基地。其固定资产达 120 万元，员工总人数 48 人，其中女性员工比例占 96%，每年吸纳妇女就业人数达 400 人；每年培训人数 52 人，其中培训建档立卡贫困妇女 8 人，年扶持建档立卡贫困妇女就业数为 8 人，培训上岗率为 100%。在经营好藏家乐，制造好本地纯天然葡萄酒的同时，我从没有忘记本地的那些贫困户、寄宿学生的生活状况。平日里，我捐赠当地贫困户、生老病死者给几百元，甚至千元生活补贴是常有的事。我还先后多次为芒康县贫困户捐款捐物。并且还为相邻灾区多次捐款，平日为贫困群众做的好事数不胜数。几年前，纳西乡寄宿学生的生活条件还很差，我把自己辛辛苦苦赚来的钱先后几次捐给学校，为的就是让寄宿的学生们有个更好的学习环境，希望所有寄宿在校的学生们都能有更好的住宿条件和生活环境。

由于在社会经济发展领域做出了突出贡献，同时因为奉献爱心而产生了积极影响，我得到了社会各界的广泛认可，受到了当地政府和西藏自治区政府的高度重视。我先后担任一些重要的行政职务。2007—2012 年担任芒康县人大代表，2008 年至今担任西藏芒康县工商联副主席，2012 年担任昌都市人大代表，2018 年担任昌都市人大委员，2018 年担任西藏自治区人大常委会委员。同时，我还先后获得了许多重要的荣誉，如：2009 年荣获"2009 年度西藏自治区'双学双比'女能手"称号、"自治区劳动模范"称号；2012 年荣获"全国城乡妇女岗位建功先进个人"称号；2013 年荣获"全国农村科技致富女能手"称号、"2013 年度全国'双学双比'女能手"称号、"全国农村技能致富能手"称号；2014 年荣获"西藏自治区民族团结进步模范个人"荣誉称号、"全国民族团结进步模范个人"荣誉称号；2015 年荣获"全国劳动模范"称号；2016 年荣获西藏自治区"三八红旗手标兵"荣誉称号等。

尽责任，铺就富民路

致富的道路上，我一直心存感恩，用心酿造纯天然葡萄酒，纳西乡葡萄酒专卖店的牌子打出去后，我了解实情，多办实事，同时针对贫困户的实际情况，帮他们想办法、出主意、谋出路，通过采取针对性的具体扶贫举措，有效帮助贫困户发展生产，提高自身造血能力。为带领贫困妇女脱贫致富，我多次亲自登门劝说贫困户妇女，对她们说："在党的十九大精神的光辉指引下，在国家的惠民政策下，在各级党委、政府的坚强领导下，我们更加要靠自己的双手脱贫致富"。同时，我采取相应的举措带领贫困妇女脱贫致富。一是向贫困户免费传授酿红酒、种植藏红花的经验和技术。免费提供葡萄树、藏红花种子，鼓励广大妇女种植藏红花、当地葡萄，并酿造葡萄酒。功夫不负有心人，在我的劝说和帮助下，纳西乡多户人家开始酿当地的葡萄酒。二是提供双层就业岗位（藏家乐、葡萄种植基地、藏红花基地、饲养藏香猪）。由于近几年旅客增多、房屋的扩建等原因，来入住藏家乐的旅客越来越多，购买当地葡萄酒的人也越来越多。本年特招了本地贫困户 5 名长期工（季节性）、50 余名临时工（季节性循环），长期工一天工资定 150 元而且包吃包住，临时工工资定为 150~350 元。我以自己的努力为家乡人带去了致富的经验，帮助人们走上了脱贫致富的道路。

（芒康县纳西乡纳西村　玉珍）

艰苦创业，扬风起帆做旗手

我叫泽永拉姆，出生于昌都市卡若区日通乡瓦列村，是一名普普通通的农牧区妇女，高中文化水平。2015 年年底，我申请开办日通乡瓦列村宗嘎秀然牧场，生活也随着发生了很大的变化。现如今，我担任自治区政协委员、昌都市妇联第一届妇联执行委员会委员、卡若区第二届党代表、日通乡妇联副主席等职务，但我始终不忘初心、牢记使命，用实际行动诠释致富不忘感恩的初衷。由于在工作上的成绩显著，我先后荣获了"全国巾帼创业示范基地"、西藏自治区"五好文明家庭"暨"最美家庭"、昌都市"三八红旗手"称号、卡若区民族团结进步模范集体等荣誉称号。

对待学习，脚踏实地

作为一名只有高中文化的党员，我在管理好企业运作的同时，自觉加强个人学习。在政治上，我全面树牢"四个意识"，坚定"四个自信"，自觉践行"两个维护"，时刻以高标准严格要求自己，真正做到了心有所畏、行有所止。在深入开展"不忘初心、牢记使命"主题教育活动中，坚持学习榜样，坚持学习典型，向榜样看齐、向典型致敬。同时，我也积极学习各类文件精神，在学习中与时俱进，以新知识、新思想来武装自己的头脑，将学习成果充分运用到企业的运作之中。现如今，我经营的宗嘎秀然农畜产品合作社不仅适应了市场的需求，也带动了周边的群众增收致富。

创业艰辛，义无反顾

2015 年年底，我带着满满希望前往村委会，说出了我想创建一个牧场的想法，希望能得到政府的大力支持。但是因为当时由农牧民群众自主创办的微小企业还不多，办法也不成熟；尽管牧民家家户户都有一定的养牛经验，但大规模的养殖还存在很多空白,所以村委会并没有及时给我满意的答复。但我并没有因此而放弃,我前往昌都开展市场调研,详细了解了市场需求量以及城市居民的想法,同时积极与卡若区农牧局、兽防站等单位协商,争取技术支持。通过自己的不懈努力和坚定的信念,我的想法得到了各级党委、政府与妇联的认可。2016年上半年,我终于如愿以偿,建立了日通乡瓦列村宗嘎秀然牧场。为了扩大企业规模,2017年,我成功申办日通乡瓦列村宗嘎秀然农畜产品专业合作社。昌都市妇联为使宗嘎秀然能更好更快发展,下拨资金11万元用于基础设施建设。目前,瓦列村宗嘎秀然牧场占地面积约2500平方米,总投资金额达200余万元,有奶牛140余头,每日所生产的酸奶、牛奶、奶渣等奶制品供不应求。产品不仅销往昌都市区,也销往外市区,月收入达60000余元,纯收入近30000元。

扶贫路上,身先士卒

精准扶贫,没有局外人。作为瓦列村的致富领路人,我也责无旁贷。还在2016年的时候,由于经营规模小,带动力度提不起来,所以一开始采取的方式是将上级党委、政府安排的8头良种奶牛与建档立卡户达成购买牛奶协议,收购贫困户的农产品,达到致富增收的效果。可由于良种奶牛因为地域问题产奶量不高,所以后期并没有继续收购,而是采取了务工的方式进行帮扶。宗嘎秀然牧场的人员需求量不是很大,不能一下子将全村的建档立卡户吸纳进来,所以在安排务工的时候采取了临时与固定两种岗位予以帮扶。对于长期可在牧场工作的建档立卡户人员,采取固定务工模式,每月3000元工资;对于其他人员采取临时务工的模式,每天100元工资。2017年5月开始,宗嘎秀然农牧合作社成立,该合作社不仅吸纳了全部的建档立卡户,也包含了其他贫困户或者有意愿参与的群众共25户进入合作社。这些参与者不仅可以将家中的剩余农产品送往牧场换取价值等量的现金,同时在年底还能进行分红,这样一来,就可以更加有效地开展扶贫帮扶。在2018年第一个农民丰收节期间,宗嘎秀然对25户合作社成员进行分红,其中包含10户建档立卡户。我为成员家庭购买了水壶、蒸锅、水杯等日常用品,并付清了前期所有的账目,共计发放了20余万元的现金以及2万元的物资。在逢年过节时,我还前往拉多乡敬老院进行慰问,共计慰问物资近10000元。

成功不忘初心

我之所以能够成功,首先是离不开市、区两级妇联的大力支持。作为妇女致富带头人的代表,两级妇联多次前往实地查看,积极为宗嘎秀然的建设谋出路、想对策;日通乡党委、政府也依托本地发展优势,结合上级政策,积极与牧场进行对接。其次,我的成功,也离不开因地制宜的牧场经营模式。宗嘎秀然以"基地+致富带头人+农户+合作社"的经营模式,以合作社经营的方式解决农户各自小生产与千变万化的大市场之间的矛盾。农村合作社经济建设,是在农牧区生产要素与市场机制双重约束下的一个最优选择,也是为村级集体资产经营管理提供了一种更加符合社会主义市场经济、符合群众利益、效率更高的制度选择。实施农村合作社,既能增强经济实力,调动农民的积极性,又能促进农民增收,完善集体资产的管理体制,具有广阔的发展前景。以合作社带动群众致富增收,是宗嘎秀然目前的经营经验,瓦列村驻村工作队也正在以此为目标帮助宗嘎秀然扩大规模出谋划策。

回报社会,尽心尽力

我从一个普通群众转变为中国共产党党员,不仅仅是因为对党忠诚,也是因为我本身具备了一名共产党员的良好品质。作为党员,我带头发挥先进模范作用,带领着本村的群众增收致富,开办培训班,不仅帮助本村群众、也帮助外村群众学习奶制品制作技术和奶牛日常养殖技术。作为瓦列村的一员,我不求回报地给予群众力所能及的帮助,谁家有困难,我都会主动给予帮助。

瓦列村建档立卡户布四郎,由于身患残疾,长期患病,家境十分窘迫。我了解了他的家庭实际情况后,多次给予经济支持;同时,我多方托人找关系、搭路子,为布四郎的儿子斯郎顿珠找到一份开挖掘机的工作,月工资4000余元,带领他们走上了脱贫之路。

自宗嘎秀然运营以来,作为牧场负责人,我严格落实上级党委、政府的帮扶措施,不以盈利为最终目的,不间断地开展结对帮扶工作,不仅为建档立卡户提供就业岗位,增加经济收入,也为合作社人员分红分利,购置生活日用品满足日常所需,截至目前,宗嘎秀然累计帮扶近10次,资金达20余万元。

从艰苦的创业,到发展至一定规模,对一个农牧区的妇女来说是了不起的成就;但我并不满足,我总是不断奋进。许多人都劝我,说:"女人毕竟是女人,你也该把大权交给丈夫,享享清福了"。听到这样的话,我总是反驳说:"女人怎么了?女人更应该自立自强,自信不比男人差。我从这么多年的创业中感受到了充实和快乐,我不仅要推动自我,我更想通过自己的努力来带动更多的妇女创业。"正是这种信念和精神支持着我,推动着我不断向前。

为了使自己跟上社会发展,及时了解信息,我购买了电脑,并请朋友教我操作方法,通过网上浏览资讯开阔自己的视野和眼界。也正是这种自信、自立、自强的精神,让我的事业路越走越宽。

我是一名普通的党员,我用自己的智慧与劳动获得了大家的认可;我也是一名平凡的妇女,但我做到了其他妇女想都不敢想的事;我是名微小企业的农场主,我让宗嘎秀然这个名字响彻了昌都。

(卡若区日通乡 泽永拉姆)

饮水思源，致富能手的家乡情

我叫拉措，出生于西藏昌都市江达县嘎通村，是十九大代表、自治区党代表、市、县政协委员；嘎通村党支部书记、村妇联主席，江达县安馨驾校负责人；江达县妇女致富带头人，西藏昌都市江达县康巴藏东民族服饰加工销售责任有限公司法人；西藏自治区 2016 年"最美格桑花"，全国、昌都市"三八红旗手"。

2016 年，我积极响应嘎通村大力发展第三产业的号召，成立康巴藏东服饰加工销售责任有限公司。该公司的成立不仅能大力发展和培训各类巧手，充分发掘民族传统产品，而且将带动全县 300 余名群众直接受益。截至目前，该公司开设的缝纫技能培训班已对全县 13 乡（镇）39 名建档立卡户贫困妇女进行了缝纫技能培训，并解决了 15 名妇女的就业问题。我能够成为当地的致富带头人，与我个人的努力和社会各种力量的支持是分不开的。

富不忘本，助人为乐

饮水思源，富不忘本，坚持公益，回报社会。事业的发展，使得我在致富的道路上走在了前列。我在村民中竖起了一面致富带头旗，创先争优，是村民学习的榜样。在艰苦的创业中，我得到了村民们无私的关心和帮助，我有着浓厚的家乡情结，总想着为村里的村民做些贡献，为村子的发展添砖加瓦。

为了回馈社会和帮助过我的村民，我主动寻找机会，扶幼帮贫。开办驾校期间，我了解到有 10 余名学员家中十分贫困，于是主动免掉他们的学费，并帮助其拿到驾照。在就业方面，录用多名本村村民，特别是几名家庭困难的村民，为他们提供了稳定的工作及收入，解决了这些家庭的实际困难。我不但运用所学知识使自己脱贫致富，并带动乡亲发展生产共同致富，真正做到了饮水思源。

我主动奉献爱心，收养两名孤儿。江永俊美 24 岁，2020 年考上边坝县边坝镇公务员。我从 7 岁开始抚养江永俊美，一直到大学毕业，把他培养成一个对社会有用的人。其美拉姆是个孤儿，母亲不知去向后，我在 2014 年得知她的遭遇后收养了她。其美拉姆现在在江达县幼儿园上小班，我承诺一定抚养她长大成人。

2017 年春节期间，我为全村 16 户精准扶贫户送去清油、大茶、大米、卡垫等生活物资，并以江达县妇联"三节"下乡为契机，为 5 个乡（镇）贫困妇女及尼姑点送去 5000 余元慰问金以及 4000 余元常用药品。在 2018 年新春佳节和藏历新年来临之际，在江达县敬老院看望慰问五保老人及工作人员时，送上15000元慰问金，并为嘎通村16户精准扶贫户送上价值13500元的卡垫、坐垫等生活物资。同时，我还为全县8个乡（镇）20余名贫困妇女送上4000余元慰问金。"10.11"江达县波罗乡金沙江两岸发生山体滑坡，导致金沙江断流并形成堰塞湖，威胁沿江人民群众生命财产安全。灾情发生以来，我心系受灾群众，迅速行动，投身灾后慰问。我主动为灾区群众送去生产生活物资，面粉30袋、大米30袋、大茶30条（折合人民币15000余元），通过实际行动支援抗灾抢险，进一步让受灾群众体会社会各界爱心人士的温暖，拉近了受灾群众与社会各界爱心人士之间的距离。2019年新春佳节、藏历新年来临之际，为表示对奋战在城市建设第一线的劳动者的关心，我在县政府院开展"关爱环卫工，温暖送真情"爱心接力活动。活动中，我为环卫工及执法大队临时工70余人送去了70条保暖围裙及围脖等近6000元的慰问物资，希望能为城市美化者们隔离灰尘、减少疾病、挡去刺骨的寒气，在一定程度上帮助他们解决实际困难，让他们在寒冷的冬季感受来自政府及社会的温暖。

诚实守信，道德高尚

我始终恪守职业道德，具有强烈的诚信意识。在开办安馨驾校期间，我坚持质量至上，坚持信守契约，对报名后不能前去学习或考试的学员全额退款，在广大驾校学员中享有高度信誉；在人际交往中，我真诚待人，实心做事，即使遇到困难，仍坚持诚信守信，以自己的实际行动影响和带动着身边人自觉信守承诺。

和谐邻里，互助友爱

守望相助，团结友爱。在村里，我率先在村民中竖起了一面致富带头旗，创先争优，是村民学习的榜样。在自己致富之后，我依然讲团结、讲和谐、讲包容，还帮助村里的贫困户解决就业难题。在村里，我努力营造与邻为德、与邻为善、与邻为亲、与邻为乐的邻里氛围，构建团结、互助、友爱、平安、文明、和谐的邻里关系。

（江达县嘎通村　拉措）

科技创业，致富路上的领头羊

我是芒康县纳西民族乡纳西村嘎达组人，芒康县纳西民族乡三江农民专业合作社理事长，先后被共青团中央、农牧渔业部、中国科协联合授予"全国农村学科学用科学青年标兵"称号，被中国科协、财政部授予"全国科普惠农兴村带头人"称号。由我创办的合作社先后被西藏自治区科协、财政厅授予"西藏自治区基层科普行动计划先进单位",被自治区党委、政府授予"农牧民专业合作社先进示范社",被国家农业部、发改委、财政部等授予"国家农民合作社示范社"荣誉称号。

芒康县纳西民族乡地处西藏自治区东南端,位于横断山区澜沧江东岸,与云南省德钦县佛山乡山水相连、与四川省巴塘县依山傍水。纳西民族乡属典型的干热河谷气候,地形复杂,河谷深切,气候炎热干燥,土壤贫瘠,水土流失严重,自然条件恶劣,生态系统十分脆弱,山谷两侧植被稀少,以多刺灌丛为主。严酷的自然环境严重制约着当地农牧民生产生活水平的提高,但作为天生不服输的康巴汉子,我很年轻时就开始了漫长而艰辛的带领贫困群众脱贫致富的探索之路。

藏区农业科技的播火者,打破青稞玉米亩产纪录。纳西民族乡是藏、纳西、汉、白、傈僳等多民族分布的欠发达地区。地处澜沧江河谷,立体气候明显,光热充足,作物种类多,适宜林、农、牧综合开发。但在20世纪六七十年代,还是农业科技的蛮荒区域。耕作粗放、作物品种结构单一,产量低、效益差、优质品种少是当时藏东地区农业生产的写照。1975年,组织上看准我政治立场坚定、旗帜鲜明、性格开朗、踏实苦干、为人忠肯、有志向,推荐参加西藏自治区赴首都北京学习农业科技培训班。学成归来后,我紧紧依托盐井农科所,带领一批年轻人,开始了滇川藏青结合部"大香格里拉"康巴地区拓荒式的农业科技推广应用工作。我应用技术,推广品种范围达小麦、青稞、玉米和核桃、石榴、苹果、梨等果木嫁接,我推广的良种良法曾创造出青稞、玉米平均亩产增500斤的奇迹。

异地创业反哺藏区的先行者,设计制造农业机械造福藏区群众。1993—1995年跑个体运输期间,我进一步开阔视野、接触外部世界,这激发我走上了一条通过工业反哺农业,用先进农机代替落后农业生产模式的发明创造之路。1996年,我在云南省大理白族自治州下关镇经营起酥油茶馆,深深被大理人民日益富足的生活所吸引,也撩起了对康巴地区发展进步的思绪。边经营茶馆、边查资料、跑市场、做实验,寻思着如何制造一种适合藏区生产生活的农具。功夫不负有心人,2001年,我设计制造的青稞、玉米两用拖拉机问世了。为了推广我的新机器,我自己驾驶北京吉普,带上柴油机、脱粒机,到西藏昌都、林芝,四川甘孜、阿坝,云南迪庆,青海玉树等藏区挨家挨户宣传示范,经三年的辛勤努力,终于打开了销路,工人也从5人增到10人、20人,目前65人,生产销售的机动脱粒机超过10000台、藏式炉灶2500台。由于经济效益和社会效益明显,我扩大了机动脱粒机生产规模;同时,我开发生产了适合各民族文化传统的藏式炉灶,效益可观。藏式灶具主要供应藏区外,还深受自治区内纳西族、白族、彝族群众的喜爱,具有良好的发展前景。这期间,我获得国家专利3项。在云南的20多年里,我完全融入祖国大家庭,创业、致富、带动其他少数民族增收,与汉族、白族、纳西族、傈僳族等结下深厚情谊,多次受到当地党委政府的表彰奖励。

在大理创业几年，我有感于云南很多地区老百姓通过发展核桃、樱桃等经济林果纷纷摆脱贫困，开起了洋车，住进了洋房。我坐不住了，从2008年开始，我在大理参观核桃基地、学习栽培技术、联系优质种苗、考察市场。为回报家乡，带动盐井地区及藏滇结合部地区各族群众共同致富，2010年返乡创业，成立农民专业合作社，承包荒地3000亩，采取"公司＋基地＋农户"的模式，种植核桃、葡萄、石榴、樱桃、橘子等经济林果，带动周边贫困群众脱贫致富。我在以下几个方面为家乡脱贫致富做出了不小的贡献。一是配套基础设施。我投资1000余万元，修建砂石路15公里（宽6米）、水池4座700余立方米（架设灌溉管道22公里），彻底解决了当地群众的通行和饮水的困难，结束了祖祖辈辈人背马驮和缺水的历史。二是提供技能培训。我先后组织各类培训27场次，培训核桃种植能手240名，葡萄、橘子、石榴、苹果等种植能手280名，挖掘机驾驶员12名、装载机驾驶员8名、汽车驾驶员6名，带动380户周边群众增收，户均年增收2000元以上。三是推动产业发展。我采取"公司＋基地＋农户"的模式，通过标准化生产示范基地的建设，带动周边农户种植规范化，目前芒康县南部三乡核桃种植面积达2万亩、葡萄4000余亩、其他经济林木1万亩。同时，向左贡、洛隆、八宿等县提供核桃、葡萄等苗木200余万株等。四是解决农民就业。依托在云南大理的机械加工厂收入，我在10年的种植过程中为当地农牧民群众提供就业5400余人次，增收达1200余万元，带领45户贫困群众脱贫致富，资助贫困大学生25人。五是参与美丽乡村建设。通过种植2000余亩的经济林木，既增加了当地的森林覆盖率，绿化、美化了环境，也改善了田间小气候，减少了风沙暴等气候危害。

近10年来，在各级党委、政府的坚强领导下，在林业部门的正确指导下，我领导的合作社累计完成投资5285.8322万元，种植核桃1200亩（约8000株），种植石榴、橘子、茶等经济林木1000亩（约7500株），建设办公及员工宿舍、货物储藏、农机装配为一体的厂房2000平方米，长期聘请贫困群众38名，是昌都市规模最大、投入最多、科技含量最高、辐射能力最强的特色经济林综合基地之一。我积极向党组织靠拢，已于2019年6月向组织递交了入党申请书。

2019年6月，昌都市11县区赴三江农民合作社实地调研考察。考察期间，合作社得到了市领导及11县区工作人员的高度评价，合作社的建设成效显著，值得各县区认真学习。2019年7月，自治区江白副主席莅临合作社实地调研，合作社得到了江白主席的高度评价和肯定。作为合作社理事长，我并未因此而高傲自满，而是继续加大合作社的管理和运营建设，图谋更大的发展。

（芒康县科技先进工作者 扎西旺堆）

金融扶贫，昌都人行勇担重任

金融是现代经济的核心，是推动经济社会发展的重要力量，党的十八大以来，金融在扶贫领域的作用更加重要，已成为脱贫攻坚的"助推器"。西藏是全国唯一的省级集中连片贫困区，昌都又是西藏脱贫攻坚的三大主战场之一，贫困面广、贫困发生率高、贫困程度深，对金融扶贫工作的要求就更高。2016年以来，人行昌都中支行结合昌都实际，从注重全面推进帮扶向更加注重深度贫困地区攻坚转变，牵头建立金融支持深度贫困地区脱贫攻坚"昌都模式"，全力支持昌都市打赢深度贫困地区脱贫攻坚战，金融助推脱贫攻坚得到市主要领导的充分肯定。在这场脱贫攻坚战中金融系统涌现出一个个默默奉献的脱贫卫士，他们坚守着老西藏精神，谱写了一曲时代的主旋律，用金融的力量为雪域藏东的脱贫致富保驾护航，作为人民银行昌都中支行货币信贷统计科副科长的我就是其中之一。

我自2006年从西南财经大学金融学院毕业后进入人行昌都中支行后，先后从事过调查统计研究、征信管理、金融稳定、货币信贷等多个岗位工作。2016年年初脱贫攻坚战打响，我主动申请调入金融扶贫岗，专注于昌都脱贫攻坚工作。5年来，我始终把助推脱贫攻坚摆在习近平总书记治边稳藏战略的突出位置，树牢"四个意识"、坚定"四个自信"，做到"两个维护"，不忘初心、牢记使命，怀着对昌都、对贫困农牧民群众的深厚感情，积极发扬"老西藏"精神，无私付出，默默奉献，组织推动金融单位落实金融扶贫政策、提升金融服务质效，加强民族团结、守护神圣国土、建设美丽昌都，以平凡坚守彰显了不凡的力量，取得了不俗的业绩。

脱贫攻坚工作艰苦卓绝，金融扶贫工作任务重、要求高、责任大、专业强，"5+2""白+黑"几乎成了我的工作常态化，我未满10岁的孩子假期来看我，但我却总是起早摸黑，连陪他的时间都没有，只能提前把孩子送回去。孩子临走前眼泪汪汪地说："妈妈，你眼里只有工作，我好不容易来一趟昌都，你却一天都没陪过我……"。挥泪告别孩子，我继续投身金融扶贫，建立工作机制、深入基层调研、健全信息数据库、协调部门合作、传导政策制度……超常工作压力让我对金融助推脱贫攻坚有了更深的体会，形成了我敢于创新、奉献坚守、担当负责的工作风格。我牵头建立了全区首个金融精准扶贫大数据制度，设计制定了全区首个金融精准扶贫政策效果评估制度，组织昌都各金融机构率先在全区开展金融结对帮扶、"驻村工作队＋第一书记＋村'两委'＋信贷员"+"贫困户"的"4+1"金融扶贫工作机制，参与起草《昌都市金融精准扶贫工作实施方案》《中国人民银行昌都市中心支行关于金融支持脱贫攻坚的实施意见》《昌都市金融助推脱贫攻坚三年行动方案（2018—2020）》等多份金融扶贫政策文件，构建起多位一体金融扶贫政策框架，结合工作实际创作了20余篇调研报告和数十篇信息简报，其中多篇被人民银行总行、《金融时报》《西南金融》《西藏日报》《西藏金融》等采用。

脱贫攻坚战役打响以来，我一直秉承着"从群众中来，到群众中去"的工作思路，坚持走村入户，在田间地头聆听广大农牧民群众的呼声，耐心细致地介绍金融扶贫政策，全面了解老百姓的金融需求，深入督导金融扶贫政策落实。我甚至连续在基层调研指导四十多天，我的身影洒遍全市11个县区、70多个乡镇和几百个村居。2016年9月，我在走访中了解到芒康纳西乡致富带头人卓玛拉姆利用藏家乐带动帮扶了身边的建档立卡贫困户，但当她想扩大生产经营规模以便多带动贫困户时，却苦于自有资金不足，向银行贷款又缺乏抵押物。了解到这一情况后，我一边积极指导县农行加大对卓玛拉姆的信贷基础教育，一边利用业务时间查阅大量文献资料，深入研究商业银行信贷产品，学习考证内地先进经验，创作了《关于破解昌都市金融支持产业扶贫瓶颈问题的对策与思考》《关于进一步完善精准脱贫产业风险补偿机制的若干思考》等调研报告，从产业扶贫融资融智和风险缓释的角度，为党委政府脱贫攻坚建言献策。针对此类有发展潜力、但缺乏有效抵押物的扶贫项目，我建议采用"政府增信+银行信贷"的方式来帮助项目融资。随后，我又主笔起草了《昌都市精准脱贫产业贷款风险补偿金管理暂行办法》，在人行中支行党委和各相关部门的大力支持下，该办法经过十多次的修改完善和意见征求后，终于以市脱贫攻坚指挥部的名义在全市印发执行，而卓玛拉姆也成为这种模式的第一个受益人，获得了300万元的无抵押贷款，生产经营规模进一步扩大，帮扶带动农牧民人数达20余人。随后，我趁热打铁，协调组织了"银企合作签约仪式""金融助推扶贫产业贷款签约发放仪式"等大型活动，积极推动在辖区开展"政府风险补偿基金+银行信贷"支持产业扶贫开发的新模式，为有效解决扶贫产业经营主体信贷准入率低、扶贫产业贷款资金风险高、产业项目资金紧缺等现实问题开辟了有效的新路径。

人们说，我是产业扶贫引导者。的确，我时刻牢记着习总书记讲过的贫困户脱贫致富离不开扶贫产业带动作用，在充分调研基础上，我勇于探索、大胆创新，起草了《昌都市产业金融扶贫工作实施方案》《昌都市金融对接扶贫产业项目工作实施细则》等，并多次深入企业项目了解扶贫产业融资需求和融资困难。2017年年初，我在芒康调研时了解到该县扶贫产业发展潜力大，但融资难度大，为此，我用了一周时间走访了该县20余个产业项目，在掌握实际情况后给市脱贫攻坚指挥部和人行昌都中支行建议，将芒康县定为"金融助推扶贫产业试点县"，这是全区首个金融助推扶贫产业试点县。随后，我多次组织全市各金融机构在芒康召开银政企对接会，并主导建立芒康扶贫产业金融支持微信群，畅通银企政策信息交流渠道，面对面解决融资难题。截至2020年6月，芒康县扶贫产业项目贷款余额达 6.08 亿元，占全市扶贫产业项目贷款余额的 15%，在全市 11 个县（区）中余额最多、占比最高，试点县成效明显，为加大银行信贷向扶贫产业的投入力度起到了良好的示范和带动作用。2018 年年初，随着金融风险防控力度加大、扶贫产业项目审核和环保要求趋严，昌都金融扶贫产业项目贷款陷入瓶颈，银行放款难和项目难贷款的矛盾加剧，眼看有些扶贫项目就要陷入资金链断裂的困境，我指导辖区商业银行对急需贷款的 86 个扶贫产业项目建立一企一档，认真分析每家企业的融资阻碍后，人行昌都中支行各领导带队，分片区深入各县区协调召开"行长县长面对面"座谈会，针对每一家企业的融资进程和存在困难向各县区政府汇报说明，恳请各相关部门能配合解决问题。我自己则在随队深入各县的同时，逐一给各家企业打电话，详细解说贷款政策，指导他们完善企业制度和相关手续。在这个过程中，我常常被企业当作骗子拒接电话甚至恶语相向，由于工作压力太大，头痛、失眠、神经衰弱、腰椎疼痛、颈椎麻木等毛病几乎时时困扰着我，痛苦不堪时，我甚至号啕大哭。但一想到走村入户时贫困户那一双双充满期待与信任的眼神，实地考察时产业项目负责人焦虑无奈的表情，想到自己身上肩负的责任和入党时候的誓言，我总是抹干眼泪拨通号码，继续用沙哑的嗓子向企业做出提升获贷率的各种建议……

在我和其他金融扶贫工作者的辛勤努力与扎实推动下，截至 2020 年 6 月末，全市金融精准扶贫贷款余额 52.43 亿元，较 2015 年增长 69.07%，除部分偏远地区因未"三通"不满足条件，昌都全境基础金融服务已实现全覆盖，昌都 19 万贫困群众全部脱贫，11 个贫困县全部摘帽，西藏率先向全世界宣布基本消除绝对贫困。金融扶贫工作凝结出"精准扶贫信贷资金投入多、贫困群众到户贷款覆盖广、易地扶贫搬迁支持力度大、扶贫产业项目金融培育精、金融服务产品种类创新多、贫困地区普惠金融辐射广"的特点，为夺取脱贫攻坚决定性胜利提供了强有力的金融支撑。正是我和其他金融扶贫卫士们兢兢业业的无私奉献，我们才可能打赢脱贫攻坚这场硬仗。我们用自己坚实的专业知识和超强的履职能力，坚守住了昌都金融扶贫风险底线，助推昌都市脱贫攻坚取得决定性胜利。昌都中支行被授予"昌都市行业扶贫综合评价优秀单位"，我所在的科室被评为"昌都青年五四奖章集体"，我个人也多次获得"人总行专业条线优秀工作者"、成都分行"优秀团干""优秀共产党员"，人行西藏辖区"巾帼建功标兵"、昌都中支行"优秀行员""优秀党员"等荣誉称号。

（中国人民银行昌都中支行 韩冬梅）

与时俱进，敢当时代弄潮儿

我叫泽仁顿珠，中共党员，现任洛隆县洛宗特色产品开发公司总经理，负责开展公司的全面业务。自任职以来，我以身作则、工作踏实认真，推陈出新、与时俱进、公司业务发展蒸蒸日上，获得了良好的经济效益，为洛隆县脱贫攻坚发挥了先锋示范作用。

洛隆县洛宗特色产品开发公司创建于2006年，专注于青稞深加工。公司主打水磨糌粑、青稞挂面、糌粑饼干等系列产品（产品种类约50多种），拥有原材料检测、产品研发、生产以及销售为一体的现代化经营模式。在15年的努力下，洛宗特色产品开发公司成了西藏自治区的知名品牌，备受内地市场的青睐。

洛宗特色产品开发公司截至目前固定资产达5000余万元，员工45名。建筑面积达40000多平方米。但是，创业初期，公司是一个只有3名工人、一套清洗设备、年产5万斤糌粑面、年产值不到20万元的小厂。运作方式上，公司采取家庭作坊的管理模式。我到公司里后，一切发生了变化。经过考察和深思熟虑后，我对公司决定进行改革，希望通过一系列措施和规章制度使公司走向多元化、产业化、规范化、市场化发展模式。对农副产品进行研究开发并进行精深加工，使之商品化、产业化，产生良好的社会效益和经济效益。为使职工们快速脱贫，我决定聘请管理人才从事管理和糌粑深加工项目。从市场部、销售部、财务部、办公室做了详细的职责划分。在销售方面，建立农产品产销合同，在保证产品质量的情况下，公司所需青稞全部从农牧民手里收购过来，带动农牧民的收入和积极性。经过几年的努力，公司逐渐成为一个办公、生活、生产加工及检验设施齐全、区域分明、功能完善、拥有先进的生产设备和工序的生产基地。

洛宗特色产品开发公司在15年的发展中不断取得突破性进展，2007年被评为"县级产业化龙头企业"，2009年被评为"地区级产业化龙头企业"。同时，国家商标局正式受理了"洛宗"品牌的注册申请。2010年公司被评为"全区发展农产品加工业先进企业"。2011年，洛宗特色产品开发公司代表洛隆县参加昌都市首届农畜产品展销会，被授予"特殊贡献奖"。2013年，洛宗特色产品开发公司被评为西藏自治区级扶贫龙头企业、西藏自治区级3A级企业。2014年，特色农畜产品展销会上，洛宗特色产品开发公司独揽"最佳产品包装奖""最佳优质产品奖"2项大奖。2016年，企业被评为"西藏自治区级著名商标"。2017年，企业被昌都市人民政府授予"昌都市级农牧业产业化龙头企业"，洛隆糌粑还获得了"地方地理标志产品认证"、茶马艺术节"最佳优质产品奖"。2018 年，企业被昌都市全民阅读活动领导小组、昌都市新闻出版广电局评为"书香企业"。2018 年 8 月，企业被第四届三江茶马文化艺术节组委会评为"优秀企业奖"，2018 年 12 月，被昌都市商务局评为"优秀参展企业"。2019 年 8 月，企业产品被第五届三江茶马茶马文化艺术节组委会评委"最佳产品创新奖"，2020 年 4 月，企业被洛隆县人民政府评为洛隆县 2019 年度安全生产和消防工作"先进企业"；同月，获得了昌都市扶贫开发办公室颁发的"非遗扶贫就业工坊"。2020 年 8 月，企业产品获得中企信（北京）信用评估中心颁发的"中国优质农副产品 AAA 级企业"证书；2020 年 10 月获得庆祝昌都解放 70 周年招商旅游组颁发的庆祝昌都解放 70 周年"蓝天圣洁"特色产品展销会"优秀参展企业"，2021 年 1 月获得了"自治区级农牧业产业化龙头企业"。

洛隆县洛宗特色产品开发公司按照"公司+基地+农户+市场"的产业化经营模式，实行了专业化和标准化生产。2018 年 3 月 1 日，公司正式成立青稞原料基地，在洛隆县拥有了 2000 亩青稞基地，2019 年与 1000 户（其中建档立卡户 308 户 708 人）青稞种植户新签订了收购合同，收购青稞近 50 余万斤，收购金额为 120 余万元。2020 年与 1500 余名青稞种植户新签订了青稞收购合同，收购价格高于市场价格 0.4~0.8 元/斤，共计收购青稞 40 万斤，收购金额达 100 余万元，增加了青稞种植户和建档立卡户的经济来源，公司实现了专业化和标准化生产。另外，公司对建档立卡户和贫困户职工进行工资补贴，员工平均工资在 3000 元左右，年收入达 36000 元左右。在职一年就能实现基本脱贫，截至 2020 年年底，公司累计脱贫职工 50 人。

洛宗特色产品开发公司在我的带领下，多年都取得了良好的经济效益。2016 年，洛宗公司年生产量达 65 余万斤，年产值近达 420 万元，创利润 120 余万元，上缴财政 31 万元，上缴税金 12 万余元。2017 年，公司年生产量达 80 余万斤，年产值近达 500 万元，创利润 170 余万元，上缴财政 31 万元，上缴税金 14 万余元。2018 年，洛宗公司年生产量达 100 余万斤，年产值近达 640 万元，创利润 160 余万元，上缴财政 31 万元，上缴税金 50 万余元。2019 年，年产量达 120 万斤，年产值达 650 万元，上缴县财政 31 万元，上缴税金 52 万元，给洛隆县 11 个乡镇 388 户建档立卡户分红 38 万元。2020 年，年产量达 125 万斤，年产值达 660 万元，上缴税金 66 万元，上缴县财政 31 万元，给洛隆县 11 个乡镇 388 户建档立卡户分红 50 万元。

销售方面，我要求公司销售部积极拓宽销售渠道，加大品牌宣传力度。2015 年年初，公司与洛隆县教育局签订合作协议，供应洛隆县所有学校的学生营养早餐，其中包括水磨糌粑和学生饼干，年销售额为 300 余万元。2017 年 8 月初，公司与西藏航空签订机上食品采购协议，协议为期 3 年，年销售额为 100 余万元。下一步，公司打算和西藏航空进行更加深入的合作，持续加大产品供应。公司目前在成都设立销售点 2 个，拉萨销售点 1 个，昌都销售点若干，并建立了互联网销售平台，近两年来，洛隆县还组织企业与福建省泉州市对接，在特色品种保护开发、特色农产品种植、农产品加工、品牌提升、市场销售等方面达成一系列合作协议。2018年4月，昌都（西藏）特色文化产品展示馆在福建泉州顺利开馆，馆内设有洛隆专柜、洛隆专介，大力展销公司的青稞系列产品和其他农牧民手工艺品，宣传洛隆的产业发展。2019年年初，公司与四川雅典那电力商务有限公司签订合作协议，公司产品将作为此公司的主打产品被大力宣传。2020年，公司新增了电商销售渠道，在农行扶贫商城、拼多多、抖音等平台上销售产品。一直以来，公司踊跃参与区内外各种形式的特色产品展示、展销、推介活动，并借助西藏电视台、昌都电视台等宣传媒介，大力宣传"洛宗"糌粑系列产品，提高"洛宗"糌粑系列产品知名度，产生了良好的社会效益。

除此之外，我以公司现有的规模和设备为基础，带头积极探索青稞精深加工技术，不断提高青稞附加值，使企业逐步走向多元化、产业化、规范化、市场化发展模式。同时加大企业员工生产技能培训力度，不断提高员工操作水平，提升企业生产效率。

2017年11月，公司在县政府以及社会各界人士的帮助下扩建了厂房、仓库、办公楼等，新建了5条生产线。截至2020年年底，公司青稞加工产品年生产量从100万斤增加至300万斤，带动青稞种植户1500户，新增就业岗位40人，公司年产值700余万元。

近年来，在县委、县政府的高度重视和正确引导下，在我的带领下，在全体员工的辛勤付出下，企业规模不断扩大，产品不断更新，产值不断增加，市场竞争力不断增强，公司取得了可观的成绩，为全县人民交上了一份满意的答卷。

（洛隆县洛宗特色产品开发公司总经理 泽仁顿珠）

一个乡村青年的追梦历程

我出生于昌都市卡若区日通乡雄达村，只有小学三年级文化程度，但有着一股吃苦耐劳、永不服输的创业精神。我依靠自己勤劳的双手、不懈的努力，开办砂石场、组建农牧民施工队、成立农牧民运输公司，挖到人生的第一桶金。我带领本乡的群众一起创业致富，成为乡里的致富领头雁。

十年前，我长期劳作于乡垄间，付出无数的艰辛，一直陷入"挣钱少难致富"的窘境。不安于现状的我开始思考如何通过有效的渠道和手段实现致富，以此改变自己的人生，改善全家人的生活。

2005年，我到昌都镇务工，只要不违法，不论多辛苦，能打到什么工打什么工，什么挣钱干什么。我曾经到建筑工地挖方运土，也曾开着车子四处跑运输。这期间，我体验了很多经历，尝了很多辛苦，但我从不言弃，也不退缩。慢慢地，在经济大发展的浪潮中，我凭借着坚韧不拔的毅力，吃苦耐劳的精神，实现了原始资金的积累，历经三年的打工生活，挣取了人生的第一桶金——30万元，同时也积攒了不少从商经验和人脉。

牛刀初试见成效，追梦路上不回头

2008年，我看准了经济快速发展的趋势，看准有富余资产的人群将提高住房条件的要求，加上国家在当地全面实施安居工程项目，建筑市场前景非常广阔，我用自筹的100万元资金，和向亲朋好友借来的600多万元，在拉多乡曲崔村、日通乡达东村和如意乡琼卡村开办起了砂石场，经营砂石加工业；并组织日通乡雄达村群众成立了运输队，为各建筑施工队提供河砂、碎石等建筑材料。

2012年5月，在不到五年的时间里，我不仅还清了600万元借款，还带领如意乡雄达、瓦列、达东、温达等村的青壮年劳力，累计增收500多万元。凭借诚信经营理念，我的工厂经济效益不断提升，而且以其优级质量的砂石料，在市场上树立了良好的口碑，订单从四面八方飞来，促进企业不断发展壮大，周围群众也因此得到更多的就业致富机会。

组建农民施工队，乘胜追击谋发展

通过发展砂石场、成立运输队，我有了稳定、优厚的经济收入，成了村里乃至整个日通乡率先富裕起来的一批人。我不安分的心又活泛了起来，开始思考如何带动乡亲们一起致富。一番思量后，我决定利用自己现有的优势条件，带领农牧民群众组建建筑施工队。

2012年9月，在我的精心操持和积极协调下，日通乡农牧民建筑施工队正式挂牌成立。农牧民建筑施工队成立之初，我先后到兄弟省份、区内各个地市考察学习，并聘请专业技术人员采取"以干带训"的方式把建筑技术传授给农牧民施工队队员。发展到现在，施工队中有混泥工20人、木匠10人、钢筋工10人、小工30人，并且这支队伍还在不断地发展壮大。

人心齐了，干劲也就足了。在我的带领下，施工队成立不到一年的时间里，共为当地群众修建民房30余间。活儿接得越来越多，收入越来越可观，参与施工的几户群众年收入相当可观，这既增强了他们勤劳致富的信心，还辐射带动了周边群众。

2013年，我经过详细调查，整合原有施工队和运输队，成立了规模更加庞大、管理更加规范的日通乡青年农牧民运输公司，还追加900万元资金，购置了运输车辆80台和工程搅拌车40台。更强的技术、更广的资源、更多的资金，使我的施工队参与到更具技术性、更具挑战性的项目建设当中。

2016年，日通乡青年农牧民运输公司（含雄达村、瓦列村、温达村、达东村）累计总收入达到1200万元。农牧民施工队为雄达村增收520万元。2012—2015年达东沙石厂为达东村群众增收 308 万元。在拉多乡曲崔村开办的沙石厂为当地群众增收 25 万元。如意乡琼卡村开办的沙石厂几年间累计为琼卡村群众带来了 2500 万现金收入。

致富思源，不忘感恩回馈社会

在我一步步实现人生梦想的过程中，我时刻铭记是党的好政策带给我发展壮大的机会。"作为一个社会个体，努力回报社会、关注家乡发展、关爱家乡弱势群体"，是我"感党恩、回报家乡"的实际体现。

从 2008 年开始，我每年都从个人收入中拿出一部分资金帮助日通乡贫困户、五保户，赠予他们生活物资、传授致富本领，截至目前，累计给予帮扶资金 40 多万元。2009 年 3 月，我自筹资金 20 万元，带领日通乡农牧民建筑施工队为日通乡雄达村修建了一座储水池和一条农田灌溉水渠，为全村群众解决了吃水难和农田灌溉缺水等难题。2013 年昌都"8·12"地震发生，我为灾区捐款 1.1 万元。达东村需要购置学生接用车，我又主动资助 1 万元。2014 年，温达村建设"美丽乡村"，该村 59 户统一修建农牧民安居房所需沙石都是从我的砂石厂购买，我以每平方米低于市场价 10 元的优惠出售给他们，从中为群众减轻 5 万多元的经济负担，同时为村里 5 户困难群众免费提供沙石。2016 年，日通乡雄达村（扎卡弄）作为卡若区易地扶贫搬迁点之一，我对 25 户易地扶贫搬迁户提供帮助，以远低于市场价格的 1200 元 / 平方米的造价修建房屋；同时，为搬迁户每户预留了 14000 元购买家具，并出资 95 万元解决了雄达村群众建房资金缺口。该村贫困户洛西一见到我，就竖起大拇指说："你是个大好人啊！"

搞好"传帮带"。为了协助乡党委政府解决当地群众剩余劳动力的转移就业问题，我在砂石场、农牧民施工队和青年农牧民运输公司里，除部分外聘技术人员外，其余全部聘用当地的农牧民。通过发挥"传帮带"作用，积极教授农牧民群众产业发展新理念和新技术，既增加了群众现金收入，又引领大家从传统的农牧业生产者转型为技术型农牧民、产业型农牧民。在闲暇时，我还给村里的青年农牧民讲述我创业致富的故事，向青年群体传授致富经验，通过交流讲述，教育引导广大青年群众要靠勤劳的双手、辛劳的付出来换取幸福美满的生活。

解决矛盾纠纷。作为一名村干部，我经常带领村维稳巡逻队，协助村党支部、驻村工作队做好维护稳定工作。雄达村与邻村（瓦列村）时而发生一些小摩擦，引发不良的影响。我极力协调化解两村之间发生的矛盾，多次避免了矛盾纠纷的扩大，对两村的和谐起到了极大的促进作用，为维护昌都安定团结的政治局面贡献了力量。我还带头参与综合整治发展环境工作，自觉遵守各项规章制度，做到合法经营、按章办事，绝不给各级党委、政府以及乡亲们制造麻烦。

积极发展，构建美好蓝图

我并不满足于已取得的傲人成果，不断规范管理，积极探索，谋求发展，为自己的企业发展规划了一幅美好的蓝图。一是做大做强企业，拉动卡若区日通乡周边乡镇，如拉多乡、柴维乡、妥坝乡的私营企业发展，带动周边企业共同发展。引导更多的青年农牧民积极投身昌都城乡建设和农牧区经济建设，为建设"六个昌都"事业贡献力量。二是解决农牧民员工的顾虑，我要求公司采取"公司＋农牧户"的经营模式，由公司与农牧民运输户签订合同，明确公司承担市场风险，在实现公司、农户双赢的基础上，首先确保农牧民运输户受益，切实帮助农牧民员工免去了担心和顾虑。三是高薪聘请专家，从改善砂石场、农牧民施工队和汽车运输业管理及产业一体化发展等多层面出发，逐步帮助提高公司及周边私营企业科学发展。四是以市场为导向，以信誉为根本，以昌都产业发展为主阵地，提升公司产业信息化水平，确保在激烈的市场竞争中立于不败之地。

通过十余年的努力，我不仅自己已走上了幸福生活的道路，也带动了身边的人一起富了起来。我的成功离不开党和国家的好政策，我要继续努力，帮助群众转变思想观念、谋求发展新思路，带领群众共同走上致富道路。

（卡诺区日通乡　江次）

抓住机遇，勤劳开创幸福生活

我是西藏昌都市卡若区卡若镇卡若村建档立卡贫困户，出生于 1991 年 5 月，初中文化，2017 年 7 月加入中国共产党。2015 年，我家中一共三口人，劳力仅有我一人，家中没有耕地、没有草场，也没有牲畜。在国家精准扶贫、精准脱贫政策的帮扶下，在党和政府的关心和支持下，我由一名贫困者蜕变成为一名致富带头人。

"零收入零保障"——拮据生活难摆脱

由于我没有就业技能，加上身体的二级残疾，导致我一直无法实现稳定就业，全家生活仅仅依靠我在村子里打零工、打散工赚来的小钱来维持。在打工的同时，我还需要照顾年迈多病的母亲和 2020 年还在上初中一年级的弟弟洛松顿珠，微薄的收入根本不够一家三口的开销，一直以来家庭生活异常艰难、清苦。家里以前的房子由于年久失修，导致冬天漏风夏天漏雨，常常是"屋外下大雨，屋内下小雨"，家中连一件像样子的家具都没有，一家人连一件像样的衣服都没有，可谓是"衣服穿了一年又一年，缝缝补补又三年"，只有在过节时才舍得吃点肉，打打牙祭，可以说是真真正正的一贫如洗。

贫困这座大山把我压得喘不过气，我不知道未来将何去何从，日子怎么样才能越来越红火，腰板什么时候才能直起来，弟弟和母亲的脸上什么时候才能露出笑容，整个家庭什么时候才能不会因为经济而犯愁。

"有技能有就业"——明媚阳光暖心房

正在我愁眉不展，看不到生活的希望的时候，国家的精准扶贫政策为我灰暗的天空划开了一道口子，让阳光和希望照亮了我的整个世界。2015年，精准扶贫工作全面启动，考虑到我家庭的实际情况，在经过"七看三比三公示两公告"后，扶贫工作队将我一家纳入了建档立卡贫困户中。卡若村驻村工作队及村"两委"班子经常到我家里了解情况，给我们宣传精准扶贫相关政策，将其纳入到医疗救助及生态岗位之中；由于家中还有一名学生，也将我弟洛松顿珠纳入到了发展教育政策体系。多种政策帮助我家脱离了贫困，过上了好日子。

一直以来，我都在思考，现在国家给群众这么好的政策，但作为群众，如果一直等着要钱，一直靠党、靠政府，那么这样下去，贫困群众是真的会贫穷一辈子。因此，我打算靠自己的力量去转变自身的贫穷。在党和政府的号召和扶持下，我积极参与了卡若区组织的就业技能培训班。学到一定的技能后，在政府和驻村工作队以及自身的努力下，我到卡若儿童游乐场打工，在打工的过程中相识了我现在的妻子。在夫妻俩的共同努力下，我的家庭情况也越来越好。因为之前学过绘画，对绘画有一定的功底，为了拓宽自己的致富门路，在业余放假期间，我就在生格宗花园项目部工地参与墙体藏式绘画，以此来实现增收的同时进一步发扬藏文化传统特色。

在接下来的日子里，我利用绘画天赋和一些培训的机会，深入地学习绘画技能，慢慢地也得到了一些从事绘画的工作机会，我的收入也渐渐增加。2017年，我年均纯收入达10万元，家庭人均纯收入也达到了3万余元。2018年，我带领同样有绘画技能的6名群众参与卡若镇左巴村村组织活动场所的装饰工作，年收入突破20万元。

"知党恩感党恩"——致富带头好榜样

近年来，在党和政府的关心关爱下，加上自己的不懈努力下，我们一家的生活水平有了很大的提高。跟以前贫穷清苦的日子相比，生活条件和住房条件已经发生了翻天覆地的变化。虽然身患残疾，但是我从未放弃努力，始终通过自己的劳动获取成果，短短三年的时间，我摆脱了"穷得掉渣"，迎来了"肥的流油"。一家人住上了宽敞明亮，舒适整洁的新房子，家中的家具也换成了高档的家具，家里也买了很大的电视机，电器家具一应俱全。我和爱人步入了婚姻的殿堂，哺育爱的结晶，儿女绕膝，有车有房，一家人过上幸福美好的生活。吃水不忘挖井人，我常对自己说："我所得到的这一切，完全离不开党和政府的关怀，我代表我的家人向关心我、支持我、帮助我的各级领导表示最真挚的感谢，没有你们的帮助，就没有今天我幸福的生活，我会做一名感党恩、听党话的好党员，通过自己的努力去帮助需要帮助的人，让他们也增加收入，过上越来越好的日子。"

"一人富不算富，大家一起富才是真的富"，我一直在践行着自己的承诺，在我的绘画技术得到大众的认可后，我在闲暇时光深入周边乡镇和村落进行宣讲，以自己致富的过程为例子，号召农牧民群众一定要有感恩之心，感谢党和国家，珍惜现在的生活，鼓励有劳力的青年要学会自食其力，靠自己的双手创造幸福的生活。2018年10月，在各级党委、政府的坚强领导和大力支持下，我创办了洛郎彩绘有限公司。为确保公司各项工作顺利发展，卡若区委、区政府还为我争取到了5万元的创业基金，目前，洛郎彩绘有限公司已不再只是一家公司，而是一个就业培训基地，它肩负着带领更多的农牧民群众增收致富奔小康的使命。

在各级党委、政府的坚强领导和大力支持下，洛郎彩绘有限公司逐渐走向成熟，承接的项目逐渐增多，带领群众增收致富的能力逐渐提升，所有职工的工作干劲也越来越强。洛郎彩绘有限公司共有26名职工，其中有5名为建档立卡户，自成立以来，公司承接了昌都城区、村级组织标准化活动场所、商铺、住宅等装饰工作，公司收益达100余万元，带领职工人均增收约3万元。

考虑到自己文化程度较低，我在空闲时间就会学习业务知识和普通话，以此来提高自己的文化知识水平，提升自己的素质；也能更好地与外界接触，拓宽自己的思维，通过自己微薄的力量，回馈社会。现在，卡若村的父老乡亲都笑称我是"致富能力顶呱呱，村里汉语第一人"。

（卡诺区脱贫户 洛松郎直）

坚持不懈，服装美梦终成真

我叫扎西次措，是类乌齐县桑多镇冬孜巷居委会居民。我的父亲是一名裁缝，在父亲的影响下，7岁那年，我搜集破烂的胶鞋、衣服，加工成自己喜欢的服装，从此与服装加工这一行业结下了不解之缘。我对民族服饰有着刻骨铭心的热爱，对民族文化有着根深蒂固的依恋，对民族剪裁有着无以复加的深情。1982年，我开始采挖药材，用药材换回来的钱去购买服装布料和配饰，就这样初步开始了我的创业之路。

提起军人，人们往往会想到他们肩负着保家卫国的神圣使命。军人为了祖国和人民不惜抛头颅、洒热血，历史长河不朽的史书告诉我们，正是英雄先烈的身躯构建了中华民族挺立的脊梁。正因如此，我对军人充满敬佩之心，渴望像他们一样守土卫国，尽忠职守，实现自身的价值。因此，1986年，我打算报名参军，但由于当时自己的学徒是孤儿，自己参军后，学徒将失去依靠，无人照顾；并且学徒还没有将我传授的技术牢固掌握，不能自力更生，考虑到这两方面的原因，我放弃了我的军人梦。参军梦虽然不能实现，但我的爱国之心依然存在。1988年，我加入共青团，1991年加入中国共产党，同年参加昌都市妇联举办的"缝纫裁剪培训班"。学成归来后，我开始了自己真正的创业生涯。华夏5000年的历史孕育了各式各样的民族风情，而藏族作为中华民族不可或缺的一分子，在雪域高原上默默向世人展现她的瑰丽。藏族服装具有悠久的历史，早在公元前11世纪，藏族服装就已具备了现代服饰的基本特征，伴随着西藏地区的不断发展，藏族传统文化也在不断地与国际潮流接壤，相互交融。如何让藏民族的传统文俗元素更好地融入现代服饰，为中国服饰界的审美带来一次全新的冲击，成了当下的热门话题，也成了我创业的方向。我不断进取，将藏族传统服饰与现代服饰相结合，创造出富有藏族特色的流行服饰剪裁手艺。

1992年，我创立了属于自己的小小加工厂，并招收家庭特困人员和孤儿为徒弟，将自己掌握的具有民族特色的手工技艺传授给他们。同时，我在县城开了一家小商店，开始出售自己加工的服装及手工产品。秉承着一人致富带动全村致富的理念，我的工厂采取订单式生产模式，我与服装销售商场签订合同，招聘了一批具有一定文化基础的妇女，一边打工，一边学习，并按照合作的方式支付劳动报酬。

习近平总书记强调，"摆脱贫困首要意义并不是物质上的脱贫，而是在于摆脱意识和思路的贫困"。打赢脱贫攻坚战，必须注重扶贫同扶志、扶智相结合，所以要把贫困群众积极性和主动性充分调动起来，引导贫困群众树立主体意识，发扬自力更生精神，激发改变贫困面貌的干劲和决心，变"要我脱贫"为"我要脱贫"，靠自己的努力改变命运。我通过自己的双手实现了脱贫致富，我相信村民也能通过自己的劳动改变命运。因此，我以服装加工厂为契机，加大服装制造技能的培训力度。2013年开始，我在县妇联和人事局的帮助下开办培训班，年复一年地为藏族服饰加工培养着传承人。每年农闲时节，培训班人员多达60余人，但我从未收取过任何学费，或者设备的费用，无私奉献，累计培训出专业人员480余人。我希望通过这样的方式，能切实提高困难群众的劳动本领，能增强贫困户自主脱贫能力，引导靠自己的双手脱贫致富奔小康，树立不等不靠、艰苦创业的思想，争做有责任、有追求、懂感恩的新型农民，最终在类乌齐县形成"崇尚劳动、脱贫光荣"的良好氛围。

随着政策上的优惠，小小的加工厂也逐渐扩建成为具有一定规模的有限责任公司，服装加工产业的收益也越来越好。从2012年开始，每年节日，我都会慰问类乌齐县的孤寡老人。2013年，我从所得的利润中拿出50%捐赠给本县低保户及家庭贫困户，剩余50%的利润用来购买材料，改进设备和装修店铺。2017年，我投资60万元，支持国家建设精准扶贫产业项目"桑多镇扎西次措民族服装加工项目"，每年为30户建档立卡贫困户分红，积极解决他们的就业问题。就这样，我采用"就业+分红"的模式，使贫困户家庭收入稳步提高，推动类乌齐县脱贫攻坚任务的顺利完成。

2015年，市妇联"妇女创业就业基地"在我的公司挂牌成立类乌齐县人社局民族服装加工培训基地。自挂牌后,每年都会有各乡镇群众来培训基地培训,取得了良好的社会效益和教育效益。一方面,培训基地为贫困户就业创造了条件,增加了贫困户的收入,为改善家庭生活条件提供了途径;另一方面,通过培训,极大地激发了人们对服装加工的兴趣,提高了专业技能,增强人们保护藏族传统服饰文化的主观能动性。

我创立的服装加工厂的宗旨是为人民服务,目的是为家乡的贫困户致富而努力。在我的积极努力下,藏族服装加工行业产生了巨大的经济效益和社会效益。一方面,藏族服饰在传承中不断创新,贴近藏族甚至更多非高原地区年轻人的审美,国内国际市场随之不断拓展;另一方面,我还努力使服装加工产业在当前藏区的脱贫攻坚与精准扶贫事业中发挥其举足轻重的作用。我相信,在我的带领下,通过藏族传统服饰与现代服装的结合,会激发藏族人民保护传统文化的积极性,更会在无形中培养他们的创新意识,以创业带动就业,就业推动创业这样的良好循环,助推类乌齐县打赢脱贫攻坚战。

(类乌齐县桑多镇 扎西次措)

自强不息,昔日孤儿变富翁

我出生于西藏左贡县扎玉镇然巴村一个普通的农牧民家庭,11岁就成为孤儿。经过自己的艰辛努力和政府部门的帮扶,我从吃不饱、穿不暖的穷小子成长为当地远近闻名的致富能手。

敢为人先,开拓致富路

1996年初中毕业后,17岁的我在亲戚家当起了佣人。三年之后,踌躇满志的我抱着趁年轻干一番事业的信念,毅然放下了那份对当地农牧民来说相对安逸的工作,用东借西凑到的5万元资金作创业基金,购置了一台二手小型货车,雇了几名工人,开始从附近的农牧民手中购买核桃,再运到各地进行销售。为了使自己的核桃生意能顺利运转,我东奔西跑、四处揽活干。因为年纪轻、脑子活,又能虚心请教、诚信待人,加上我为人守信重义,创业伊始就小有收获。但心怀"野心"的我并不满足,我还想干一番更大的事业。当时,新疆核桃因壳薄肉多的优势,销路非常好,结果导致我的核桃市场不断被挤压,核桃销售竞争力不高,经济收益不尽如人意。面对这样的窘境,我不得不开辟新的路子。

我坚信创业不能随大流,须更新创业观念另辟蹊径。我转换销售方式,从单一的销售服务改向"生产–销售–配送"一条龙服务,以此提升市场竞争力。经过几番努力,情况似乎并没有好转的迹象。我的核桃生意眼看着要走进死胡同了。形势逼人，我绞尽脑汁想有所改变，但苦于资金有限，无法下手施展拳脚。2002年，在自身积累资金远远满足不了发展需求的情况下，我痛下决心远离家乡，到云南作水泥销售中介4年。赚了23万元后，我返回家乡，开始着手在本地建立合作社。在摸爬滚打的磨炼下，我于2015年正式成立了然巴村农牧民专业合作社，同时以高票当选该村的村委员。

奋力拼搏，争得大发展

多年的摸爬滚打，使我练就了敢于超越、不断前进、敢于作为、把握主动并永不言败的自信。2015年6月，在我的带领下，然巴村正式成立然巴村农牧民专业合作社，合作社注册资金120万元，开垦山荒地100余亩，修建灌溉主干水渠3条（每条约10公里）；建成猪舍2座，饲养藏猪420余头；建成鸡舍1座（鸡苗孵化室正在规划中），饲养藏鸡660只；建成油橄榄试验田10亩，种植核桃、石榴、橘子、苹果、葡萄、梨等经济林木90亩。在我带领下的合作社发展迅速，经济效益相当可观。如今，然巴村合作社占地面积1000多平方米，固定资产500多万元，同时管理680亩的然巴村葡萄基地。

奉献社会，热心扶助帮民富

自成立合作社以来，我以"带动当地群众致富"为己任。为了增加农牧民收入，每年吸纳就业农牧民50余名，季节性零散就业农牧民400余人次。截至目前，我为全村捐款捐物累计资金达70余万元。同时，我还为村里的生产做了许多力所能及的事情，如出资雇佣挖掘机等大型机械设备为全村挖掘清理农田26亩，修筑泄洪渠1.5公里，修建公路2.8公里；赞助修建村活动广场所需水泥。每年在元旦、春节及藏历新年，我都会慰问经济较为靠后的20户困难家庭，年均慰问资金4万余元；按照每人每年5000元标准为贫困大学生家庭提供帮扶；积极支持全村集体活动，每年提供赞助4000元；帮助村民从内地购买农耕机、磨面机、榨油机等设备，无偿提供物流运输；出资修建蓄水池3个，输水管道9公里，充分解决全村农田灌溉难题。除此之外，通过水泥销售、修建公路、种养殖合作社等渠道，解决村民就业年均超过200人次，人均增收8000元。

2017年春节藏历新年期间，我向扎玉镇然巴、地巴、地库、理巴四村，按照每村20户贫困家庭数量分别发放大米、面粉、清油、大茶、挂面等物资进行慰问，同时向4个村11名大学生按照人均1500元标准以现金的形式进行资助帮扶。其中，然巴村发放慰问物品及资金折合17260元，地巴村发放慰问物品及资金折合12060元，地库村发放慰问物品及资金折合15060元，理巴村发放慰问物品及资金折合13560元，累计资金达5.8万元。

2018年12月，我向扎玉镇易地搬迁贫困户捐款15000元，向扎玉镇10名精准扶贫大学生按每人4000元标准资助4万元，分批次向然巴村村委会分别捐助资金17500元、36350元、52000元，2018年累计捐助资金16万元。2019年，我给然巴村6户23

人、理巴村 4 户 6 人、地巴村 1 户 1 人、地库村 1 户 1 人建档立卡户成员 31 人每人补助 6300 元，合计 195300 元，给然巴村 12 户贫困户每户慰问 2500 元，共计 30000 元。2020 年 3 月 1 日，合作社向武汉捐出 33000 元。2020 年开始管理然巴村 680 亩葡萄基地（以全覆盖种植），吸纳 59 户 59 名富余劳动力就业；2020 年 5~9 月，累计帮扶建档立卡户 200 户 140000 余元。

创业至今，我以自己的努力和付出，不仅深得群众信任，同时也得到了各级部门的支持。2018 年，我荣获西藏自治区民族团结进步模范个人、西藏自治区脱贫攻坚奉献奖，左贡县政协优秀委员。2019 年，我经营的合作社荣获昌都市第五届三江茶马文化艺术节"蓝天圣洁"品牌产品展销会优秀参展合作社奖，我们的合作社被授予昌都市级农牧民专业合作示范社。

（左贡县扎玉镇然巴村 格桑次仁）

潜心钻研，藏香飘满小山村

西藏拉萨尼木县吞巴乡是藏文创始人吞弥桑布扎的故乡。吐蕃时期，吞弥桑布扎从天竺（古印度）学习佛法归来后，根据西藏地域和原料特质等特点，对熏香技术和加工程序加以改进，发明了尼木藏香，并将制香技艺传授给了当地（今吞达村）百姓。由此，尼木香被誉为西藏第一圣香。米玛扎西作为尼木藏香的传承人，几乎包揽了西藏各个级别的制香技艺比赛的冠军，据说现在布达拉宫里的每一根藏香，均出自米玛扎西或者是他的徒弟之手。

2018 年，我想在藏香制作上有所发展，慕名到尼木县吞巴乡吞达村，拜师米玛扎西学习尼木藏香制作工艺。经过虚心请教、勤学苦练，我很快掌握了制作藏香的各道工序和核心技术。学成后，我回到家乡洛隆县，结合自己多年所学的藏药、藏香知识，对藏香的所有原材料的药性及作用机理，进行深入分析和研究，在制作藏香的原料中尝试加入了新药材，最终搭配出了由自己改进的藏香配方，并开始根据自己的配方制作藏香。

2019 年，我决定开设自己的生产藏香的作坊。在征得村委会的许可后，我购置了线香机、搅拌机、封口机、晾干架和晾干盘等设备，在人口较多的俄西乡租下了一间民房，聘用了村里的几名建档立卡贫困户，开始生产由自己配制而成的藏香。经过一段时间的组装机器、调试设备、人员培训和试生产，我的洛隆县智香藏香加工店开始运作起来。由于工艺上的创新和原料上的丰富，我们制作出来的藏香，以及附属产品，得到了当地广大群众的一致认可和肯定，藏香销路非常好。

由于具有很好的发展前景，2020年3月，洛隆县脱贫攻坚指挥部产业组在工业园区双创中心给我分配了一间厂房，在县乡党委政府的支持和双创政策的感召下，我自己投资99万元人民币，其他5名拉加村建档立卡户以入股的形式各自出资2000元，成立了洛隆县雍泽向巴传统藏香农民专业合作社，并成功入驻了洛隆县工业园区双创中心。新成立的藏香农民合作社开始了更为现代化的制作生产，而经济收益也随着规模的扩大，逐渐上升。我家的生活也越来越轻松、富裕。

走上致富之路的我没有忘记党和政府对自己的扶持，没有忘记村民们的鼓励和帮助。我始终把自己的致富与整个乡村的致富联系在一起，希望能够以自身力量帮助需要帮助的民众。我深刻地意识到，没有党和政府的扶持，没有扶贫政策引导和提供便利，就没有自己如今的幸福生活。我曾对周围的人们说："我以前就学过藏医和制作藏香的技术，但是以前穷，根本不敢想自己创业，成为建档立卡贫困户后，生活越过越好，对于生活没有任何担忧，政府还支持我们学技能，鼓励就业、创业。于是，2018年我又去尼木县学习他们的藏香制作技术，有了技术和政府的支持，我才有了自主创业的底气。"谈起自己的创业经历，我心里充满了对政府帮扶的感激。精准扶贫工作开展后，我首先成了新荣乡拉加村的建档立卡户，享受着国家各类扶贫政策的帮扶。我清楚地记得，创业初期县乡政府领导多次到店里查看指导，主动送上创业优惠政策，帮助我解决发展难题，才使得我的藏香合作社获得巨大的发展潜力。

自从自主创业以来，我心里一直想着如何带领同村的其他贫困户一起脱贫致富，这与我创业时得到村民们的热心帮助是分不开的。我告诉人们说："因为小时候家里非常困难，受到了不少人的帮助，所以现在想要通过自己力量帮到其他人，争取对社会有所回报。"在我的合作社里，不论是管理人员，还是普通工人，都是村里的贫困户。我把这些人员吸收进合作社，就是希望他们能够在这里寻找到自己的价值，通过自己的劳动获得报酬，提高自己的生活质量。现在，在合作社干活的每个人每月都能拿到1000元左右的收入。我和我的工人们坚信，随着合作社的不断发展，不仅收入会越来越高，而且还将带动更多的贫困户加入产业致富的道路。"现在厂房、设备、人员、产品都已经有了，下一步我们将在藏香标准化生产和产品包装方面多下功夫，把自己的品牌打出去，第一个目标就是占据洛隆县本地藏香市场，同时借助政府双创平台把我们的藏香卖到更大的市场。"每当向人们说起下一步打算时，我方向清晰、信心满满。

（洛隆县传统藏香合作社负责人 向巴）

脚踏实地，砖瓦筑起致富梦

我叫阿托，中共党员，小学文化，现任昌都市洛隆县孜托镇加日扎村致富带头人兼砖瓦厂厂长。

我是一位脚踏实地的农民。多年来的农村生活，使我非常熟悉加日扎村村民的生活境况，也了解人们的生活追求。我一直渴望能够寻找机会发家致富，过上幸福生活。为了养活一家老小，在20岁的时候，我当了泥瓦匠，随同村人四处飘荡，挣钱养家糊口。白天抹泥装瓦，晚上更是加班加点打零工。这样的日子终究不是好出路。后来我开始转变看法，尝试自主创业。2008年，我向别人借款3万块钱，承包温室大棚围墙维修。我带着本村38户困难户一起干，工资也每人每天只有100元。但我还是觉得老百姓过的生活不够好，于是每人每天给200元工资，这样一干就是6年。虽然经济收入并不可观，但我却看到了希望，也积累了创业经验。

近年来，在党的富民政策鼓舞下，我终于找到了发家致富的机会。我瞅准时机积极创业，经过几年的打拼，成功开办富民砖瓦厂，现已成为当地有名的党员致富人。开办富民砖瓦厂之前，我种过地，当过大货车司机，但我不甘于眼前的生活，决定开始自己创业。经过几年的努力，现在砖瓦厂发展得很好，得到了政府和群众的认可。但我的成长经历并不是一帆风顺的。

为了在创业上有新的起色，我立足当地资源优势和地理环境，带领党员群众从办砖瓦厂起步，大力发展砖瓦生产。创业之初，没有启动资金，我卖掉家中13头牛，拿出仅有的5万存款，用于砖瓦生产。但由于经营不善，收益不好。一家人连续多年没有添置一件新衣服，逢年过节也是靠政府发放的资金。但我没有气馁，在经营不善、效益低下的情况下，我大胆购买了砖瓦厂机器，咬牙一直坚持，终于经过多年严格管理，诚信经营，靠过硬的产品质量赢得了市场和用户的信赖。在我的带动下，全村60%农牧民户从事砖瓦生产，60%群众收入来源于砖瓦产业。尤其是2018年在党的扶贫优惠政策支持下，我有幸得到了激励帮扶资金50万元，我借此购买新的生产设备，带动加日扎村建档立卡户31户，周边村居格亚村、古曲村非建档立卡户41户参与生产，2018年集体分红1062260元（3个村）。在政府的帮助下，砖瓦厂富民依托"党员致富星火工程"示范点建设，得到了全面的发展，经济收益越来越好，加入到砖瓦厂的老百姓的生活每一天都发生着改变。

"群众有笑脸是我最想看到的,也是我最大的梦想。"30多年来,村民们的衣食住行和喜怒哀乐,小孩入学,老人生病,婚丧嫁娶以及五保老人的吃喝穿着,我都放在心上。只要乡亲们有需要、有困难,我都要亲自上门排忧解难,我都会组织村委会成员想办法解决。这些年,我尽心尽力为群众办实事、办好事、解难事,成了人们心目中的热心人。

群众富不富,关键看党员。依靠政策率先致富的我对村干部说:"一人富了不算富,大家富了才算富。如果村里还有贫困户,我们这些党员带富能力就不达标。"为此,我经常通过各种方式帮助贫困群众。受我帮助的群众有很多,西洛就是其中一个。西洛,1981出生,洛隆县孜托镇加日扎村人,家中4人,劳力有2人,是建档立卡户中贫困户。为了改善家里的条件,西洛无奈地选择了辍学在家,初中毕业一直在家务农。我得知情况后,上门了解情况。由于超过义务教育年龄,西洛不可能再回到学校上学。我为他寻找到了出路,开办砖瓦厂需要一名识字的会计,那就让他来上班。就这样,无事可干的西洛成了砖厂的一位工人。机会难得的西洛工作很努力,表现出很强的求知欲。通过一年多的努力,西洛掌握了基础会计出纳的知识,靠自己的努力有了稳定收入,家里的经济状况有所好转,逐渐消除了后顾之忧。

为了壮大村级集体经济,我通过对当地地理环境优势和市场行情进行研判后,以推动机械化为有力抓手,以保障主要有效供给和促进农民持续较快增收为目标,引进各类经济实体,培育并做大做强优势特色产业。通过村远程教育和邀请专家到村开展创业技术培训等形式,组织党员到基地实践锻炼,让党员足不出户就能学到创业技术,努力把党员培育成创业精英;并以党员创业来带动、帮扶困难群众创业致富。目前,我还带领建档立卡户拓宽思路,砖瓦厂引进了先进机械砖等,增加了农村富余劳动力就业岗位,促进了村级集体经济发展和农民增收。

在村民眼里,我是一个带领大家脱贫致富,爱帮助贫困群众,不嫌贫爱富的"致富带头人"。村里哪里需要帮忙我从来都不拒绝。我致富不忘众乡亲,坚持助人为乐的人生理论,怀着一颗感恩之心,积极参与公益事业,我在斯梦达自然村免费修建2公里。能为村民,尤其是困难家庭办点力所能及的事情,我心里感到高兴,活得踏实,人生才有意义。

"我的这张脸,既是自己的脸,也是组织的脸,什么时候都不能丢。"30多年来,我办事公道,一身正气。这些年,我对资金审批、管理、使用公开透明,坚决按制度办事,实行阳光操作。"集体的钱一分也不能乱花",我用自己的浩然正气,谱写了共产党人的清廉本色,也赢得了群众的爱戴。

(洛隆县孜托镇加日扎村 阿托)

草原上走出的工艺大师

"这个荣誉不属于我,而是属于藏民族祖祖辈辈画师,我恰好是一个幸运的传承者",当人们问起我获奖感想时,我总是这样回答。

2017年,西藏自治区第二届工艺美术大师评选结果出炉,共有25名入选,其中包括13名唐卡画师,作为昌都贡觉唐卡画师的我入选。据悉,第二届工艺美术大师评选活动的报名非常火爆,经过层层筛选,共有来自西藏各地市的99名参赛者获得最终评选资格。西藏工艺美术大师评选包括刺绣、唐卡、雕刻、编织、金属首饰制作等多种项目。评选活动期间,22位来自全国各地的专家分为唐卡类和综合类两组,对99位参评者的参评作品、现场制作技艺、德艺资历情况进行综合考评。6月中旬,西藏自治区官方网站发布最终评选名单,我榜上有名,获得"西藏自治区工艺美术大师"称号。

被唐卡的美震撼,立志传承民族艺术

1984年,我出生于昌都贡觉县桑珠荣村。跟其他孩子一样,草原、青稞和牛羊成了我童年最主要的记忆。那个时候,我并没有表现出特别的兴趣爱好,也没有天赋异禀的征兆。我的成长似乎与其他孩子一样,是那样的平淡无奇。但就在十二岁那年,我的兴趣有了一个集中点。我无意中翻起家里的一本老经书,繁密的经文之间,插入了几张小图,那柔美的线条缠缠绕绕,不正是草原上的花朵和白云吗?这一发现让我很兴奋,于是我随手拿起石头在地上临摹。

把经书中的画都画个遍后,我跑到了周边的寺院看画。那时候,我第一次真正感受到了唐卡的力量,"当我在看唐卡的时候,我感到很震撼,感受到触动心灵的美!"

我立志要当一名唐卡画师,可是,当时村里连一名老师都没有。我的家乡昌都贡觉县曾是藏文化兴盛之地,出过不少唐卡艺术大师,但在18世纪后迅速衰落了。

对于我的这个志向,家人起初并不太支持。家里人认为,牧区的孩子就应该好好看守着牛羊,现在谁还画画呀?对此,我没有驳斥,却依旧热情饱满地每天画,在地上,在墙上,一画就是大半天。不懈地坚持换来了家人的支持,我的爸爸终于同意,让我到隔壁村庄去跟老师学习绘画。

拜大师深造,在方寸间感悟唐卡的力量

十五六岁时,我已经掌握了一定的绘画技法,经启蒙老师推荐,我拜了一位唐卡大师学习,那就是康区著名的唐卡艺术大师绕琼江村。"那年冬天,路上结了厚厚的冰,我和爸爸骑着马去老师家，天气很冷，地面很滑，我们骑了两个小时才到，"我常常向人们讲起。我至今仍清楚地记得，冰雪割在皮肤上的那种痛，但一点都不觉得苦，我心里很感恩，感恩我的爸爸，感恩遇到这么好的老师。

跟随绕琼江村学习的几年，我的唐卡理论知识和技法得到了巨大的提高，而大师独特的人格魅力，一直深刻影响、推动着我前进。老师说："技法是外在的，首先做人要做好"，我总是回忆起学习经历。老师不肯收学费，我们学生就带上家里最好的肉干和酥油作为礼物，但每次老师都会推辞。老师将所有知识无私地教授于我，对我如同自己的孩子一般爱护，却从不求回报。绕琼江村老师的生活极其简朴，他将所有的生命热情投入到绘画中，直到80岁，他仍能自己给佛像开眼。

2006年，为寻找更广阔的天地，我到了拉萨求学，并拜唐卡艺术泰斗丹巴绕旦教授为师，进一步深造。丹巴绕旦对西藏唐卡艺术的传承有卓越贡献，是唐卡艺术教学的先驱，在恩师严格的教导下，我对唐卡的历史文化和所承载的精神内核，有了更深刻的理解。

2013年，在"第三届西藏唐卡艺术博览会技艺大赛"上，我凭借过硬的实力获得等级画师称号，被西藏自治区文化厅授予"西藏一级画师"荣誉；2016年，我获评西藏唐卡艺术博览会"预备专家"，成为接棒老一辈专家的重点栽培对象；同年，我入选勉萨派唐卡非遗传承人名录；2017年6月，我获评"西藏工艺美术大师"。

像我这种级别的画师，在拉萨有着很好的发展前景。但我却没有留在拉萨。随着脱贫攻坚在家乡深入开展，受到感召的我毅然回到桑珠荣村。我想在家乡创业，一方面发展唐卡产业，另一方面把这门技艺发扬光大。回到桑珠荣村后，我很快成立"堤无玛"艺术传承中心。在我的规划中，该中心主要从事唐卡的绘制、矿物质颜料制作及新式藏香的研发。尽管中心的目的是培养一些优秀的唐卡画师，但我依然想通过自己的经营来帮助一些贫困户。因此，我的艺术传承中心吸纳当地群众14人，其中建档立卡贫困户8人。作为一个高级别的画师，我心系民众，希望尽自己所能，为贫困群众做些什么。

"我觉得荣誉都是属于祖辈的，"我常常对人们说："是先辈开创了这么伟大的艺术，在艰苦的生活条件下无怨地传承，才有了唐卡今天的发展。"我觉得，自己获得的肯定越多，所承载的使命就越重。我的愿望是把这项民族传统技艺传承发展下去，因为我认为传承发扬民族艺术是每一位唐卡画师的责任。因此，在平日的工作中，我乐意为每一个愿意学习画画的人教授画画技艺，我乐意与同行者一起继续努力，把民族传统艺术发扬光大。同时，也希望更多的人能够在从事这种技艺的过程中发现自己的价值。

（贡觉县西藏一级画师 西绕尼玛）

心系众生,利众藏药的利民之道

藏医药医疗事业起源于青藏高原,是藏族人民及无数医生在经历过成千上万年实践积累的基础上,形成的一套完整的医疗理论和实践体系,目前分为南北两个学术与医疗派别。藏医一般是以严格的师承关系流传、创新和发展的。贡觉县利众藏药藏香加工厂经过 300 多年家族传承和 30 多年的创新与发展,以经典的传统配方和工艺为主,结合现代化的医药行业生产工艺,生产和经营藏药、藏香两大传统产业,是西藏知名的医药企业。经过三十年来的发展,贡觉县利众藏药藏香加工厂发展已经具有了一定的规模,每年的经济收益也相当可观。在新时代脱贫攻坚时期,贡觉县利众藏药藏香加工厂坚持把取得的利润的一部分用于带动当地建档立卡贫困户的脱贫,取得了良好的社会效益,为贡觉县的脱贫攻坚做出了巨大贡献。

我叫贡曲登,既是一名藏医,也是利众藏药藏香加工厂的负责人。我 13 岁开始跟随当地的名医第六代传承人顿珠曲加学习家传藏医药基本理论和实践技能。顿珠曲加是我舅舅,他们的家传医学源自于昌都贡觉本土历史上著名的藏医药大师帝玛尔·班智达。帝玛尔·班智达在藏医药文化的发展历史上做出过重要贡献,他的著作《晶珠本草》被后人与李时珍的《本草纲目》相提并论。我的祖先阿贡曾拜于帝玛尔·班智达门下,学习藏医药理论和实践技能。此后,阿贡将这一独特的知识传承于其子阿坝,阿坝传承于阿扎,阿扎传承于阿觉,阿觉传承于彭措扎西。彭措扎西并没有满足于家传医学,他曾赴拉萨在当时藏地最高级别的传统医学基地药王山学习《四部医典》等古今圣贤的经典,以及银水提炼等技术。在药王山学习三年的彭措,后又赴于德格巴蚌门扎米旁大师的弟子日琼堪布·次旺巴觉门下学习米旁大师的独门医学。最后,他将自己毕生积累的知识传承于我的舅舅顿珠曲加。顿珠曲加将家族前辈传承的知识及自己后天所积累的知识毫无保留地传授于我,我自然成了家传医学的第七代传承人。

经过多年的钻研和医学实践,我已经积累了丰厚的藏医药理论和实践基础。我把将自己毕生所学传授给了儿子尼玛扎西。尼玛扎西现就读于西藏藏医学院,学习藏医药理论知识和实践技能。毕业后他将回到昌都,肩负传承、发展藏医药学的重任,为藏医药在家乡救治病人和让藏医药走向全国乃至世界打下坚实的基础。

随着时代的变迁,藏药的研制和配制也在发生变化。在我的带领和指导下,利众藏药藏香加工厂选用生长在世界屋脊海拔 4000 米以上特殊生态环境下的地道藏药材;

然后根据传统藏药藏香的生产工艺。与此同时，也引进现代化的制药设备和国内中药厂家的技术专长进行生产。目前能生产60多个品种，其中"桑培诺布""曼昂松觉"等品种深受患者的信赖。除了在药品上更新换代外，利众藏药厂在管理和生产理念上也在改变。其中显著变化是适应时代需要，把服务社会大众作为生产的根本目的。在新时代脱贫攻坚的时代趋势中，利众藏药藏香加工厂也积极发挥扶贫致富的作用。工厂生产适当地招聘贫困户人员到工厂里做工，为他们提供适合他们能力的岗位。工厂现有员工7人，每人每年分红金额大约为18000元，这一数目对于那些普通老百姓来说，已经相当可观了。工厂为了进一步提高经济收益，增加工人的分红金额，尝试着扩大经营范围。目前，工厂经营范围已经扩展至整个雪域高原，甚至在别的省份也已经展开营销。

作为一名医生，我恪守治病救人的职业道德。有病人前来问诊，我会认真询问来人的病情，配合着号脉和观察，熟练地写下一个方子交给病人，嘱咐病人留心自己的病情，及时到医院就诊。从13岁起跟随舅舅学习家传的藏医学，就此开启了进入藏医界的大门，到如今，我已行医23年，我几乎能够背诵藏医经典《四部医典》。

在学医过程中，我并没有满足于家学，而是先后去到昌都藏医学院、拉萨、江达等地跟随名家学习。10年苦学，靠着自己的努力，终成名医，很快成为邻乡甚至邻县很多农牧民就诊的首选，平均每天有50人左右找我问诊治病。采药、制药、诊断、配药、治疗的每个步骤，我都遵守传统，全部坚持手工纯天然，一年上山采药两次。在相皮乡桑珠荣亚中村担任村医期间，我不计报酬，早出夜归为病人诊疗，尤其在江达县青泥铜乡、桑珠荣、孜荣、色嘎等片区留下了无数足迹和农牧民的褒奖。

2019年以来，在传统药物的基础上，我和儿子共同开发了藏香、藏式辣椒、祛痘膏、明目膏、藏药泡脚粉、沐浴粉、护发液、香包等60余种新产品。在此基础上，我们成立了加工厂合作社，获得了政府20万元的扶持资金，同时还申请了100万元的政府贴息贷款，产品售价从7~70元不等。自2017年4月以来，已经实现70万元的年销售额。我们一家以传统的悬壶济世医德标准要求自己，对建档立卡的贫困户一律免费诊断，还常常施药；不仅如此，我们还吸纳建档立卡贫困户就业，从事药材加工生产的工作，每年能为工人发放工资约18000元。

（贡觉县藏医　贡桑曲登）

双脚踏出致富路,双手打开幸福门

　　我是江达县硕督村土生土长的农牧民。因为率先脱贫,被当地群众评为"脱贫致富能手"。我一直务实创新,坚持不懈、持之以恒地努力;在岗位上,我奋斗不息,在平凡的岗位上干出了不平凡的业绩;在生活中,我乐于助人,热爱集体,无私奉献,是新时代精神文明建设的先进典范。

　　由于家庭经济困难,我小小年纪就辍学了,如今的我只有小学文化水平。辍学之后,我只能老老实实地待在家里,辛辛苦苦地在青稞地里劳作,由于读书少,自然没有什么生产技术或者其他技能,所以只能依靠农牧业收入养家糊口,没有外出发展的机会和个人发展的机遇。硕督村依靠传统的种植方式种植青稞,虽然投资不少,流汗也不少,但增产难、增收难。我深刻意识到仅仅依靠种地只能不愁温饱问题,难以发家致富,但是如何才能发家致富呢?

　　作为一个地地道道的农牧民,如何才能改变这种贫困的现状,摘掉贫困户的帽子呢?虽然我为此而一直很苦恼,但是却无力改变。结婚生子之后,我身上的经济压力就更重了。为了生计,我离开家乡,开始在县城找工作,什么赚钱我干什么,但是大多时候我只能做力气活,所得收入也不是太多。一个偶然的机会,我在县里找到一份砂石厂的工作,由于没有文凭,我从最苦最累的活儿做起。那时,我的汉语还不怎么流利,很难和汉族人正常交流。有些汉族同志也在砂厂里工作,并且掌握了砂石厂的劳动技术。为了学习劳动技能,我就努力学习汉语,与他们交朋友,虚心向人家学习劳动技术。在汉族同胞的热情帮助和我自己的努力下,功夫不负有心人,我很快就基本熟悉了砂石厂的各项工作技术。由于我非常勤奋刻苦,工作能力也很突出,很快就得到了砂石厂负责人的赏识,老板委任我负责砂石厂的核心业务。我开始一步步地得到升迁发展,慢慢地开始赚钱了,我的生活也慢慢变好。对于一个有脱贫想法并努力工作的人来说,这只是我脱贫路上的第一步。同时,我领会到只有掌握技术才能发家致富。

　　2017年,在政府的扶持下,硕督镇开始发展一个精准扶贫项目——砂石厂项目。因为这种项目投资少、风险小、见效快、效益高,适合在贫困地区发展。得知这个消息,我决定抓住这个难得的机会发家致富。因为在以前的工作中,已经积累了砂石厂工作的经验和技能,我决定自己承包硕督镇的砂石厂。苦于没有资金,在村干部的指导下,我了解到国家贷款和入股分红。我在村里宣传承包砂石厂的好处,村民都支持我的决定，并且有很多群众都感觉这是脱贫的好机会，纷纷参与入股，这给了我很大的支持和鼓励。在政府的扶持和群众的积极响应下，我开始着手经营砂石厂。就这样，我依靠国家贷款和国家资金支持，成功建成了自己的砂石厂。

砂石厂刚建成的时候由于缺资金、缺技术、缺人才等各方面的问题，困难重重。但是我主动学习，学以致用。同时，我自主脱贫的举措得到了乡、村"两委"的帮助，很快砂石厂盈利了，但我没有忘记村里的乡亲们对我的帮助。作为回报，每年我给参与砂石厂工作的建档立卡贫困户分红20万元，并带动9户9人增加务工额外收入。

"一枝独秀不是春，万紫千红春满园"。让辖区困难群众工作有着落，让建档立卡贫困群众生活有奔头，让困难群众富起来，这是我承包砂石厂的初心。我将继续埋头苦干、全力以赴，带领大家真正实现脱贫。"我向村民们这样表达自己的心声。

脱贫攻坚本来就是一场硬仗，2020年突如其来的新冠肺炎疫情，更是给这场硬仗带来了新的挑战。受疫情影响，全国经济萎靡，砂石厂的生意受到了很大的影响，群众务工积极性不高。但我并不气馁，我奔走在村中，不断进行"鼓干劲、战疫情、稳脱贫、迎小康"主题宣讲。由于在疫情这一特殊时期，宣传组不能大范围组织集中宣讲，只能挨家挨户进行，这大大增加了宣讲的难度，但我没有因为苦累而放弃。经过每天连日的奔波宣讲，大大激发了群众务工的积极性。

我感激地说："个人的发展离不开政府的政策支持，砂石厂包括场地、设备等建设都得到了上级部门的帮扶。现在我能够成功脱贫，生活条件也变好了，这都依赖于国家的扶贫政策，我深刻感受到国家脱贫事业的优势所在。现在我响应国家全面脱贫建成小康社会的号召，也要为更多辖区贫困群众服务，帮助他们脱贫，为祖国伟大的脱贫事业做出自己的贡献。"怀着一颗感恩的心，我回报给他们带来巨大发展机遇的扶贫政策，尽可能地帮助本村村民脱贫致富。在我的帮助下，很多村民有了脱贫的方向或者已经成功脱贫。现在，我已经成了硕督村的名人、能人。每当提起我时，村民都会数起大拇指，夸口称赞。我在农民中树起了一面致富带头的红旗，是当地村民学习的好榜样！

每个人的脱贫经历都是不一样的，我只是脱贫中的成功者之一。有时候，摆脱贫困最终还是需要依靠自己自力更生，消除"等、靠、要"思想，寻找脱贫的新方法。国家只能减轻个人贫困状况，只依靠国家扶贫政策很难彻底脱贫，而彻底地从根本上消除贫困，还要自力更生。只要有脱贫的愿望和信心，国家能够帮助贫困户通过不同的方法脱贫。扶贫先扶志，思想上摆脱贫困就成功了一大半。

（江达县硕督镇硕督村 向巴）

不辞艰辛，勤劳酿造甜蜜事业

我叫杨培，是芒康县达许村仲美组人，于2012年7月入党，小学学历。作为达许村仲美组农牧民施工队致富带头人，按照"扶优、扶壮、扶强"的原则，在政府相关部门的许可、引导和扶持下，我在达许村扎西永顶组租地种植"康巴蜜橘"基地817亩。同时，开辟了养殖红拉山鸡的示范基地。这两块基地的开创，不仅仅意味着我创业规模的扩大，也意味着我在扶贫致富的时代要求下承担起了致富带头人的社会责任。

把志气和信心送到了贫困群众心坎上，心贴心地做好思想工作，帮助他们树立自力更生、勤劳致富的正确观念，铆足精气神，立志拔穷根，确实提升脱贫内生动力，是我多年创业中总结出的一些经验。我觉得村民们普遍缺乏创业的信心和决心。同时，我还从创业中意识到，要想让村民们创业致富，需要改变贫困群众的不良习俗和落后观念，切实帮助贫困群众克服"穷自在"和"靠着墙根晒太阳，等着别人送小康"的观念。我认为必须有人站出来去调动村民们主动脱贫、艰苦奋斗的积极性、主动性和创造性，激励他们用自己的辛勤劳动实现脱贫致富、创造幸福生活。在我的努力下，在脱贫攻坚的过程中，达许村形成了"凝心聚力、务实重干、共奔小康"的浓厚氛围。

选准种养产业，带领村民脱贫致富

在达许村扎西永顶组带头致富过程中，我带领群众利用保护好生态环境，积极发展林下种植和养殖，以此来增加收入。2013年在达许村扎西永顶组新建红拉山鸡示范基地，预计养殖1000只鸡。于2016年5月19日成立了芒康县曲孜卡蜜橘种植销售合作社，在达许村扎西永顶组租康巴蜜橘种植地817亩。促进农民致富增收紧紧围绕村里实际情况，用村里现有资源来发展经济产业，从增加农牧民收入，努力为村民要效益这个工作重点入手，积极帮助贫困户脱贫致富。

为了团结和带领干部群众拧成一股绳，加快全村发展步伐，我始终抱着默默无闻、无私奉献的想法，多干、快干、狠干、自己作表率，冲锋在前，享受在后。记得有一年春耕期间，许多贫困户缺乏资金，无力购买春耕生产所需的农药、化肥。我了解情况后，经过多方奔走，先后与农技站、供销社及个体农资店取得联系，为村民解决了农药、化肥的问题，使村民及时、顺利地完成了春耕生产，受到村民的一致赞扬。长期以来，我坚持急村民之所急，想村民之所想，处处为村民办好事、办实事。

引导群众更新观念，带领贫困户增收脱贫

带头致富多年，我一直以来是依靠传统的种植方式。农户一年到头辛勤劳动，没少投资，没少流汗，却得不到相应的收入。经过认真的思考研究，我决定从更新群众思想观念入手，改变传统观念。经过向村民宣传农贸市场价格走向及供求关系，我按照市场需求，将扎西永顶组荒地改为种植"康巴蜜橘"基地。2016年成立了芒康县曲孜卡蜜橘种植销售合作社，以自己的亲身体验鼓励农户树立致富信心。于2017年9月开始种植，2017—2019年，我聘请扎西永顶组精准扶贫户6人进行轮流管理，带动扎西永顶组20户（其中精准扶贫7户37人）增收3500元，一年下来扎西永顶组能够增收17万元。

红拉山鸡示范基地建设完成后，我在扎西永顶组选了2名年轻、能干的建档立卡户村民进行鸡苗试养殖，每月给每名村民3500元生活补贴。养殖场进入养殖阶段后还聘请6户建档立卡户帮忙养殖管理，每月给每户2000元生活补贴。后期想试行散养是否比集中养殖更有经济效益，2018年年底，我为仲美组42户农户免费发放840只红拉山鸡鸡苗进行散养试养殖，该鸡苗成熟后我进行统一收购，大约为42户农户增收4万余元。结合基层实际、群众需要和部门职能，在资金、项目、人才、技术、信息等方面，我对所驻村给予大力支持，多办解民忧、谋民利、化民怨的实事好事。帮助村居建设成为安居乐业、保障有力、家园秀美、民族团结、文明和谐的小康社会。引导农牧民群众紧扣社会主要矛盾变化，感恩中央关心、全国支援，凝聚起推动发展的正能量。

真心付出满心收获

在扶贫工作的过程中，我始终把贫困群众当作亲友，倾听他们的诉求和想法，设身处地地谋划、实事求是地规划，维护他们的人格尊严，保护他们的脱贫愿望和发展生产的积极性。我始终充满正能量地去面对现在的问题，努力加大智与志的帮扶力度，我相信永久脱贫、直奔小康才不会是一句空话，也不是遥不可及的愿望；只有真心付出、真心帮扶，扶贫工作才会取得实效，而不是简单的数字游戏，群众路线教育的成果会更加巩固，在攻坚战役中会取得绝对的胜利，更加会体现出基层干部的自我价值。我的努力让达许村扶贫户走出了产业结构调整的新路子，不仅调动了贫困户的积极性，改变了单一的耕作模式，也为全村精准扶贫工作积累了好的经验，取得了良好的经济和社会效益。

（芒康县达许村 杨培）

务实创新，养殖业开辟致富路

我叫西嘎，是类乌齐县滨达村人，2019年被评为县级、乡级、村级先进双联户户长，是滨达村种养殖合作社致富带头人。我主要负责合作社的蔬菜种植和藏香猪养殖，带领群众增收致富。

由于家庭贫困，我只受过小学教育，加上家庭负担重，全家6口人生活非常困难。2015年，通过精准扶贫识别，我家被纳入滨达村建档立卡户。我虽然很能吃苦、勤劳肯干，但很长时间都不知道如何通过劳动创业来增加家庭收入。2018年，乡党委、政府和滨达村民委员会考虑到我家的实际情况，让我到滨达村种养殖基地工作，并由基地发放工资，每年能够为家庭增收10000元左右。两年的时间，我踏踏实实、任劳任怨，主动学习种植和养殖技能，带领贫困群众种植蔬菜和养殖藏香猪，为滨达村集体经济做出了贡献，目前已成为远近闻名的致富能手，取得了全村经济效益的大丰收，成为农村致富带头人。我用自己的勤劳和汗水在滨达村这片土地上奏响了一曲动人的致富之歌。在我的带动下，全村八户易地搬迁村民大力发展种植业，一起脱贫致富。我也从一位贫穷的普通农民一跃成为当地农民增收致富的领头雁。

虽然我是一名普通的农牧民，但有着吃苦耐劳、永不服输的干劲。工作中，我务实创新，坚持不懈，希望在平凡的岗位上干出不平凡的业绩；生活中，我乐于助人，无私奉献。在党的富民政策鼓舞下立足实际，带头致富，致富后不忘贫困的村民，带领大家一起奔小康，通过不懈的努力，为自己和村民致富贡献一份力量。

勤于服务，带领广大群众共同致富。在稳步发展的过程中，我并未就此满足，因为我有自己的创业理念："光自己富不算富，必须在自己富的同时，带动和帮助一批贫困人员脱贫致富，走共同发展、共同富裕的道路"。因此，我将学到的知识结合自己积累的经验，摸索出一套简便易学的技术，向其他村民传授种植技巧，手把手地传授种植经验，并向村民宣传党的富民政策、精准扶贫政策，教育村民加强民族团结，维护社会稳定，靠自己的双手，科学种植，依靠科技致富。我带头做示范，让大家在短时间内收到很好的经济效益。通过我的正确引导，滨达村易地搬迁点的脱贫户上到老人下至刚毕业的学生，人人都具有科技致富观念，都具有了积极发展生产的自觉性，都对党的富民政策产生了感激之情，感谢党的好政策，感谢各级政府对村民的关心。这些年来，我一直通过各种方式不断提高自己，尝试着用不同的方法脱贫致富。

虽然没有较高的文化知识，但我没有自暴自弃，而是不断刻苦钻研学习文化知识和技能，在乡党委、政府的帮助下，通过技能培训等途径让自己有了一技之长。同时，在生活中遇到不懂的事情敢于向别人请教，认真学习别人的优秀经验，为自己和群众尽快增收致富积累了丰富的经验。

随着自身素质的不断提高，同时也受到乡党委、政府大力发展经济建设政策的鼓舞，我把脱贫立足于滨达村种养殖基地。在种植和养殖技术落后的情况下，在重重压力和困难之下，我没有退缩，排除各种困难，不断学习，向技术人员请教，走访有经验的村民，一边学习一边实践，很快看到成果，使滨达村种养殖基地蒸蒸日上，得到了各级党委、政府的好评。

一是蔬菜种植。在自身能力得到提高的同时，我带领着8名建档立卡户一起进行大棚蔬菜种植，把积累的经验不断传授给大家，还邀请蔬菜种植专家到基地进行实地指导培训，让所有人员的种植技能得到迅速提高。我一边种植，一边建立销售渠道，让大家种植的新鲜蔬菜很快上了周围群众的餐桌，受到一致好评。大家很快见到了经济效益，仅这一项，就为每名建档立卡户增收10000元左右。二是藏香猪养殖。我在带领群众大棚蔬菜种植的同时，还负责120余头的藏香猪养殖工作。之前养殖没有经验，导致成活率不高，收益也不大。我不断钻研养殖技术，也不断向技术人员请教，积累经验，使一年的生育幼猪成活率从过去的几头达到60余头，所有的藏香猪在我的精心培育下长势良好。我还为藏香猪建立了一条销售渠道，因为肉质鲜美，村里的藏香猪远近闻名，很多商户都提前订购藏香猪。产供销一条龙，让藏香猪养殖成了我们村脱贫致富的一项重要工作，为村集体经济每年增收72000余元，为14户易地搬迁户每户分红1000元，为建档立卡户以及合作社成员20余户，每户分红300元。这些经济收益，让大家看到了致富的希望，尝到了致富的甜头，在脱贫致富的路上也更有干劲。

基地在我的管理下不断发展，也使得滨达村在致富的道路上走在了前列。因为吃了没有文化的亏，我刻苦学习与钻研，不断向专家请教，积累经验，用自己的一技之长为全村经济发展做出贡献。从到基地工作之初，我就下定了带领全村致富的决心，积极响应党委、政府的号召，投身于滨达村精准扶贫的工作，我把滨达村种养殖基地的脱贫工作当成了自己的事业追求。我觉得，自己作为村里的致富带头人，就应该兢兢业业，坚持不懈，无私奉献。我需要的不是村民的称赞，而是希望大家在致富的道路上一起前进，走向共同富裕。

（类乌齐滨达村　西嘎）

积极创业，旅游观光"玩"出的商机

我叫索朗加措，是类乌齐县亚中村村民。家中有6口人，家庭负担很重，因没有多少文化知识和劳动技能，多年来很难找到挣钱的活路，因此生活非常贫困。尽管我一直勤劳肯干，但却无力改变现状。随着国家惠民政策和脱贫致富政策的实施，我也迎来了改变生活境况的机会。在各级政府的帮助下，加上吃苦耐劳、永不服输的干劲，我很快改变了现状，并且成了帮助村民脱贫的典型。工作中，我坚持不懈，奋斗不息，在平凡的岗位上干出了不平凡的业绩；生活中，乐于助人。通过我的不懈努力，在党的惠民政策鼓舞下立足实际，带头致富，还帮助贫困村民一起脱贫致富，为改善村民生活和共同致富贡献自己的一份力量。可以说，正是国家扶贫政策，让我的生活发生了翻天覆地的变化。

我没有上过大学，只有初中文化，也没有什么特长。因此长久以来一事无成，即使外出打工，因没有文化，也很难找到合适的工作。但时代发展给了我机遇。国家的扶贫、惠民政策，让我看到了改变的希望。各级政府不断利用各种机会宣讲，并举办各种各样的培训班和讲座，为大家脱贫致富提供机会和门路，并提供各种各样的政策扶持，为广大的农村青年指明了方向。在这样的政策感召下，我觉得作为年轻人，自己没有任何理由自暴自弃，应该充分利用所有可以学习的机会，不断刻苦钻研学习文化知识，努力掌握一种或多种劳动技能来改变自己的生活。有了这样的认识，我通过县里、乡里、村里举办的培训班等机会努力学习劳动技能，让自己有一技之长。同时，在遇到不懂的事情时，我还不断向别人请教，认真学习别人的丰富经验，充分理解党的扶贫政策。我的这些努力为自己的创业致富打下了坚实的基础。

在学习的过程中，我更清楚地认识到自己的差距，很多技能不是一天两天能学会的，需要长期的摸索，更需要很多的技术支持，明显感到自己的底子太薄。因此我沉下心来，认真钻研，白天上完课，晚上拿着记得满满的笔记开始刻苦练习，我觉得只有这样才能吃透老师上课讲的内容，才能快速有效地掌握劳动技能。在学习劳动技能的过程中，我也不忘了解国家的惠民政策和扶贫政策，因为我想借助国家的扶贫政策来寻找工作机会，让自己学有所用。

随着自身文化素质的不断提高，同时在政府大力发展经济的鼓舞下，我对村里的环境和条件进行了认真分析，也对市场进行了长期调研，并请专家对我的创业方案做了可行性的研究。经过精心准备，最后决定利用村里的自然资源和文化资源创立了旅游观光合作社。但创业之初总是艰难的，由于不懂旅游文化，不懂得怎么宣传村里的旅游资源，没有游客上门。贷款投资建设的民宿没有客人，我所做的前期投入没有收到任何回报，第一次创业就失败了。但我并没有退缩，而是迎难而上，没有客人就找客人，没有效益就找原因。经过市场分析和找专家咨询才发现问题所在。一是要了解自己的文化旅游资源，做好充分的论证然后大力宣传。要让游客知道自己，了解自己，并被吸引过来。二是做好自己的市场定位，发挥自己的文化优势，充分利用旅游资源，做好有文化品位和民族特色的民宿，这样才能在市场竞争中脱颖而出，站稳脚跟。西藏发展旅游产业众多，要想成功，必须有自己的特色。三是多跟旅游公司合作，多了解市场行情，跟上市场的节奏，这样才能与时俱进，不断改进自己。四是做好服务，现在市场竞争激烈，主要拼的就是信誉和服务。没有良好的信誉，很快就会被市场淘汰，没有客人上门；服务不到位，同样会被市场抛弃。为了加强服务意识，我特意跑到拉萨去参观了那里的民宿环境，发现那里的民宿有专业的人员在管理、经营，一切都井井有条，并且服务至上，让游客有家的感觉，这是立于不败之地的根本。而这也成了我成功的秘诀。所有到过我们民宿的顾客都交口称赞，这样一传十，十传百，都不用自己打广告，就有大批顾客上门。就这样，经过自己坚持不懈的努力，不断解决出现的各种困难，我的旅游观光合作社不但没有在竞争激烈的市场中被淘汰，反而以可靠的信誉和过硬的质量以及良好的服务在激烈的市场上站稳了脚跟，事业蒸蒸日上。

　　旅游事业的发展，使我在致富的道路上走在了前列。在艰苦创业的摸索中，我得到了村民们无私的关心和帮助；我也深深地体会到，原本就是共同追求脱贫致富的一家人，应该在致富的路上一起前行。所以，我一直思考着怎么带动村民一起富起来。党的政策这么好，绝对不能让一个人掉队。我先尝试着让家庭困难的村民帮我一起干，在他们有了一定经验之后，再带动更多想要参加的村民。让困难的村民有了依靠，有了稳定的收入，有了一技之长，解决了家庭的实际困难，彻底摆脱贫穷的困扰，这才是我的根本目的。不能只富了个人，作为创业者，要成为村民中带头致富的一面旗帜，要让所有的村民都享受党的惠民政策，享受精准扶贫的措施，享受各级政府的照顾，要带动大家一起走向富裕，一起奔小康。这也是我创业的初衷。

（类乌齐县亚中村　索郎加措）

吃苦耐劳，便民店托起致富梦

我叫次仁多吉，是昌都市类乌齐县尚卡乡珠多村村民，2005年8月参加工作，2000年9月加入中国共产党，初中文化程度，现任珠多行政村村支部书记兼珠多自然村村长。我长年生活在乡村，对乡村的发展情势比较熟悉，对村民们的生活需求和生活习惯也非常熟悉。我知道村民都希望过上宽松富裕的生活，只是苦于条件限制，无法实现这个愿望而已。随着脱贫攻坚工作的不断深化，村民们终于等来了机会。我就是首先抓住机会的"弄潮儿"。率先走上致富道路的我，也思忖着如何帮助其他村民寻找发家致富的路子。我觉得，自己多年来创业积累了一些致富经验，应该利用自己的经验帮助村民们发家致富。

加强学习，用知识开拓致富之路

作为一名共产党员，我始终把不断提高自身素质作为挑战自我、锻炼自我的目标。一直以来，我始终结合自身工作实际，认真学习新时代中国特色社会主义理论体系，认真学习党的路线、方针、政策，提高自己的政治素质，同时，向群众讲解精准扶贫的各项政策，帮助群众了解利民惠民的好政策，并努力为群众谋取福利；始终坚持在处理好自己本职工作的基础上，不断向先进人物和先进事迹学习，把从先进人物身上学习来的精神品质转化为自己内在的精神品质。与此同时，我也寻找着属于自己的致富之路。

经过摸索，我看到村里没有为村民们解决日常生活中出现问题的服务人员。比如说，村里的许多人都有摩托车，但却没有修理摩托车的人；摩托车出了问题，村民们还得到很远的修理铺去修理。我意识到为村民们修理摩托车应该是一个挣钱的渠道。这样一想，我决定在村里开设便民店——小型超市和摩托车修理店。通过多方集资，于2005年5月，在乡党委、政府的大力支持下，投入3万多元的本钱，我建成了摩托车维修店。摩托车维修店营业后，我并没有满足，我盘算着再开一家超市，在赚钱的同时为村民们提供方便。2016年7月，在乡党委、政府的大力支持下，我在珠多村开了惠民超市。摩托车维修店和惠民超市开起来了，但事情并不是一帆风顺的。俗话说，万事开头难，"创业"刚刚起步就遇到了一些波折。摩托车维修店及超市刚营业时，许多人怀疑我的技术能力及产品的质量，起初没多少人到我的维修店修车，也很少有人来超市买东西。但是，我没放弃自己的梦想，我觉得首先必须得到群众的信任。我每天早起晚睡地想法子，在店里缺什么补什么，最终，我用实际行动取得了农牧民群众的信任。

不到 3 个月的时间我的摩托车维修店及超市红火起来。到目前为止，店平均年收入为 5 万元，切实带活珠多村的经济发展，并带动有商业头脑的群众开自家修理店或小卖部，2019 年带动 16 户贫困户分红 12000 余元。

扶困助贫，点燃群众的希望之火

自担任珠多行政村村主任以来，我长期扎根基层，免不了要经常走村入户，因此我对珠多村的民情"吃"得相当透彻。每一户的实际情况、存在的困难、需要解决的问题，都在我心里装着。正是由于对这些村民们的了解和熟悉，我才更能体会到群众的困难，特别是低保户、困难户的实际问题。我总是全力以赴地帮助他们，针对每一户的情况想一些真正切实可行的办法来解决实际问题，而不是治标不治本，并且一旦有时间就经常跟驻村工作队聊天。我觉得他们比自己更有经验，能够帮助自己解读问题。

在开维修店及超市以来，我先后为珠多村及邻村的农牧民群众无偿免费维修摩托车平均每月达到 20 余次，并且在每次过年时给贫困户送一些物品。这些捐赠的资金都来自于维修店及超市收入，这样不仅得到周围农牧民群众的好评，而且有拓宽致富门路的作用。

带头致富，竭尽所能帮助弱势群体

作为一名藏族基层领导干部，我坚持尊老爱幼、互相帮助的原则，始终用实际行动来用心帮助村里弱势群体。我总是把那些孤独的老人当作自己的亲人，送衣送药、嘘寒问暖，让他们感受到组织的温暖，并尽最大的努力把未就业及贫困的青年吸纳到自己的创业队伍当中，教导他们，要积极进取，努力成为未来致富能手。我认为，他们都年轻，脑子好使，未来会有更多的学习机会和致富机会，应当趁着年轻多学知识和技术，不要荒废时间。我劝过很多年轻人放弃外出打工的想法，留在村里发展扶贫项目，我要让他们知道他们是珠多村的未来，将来能够为珠多村的经济发展贡献力量。

我不但在致富上为老百姓出谋划策，同时还热心扶孤助贫，热心公益事业。我全力以赴地支持村里考出去的大学生，也专门派人照顾村里的孤儿和孤寡老人。我是一个注重团结、爱岗敬业的普通基层干部，把心交给了党、交给了各族干部群众。我希望为珠多行政村的民政事业、维稳工作、经济发展、扶贫工作贡献自己的力量。一直在农村基层工作的我，总是无怨无悔、扎根基层、一心为民、乐于奉献。

我总是说："我们赶上了好时代。国家的快速发展，党的各种各样的扶贫惠民政策，都为我们基层干部开展扶贫工作提供了强大的保障，我从心底里感激党、感激政府，我希望通过我的努力，让珠多村尽快富起来，让所有农牧民一起走上共同富裕的大道，让大家生活得越来越好。"

（类乌齐县尚卡乡珠多村 次仁多吉）

妙笔生花，彩绘绘出多彩人生

我叫朗杰，是西藏昌都洛隆县人，现任西藏自治区、昌都市政协委员，昌都市美术书法家协会秘书长，昌都市噶雅卓文化传媒发展有限公司董事长，洛隆县彩虹民族工贸有限责任公司董事长。洛隆县位于青藏高原东部、昌都市西南部、念青唐古拉山脉东南端，平均海拔3200米，东邻八宿县，南通波密县，西与边坝县毗邻，北靠丁青和类乌齐两县。我在藏式彩绘学习和创业中所表现出来的勤劳吃苦、坚韧能干、廉洁无私和突出业绩，使我成为当地民营藏式彩绘家中的佼佼者；我不断传承和发展着藏地彩绘事业，成为昌都藏式彩绘的代言人。

我勤劳奋发，坚韧不拔，以创业和冒险精神，带动藏式彩绘发展壮大。由于从小受家庭的影响，我于12岁开始学习彩绘技术。25岁我开始创业，但创业之初遭遇资金少、缺技术、销路窄等种种困难。我发扬艰苦拼搏和永不放弃的精神，不断克服困难，积累了宝贵经验，取得了一些成绩，并在事业取得成功时不忘家乡的群众百姓，不仅资助资金紧缺的产业，而且免费招收学徒学习彩绘技术，即提供资金又提供技术上的支持，鼓励家乡的百姓创业就业。为了带领大家一起致富，我在2007年成立了绘画协会，成立之初协会有8名成员，到2013年成员发展到130人。2013年我扩大扶贫规模，成立了农牧民合作社和施工队，成员有41人。在扶贫的路上，我一直在努力。2007—2010年洛隆县11个乡镇安居工程房建设期间，我为贫困户累计减免彩绘费用11.25万元，免费招收中学绘画班60人（每年约节省学费7.2万余元）；2014年成立了洛隆县彩虹民族文化工贸有限责任公司，就业人员205人（其中民间绘画人员130人，施工队41人，合作社34人）；2010—2016年一直为县中学特困生免费绘画培训，取得了明显效果。这些扶贫工作持续开展，为村民们就业提供了一技之长。

我淳朴厚道、诚信正直，以亲民爱民作为赢得互信和支持。创业初期，公司受矿源、劳动力影响很大，如何在市场竞争中脱颖而出、站稳脚跟并将藏式彩绘做大做强，成为摆在我面前的一道难题。通过对当地藏式彩绘市场的调查，我认定了诚信、亲民是彩绘事业成功的基础。所以，从建厂的第一天起，我就将"诚实做人、守信经商、亲民爱民、互惠互利"作为办厂的宗旨，不当阔佬、不做奸商，以淳朴厚道、诚信正直的品行与村民打交道。正是凭借这样的人生信条和经营理念，从藏式彩绘正式投产开始，我就主动联系当地政府和村民，建立了互信合作关系，专款资助贫苦学生，雇佣贫困户，决不拖欠工资，对困难职工总是派车派人帮助解决。当然，我的藏式彩绘事业也得到了当地政府和村民的大力支持。正是这种"诚信、亲民"的工作作风，使藏式彩绘事业从起步便与当地群众建立了互信互利的关系，既维护了当地群众的利益，取得了他们的信任，也使藏式彩绘事业不断地发展壮大。现在，"诚实做人，守信经商、亲民爱民、互惠互利"已经融入藏式彩绘企业文化中。

我富而思源，回报社会，在个人事业得到发展的同时不忘回报社会，积极为本地的经济建设做出自己的贡献。我积极投身扶贫工作，带领大家共同致富，博得了社会和群众的广泛赞誉。2015—2016年，我为67个贫困户解决就业问题；2015年扶助洛隆康沙镇也堆村51户贫农和慰问洛隆县养老院30位老人共计3万元慰问金；从2007年至2019年年底，对洛隆县贫困户发放慰问金累计达21万元；对贫困户帮扶资金累计达11.8万元；在精准扶贫政策扶持下为洛隆县57个贫农户建立治穷致富路线的平台，引领致富，为社会分担就业压力。我始终认为，藏式彩绘的发展是政府和社会支持的结果，只有用真情回报社会，藏式彩绘才能赢得社会的信赖和支持而不断发展壮大。所以，我一直强调自己的社会责任意识，坚持做一名社会真情回报者。

我在做好扶贫工作的同时，不忘党的恩情，积极宣传党的惠民政策，做好党建工作。在搞好经营，发展企业的同时，我十分注重党建工作，在藏式彩绘公司成立了党支部，开展党的各项组织活动，延伸了党的基层阵地，奠定了藏式彩绘科学发展的基石，坚定了藏式彩绘员工信念，提升了员工生产积极性，促进了藏式彩绘事业的发展。近年来，由于我领导的藏式彩绘公司经济成效明显，社会贡献突出，企业及自身不断获得各种奖励和荣誉。个人于2014年度获配合重大项目建设勤劳致富先进个人奖；2015年首届茶马文化艺术书美影展中荣获"优秀个人奖"；2015年昌都市首届青年创业大赛中荣获"二等奖"；2015年被评为洛隆县县级非物质文化遗产康沙镇藏式绘画及木器彩绘技艺传承人。企业在2016年康巴特色产品商贸展销会中荣获"最佳民族手工艺"称号；2018年被评为全市"百企帮百村"精准扶贫行动"先进企业"西藏自治区文化产业示范基地；2019年荣获"助力昌都市脱贫攻坚优秀企业"称号。

几年来，我精心呵护着钟爱的藏式彩绘事业，以一步一个坚实的脚印前进着。凭着一颗回报社会、奉献社会、创造未来的心，在平凡的事业中取得了诸多成绩，实现人生梦想。我认真贯彻落实科学发展观，不断完善藏式彩绘管理制度，坚持"以人为本、以诚立信"的藏式彩绘理念，并在危急和逆境中勇敢面对，大胆进行科技创新，克服重重困难，不断增强藏式彩绘事业的抗风险能力，使得藏式彩绘一步步稳固发展。我热心公益事业，不计个人报酬、不图回报、不图索取，甘愿为社会和他人提供帮助，努力做一个致富不忘回报社会的致富带头人。

（洛隆县彩虹民族工贸有限责任公司董事长　朗杰）

铺路架桥，用奋斗连起创业路

我叫贡秋扎西，是贡觉县莫洛镇泽仁本村村民。因为我肯吃苦、肯下功夫，在多年的打工生活中也积累了一定的社会经验，我很快成为村里的技术能手。在村集体经济十分薄弱、群众的生活水平还很低的时候，我意识到国家的惠民政策正在为像我这样的青年人提供创业机会，于是我积极响应政府的号召，凭借着党的扶贫政策及自己的施工手艺，成立了贡觉县达吉建筑有限责任公司。公司主要经营的范围有工程、公路、桥梁工程、水利工程、建筑建材等依法批准的项目。由于达吉建筑有限责任公司经济效益很是不错，因此随着公司的发展，共带动450多名群众致富增收，其中建档立卡户290余名，约占工人总数的65%。

勤奋好学，靠双手致富增收

我是一个普通农民，由于家境贫寒，从小就跟着家人从事简单的劳动生产，因此我锻炼出了特别能吃苦的坚韧品格。虽然我文化水平低，但自我懂事的时候起，我就知道勤奋好学能够帮助我实现我的梦想。由于勤学，加上向别人请教，我慢慢地掌握了一些基本的劳动技艺和手工技艺。随着时间的推移，我逐渐成了人见人夸的技术能手。达吉建筑有限责任公司建立后，我就全身心地投入到了管理公司和其他一些具体的工作中。我是一个不愿懈怠的人，在工作中我就像"鼓动机"一样，不知疲倦，总是希望以最快的速度和最优的效率完成工作。每次在安排一项任务后，我都会迅速组织、合理安排现场施工人员有重点、有秩序的生产。施工现场的每一道工序、每一个环节，我都注重质量，以标准化建设为原则，严格把关，为工程的实施打下了良好的基础。工友们都戏称我为"质检机器人"。无论是寒冬还是烈日，我都一如既往地奔忙在施工现场。我觉得工地无小事，为了确保施工安全有序进行，我每天盯在工地上，常常熬到深夜才回家，在我心里施工质量安全比什么都重要。在我的严格要求下，达吉建筑有限责任公司已圆满地完成了大大小小20个项目，总收入1000万元，并且没有出现一起工地施工问题，确保了施工的安全性。

与时俱进，"安全理念"树心头

我是一个喜欢不断探索不断创新的人，因为只有这样才能实现突破，才能进一步挖掘市场的需求，从而抓住先机，加快发展。多年来，我以"质量求生存、信誉求发展、管理求效益、服务拓市场"的经营理念圆满完成了各类水利工程、路桥工程、房屋建筑工程、城市附属工程。我一直把员工当作家人,坚持以"群策群力,开创未来,注重细节,追求完美"的管理理念,不断加强内部管理,积累施工管理经验,自始至终坚持信誉至上、质量第一、安全生产、文明施工的原则,树立了良好的社会形象,赢得了较好的经济效益和社会信誉。通过不断深化改革,强调推行质量管理,公司承建的工程优良率达到35%,合格率达到100%,2018年获得"贡觉县先进农牧民施工队"的荣誉称号。

授人以渔,带动建档立卡贫困户

我的建筑公司本着致富不忘根的理念,积极响应政府号召,吸收建档立卡户就业,断断续续为泽仁本村的困难户解决了就业困难。一是针对有劳动力的低保户,授人以鱼不如授人以渔,我每年都聘请技术人员给当地的建档立卡户进行短期技术培训,培训累计20余次,其目的是为靠种地、放牧和挖虫草来维持生活的村民提供一项新的技能,能够让他们从源头上自立走向小康社会。二是针对没有劳动力的低保户,我多次以公司名义向他们进行经济援助,累计4万余元,暂时缓解了他们的经济压力。

我踏实肯干,带领广大村民共同致富。在稳步发展的过程中,我并未就此满足,因为我常对自己说"光自己富不算富,必须在自己富的同时,带动和帮助一批贫困人员脱贫致富,走共同发展、共同富裕的道路"。因此,我凭借学到的知识和积累的经验,摸索出一套简便易学的技术,在田边、村委会、家里举办各种培训班向村民们传授,向村民宣传党的富民政策、爱国爱党观念,教育村民加强团结、维护社会稳定,靠自己的双手、依靠科技致富。通过对群众正确引导,泽仁本村几乎人人都具有依靠科技致富的理想,群众积极发展生产的自觉性有了提升。我总觉得,一个人富了不算富,大家富了我高兴。每个人活着的意义各有不同,谋生的手段也各有千秋,不管你采用什么样的谋生手段,都应当尽力为国家、为民族、为贫困群众做一点有益的实事。这就是我干事业的基本思路。

勤于学习,在实践中再创辉煌

我坚持解放思想、实事求是、与时俱进,通过自己的不懈努力和不断的进取,成了带领村民脱贫致富的"领头羊"。作为一名普通的农牧民群众,我把自己的技术、财富奉献给了泽仁本村的父老乡亲,我的所作所为是村民们有目共睹的,在老百姓的心目中,我是一个可以信赖的人,大家都愿意在我的带领下一起走向致富的道路。

(贡觉县达吉建筑有限责任公司负责人 贡秋扎西)

木碗情缘，小工艺创造幸福生活

　　我叫四郎曲德，1985年5月出生于碧土乡布然村。我利用家乡碧土乡布然村有利的自然条件，因地制宜，发展木碗制作产业。经过多年的努力经营，我的木碗制作产业获得了良好的经济效益和社会效益，我也因此成了布然村的致富带头人。

　　在西藏的古老歌谣里，有这样一句歌词：丢也丢不下，带也带不走，情人是木碗该多好，可以揣在怀里头。人们将情人比作精美的木碗，可见人们对木碗的珍爱程度。木碗制作是西藏的一种传统工艺。手工精巧的木碗制作师制作出的木碗，不仅有良好的使用价值，而且具有较高的艺术欣赏价值。对于藏民来说，木碗有着非常特殊的含义，它不仅是生活必需品，也是身份的象征。藏族有随身携带木碗的习俗，对很多人来说，木碗远比黄金更为珍贵，有的人一生只使用一只木碗，并且会选择将这只木碗传给子孙后代。在西藏，随身携带木碗并不是个人习惯，而是一种群体行为。长久的使用过程，形成了独特的木碗文化。在家里，木碗有自己的用法，在外面，木碗也有各种不同的象征意义。

　　我从小就喜欢这一手工制品，对木碗的制作有浓厚的兴趣，长大后便决定从事木碗制作行业，我希望能将手工木碗的制作方法传承并发扬光大。就这样，我离开家乡，踏上了拜师学艺之路。2013年，我前往林芝市波密县学习木碗制作工艺，我虚心向老师学习，不耻下问。我严于律己的品质、精益求精的追求得到了老师的赞许，我制作的木碗更是得到了老师的肯定。碧土乡布然村有丰富的森林资源，木料优良，我看中家乡这一独特的自然资源优势，在一番求学后，决定回到家乡，从事木碗制造，打算以制作木碗为契机，开创自己的事业。在实地调研之后，我发现家乡对优质木制品有着巨大的市场需求，当地地理位置优越，交通较为便利，开展木制品销售有很大的发展空间。就这样，在一番探索和努力后，2016年11月24日，我在村里成立了左贡县布然村民族特色木制品专业合作社。

　　合作社成立后，我首先考虑的问题便是如何制作出优质木碗。我在自己所掌握的木碗制作工艺的基础上，潜心钻研、创新制作方法。经过各种尝试后，我心中有了自己对木碗外形与貌相的构图。经过多次实践，我形成了自己的设计理念：木碗制作产业，在工艺上应该与现代需求和审美相结合，融入民族传统文化因素，新式木碗应该将现代元素和传统元素结合，从坚固耐用、外部感受、文化情趣等多方面满足人们的需要，把木碗做精、做细，展现人与自然的亲近，成为有文化气息的工艺品和实用品。在实际制作中，我秉承着自己的设计理念，力求生产的木制品能满足群众各方面的需求。

木制品专业合作社成立以来，生产了各种类型、各种样式的木制品，逐渐填补了市场的空白，满足了人们多样化的需求。合作社生产的产品有用于喝酥油茶的木碗、有放糌粑的木制品盒子、有插花的木制品花瓶、有喝酒用的木制酒杯等等。因为产品种类、制作流程不同，木制品的价格也由100多元到10000多元不等。凭借着娴熟的技艺，精美的产品，有力的宣传，良好的口碑，合作社特色木制品的订单不断，销量攀升，取得了良好的经济效益和社会效益。我一家的生活条件得到了明显的改善，我也成了布然村村民学习的致富能人。

我虽然成功脱贫了，但我并没有忘记碧土乡布然村的广大村民们。我尽自己所能，竭力帮助村民们，带领他们共同致富，重拾脱贫致富的信心和决心。在成立木制品专业合作社的基础上，我积极发展木碗加工产业，吸收当地群众参与木碗加工，并对他们进行专业培训，在解决就业问题的同时，达到传承民族手工业的目的。2017年藏历新年，我对布然村次仁旺堆、次仁拥宗、拉姆其西、扎西4户建档立卡户进行慰问并为每户送上1000元慰问金，2018年分别给拉姆其西和扎西两户发放救济金800元。我关心村民的举措赢得了当地群众的好评。在上级相关部门的关怀和帮助下，我进一步完善合作社基础设备，推动合作社发展壮大，不断吸纳布然村建档立卡贫困人口来合作社工作，实行员工劳动积分机制，多劳多得，多劳动多奖励，采取按劳分配为主，多种分配方式并存的分配制度为员工分发工资。此外，我每年固定帮扶次仁旺堆、次仁拥宗、拉姆其西、扎西4户建档立卡户，为他们提供共计18000元的补助救济金，极大地缓解了他们的生存发展难题。就这样，我依托左贡县布然村民族特色木制品专业合作社，带动村里的建档立卡贫困人口走出了一条致富路，成了致富带动人。

俗话说"民以食为天"，有食即必有食器。兼具其区域与民族特色的木碗，是西藏民族饮食文化的重要文化符号，也是了解藏族传统文化的窗口。木碗是藏族人民从长期的生产和生活中，不断产生、形成以及发展出来的一种民间艺术，它具有很高的藏族文化内涵，在世世代代的传承中，木碗凝聚了藏族文化的精神内涵，同时也是藏族人民智慧的结晶。现在随着人们物质生活的日益提高，交通条件的便利，以及文化观念的改变，怀揣木碗的习俗也正从藏族同胞们的生活中逐渐远去。但作为一种民间文化，我们相信它将会长久地留存于藏族文化史中，作为一种传统手工技艺，相信在我的推动下，它将会得到更好的继承和发扬。

（左贡县碧土乡布然村　四郎曲德）

发奋图强，致富路上勇往直前

我是左贡县布然村扎村民，2009年加入中国共产党，现任左贡县碧土乡布然村村务监督委员会委员、左贡县县级人大代表。作为县人大代表，我有着强烈的事业心和责任感，在扶贫工作中，我始终心系群众，廉洁奉公，为群众排忧解难，带领全村群众脱贫致富奔小康，为碧土乡经济和社会发展做出了积极贡献！

2012年2月，在外务工的我积极响应政府号召，决定返乡创业，带领群众脱贫致富奔小康。当时，村里的经济相对落后，交通不便，创业的条件非常不好，但我没有灰心。经过多日考察，我将目标放在了新农村建设上。我想通过国家正在推行的新农村建设工程，从中寻找致富的机会。在家人、好友的支持和鼓励下，在村委会的帮助下，我注册成立了新农村建设有限公司。

从2012年至2015年，公司业务从最初的建房，慢慢发展为建筑、装修等一体化模式。随着公司规模的扩大，员工的增加，财富也慢慢地有所积累。这时的我转变单打独斗的观念，决心和村民一道发家致富。在我的带动下，布然村许多村民加入到我的新农村建设有限公司，增加了家庭收入，逐渐富裕起来。2014年，我被布然村群众当选为布然村致富带头人，同年当选为县级人大代表。有了这些头衔后的我，更加坚定了带领群众致富的信心和决心。

2015年，全乡精准扶贫工作全面开展。为帮助更多的贫困户实现稳定就业，考虑到之前公司经营规模不大，不能为更多贫困户提供岗位的这一问题，我出资500万成立茶马古道建筑有限公司，公司业务由建筑扩展到修路、修水渠等项目。茶马古道建筑有限公司成立后，我第一时间找到政府，与政府签订用工合同，并优先安排建档立卡贫困户群众前往公司上班，同时负责员工的培训业务。我先后将4名员工送到各种培训班培训技能，并与他们签订长期用工合同。在带领群众实现就业后，我也没忘记每一户贫困户，总是牵挂着他们的生活。为此，我每年从公司收入中拿出一部分，购买大米清油等慰问品，定期到精准扶贫户家中看望慰问困难群众；有时还送上几百块钱的慰问金，并宣传党的好政策，用自己的亲身经历教育引导建档立卡户摆脱"等、靠、要"思想，用自己的双手勤劳致富。同时，我鼓励劳动人员积极参加各级政府举办的技能培训，鼓励教育孩子努力学习。

2017年10月，我当选为布然村村务监督委员会委员后，在一次入户过程中，我注意到波巴自然村与察隅县交界处的一块约20亩的荒地杂草丛生，无人管理。经过询问得知，这块荒地属自然村集体所有。我萌生了利用这块地创收的想法。我找到村"两委"，经过协商，以每年5000元的价格承包下了这块地，种植核桃树。同时，我与村委会商定，由村委会安排贫困户打理核桃种植基地，每月给贫困户开支工资，等核桃挂果成熟后，将收益的20%作为村集体经济收入。

为了更好地帮助碧土乡贫困户脱贫致富，2017年，我再次投资500万元注册布然村农牧民专业合作社，主要从事碧土乡农产品加工销售。

碧土乡布然村地处偏远山区，从小在布然村长大的我对该村的一草一木了如指掌。在布然村的田间地头，山上野生花椒树随处可见，群众家里吃的花椒从来不需要到市场购买。对于致富带头人来说，这可不是简单的花椒，而是"金灿灿的金子"。花椒价格可观，市场需求量也大，可以动员群众采摘花椒，经过包装出售。这就是帮助群众增收的好机遇。

苦荞是国际粮食组织公认的优良粮药兼用粮种，是我国药食同源文化的典型体现。苦荞被誉为"五谷之土"三降食品（降血压、降血糖、降血脂）。苦荞酿酒，在我国有悠久历史。碧土乡群众每年都会种植一部分苦荞用于自家酿酒。而我从中发现了商机，决定尝试建立苦荞酒厂。

布然村农牧民专业合作社采用"公司+农户"管理方式，公司与农户签订种植回收苦荞合同，发放优质苦荞种子给农牧户，苦荞成熟时公司全部回收。2017年投资280万元，开始苦荞酒厂的创建。前期投入资金约400万元，用于种子的购买、苦荞回收、农牧户工资发放。截至2020年年底，酒厂有熟练工人22名，酒厂生产日期为每年3月至年底12月，年产苦荞酒30吨。产品的销售采取电子商务平台，以游客为客户主体，在左贡县城设立产品展示厅，在自治区各主要旅游区、云南香格里拉市发展经销商，开展线上线下销售。

2018年，碧土乡征收100亩土地，用于油菜种植，为搬迁群众增加经济收入。一开始，油菜种植由群众自主经营。由于缺乏经验和相应的科学技术，经济效益不明显。我得知这一情况后，便主动找到乡党委政府，希望将100亩油菜种植基地以个人名义承包下来，种植油菜。政府同意了我的建议。承包土地后，我提供科学技术，在农忙时节雇佣搬迁点群众务工，按照每人每天150元务工费计算，并且按照比例给予搬迁户每年固定的分红。

我认为自己作为村里的致富带头人，作为县级人大代表，就应该兢兢业业，坚持不懈，无私奉献。

（左贡县布然村 扎西次登）

奋发有为，脱贫路上敢为先

我叫松登公布，西藏昌都市左贡县绕金乡普拉村人，任绕金乡普拉村村党支部书记兼村委会主任。

平时，我一直务实创新、坚持不懈、奋斗不息，在平凡的岗位上干出了不平凡的业绩，得到了群众的一致认可。在工作中，我默默奉献、无私付出，在群众中享有较高的威望。在生活中，我乐于助人，热爱集体，是新时代精神文明建设的先进典范。

我出生在一个普通的农牧民家庭，自幼就跟随父母到农田里劳作。常年辛苦的劳作和生活的贫困，使我萌发了带领村民寻找致富门路的决心。普拉村自然资源并不丰富，农牧业收入是村民收入的主要来源；整体经济不发达，村里贫困群众较多。近几年虽然在政府扶贫政策的帮扶下，村里的基础设施建设跟过去相比有了很大的改善，交通更加便利，但是没有一个能够让群众增收致富、自主脱贫的产业项目，这是我一直感到苦恼的地方。虽然人们普遍认识到，单靠传统的种地方式，没有少投资，也没有少流汗，就是增产不增收，难以发家致富，但是由于村民普遍文化水平较低，他们始终找不到一个能够发家致富的道路。这些困扰着村民们的问题，同样也困扰着我。作为村里的干部，我认为我有责任也有义务带领村民自主脱贫，因此，我一直在寻找一个能够带领群众致富的门路。我认为，一个人的致富行为往往会影响到一个地方的经济状况，要富富一群，要穷穷一方。一个地方有没有发家致富带头人，地方经济水平大不一样。我一直结合本村实际情况和近几年来的国家扶贫政策，在乡、村两委的帮助下共同探讨发展思路。2019 年，我通过和各方协商，根据本村实际情况，决定带领群众开办砖厂。因为我发现：砖厂投资较少、成本低、风险小、设备简单，但见效快，收益大。虽然需要大量的人力劳动，但是很容易找到劳动力。

我是一个说干就干的人，在决定了本村经济发展思路后，我召集村"两委"向群众收集意见建议，号召并动员全体村民，宣传党的方针政策，尤其是扶贫政策。在政府的资金、技术扶持下，我又筹集了一些资金建成了砖厂。刚开始的时候，我四处筹措资金，办理相关手续，终于建成了砖厂，准备大干一番。然而，由于缺乏科学的做砖技术，加上过于简陋的设备，和没有专业人员的技术指导，制作出来的砖质量并不好，根本卖不到好价钱，甚至卖不出去。大家信心满满做出来的砖卖不出去，这极大地损害了群众的干劲，有些人甚至准备退出，他们认为这还没有种地踏实。面对这种情况，我虽然焦思忧虑，但是我并没有打退堂鼓。作为一个领导人和负责人，我通过冷静地反思，认识到做砖失败的原因。我认为自己的失败是吃了不懂科技的亏。从哪里跌倒，就要从哪里爬起来。由此我认识到科技的重要性，由于村民文化水平都不高，科技水平普遍很低，我决定带领大家一起学习知识，摆脱贫困。我开始带领群众主动地参加了农民科技培训，不光是学习做砖技术，还鼓励村里的年轻人学习汽车驾驶、装载机、挖掘机等各种技术，争取让所有群众都有一技之长，多渠道多方式就业，将来有个稳定的工作。在专业技术人员的细心集中指导下，我对照过去失败的经验，虚心学习科学文化知识，认真钻研技术本领，很快掌握了做砖的基本技术。同时我看到了政府扶贫政策带来的机遇，抓住新农村建设的大好机会。由于农村建设需要很多砖，在提高做砖水平后，我与施工单位建立了合作伙伴关系，约定施工单位所需要的砖都由普拉村砖厂提供。砖厂的砖有了稳定的销路，这一举措大大提高了群众的致富信心，大家开始真正投入到砖厂中去。

一直以来，身为一名村干部，我严格按照一名共产党员的标准来要求自己，以身作则，以诚待人，树立正气形象，为广大群众做榜样。我始终把思想政治学习放在自身建设的首位，努力提高自身综合素质水平和工作能力，秉承"带头致富，带领集体共同致富"的理念，带领村民共同致富。在自身能力不断提高的同时，作为村支部书记，我对一些观念落后、盲目跟风的群众及时进行纠正和教育指导，尽量让群众避免不必要的损失。在我的引导和带动下，普拉村一时掀起了一股致富热潮。通过我的大力宣传，村民们对"农牧民专业合作社"这一新型模式有了深刻的认识，在内心深处种下了脱贫致富的种子。每当提起我时，村民都会竖起大拇指，夸口称赞。我在农民中树起一面带头致富的旗帜，创先锋争优秀，我也成了当地村民学习的好榜样！

我是一位普通的村干部，通过我带领村民脱贫致富的先进事迹，可以看到真正脱贫的道路。政府的政策扶持是脱贫的基础，但是单纯的输血并不能解决贫困问题，只有通过自己造血，即掌握一门技术或本领，通过自己的努力自主脱贫，才是真正的脱贫。思想上实现了脱贫，能够自力更生，发挥自己的优势实现脱贫。我带领村民脱贫的经历对于我国需要脱贫的百姓具有借鉴意义。首先村干部要提高自身工作能力，不断增强学习能力，积极学习带领村民脱贫致富的方法；其次村民要改变自己"等、靠、要"的思想，自力更生、艰苦奋斗，在政府、村委会的帮扶下依靠自己寻找新的发展道路，自主脱贫，在各方面的共同努力下，抓住脱贫政策带来的大好机遇，争取早日脱贫，为国家做贡献，为自身谋发展，在致富的道路上越走越远。

（左贡县绕金乡普拉村 松登公布）

坚守初心，用忠诚架起致富桥梁

我叫罗旦增，是昌都市左贡县田妥镇田妥村人，1950年出生，1992年7月进入村"两委"班子，至今一直主持村里的工作，是一个地地道道的"老革命"。可以说，我把自己一生的精力都用在了管理田妥村上，是田妥村发展变迁的见证人。

担任民兵班长，保一方平安

1963—1973年，我一直担任田妥乡民兵班班长，负责辖区的维稳安保、值班巡逻、日常练兵组织工作。我组织的民兵队伍凭借人熟地熟的优势，为人民军队送信、送情报，为人民军队战胜山匪发挥了重要的作用。我还积极动员群众踊跃参军，补充和扩大军队，在长期革命战争中能够源源不断地获得补充，为翻身解放、保家卫国补充了力量。

为保证军需和民生，我带领队伍一面战斗，一面生产，用战斗来保卫生产，以生产来支持战斗，民兵们还担负着站岗放哨、盘查行人、封锁消息、捕捉敌特等任务，为地方安全做出了巨大贡献。

参与国家建设，助藏东发展

怒江大桥，是川藏地区最为重要的一个交通要道，也是川藏线最为"奇迹"的壮观。1974—1975年，国家建设怒江大桥涵洞，我主动报名参加该建设项目。虽然在此期间很苦很累，每天都吃不饱饭，但没有削弱我干事的热情。我团结同志，积极向上，等该项目完成时，上级部门给予了我"好人品"奖。

做人民好会计，算好明白账

1975—1981年，因为我从小爱学习，虚心向有知识的人请教，在田妥乡里已然成为文化人，且做实认真仔细，为人正直，田妥乡的领导就任命我担任人民公社的会计。在我担任会计期间，我能把群众的每一笔账目都做得仔仔细细，做到公平公正。

组织建设桥梁，让群众心连心

现田妥村行政村下辖两个自然村，分别为嘎查自然村和坝中自然村。在我担任民兵班长期间（1970年左右），田妥村分为4个小组，分别坐落在玉曲河两岸，村民们要相互走动极其不便。同时，因为相互阻隔，两岸的群众也各自为营，经常发生矛盾。见此情况，在河上建一座桥是我一直以来的心愿。在我的请求和上级部门的帮助下，建桥的愿望得以实现。桥不仅方便了两岸的群众的交流，促进了生产发展，同时，也使两岸的群众变成了一家人。在我的教育引导下，两岸村民从此未发生过矛盾，桥梁让群众心连心，也让他们的生活质量得到提升。

建立学校，让孩子有学上

田妥村一直以来都重视教育，在田妥区（现田妥镇）、田妥乡（现田妥村、江达村、德达村）未改编之前，田妥乡坚持聘请村里有文化的人在村里破旧的房屋里给小孩们上课。改编以后，原先虽然破旧的学校也被撤离，附近孩子们的上学梦随之破灭。这种情形影响了当地孩子的入学率，我和村"两委"对此深感不安。如何改变局面，成了我们的心病。在我的带领下，村干部向上级部门反映情况，并请示在当地修建学校，以此来满足孩子们的上学愿望。虽然过程历经波折曲折，但最终在一汽集团的援助下，建立了一汽期望小学，圆了小孩们的上学梦。

领促发展，确保富民强村

如果说过去取得成绩已经成为历史，那么，在新的时代背景下，需要适应时代的需求，做出转变。我是一个与时俱进的老干部，在脱贫攻坚如火如荼的新时期，我率先转变观念，适应社会需求，走在人民群众前面，努力为贫困户的脱贫致富奔波。我汲取过去经验，着力发展集体经济。在田妥村，为了有效地发展村里的经济，我将集体经济的发展作为党建工作核心部分，始终保持村委会对集体经济生产的管理和领导，切实帮助广大村民理清发展思路，拓宽致富门路。在我的带领下，村民们结合本村实际，成立集体经济发展工作专班，专班人员专门负责村集体经济发展生产的谋划、项目的争取和建设等工作，同时，也负责制定年度发展计划，建立完善发展台账，确保每一阶段村里生产的有序有效。经过村干部和村民们的不懈地努力，田妥村的集体经济获得了长足的发展，村民的经济收益也有了大幅增加。

2016年，田妥村总投资397.89万元建设砂石厂、半自动砖厂。目前，这些村办工厂已正式投入生产。砂石厂和半自动砖厂经济收益很不错，2017年产值108万元，2018—2019年年产值突破400万元。工厂建设促进了村民们的就业，先后累计增加就业岗位100余个，实现户均增收1万余元。2017年，田妥村将继续贯彻"党建+"的工作思路，在驻村工作队带动下，村里大力发展第三产业，目前开办藏家乐4家、商店31家、餐馆7家，年均接待游客800余人次，摩托车修理店3家，累计创收200余万元。

2017年田妥村新建高效温室大棚10座。为使国家投资得到有效利用，精准扶贫建档立卡户早日脱贫，村党支部积极争取农牧民蔬菜种植技能培训项目。在昌都市就业服务管理局及县人力资源和社会保障局的大力支持下，在田妥镇党委政府的帮助下，耗资14万元的左贡县农牧民转移就业第一期蔬菜种植培训班在田妥村顺利开班。与此同时，党建扶贫单位昌都市统计局和国家统计局昌都调查队也出资2000余元，采购蔬菜种子10余种，切实解决了10座蔬菜大棚无种子下地的难题，实现增收5000余元。

我现已 70 岁，但我一直坚守着自己的工作岗位，从来没有一句怨言，我认为，干部就应该一心一意为人民群众服务。

（左贡县田妥镇田妥村 罗旦增）

知识改变命运，奋斗成就事业

1978 年，滨达乡央宗村建起第一所中心小学，13 岁的我成为全村第一批学生。1985 年，20 岁的我贷款 5000 元，买了第一辆"解放牌"货车，成为全村第一批跑运输的"个体户"。1987 年，我递交入党申请书，成为村里最年轻的入党积极分子。2012 年，47 岁的我带动村民办起藏鸡养殖场和牦牛短期育肥示范基地，成为全村第一名名副其实的致富带头人。

改革开放以来，我从"文盲"到"学生"，从"个体户"到"领头雁"，从"村长"到"致富带头人"，我在党的富民政策的扶持下，借自己过人的胆识和智慧成为全市"控辍保学"先进个人、"十佳村（居）"干部、第四批自治区文明户。

从"文盲"到"学生"——知识改变命运

我出生于 20 世纪 60 年代，亲历着改革开放 40 年的全过程。改革开放以前，我家 8 口人，每季生产队分粮食，用褡子就能兜回家，我们经常挨饿，天天种田都吃不饱，现在不但能吃饱，而且还吃得好。

记得小时候，每天清晨，村口的喇叭准时响起，村民就匆忙整理好衣物，奔向生产队，统一出工，集体劳动。到了劳动地点，队长统一给男、女分工派活，未满 18 岁的孩子们就派一些拔草等简单的零活。

全村干农活全部靠人力，靠大家一锄头一锄头挖土、一把一把撒种，手上磨出厚厚的茧子是家常便饭，解决不了温饱问题更是常见。这就是小时候生活留给我最深的印象。

1978 年，乘着改革开放的春风，央宗村建起了第一所中心小学，我跟着全村其他 10 余名孩子走进课堂，成为全村第一批学生，开始从"文盲"到"学生"的转变。

我清楚地记得招生报名的前一天晚上，一家人坐在寂静的院子里，沉思了很久。作为家里的长子，父母不太想让我去读书，但在我一再恳求下，最终父母才同意，我也从此踏上了改变自己一生的道路。

那一年，央宗村中心小学只有 10 余名学生，1 名教师，学校除了几十平方米的土坯房外，无其他基础设施。而如今，央宗村适龄儿童入学率达99%以上，中心小学有270余名学生，40余名教师，学校内，电话、有线电视、活动中心等设施一应俱全。从20世纪70年代全村无人上学到21世纪，央宗村中心小学培养了近1000多名学生，其中40余名大学生毕业后参加了工作。

从"个体户"到"领头雁"——改革开放先行者

随着改革开放的春风吹拂着藏东大地，农牧民的生活条件不断改善，村民的思想观念也开始逐步转变，特别是"经商潮""打工潮"的蓬勃兴起，让一些头脑灵光的人萌生了跳出传统农业谋发财的想法。

1985年，我抓住当时农村金融部门主动扶持各种经营个体户的大好机遇，从类乌齐县农业银行贷款5000元买了第一辆"解放牌"的货车，成为全村第一批跑运输的"个体户"。

20世纪80年代，5000元对于老百姓来说是个天文数字，更何况用这笔钱来买车跑运输，不少央宗村村民觉得不可思议。可认准方向，意志坚定的我不怕别人的异样眼光，坚持走自己的路。

当时，从丁青到昌都跑一趟运输，价格大概在600~700元，一年能赚2万~3万元，不但能养家糊口，而且1年内就还完了全部贷款。很快，我就凭借着走南闯北积累下的经历和敢于放胆一搏的勇气，成了改革开放后全村最先富起来的"能人"。

有了像我这样成功者的榜样，央宗村农牧民的目光不再局限于已经"包产到户"的"一亩三分地"，而是把视野投向外面的世界，村里的青壮劳力开始跟着我一起走向县城、市区的建筑工地、服装加工厂等地打工增加收入。

从"村长"到"致富带头人"——提升村民幸福指数

1987年，我郑重向党组织递交了入党申请书，成为村里最年轻的入党积极分子。因工作能力突出，2005年，我被推举为村委会委员，2008年当选为村委会主任，当上了央宗村的"村长"。

自从递交了入党申请书，我时时刻刻严格要求自己，提高自己，不断在学习中、生活中、实践中锤炼自我，升华自我，积极配合村里的各项实施措施、开展各项活动，在政治、学习、工作、生活等各方面发挥先锋模范作用。我觉得，党员队伍是组织为个人提供展现自我的大舞台，是为百姓服务的大好机会。

担任村委会主任后，我就甩掉"农本思想"的束缚，大力发展村集体经济，为民增收致富。面对当时全县无藏鸡合作社先例的境况，嘎洛不分日夜挨家挨户走访做思想工作。面对当时村集体经济几乎为零的窘境，我又向宾达乡政府、县农牧局、天海集团等单位申请项目。2012年，我在天海集团驻村工作队的实际帮助和资金投入下，建设了全县第一个藏鸡养殖场。

养殖场建成后，我亲自管理和经营，带动全村213户通过科学管理、细心的饲养，头一年全村经营总额达 5 万余元,净利润达 1 万余元,进一步壮大了村集体经济,拓宽了群众的增收渠道。

养鸡致富的第一桶金坚定了我的信心,也培养和坚定了我敢闯敢干的精神。同时,周围的人都赞同我办产业,认为我找到了扶贫脱贫致富好门路。经大家商量我们决定扩大产业扶贫规模。2016 年 7 月,央宗村依托林下资源优势、社会服务优势"两大发展优势",在类乌齐县委、县政府的大力扶持下,投入产业资金近 2300 万元建成央宗村千头牦牛育肥基地。村民把弃耕地、弃草地流转到合作社,投身于牦牛产业发展,在享受弃耕地每亩 600 元、弃草地每亩 500 元流转租金的基础上,把耕地、草地、牦牛折算成现金入股,按照入股比例享受分红。兑现土地流转资金 106200 元,户均增收 2124 元。2018 年,央宗村又实施千亩人工种草项目,利用弃耕地和弃草地实施人工种草 800 余亩,低产地人工种草 160 余亩,实现每亩增收 2700 元以上,实现牦牛饲草料供给与调整种植结构增收双赢。

如今,在我的带领下央宗村村民们干劲十足。牦牛短期育肥示范基地采取"养成带幼"(第一年以养殖成年育肥牦牛为主,同时养殖次年或 2~3 年以后可以育肥出栏的牦牛)方针,实现"年年有出栏、年年有效益",形成"种草—养畜—加工"的牦牛产业链,实现年育肥出栏牦牛 1200 头以上,43 户建档立卡户人均收入增加 2000 元以上。

从年人均纯收入不到 1000 元增加到超过 9000 元,从 30 户 150 人到 211 户近 1000 人全部实现脱贫,从全村"文盲"到 40 多名大学毕业生,我凭着一股逢山开路、遇水架桥的闯劲,凭着一股滴水穿石的韧劲,让央宗村发生了巨大的变化,从默默无闻的小村庄到远近闻名的全市文明村。

如今,村里水、电、路、讯、邮、信及广播电视信号全覆盖,人均可支配收入达 9673 元。改革开放 40 年,滨达乡央宗村百姓的生活发生了翻天覆地的变化啊!谈起未来,我曾信心满满地告诉记者:"在中国共产党领导下,在习近平新时代中国特色社会主义思想的指导下,我相信,今后央宗村村民的生活水平会越来越好,人民的幸福指数会越来越高。"

(类乌齐县滨达乡央宗村 嘎洛)

扎根农村,科技开创致富路

我叫邓巴次加,出生于昌都市左贡县中林卡乡,2014 年 7 月毕业于昌都市职业技术学院(中专)后升读函授,2018 年 3 月毕业于西藏大学(函授大专)。

早在 2017 年 5 月，作为一名高校毕业生，我就在拉萨、昌都等地的各个公司就业。但我并不满足于这种安逸的生活，家庭长辈、学校老师的教诲使我明白：学习的最终目的就是要造福一方，要做对身边人有意义的事情！这个信念让我放弃就业的机会，毅然回到农村做一名年轻的创业者、追梦者。

为了将自己这份创业热情延续到底，更为了激发村民们的创业致富热情，我动员返乡农牧民、在家农牧民与其合作创业，一路上跌跌撞撞，四处寻找途径、打听渠道、了解市场，终于在一年半时间里积累了可供创业的知识、人脉。2018 年 5 月，我创办了左贡县中林卡乡左巴无公害蔬菜种植专业合作社，成员出资总额高达 120 万元整。

为理想重回农村

2014 年的 8 月，我满怀青春昂扬的热情，带着一点神气、一点勇气、一点傲气和一点孩子气，回到了这个不太富裕的中林卡乡左巴村。对一个涉世不深的高校毕业生来说，在农村创业将是新的领域，新的课堂。农民于我而言还是一个不太熟悉的群体，因此，我到村的第一件事是就是了解自己的村庄，了解村里的每一条路，每一道沟渠，每一块田地，每一个小组。紧接下来的便是走访农户。我走进农户 35 多户，了解村情，与村民屈膝谈心千余人次，倾听农民心声，并在走访、谈心中，向村民宣传党的大政方针以及惠民政策，为他们创造真正的实惠，谋求最大的发展。除了向全体村民宣传党的大政方针以及惠民政策，我还制定了发展规划和近期急需做好的大事。"有了目标，重在落实。"

靠实干赢得信任

在农村创业，我时刻牢记"让百姓受教育，让群众得实惠，让农村得发展"这一思想原则，认真踏实地开展工作。

首先，我强化调研意识，充分地发挥村情民意调研员的作用。调查研究，是成事之道、谋事之基。搞好调查研究，是大学生能在农村做好工作的前提和基础。我总是细心观察，不断学习，老百姓反映的问题，其中大多数都是有针对性的，在没有搞清楚问题的来龙去脉前，我不会轻易地说谁对谁错，我总是把村民反映的问题记在心里，回来后再慢慢核实。在种植基地忙的时候，我经常跑到种植田里看看秧苗的成长情况。此外，在得知很多村民家中只有老人小孩在家、儿子儿媳外出打工的情况后，我总是卷起裤脚，帮助邻居收割麦子，原本没怎么干过重农活的我手上磨出了很多的老茧和水泡，皮肤也晒得黝黑，但我却没有丝毫的抱怨。周围的村民都连声称赞说："大学生来做这事可真是不容易啊，也不端架子，不错啊！"

左巴村自然条件不错，有很好的发展空间，就是缺少项目引路。我回村后，迅速走进农户，与大家共同研究如何以项目富民强村的问题，我发现，在左巴村，年人均纯收入不足 2300 元的贫困户（除生态岗位）还有很多户，占了全村总户数的很大比例。我决定结合本村实际，与返乡的农民工结对，通过上级扶持及自身出资等形式，办起了蔬菜种植专业合作社，现今，左巴村共有 11 余户参与其中。在合作社创建初期，大家就决定采取新技术栽培技术，但是这需要自身的技术及专业知识水平很高。为此，我多次前往其他县区，学习种植技术。回来后，我不怕苦、不怕脏，又挨家挨户地收购牛粪等原料，自己搅拌做成原生态肥料，大大提高了土地结种率。现在，合作社种植面积达 6 亩，种植基地白菜、青椒、西红柿等农作物以及水果长势良好，年收入达到 12 万元，吸纳劳动力 15 人，预计 2020 年能兑现务工费 30000 元左右，帮助了 15 户贫困户实现增收。我常常对自己说，要想带领农民致富，首先我们年轻人要做好榜样，不仅仅是自己的收入，还要力争带动整个村的经济发展。

我年轻活跃、干劲十足、主动作为。为确保左贡县各校师生吃上放心的酥油，我前往玉树囊谦牧区购买纯酥油，让师生吃得放心。目前，我在为左贡县 21 所学校的师生提供酥油，确保了各学校师生的身体健康，为大家的生活安全提供坚实保障。

面对取得的一点儿成功，我感到肩上的担子更重了。自己只是取得了初步的成绩，离成功还很远很远，只有更加的努力工作，做出实实在在的成绩，才能对得起村民的信任，对得起家乡父老的期待，才能对得起自己。

我对周围的人说，在农村这片广阔的热土上，如果仅以狭隘的视野来剖析它的肌理，只会让种植基地的发展陷入瓶颈。我们要做的是努力寻觅适合本村实际情况的发展路径，并且要随着时间和空间的变化而变化，立学立行。对我来说，生产发展、生活富裕，离不开科技的扶持；乡风文明、村容整洁、管理民主，离不开文化的浸润。不论是科技还是文化，都是现今农村最为匮乏的资源，这条路，任重而道远。

展望农村芳草路，无边花柳正含春。在创业的这条路上，我总是心怀希望，积极进取，以科学发展为统领，以新农村建设为目标，以为民谋利益为根本，拟好新的一季度的工作计划。以朝气勇气灵气，凭信心决心恒心，走好每一步，用青春激情在黄土地上写下豪迈的誓言：传好接力棒，做好新一代的"农村人"！

我自 2018 年 5 月从昌都市左贡县中林卡乡返乡创业，创建专业合作社，现担任左贡县中林卡乡左巴无公害蔬菜种植专业合作社法人。作为一名返乡大学生，我下定决心把一腔热血洒在家乡，通过自己的努力成立左贡县中林卡乡左巴无公害蔬菜种植专业合作社。一直以来，在我的带领下，合作社正常运营中，发展势头强劲，率先走上致富道路。

左贡县中林卡乡左巴村离县城较远，当地的人们文化程度较低，思想比较落后，先进的技术设备不会用，人才紧缺，这是我创业过程中首先面对的情况。作为合作社负责人，我担负着带领大家共同致富的重大责任。上任后，我以身作则，从自身做起，严格要求自己带动全村人员进行学习，提高思想素质和技术能力，增强理论水平，提高帮富致富的能力，同时把团结作为凝聚力量的前提，坚信团结出战斗力，坚持做到办事公正、处事公平、要事公开、充分体现村民自治和村民参与，增加工作透明度，消除隔阂和疑虑，赢得群众的理解和支持。

我担任左贡县中林卡乡左巴无公害蔬菜种植专业合作社法人兼致富带头人后，把改善民生作为首要任务，不断摸索如何提高群众的生活质量。在县、乡、驻村干部帮助下，以及在个人的努力下，通过发展产业的方式解决左巴村贫困户群众的就业难、致富难问题。自合作社成立以来，为了能够真真正正帮助贫困户群众发展致富，不让合作社成为一个"花架子"，没有技术员，我就开始自己拼命学，多次找有经验的老板、老师，向他们求教；同时，通过自己的努力，找销路，寻找资金支持，通过个人东借西凑，积累发展资金，促进生产。在我的带领下，全村11余户参与其中，成员出资总额高达120万元，村建档立卡贫困户11户共88人获得收益，实现转移农村劳动力就业6人，每人获得工资收入1800元。

在左巴村担任左贡县中林卡乡左巴无公害蔬菜种植专业合作社法人兼致富带头人期间，有辛酸也有苦楚，但更多的是得到了磨炼，收获了群众的信任。这种信任，让我感动、让我留恋，同时也让我的人生从此增添了一份宝贵的财富，坚定了我带领全村群众砥砺奋进的决心。

（左贡县中林卡乡左巴村 邓巴次加）

勇挑重担，团结协作共圆致富梦

我是加桑卡乡边普村党支部书记、村委会主任拉瓦，1996年7月加入中国共产党。作为一名共产党员，我发挥自己的先锋模范作用，带头创业，带领全村群众致富，用自己的实际行动，赢得了全村村民的信任。

解放思想，发展民族产业创建经济合作社

我创办了第一个属于边普村自己的合作社。边普行政村位于加桑卡乡西南角，距乡政府20公里，全村共44户328人。过去，由于这里地处偏僻，村情较差，不仅集体经济薄弱，群众发展经济意识也不强，经济收入水平较低。我在担任村委会班子成员后，内心深处积蓄很大的发展愿望，经常埋头在村委会图书室阅读有关经济发展和农牧科技之类的书籍，努力开阔自己的眼界、解放自己的思想。功夫不负有心人，终于，2018年我积极响应国家精准脱贫发展经济的号召，结合国家的惠农政策，办起了藏式服装制作加工合作社，放眼边普村历史，这是第一个真正属于农民自己的合作社。

我用实际行动带动身边人走上致富路。说起办这个合作社，我至今还深有体会。一个人办这个合作社，不仅仅需要有一种勇气和胆量，更要品尝许许多多别人难以体会的艰辛，经受住一切困难和考验。起初，由于边普村存在一些陈规陋习等原因，群众"等、靠、要"思想还是比较严重，对于能够成功办起这个合作社，真正让群众增收致富，真正让边普村能够"走出去"的计划，一些村民都对我投以怀疑的目光，以种种借口推辞，不敢轻易跟我一道投入到合作社的建设当中来。有时候，为了把那些家中劳力少、真正困难的群众拉入到合作社当中，我经常去给他们做思想工作，一次不行，两次，两次不行就三次，我也不知挨过多少人白眼，面对多少嘲笑。我不厌其烦地一遍一遍地给他们讲解党的惠民政策，讲解合作社的重要性，讲解村里发展经济的重要性。我要让每一个村民都知道这一切是和他们的生活息息相关的，我们是一个集体，是一个大家庭。村子的发展关系到每一个人的未来。最终，一些村民被我的真诚感动。

我充分利用政策优势开办村集体经济。由于乡党委、政府和驻村工作队也在关键时刻予以了我大力支持，深入到村民家中宣传讲解党和国家的支农惠农政策和合作社的发展前景等，一些村民才陆陆续续加入到合作社来，"一根筷子可以轻易折断，但十双筷子却很难折断"。这才有了现在30户村民参与到合作社并成功注册，20万项目资金也全部到位，我也当选为合作社法人代表。

刻苦钻研，依托民族产业壮大经济合作社

我注重个人提升，强化自身素质水平。信息化时代的到来让我不知所措。以前都是存折取钱，现在是转账支票，我什么程序都不知道，也不知道怎么去办理，更不敢找工作人员问，怕被人笑话。但资金的落实必须是合作社法人代表亲自到财政局和农行办理。手中的转账支票就像一本天书，支票认识我，而我不认识支票，不知道如何去利用支票。通过对政策法规的学习，在乡财务人员的帮助指引之下，我这才成功地办好了支票手续，买到了设备，并将设备运到合作社成功安装运行。

我努力钻研技术，大力降低维护成本。由于自己不懂设备和维护技术，一开始生产就很不顺，出不了产品，出的产品有时也不合格，机器也三天两头出故障，严重影响合作社的运营。面对这一困难，我就托驻村工作队帮我收集整理关于缝纫机等设备的维修和保养之类的藏汉双语书籍，自己加班加点自学，加上我敢于"摸着石头过河"的冲劲，机器设备最终在我手里可以正常运转。有时候合作社缺少日常用品了，我就从家里带日常用品去合作社，做好合作社的后勤工作，全力确保合作社的正常运转。

我舍"小家"顾"大家"，发挥先锋模范作用。我坚信如果合作社这个"大家"建设不好，那么"小家"就只能勉强度日，永远也不会真正地发家致富。衣服做出来了，那么怎么去卖、去哪里卖，又成了我的头等大事。顾客不可能找上门来买，我常常独自一人走出去，带好成品服装，到类乌齐镇、县城，到青海省囊谦县城，通过摆地摊的方式向过往人员推销自己的产品，一个县一个县地跑，几个星期甚至更长时间也不能回一趟家。我们坚持长期在外宣传我们合作社的产品，同时，我还将合作社运转情况和产品服装通过微信、QQ等现代传播方式广泛宣传,将自己的产品介绍出去,打通了一条销售渠道,让更多的人了解我们的产品、认可我们的产品。

步步为营,壮大民族产业带动经济发展

事虽难,做则必成;路虽远,行则将至。在我的积极倡导和带领下,注册的类乌齐县阿克卓吧林产品加工采集农民专业合作社现有规模逐步扩大,参与群众30户(建档立卡户),机器设备6台,占地300平方米,培养专业技师5人,平均每天制作藏式服装7套。2018年10月底到12月初,合作社在短短两个月的时间盈利10万余元(现金交易7.5万余元,微信、支付宝交易2.6万余元),在春节和藏历新年前后,陆续接下200余单,步入良好的发展轨道。

(类乌齐县加桑卡乡边普村党支部书记 拉瓦)

情系桑梓,脱贫路上勇担使命

丁青县安通客运有限责任公司主要经营客运、出租、物流货运、特色产品销售、建筑施工等。在党的惠民政策支持与帮扶下,丁青县安通客运有限责任公司在几年内得到迅速成长,已成为昌都市11县区内所在行业龙头企业。作为公司负责人,我一直致力于开展"百企帮百村"精准扶贫与民族团结进步事业活动,使公司的影响力不断扩大,在丁青县乃至昌都市都起到了示范引领作用,也得到了当地群众的一致好评。正如丁青村布拉央宗所说:"致富也没有忘记我们这些生活困难的乡亲们,他是我们心中的榜样,今后我们也要向他学习,努力靠双手把自己的生活经营好,不给党和政府添更多的麻烦。"

"少一些锦上添花,多一份雪中送炭",这是我一贯的帮扶思路。"吃水不忘挖井人,饮水思源。现在公司在一步一步发展壮大,这得益于党的惠民好政策,也得益于县委、县政府的正确领导,大力支持民营企业发展的一系列举措",这是我常常给乡亲们讲的一句话,虽然朴实但这是绝大多数民营企业的心声。

近年来,作为公司负责人,我一直响应党的号召,通过公益帮扶,捐资助学、医疗救助、解决当地农牧民就业、拓宽就业增收渠道等形式多样的"百企帮百村"帮扶活动,总投入达493.85万元。我用实际行动践行勇担社会责任的时代使命,在脱贫攻坚、维护民族团结、乡村振兴方面做出了积极的贡献。

情系桑梓,扶贫救困

从丁青县启动脱贫攻坚以来,民营企业成为脱贫攻坚中的一支重要力量。安通客运公司主动坚持履行社会责任,勇挑重担,成为脱贫攻坚中的中坚力量之一。

丁青镇仲伯村建档立卡贫困户要搬新家,我了解到这一情况后,为切实改善部分建档立卡贫困户搬入新家而"家徒四壁"的局面,及时从拉萨订购一批家具,在搬家前将家具送到建档立卡贫困户手中。此次帮扶活动,我们共为丁青镇仲伯村 10 户建档立卡贫困户送去藏式沙发、藏式床、藏式柜子等价值 16 万元的家具。

2020 年春节来临之际,为让贫困群众感受到社会大家庭的温暖,帮助贫困群众过一个快乐祥和的节日,公司深入丁青镇丁青村开展节日慰问活动,为丁青村 80 户贫困户群众送去 160 袋大米、80 桶菜籽油等价值 3 万元的生活物资。2020 年 1 月公司为丁青镇、协雄乡两个乡镇 12 个村(居)115 户困难群众送去 460 袋大米、115 袋面粉、230 桶清油、115 箱挂面等价值 11 万元的生活物资。

我积极响应昌都市工商联组织的全市"百企帮百村"公益捐赠活动,为助力昌都市部分县区顺利脱贫,发扬"厚德丁青 手足情深"的大爱精神,自发捐出人民币 10 万元,切实把琼布丁青的"手足情、厚德爱"传输到兄弟县的藏东儿女们心中。

2021 年 1 月,公司为丁青县敬老院 200 名老人定购 7 万元的防寒服,送去了企业的关怀与爱心;在春节藏历新年来临之际,为当堆乡 5 个村 50 名建档立卡贫困人口,送去了 5.6 万元的生活物资。

情系教育,扶贫先扶智

俗话说:再穷不能穷教育,再苦不能苦孩子。这是我经常向家乡的父老乡亲提起的一句话。自 2015 年起,我规定公司每年对乡村困难家庭学生发放 30000 元助学金,坚持鼓励学生积极学习,以实际行动教育学生懂得感恩,以后做一个对社会对国家有用的人才。从 2019 年起,我又将助学金增加到 60000 元。我们每年都会出资组织丁青镇辖区内的学生举办丰富多彩的乡村学生聚会活动。自 2015 年起,我一直坚持开展教育帮扶活动,截至目前在教育帮扶上面投入资金累计达 24 万元,累计帮扶贫困学生 200 余人,其中 100 余人已大学毕业,部分已走上工作岗位。我们每年组织丁青镇贫困生开展朗诵、唱歌跳舞、讲故事等形式多样的活动,搭建平台挖掘学生潜力,让学生之间互相认识、帮助、交流,共同学习进步,增强对伟大祖国、中华民族、中华文化、中国共产党、中国特色社会主义的认同感、自豪感。在一年一度的小升初考试中,为保障广大考生及时赶考、安全出行,我们选派车况性能好的出租车及驾驶技术优、服务意识强的出租车司机,自发组建爱心车队,发动 18 辆出租车连续两天免费接送考生及家长。

就业扶贫,激活"造血"功能

安通客运有限公司在我的科学经营管理下,不断健康发展;同时,我们也紧紧围绕脱贫攻坚工作,在就业扶贫上做出了努力。通过技能培训、思想教育、开发岗位等方式,我们不断引导农牧民群众解放思想,通过双手实现增收致富。我们开发企业就业岗位 100 余个,目前每年在我的公司各行业实现稳定就业的当地农牧民共有 63 人,每月平均工资达 6000 元左右；每年在建筑施工期，积极吸纳当地农牧民转移就业人数 60 余人；开展岗前技能培训，拓宽就业渠道，每年增加群众劳务收入可达 128 万元；专门聘请老师，组织夏拉村 27 名青年村民投资 1.5 万元开展国家通用语言培训，增强他们与外界藏汉双语沟通能力，拓宽就业渠道。

交通扶贫，群众出行有保障

在了解夏拉村几个村道路年久失修的情况后，我组织公司员工用时一个月免费对丁青县协雄乡夏拉村二组开展了平整、修缮道路以及重新修建危桥等无私援助活动。此次援助活动耗时 13 天，动用机械设备 2 台，工作人员 10 余人无偿为夏拉村二组修缮平整道路 2.5 公里，修缮加固危桥 1 座，耗资约 85000 元，为夏拉村二组各火自然村、西日自然村、斯通果自然村以及东珠自然村共计 27 户、230 余人的出行安全提供了保障，进一步提升了出行便捷度，从根本上摆脱了老百姓出行"晴天一身土，雨天两腿泥"的现状。

对丁青镇茶龙村未脱贫的建档立卡户崩塔家开展帮扶。我了解到该村民一直未解决住房问题，在相关单位的扶持资金不足的情况下，我出资 5000 元，帮助他修建了一所房屋，妥善地解决了他们一家人的住房问题。

2020 年 11 月，我作为丁青县总商会的执行会长，在县工商联的倡导下，带头组织总商会会员企业捐资 16.4 万元援建 4 个丁青县环卫工休息室。我作为丁青县总商会成立后组织会员企业做的第一次公益事业，体现了会员企业的社会责任担当，在丁青县民营经济人士中起到了表率作用。

这一件件、一桩桩助力脱贫攻坚、守望相助的帮扶事迹，是我作为公司负责人承担社会责任的一个缩影，我们在用实际行动数年如一日续写了"致富思源，富而思进"的扶贫故事。

（丁青县安通客运有限责任公司总经理　次仁扎巴）

4 第四篇
脱贫攻坚中的奋斗者

　　以习近平为核心的党中央提出脱贫攻坚的战略决策,目的是在中国大地上消除贫困,让生活在中华大地上的各族人民过上幸福生活。这一战略决策,是中国特色社会主义体制的重要内容和根本目的,是由中国社会主义的根本性质决定的;是建设富强、民主、文明、和谐社会主义现代化国家的基本条件和根本要求;是新的历史时期实现中华民族伟大复兴,实现中国梦的唯一且有效的途径。正因为此,脱贫攻坚战略决策一经提出,就赢得了广大民众的热烈拥护和坚决支持。昌都市也和全国一道,在市委市政府的带领下扎实有效地展开了脱贫攻坚工作。昌都各地广大民众在时代的浪潮里寻找自己的致富之路。

　　在广袤的昌都大地上,获得国家惠民政策支持的贫困民众,在当地政府的鼓励、支持、引领、帮助下,不断地转变陈旧的思想观念和生活方式,在时代风气的引领下,不遗余力地探索适合自己发家致富的生活道路。这些平凡但淳朴的人们,这些曾经因为生活的贫困而倍感压力的人们,在来自社会各方力量的帮助下,逐渐开创出适合自己的生活道路。在奔向小康的道路上,他们看到了越来越光明的前景。

　　他们有的人开始改掉了以往不良的生活习惯,决心开启新的生活模式,靠自己的辛勤劳动换取甜蜜的生活果实;他们有的人虽然身体残疾,但并不气馁,冲破重重障碍,

我 和 我 的 扶 贫 故 事

寻找自己力所能及的工作去改变不景气的生活；他们有的人依靠一技之长，继承传统手艺，在传统手工艺制品的制作中，获得经济效益，不断提高生活水平，实现人生价值；他们有的人充分利用国家惠民政策提供的条件和创造的机会，敏锐地捕捉创业商机，迅速走上了发家致富的道路；他们有的人则通过做一些小本生意，逐渐改变生活处境……他们正在利用自己的智慧和能力开辟着前所未有的生活道路，正在以崭新的形象行走在古老大地的山河之间、草原之上。他们是新时代的幸运者，也是新时代的创造者，同时也是新时代的见证者。

这些原先生活在水平线以下人们的生活境况的彻底改变，切头地体现了社会主义制度的优越性。同时，也正是他们生活水平的不断提高，才深刻地体现了我们国家脱贫攻坚战役的巨大胜利。他们的贫困状况的改变，还充分证明了伟大的中国共产党能够领导中国各族人民，找到适合中国国情的发展道路，更证明了中国人民能够用自己的智慧和能力解决任何难题，让社会主义中国走向富强民主、繁荣昌盛，实现伟大的中国梦。

转变观念，新思想带来新希望

2015年，我被纳入长毛岭乡木尺村建档立卡贫困户。如今，我靠着勤劳的双手，脚踏实地勤恳工作，奋斗出了自己的幸福生活，成为村里名副其实的手艺工人、脱贫示范户、致富带头人。我家住长毛岭乡木尺村，这里是牧区，自然环境不如农耕地区优越，生活条件艰苦。我全家共有11口人，我和妻子还有妹妹都已到花甲之年，体弱多病没有劳动能力，家中也没有牦牛、羊等牲畜，家庭负担非常沉重。一家仅靠我的儿子和儿媳工作养家维持生计，一大家人的日子过得本来就紧巴巴的，后来儿媳因为劳累过度经常生病，这让我们又失去一个劳动力，一家人的处境雪上加霜，一度陷入异常艰难的困境。脱贫攻坚工作的展开，为我家生活处境的改善创造了条件和机会。

扶贫必扶志，点燃脱贫希望

乡上和村里的党员领导干部了解到我家的贫困情况后，第一时间把我家确定为贫困户，并且告诉我："你儿子很年轻，只要有生活的希望和奋斗的信心，生活就一定会慢慢好起来。"但我最初情绪十分低落，甚至认为：贫困户就是多拿一点救济金，我家这样沉重的负担，这样艰难的生活又有谁能扶得起，又有多少救济金能救得了人。我把帮扶干部的安慰丝毫没放在心上，长期沉浸在消极的情绪之中。但是乡上和村里的党员领导干部却始终坚持不懈到我家里来"家访"，向我和我的儿子赤列曲加宣传扶贫政策。我是一个本本分分的好牧民，有着传统牧民憨厚朴实、勤劳肯干的性格，在生活意外的接连打击下，虽然有时沉浸在消极的情绪中，但是我的内心还是有着对美好生活的渴望，还有着要为家人的幸福生活尽一份力的责任和担当。村里的党员干部就是真切地看到了这一点，才没有放弃我。他们拿最近几年附近村子和本村脱贫致富的典型案例向我介绍。虽然开始的时候，我心里有些抵触，但慢慢地，我从村党员干部所讲的故事中体会出，脱贫不能坐以待毙，不能怨天尤人，不论怎样，自己不努力是永远不会被扶着脱离贫困的。因此，慢慢地，我的思想开始产生了转变。后来，就连我自己也开始对基层帮扶党员干部真心诚意地说："贫困不是啥光荣的事，现在国家政策积极推进全面建成小康社会，自治区各级政府又有大量惠民、利民、富民配套政策，但是这些都不能扶着我脱贫，最根本的问题是，自己要站起来，不能总在过去的阴影下打圈圈。"

的确，身处社会主义建设新时期的普通老百姓更应该自力更生，不能在家坐享其成，依靠别人的帮助过活，别人给的始终没有自己劳动得来的心里踏实。一定要靠自己勤劳的双手，在这个大好的时代里，充分把握党和政府提供的难得机遇，实现自己脱贫致富的"小梦想"。于是，解决了思想问题的我，彻底走出了原来的消极情绪，在脱贫路上，迈开了努力致富的脚步。我在空闲时间里，自己主动找工作，靠打零工增加收入，希望早日脱贫。但是由于我文化水平低，又缺乏必要的手工技能，因此工作很不好找，只能在乡里周边打打零工，干干杂活。但是我一不怕苦、二不怕累，只要自己能做的工作，我从不挑三拣四。搅拌水泥的工作又脏又累，添沙、倒灰、加水、推车，一刻也不能停顿，稍有耽误，大工就会呼唤训斥。一天下来，我浑身都是水泥点子，有时候身上、手臂上的皮肤还会被水泥灼伤。但即使工作再辛苦，我依旧坚持每天按时到工地，从不无故缺工、矿工。我常常鼓励自己，"现在，趁着身子还算硬朗，多干点活，多挣些钱，就能少给国家添些负担"。

在国家扶贫政策的支持和乡镇府以及驻村干部的帮助下，我参加了县人社局组织的为期15天的脱贫专项技能培训，同时参加各种扶贫政策宣讲会。我在较为全面地了解到扶贫相关政策的同时，也学到了如何维护自身合法权益的基本知识，既增强了就业的本领，又具备了保护自己合法权益的能力。在村干部组织贫困户参与集体无偿劳动时，我也积极配合，并组织村小组群众全力参与，我总是率先示范，以身作则，随叫随到，从不耍小聪明，时时刻刻能够从大局着眼，从集体的利益出发，在自己努力脱贫致富的同时，也不忘为集体、为大家贡献力量。后来，在政府的帮助和自己的不断努力下，我较为系统地学习了建筑技术，并已初步具备了普通建筑工人的施工水平。因为为人勤恳，质量可靠，价格公道，渐渐地村民们都来请我修缮房屋，这样我的收入也就有了显著提高，生活也慢慢得以改善了。

2017年，我给自己家盖了水泥房，也是木尺村第一座水泥房，家庭居住环境得到很大程度的改善。看着崭新的家，生活的希望又从我的心里重新燃起。

产业帮扶，铸就创业根基

2019年，在政府的帮助下，我的儿子赤列曲加等5人合作创建了一家农牧民合作社，通过政府的惠农信贷政策，每人贷了5万元的小额贷款，用于购买专业设备。合作社的建立为我家的脱贫致富找准了新门路。"当贫困户一点都不光荣，我还很年轻，我不想一直戴着贫困户的帽子。"我的儿子赤列曲加也是这么说的，更是这么做的。我们父子两代人，都鼓足干劲，努力奋斗，不怕苦不怕累，依靠党和政府的好政策，积极发展合作社，现在每年每人收入达到3万元左右。赤列曲加幸福地说道："感谢党和政府让我们家在最困难的时候看到了生活的希望！感谢党和政府的基层党员扶贫干部对我们贫困户无微不至的关怀！"我也会带着一颗感恩之心，帮助其他乡亲们早日脱贫致富，努力成为创业致富带头人，用"脱贫致富一个都不能少，全面建设小康社会一个都不能落"的坚定决心，向党和政府交上一份满意答卷！

（类乌齐县长毛岭乡木尺村　多仁）

夫妻学艺开餐馆，自立自强话脱贫

随着西藏自治区 2020 年脱贫攻坚决胜全面小康工作的不断推进和深入，类乌齐县类乌齐镇尼扎村贫困群众知贫后勇、奋起直追，积极响应党的号召——"撸起袖子加油干！"，争取脱贫致富，奔向小康。在西藏自治区各级党委和政府的帮助下，在类乌齐镇尼扎村干部和驻村工作队的带领下，村民们动脑筋、找办法、寻出路，全力拔穷根、摘穷帽，争当脱贫致富带头人。我和丈夫经过不懈的努力，过上了幸福生活，还被推选为脱贫摘帽的典型代表。

冬日的暖阳透过甲热神山照进热闹的餐馆里，此时顾客们正三五成群，一边吃着可口的"布图"，一边喝着香甜的酥油茶，幸福地畅谈着生活中的点点滴滴。每当这个时候，我和丈夫就在餐馆忙碌着，这家藏餐馆的故事，就是我们一家勤劳致富的真实写照。

我们家住类乌齐县类乌齐镇尼扎村达弄自然村，一家 3 口人，家中有 1 个孩子正在学校读书。在纳入建档立卡贫困户之前，家庭的生计仅靠我的丈夫伍金旦增外出打零工来维持。家庭经济收入不仅单一，而且极不稳定。有时赶上用工高峰，收入还可以，然而一旦遇到淡季没有零工可做，家里的境况就变得非常窘迫。在 2016 年年初，我们一家通过向类乌齐镇尼扎村村委会递交纳入建档立卡贫困户申请，按照贫困户纳入流程及各项审核，顺利纳入到了建档立卡贫困户，并入住到了类乌齐县桑多新区易地搬迁点。党和政府的关怀让这个困难的家庭得到了保障。我们夫妻俩为人憨厚朴实，但心里都有一股子自立自强的劲儿，我们俩经常互相激励说："成为贫困户并不是一件多么光荣的事情，这是党和国家对我们的关怀和照顾，现在党和国家的政策这么好，我们普通老百姓更应该自力更生，不能在家坐享其成，要靠自己实实在在的辛勤劳动来撑起这个家。"

面对困难的家庭状况，我们俩一直谋划着通过学一门手艺来改变现状，希望依靠勤劳的双手实现脱贫致富。2018 年，在当地政府的政策帮扶下，我们俩获得了去拉萨市学习藏餐厨艺的宝贵机会。俗话说"三十不学艺"，人到中年再想从头学门手艺并不是件容易的事。许多较为基本的操作方法和制作技巧，年轻的学员很快就能掌握，而我们俩学习的过程并不顺利。然而，我们并没有气馁。我们俩互相鼓励，互相指导，总是互相说："党和国家的政策已经把我们扶上马了，难道我们连抽鞭子都还要人教吗？"果然功夫不负有心人，我们俩最终通过自己踏实的作风、严谨的态度、百折不挠的毅力获得了藏餐厨艺老师傅的认可，最终学到了可以小有作为的一技之长。

然而，就在我们俩厨艺学习期满正准备大展拳脚的时候，又一个难题摆在了我们面前。巧妇难为无米之炊，想让大家尝尝自己的厨艺，总得先要有个店铺啊！可是无论是租用店面，还是购置房屋都需要一笔不小的开支，而在拉萨学习厨艺期间，我们俩几乎倾尽了自己仅有的积蓄。就在我们俩一筹莫展的时候，事情迎来了转机。村党员扶贫干部在深入走访时得知了我们面临的这一困难，第一时间向镇里相关部门上报情况。没过多久，镇、村两级扶贫干部迅速来到我们家，围绕我们家的难处，在我们最需要帮助的时候，又一次带来了国家的相关惠民政策。村党员扶贫干部向我们俩用最简明的话语解释说："在脱贫致富路上，老百姓只要是想努力脱贫的，总会在最需要帮助的时候找到国家的对应政策，国家助力脱贫，是全员脱贫、全程脱贫，老百姓一个都不能少、好政策每阶段都必须有！"于是，我们俩在镇、村党员扶贫干部的全力帮助下，通过国家精准扶贫小额信贷政策，向农业银行贷款4万元。后来，"类乌齐镇椰秀央阔藏餐馆"就顺利开业了。此后，我们开的这家藏餐馆就成了镇上居民有事没事都要去喝一杯甜茶的好去处。

餐馆开业后，我们俩靠着真诚的为人和精湛的厨艺，赢得了镇上乡邻的好口碑，人们都乐意到我们的餐馆来吃饭。餐馆生意红红火火，仅用一年时间就还清了全部贷款，并为来年改善经营环境积累了一定资金。我们俩通过勤劳的双手，通过勤勤恳恳的劳动，已经实现家庭年收入从以前的不到2000元，提高到了如今的4万多元。我的丈夫伍金旦增说："以前一直在打零工，家里草场面积不大，想靠传统放牧改变生活希望不大，只能靠着农闲时打些工赚一点儿生活费，这些收入不多，也不稳定，生活根本没有保障。自从在国家政策支持下，学了手艺、贷了款、开了这家餐馆之后，家里的经济情况有了翻天覆地的变化，生活条件得到了极大的改善。现在的生活，不仅靠自己的诚实劳动可以让家庭脱贫致富，更能为镇上居民提供便利，感觉自己的生活很有意义！"

如今，已经脱贫的我们俩对未来充满信心，从原先的贫困户转变成了尼扎村的致富带头人，我们俩会时时不忘"脱贫攻坚，一个都不能少！"的号召，常常在料理餐馆的闲暇之余主动走访帮扶村里的贫困户，并结合自身脱贫的真实案例，积极劝说村里的贫困户。我们俩用自己的行动向正在脱贫路上努力前行的人说明：要充分相信党的好政策，学好党的好政策，用好党的好政策，更要对得起党的好政策，要想从根本上脱贫致富就要奋斗，要自力更生，不能在家坐享其成，只要扎扎实实学技术、认认真真学政策，相信在党和国家惠民、富民政策的指引下，我们全天下老百姓未来的日子都不会差！

（类乌齐县类乌齐镇尼扎村建档立卡户 四郎德吉）

砥砺前行，有梦想就有未来

我叫仁多，是类乌齐县长毛岭乡曲格村的一名普通牧民。家中共有10口人，其中两名是残疾人，家庭经济负担比较沉重。2015年以前，家中生活非常艰苦，居住条件非常简陋，就连最基本的口粮也无法保障，常常为温饱发愁。在这种条件下，家中老人看不起病，小孩上不起学，只能勉强度日，我对幸福的生活不敢有半点儿奢望。我是个本本分分的牧民，家中祖祖辈辈始终秉承着勤劳俭朴、吃苦耐劳的品格，安守着作为牧民的本分，坚守着大山、仰望着大山、依靠着大山，过着清贫的日子。

因常年在家务农，缺乏必要的生产知识和致富技能，家中经济负担沉重，又没有其他固定经济收入来源，在2016年，我成为享受国家精准扶贫政策的帮扶对象，被识别为曲格村一般贫困户。村委会党员干部对家中情况进行深入走访摸底后，指出主要致贫原因是缺乏基本的技能和必要的资金。自识别为一般贫困户以来，帮扶干部经常到我家进行走访，交心谈心，为我们讲政策、引技术、发资金、送温暖，不是亲人胜似亲人。2016年，在党和自治区政府惠民、富民的政策带动下，在村党员干部们的全力帮扶下，怀着对幸福生活的无比憧憬和渴望，我主动向党组织报名并申请加入了中国共产党，成了一名共产党员。作为一名共产党员，我以身作则，本分做人、踏实做事，自觉学习党的各项惠民政策，希望用自己勤劳的双手实现脱贫致富。2017年，我积极报名并参加了县政府组织的精准扶贫技能培训项目。我参加的是该项目中的厨师培训班，在乡政府相关部门的精心组织和安排下，在各位专业老师的全面指导和培训中，通过集中授课、实地观摩、讨论交流等多种方式学习相关技能。这次专项技能培训使我受益匪浅，不仅学到了专业技能，更极大地转变了我落后的思想观念，从根本上为脱贫致富做好了思想观念上和技术能力上的双重准备。经过几年的努力，我从一名只会放牧的传统牧民，变成了县里小有名气的大厨，农忙时节帮助家里放牧，农闲时节就去城里做厨师打工。靠着党和政府惠民政策培训的技术和自己吃苦耐劳的品格，很快就使家庭经济情况有了明显改善。伴随着我们全村实现了脱贫致富，村民的生活发生了翻天覆地的变化，这一切都要归功于伟大的党！是党的好政策让我们有了新房子，让我们有了新生活，让我们对未来的幸福生活又燃起了希望！从此再也不愁吃、不愁穿，老人的医疗、孩子的教育、全家的住房都有了可靠的保障，这一切来之不易，全家人都坚信，在党的正确指引下，在各级政府的全力帮扶下，老百姓的生活一定会越来越好!

  我知道,仅仅被动依赖好的政策是无法从根本上解决贫困问题的;要真正摆脱贫困实现富裕,要在充分依托党和国家好政策的同时,踏踏实实地用自己辛勤的汗水和有力的双手脱贫致富。就像习近平总书记说的那样:"幸福是奋斗出来的!"在扶贫政策的激励下,原本对致富没有信心的我,在尝到甜头后,萌生了一个更为大胆的念头。我不再满足于眼下的脱贫,要在兼职打工的基础上实现质的飞跃,要通过自己创业、通过自己努力奋斗,彻底实现从脱贫到致富的巨大跨越。从这个念头在我心中产生的那一刹那开始,我想要自主创业的渴望就变得越来越强烈,干劲也越来越足。我知道,伟大中华民族的"中国梦"是由一个个普通中国人的"中国梦"组成的,在党的正确指引下,在各级政府的大力帮扶下,作为中华民族普通一员的我,从贫穷到温饱,从温饱到致富,就是我的"中国梦"!为了实现这个梦想,我克服了种种困难,得到了政府相关部门和很多热心朋友的帮助。在此过程中,自己没有满足仅掌握厨师这一项单一技能,又对房屋装修这项新技能进行了深入的摸索与学习。在结合自身条件和地区实际的基础上,本着就近就业、增收创收的原则,在类乌齐县委县政府、县人社局及相关部门的关心和扶持下,我终于在2020年4月创立了房屋装修"吒儿那"实业责任有限公司,并担任了该公司副总经理,通过自己的不懈努力,不断扩大企业规模,充分了解并掌握全新的生产技术和企业管理方法。在企业发展壮大过程中,我从自身经验出发,始终将技能培训放在首位,利用45天时间对29位新员工进行了技能培训。培训以讲解政策、实地操作、交流探讨等方式为主,实现了企业综合素质与员工个人技能的全面提升。企业的发展壮大,不仅带来了自己个人收入的增加,更积极回报地方社会,带动我村29名村民实现了充分就业。在就业中助力扶贫,在扶贫中转变观念,在转变观念中推动就业,从根本上实现了以政策为依托,以地区发展为导向,以扶贫脱贫为动力,以共同致富为目标的地方经济社会发展的良性循环。在实实在在的增收数字面前,村民们彻底转变了自身的落后观念,积极学习并掌握房屋装修等全新技能。曾经参加技能培训的29名村民,现人均月收入已达到2500元。

  我坚信,在党的正确指引下,在各级政府的大力帮扶下,通过我们大家的不懈努力,我们的生活变得越来越好,让群众在幸福的新时代里,发自内心感党恩,坚定不移跟党走!

(类乌齐县长毛岭乡曲格村 仁多)

白手起家，小作坊撑起致富梦

我出生于田妥镇亚中村一个农牧民家庭。一位看似普通的农牧民家的汉子，却正在建设新农村的征程上高歌猛进，正在脱贫攻坚的道路上开拓着属于自己的天地。虽然是农牧民家的孩子，但我凭自己良好的素质和过人的胆识，敢想敢做，用自己的青春与智慧书写自己亮丽的人生篇章，以我不平凡的人生奋斗轨迹充分展示农村群众的致富信心。

我从小生长于地处318国道沿线的亚中村。成年后走上社会时，一开始并未找到适合的工作，只是零零散散地帮他人做一些小工，挣一些零花钱贴补家用。我们一家四口一直过着半农半牧的生活，没有自己的房子，只能寄居在亲戚家土木结构的小房子里。由于山里交通不便等各方面条件的限制，家里时常断水断电，整个生活质量很是低下。一家人没有固定的生活来源，主要是靠挖虫草和偶尔外出务工维持生活，日子过得十分拮据。

2017年，我们一家人搬进了易地搬迁的120平方米的新房子；也是2017年，我们一家摘掉了建档立卡贫困户的帽子，还获得了左贡县颁发的"脱贫先进个人"荣誉称号。是什么让我们的生活发生了如此巨大的变化？追根究底，在于党和政府的大力支持，在于党和政府的惠民政策，在于我们的积极进取、不懈奋斗。

2015年，在党和政府的关心支持下，我们一家被纳入精准扶贫户，我和妻子邦宗被纳入生态岗位。由于这些惠民政策的落实，我们家的收入有了很大的提高，这极大地改善了我们一家的生活状况。在生活条件的改变中，我的思想观念也悄悄发生变化，我暗自有了自己的追求目标，有了自己的创业梦想。为了追求更好的生活，在亲人的鼓励下，凭借自己一点社会经验，我开始谋求自己的自主创业之路。我想通过努力成就自己的事业，实现自身的价值。我的胆识给了我很大动力和勇气。我除了有过人的胆识外，还能敏锐地觉察到创业的时机并善于利用自身的资源。我认识到在创业初始阶段，最经济、最有保障的发展，就是围绕现有资源进行整合与延伸，有了资源才有生财点和增长点。

2016年，我参加了田妥镇组织开展的缝纫技能培训，掌握了基本的缝纫技能。靠着缝纫手艺，我开始筹备建设藏族特色民族服饰生产作坊。我利用自己所学的技能，开始谋求更好的发展。在最初的创业过程中，我也曾遇到了一些困难。这些困难不仅仅来自别人怀疑的目光和误解；也来自由于生产经验不足，我们生产的服装并没有得到群众的认可，有时由于人手不够不能按时交付订单而不受好评。这也直接导致我在创业初期很难及时收拢资金。但我早已没有了退路，为了打开局面，站稳脚跟，我主动向手艺精湛的老艺人拜师学艺，提升服装制作水平。同时，为了大力推销手工服饰产品，拓宽经济渠道，稳定资金，我不惜向亲朋好友借钱。为了留住客户、打响口碑，我更是拼了命没日没夜地工作。从生产到销售，我都去干，只要客户需要，哪怕是再苦再累我都咬牙坚持，争取在第一时间交付货物。"吃得苦中苦，方为人上人"，这是过去鼓励读书人发奋图强的一句俗语。创业也是一样，只有把勤劳当作一种资本，比别人在身心上付出得更多，才会取得更大的收获。经过两年多年的辛勤努力，我的付出没有白费，我们生产的藏式手工服饰在田妥镇范围内逐渐小有名气，客户来源日趋稳定。

随着业务的不断发展，我慢慢开始为田妥镇各个村商店供货。人往高处走，取得一定成绩后，我还要争取更好的发展。由于我诚信待人，结交了许多生意上的朋友，朋友多了，合作的伙伴也多了。我深知，这些熟人中蕴藏着巨大的金矿，只要善于挖掘、巧于利用、长于合作，就会创造出双赢的良好局面，为自己带来巨大的收益，取得长足发展；只有巧妙地利用各种条件来发展壮大自己，借外在的力量实现发展。先谋于事，借势造势，才能以最优的配置整合更多的资源，以最快的速度创造最佳的机遇，以最少的投入创造最大的利润。这是我对创业的感悟。风雨几载，我始终锐意向前，虽然创业的过程是艰辛的，但创业成果却是令人欣慰的，也让人刮目相看。我成为了当之无愧的致富先进者。在我的创业历程中，一个"创"字是最好的注解。正因为有了这个"创"字，我的事业才能在经历了一番风雨的洗礼之后，绽放出绚烂的光彩。

作为一名农牧民，我心怀感激。自己虽然摆脱了困境，生活一天比一天富裕，但没有忘记其他村民。我心中的愿望也越来越强烈，那就是让身边的乡亲们也能过上好日子。我主动帮助他们，尽自己最大努力使他们就业，或给他们提供就业思路。

成绩是开拓者艰难跋涉的记录，荣誉是对开拓者执着追求的奖赏，辉煌是理想与价值的燃烧。我所追求的事业，一定会不断取得新的辉煌，在田妥镇经济社会发展的进程中留下属于自己的篇章。

（左贡县雅卓亚中村村民 丁增尼玛）

锲而不舍，辛劳换来幸福生活

我叫尼西嘎松，是左贡县扎玉镇理巴村建档立卡户农民，38岁，父母多病，从小家庭条件不好。2015年年底被识别为建档立卡贫困户。在驻村工作队的鼓励和开导下，我不再因为家庭经济条件差而怨天尤人，我坚信："幸福靠奋斗出来的""撸起袖子加油干"就能用勤劳的双手脱贫致富。

在驻村工作队的引导下，我逐渐找到了致富路子。由于西藏特殊的地理位置，水果存在着品种不全、价格过高、口感不良的问题。我考虑到理巴村优异的气候条件，打算发展石榴种植产业。2016年，我先在自家田地里种植了50株石榴苗。由于缺乏专业的技术培训，没有丰富的知识储备，在种植环节，石榴苗成活率较低。就这样，我不得不放弃石榴种植产业的想法，开始了第二次尝试。2017年，我承包了村里的蔬菜大棚，开始种植蔬菜，但由于缺乏种植技术和市场销售经验，蔬菜大棚一直未能盈利，第二次尝试也以失败而告终。

2018年，我被迫四处打工，打工的这段经历，使我充分认识到拥有一技之长的重要性。拥有一技之长既保证了就业，还能选择创业。因此，我利用一切有利机会积极培养自身的技能，比如主动参加人社局组织的技能培训，考取了大车驾驶证。上天总是眷顾那些不懈努力的人。我平时努力工作，认真负责，任劳任怨，这些优秀的品质深受老板的喜爱。适逢2019年实施绕金公路硬化工程，老板雇用我开大车跑运输。工作期间，我秉承着安全无小事的原则，全力付出，兢兢业业，终于通过开大车在绕金公路硬化段赚到了12万元，拿到了人生的第一桶金。

人生的第一桶金来之不易。中间虽然经历过种种挫折，但通过自己的奋斗获得财富，让我感到了极大的幸福，也让我明白了一个道理：并非每个人都生活在富贵家庭，父辈积淀的财富也并非可以享用一生。其实，真正的财富就在我们身边，它就是奋斗。不管你出生卑微与否，你依然能够用奋斗打拼出一条属于自己的路。印度诗哲泰戈尔曾经说：人生犹如一部画册，内容如何，要看自己如何描绘。我相信艰苦奋斗的精神品质在任何时候都不会过时的。

因为良好的口碑、端正的态度、专业的技术，老板将我介绍到别的地方工作。我在四川交投处开大车赚到7万元，在安徽路桥处开大车赚到5.4万元。就这样，依靠"开大车"的一技之长，我获得共计24.4万元的收入。这对我来说，是一笔不小的数目。

第三次尝试获得的巨大成功，使我对脱贫有了更大的决心和信心，这个时候，我深切地体会到了习近平总书记所说的"幸福不会从天降，好日子是干出来的，脱贫致富终究要靠贫困群众用自己的辛勤劳动来实现"的真正含义。为了更好地带动左贡县贫困户脱贫，增强大家致富的内生动力，我决定将自己的脱贫经验分享给大家。在脱贫攻坚最为关键的今天，切实破除部分贫困群众的"等、靠、要"思想势在必行，不仅要做好物质扶贫，更要做好思想扶贫，提高贫困人群的生产力，提高贫困人群的幸福感，以崭新的面貌迎接脱贫攻坚收官之年，为早日实现中华民族伟大复兴的中国梦助力。

我并没有满足于现阶段取得的成就止步不前，而是打算"活到老，学到老"。为了更好地创业发展，我抽空下功夫学习汉语。学好汉语是汉藏之间思想交流的前提和保障，只有学好汉语，我们才能顺应时代潮流掌握科学技术和市场信息。因此，劳作之余我不忘学习汉语，利用手机学习网课，不断提高自己知识水平和文化水平，希望能与来西藏游玩的游客无障碍沟通。

在创业的道路上虽然其中几经波折，屡遭失败，但我毫不妥协，而是总结失败，积累经验，经过不断地挑战，最终走上了勤劳致富的道路。如今家里添置了小汽车、重型自卸货车，餐厅马上也要营业了，日子过得风生水起，我觉得，"被确定为贫困户不是荣耀，而是一份激励，只有不断学习和敢于挑战才能实现脱贫致富，才是对自己负责的表现"。

（左贡县扎玉镇理巴村 尼西嘎松）

积少成多，小商店里的大前途

我是左贡县扎玉镇米巴村的一位普通农牧民。我家境贫困，务农放牧收入不足以满足生活需要。通过政府的审查考核，2015年11月，我家被识别为精准扶贫户。我享受过信贷扶持、生态岗位、发展教育等各种扶贫政策的帮扶，感受到了国家惠民政策的温暖。米巴村的驻村工作队经常在村内开展"脱贫攻坚观念转变"宣传教育工作，希望消除群众"等、靠、要"的落后思想，强调依靠国家脱贫工作的支持，通过群众自己的劳动自主脱贫。驻村工作队的宣传教育改变了我的思想，我明白了自力更生的重要性，深刻认识到"扶贫不扶懒汉，只要肯劳动，一定能走上富裕之路"的道理；同时，我体会到国家政策扶持力度之大，脱贫事业的浩大，因此我萌发了依靠自己脱贫的信心和决心，而驻村工作队也看到了我想要脱贫的希望。

驻村工作队决定率先对能够扶得起的贫困户进行帮扶，培训他们掌握至少一项就业技能，使他们能够就业并有稳定的收入。我就是被帮扶的对象之一。驻村工作队根据我的实际情况，探索帮扶道路。在驻村工作队的细心指导下，我经过充分的调查有了自己的想法。米巴村没有商店，村民的日常生活用品很难购买，而且相对其他项目而言商店的投资较少，如果经营得好的话，利润会很高，可以说经营商店是脱贫的好举措。在国家脱贫政策的扶持下，我决定开办商店。有了这个想法之后，2018年，我依靠国家信贷扶持惠民政策从银行贷款5万元，并投资3万元经营起自己的商店。商店刚开业时，由于无法宣传再加上村民的需求很少，生意并不理想，但这种暂时的不景气丝毫没有动摇我脱贫致富的决心和勇气。

我仔细分析影响商店生意的各种因素，并思考如何才使商店生意变好，摆脱当下经营惨淡的状况，驻村工作队也从各方面给予我帮助。在驻村工作队的悉心指导下，我有了新的销售思路。近年来，米巴村完善了基础设施建设，已经通电通网。我通过网络，学习到新的经营销售知识，根据当地的实际情况制定新的销售方式，转变了销售渠道。我把原来的定点销售方式改为流动销售，来回于几个临近村庄之间，这样就扩大了销售范围，增加了销售额。

虽然流动销售提高了经济效益，但是需要在几个村庄之间来回奔波。由于家庭贫困，买不起交通工具，我就只能步行在米巴村及邻近村庄流动售货。为了提高商店的利润，每隔一段时间，我就挨家挨户上门询问村民所需的日常生活用品，把村民们需要的商品都记录下来。商店有的，我就回商店取货，商店没有的就扩大进货渠道，然后再把商品送到顾客家里。这种送货上门的方法得到了村民的一致好评。时间久了，我商店的信誉和名声越来越好，经营规模越来越大，生意也越来越红火，我对自己自主脱贫越来越有信心。崎岖的山路阻挡不了我的脚步，艰苦的生活不能改变我致富的信念，我走路越来越有劲，肩上的背带烙印也越来越深。村民们都被我勤劳踏实的苦干精神和诚实守信的销售观念所打动，加上我商店里的商品质量很有保证、商品种类齐全并且物有所值，因此村民们大多都在我的商店里购买商品。

通过我的细心学习和不断改进，我的商店在米巴村附近出了名，村民们习惯了去我的商店购买商品，这样我的商店有了稳定的顾客，再也不用担心面临生意不好的状况了。自2019年以来，在我坚持不懈的努力和不断改进的情况下，商店的销售额大幅提升，一年的净利润超过6万余元。商店为我的生活带来了希望的曙光，缓解了我生活中的贫困情况，我感受到了国家脱贫政策带来的好处和自主脱贫的快乐。

2019年下半年，经过慎重考虑，我决定用贷款剩余的2万元购买一辆二手的小型皮卡车，专门用于商店货物配送，这样既缩短了送货时间，又能保证商品质量不受影响。2020年，我的商店销售利润大幅提升，仅仅依靠货物配送就能盈利。就这样，我依靠自己的努力成功脱贫了。这极大地提高了我脱贫的信心，我开始探索其他致富道路。左贡县近几年在国家的政策扶持下，基础设施建设得到了很大的发展，交通越来越便利。考虑到左贡县建筑工程数量增多的实际情况，我经过先后几次筹资，购买了一辆大型货车用来为建筑项目拉货。目前货车已经开始投入使用，这又增加了我的经济收入。

现在，在乡亲们的眼里，我已是米巴村公认的致富能手和自主脱贫第一人。我的先进脱贫事迹也激励着村里越来越多的年轻人通过自己的双手自主脱贫，而我也把自己脱贫的经验分享给村民，希望村民们都能够自主脱贫。真是"小康不小康，关键看老乡"。扶贫先扶志，扶贫工作中输血和造血工程同样重要，把扶贫和扶志有机结合起来，摆脱贫困需要国家的政策扶持，也需要脱贫的愿望作为动力。我就是自主脱贫、从思想上脱离贫困的典范。驻村工作队也从我的经历中总结出了扶贫经验。那就是：贫困户是精准脱贫工作的主体，只有贫困户有脱贫的愿望并且开始行动，脱贫才有希望。如果扶贫不扶志，扶贫的目的就难以达到，即使能够脱贫，也会因为各种原因再度返贫。为防止返贫，还需要扶智，对贫困户进行技能培训，使他们具有自主脱贫的技能。政府惠民政策创造了新的发展机遇，贫困户要勇于抓住机遇，通过辛勤劳动开辟自己的脱贫幸福路。希望贫困群众自力更生，艰苦奋斗，不畏艰险，打赢自己的脱贫攻坚战，用双手创造美好的生活，为国家的脱贫事业做贡献。

（左贡县扎玉镇米巴村村民　提珠）

自强自立，汗水浇灌幸福之花

脱贫路上不"等、靠、要"

在党和国家大力提倡脱贫致富的大好形势下，改变贫困已经成了时代的重大使命。对于我们每一个个体而言，也算是遇到了绝好的机遇。虽然我们曾经贫困，但我们应该放眼未来，利用时代提供给我们的大好机遇摆脱贫困，走上通往小康的大路。就我个人的致富经验而言，我认为，我们普通老百姓应该培养自力更生的意识，不能在家坐享其成，别人给的始终没有自己劳动得来的心里踏实。在脱贫的路上，我们不能止步不前，不能停下致富的脚步。认识到这一点，我们每一个人都会获得致富的机会，在奋斗中实现自己的人生价值。虽然不能说我取得了多大的成就，但通过自力更生、自我努力，我们家的生活境况有了很大的改善。

我出生在一个家境不好的家庭，家里生活压力很大。家人们都希望早日脱贫，而我更是立志要脱贫致富。因此，我经常利用空闲时间，主动找活干，打零工增加收入。由于我文化水平较低，工作很是不好找，只能在村周边打零工。即使是打零工，因为没文化，不懂技术，也只能干些杂活。搅拌水泥的工作又脏又累，我并没有嫌弃；添沙、倒灰、加水、推车，这些活儿都是体力活，我也能够接受。在干这些活儿的时候，由于要赶时间，一会儿也不能停顿，稍有耽误，大工就会呼唤训斥。一天下来，浑身都是水泥点子，人也累得喘不过气来。即使工作很辛苦，我也坚持每天按时到工地，从不缺工。我觉得趁着自己还年轻，多干点活，多挣些钱，为家里补贴用。

为了能够找到更好的工作，我需要学习文化知识和一些技能。因此，我积极参加各种技能培训。2018 年参加"摩托车维修"技能培训，2019 年 7 月参加了县人社局组织的"种菜"技能培训，2019 年 10 月参加了"装载机"技能培训，同时在参加各种会议中了解到扶贫相关政策，学到了维护自身权益的知识，增强了就业的本领。在村干部组织贫困户参与集体无偿劳动时，我积极配合，并组织村小组群众积极参与，率先垂范，以身作则，随叫随到，从不偷懒耍滑。

谈及脱贫后的生活，我由衷感谢村干部、驻村工作队和帮扶人的帮助，脱贫不脱政策，感谢党的政策，我们现在吃不愁、穿不愁、住得好，看病也有了保障。勤劳能致富，今后的生活要靠自己。我相信，日子会越过越好。

脱贫致富，不忘感恩

平时，邻居哪家有急事难事，我都热心给予帮助。例如：我们村五保户卓玛拥宗老人，本身是残疾人，一个人无依无靠。本人照顾她的生活起居，把卓玛拥宗老人当着自己的母亲。有人问我，你这样帮助别人，不累吗？我回话"累点没关系，人家信任我，有求于我，在我能力范围内，能帮则帮"。2019 年我正式脱贫出列了，在村民代表会上，我被以脱贫典型身份请到会上"现身说法"，在谈及脱贫感言时，我自信地说"感谢党和政府全心全意为我们办实事"。

以身作则，做好本职工作

网上有说"政府扶贫终止之日，就是贫困户返贫之时"，对这句话我很不理解，觉得说这话的人不了解扶贫的实际情况。我向村民说一方面我们要感谢党和政府对我家庭多年的关心与帮扶；另一方面，目前已脱贫，不能再占用国家资源，应该把帮扶瞄准更需要帮扶的村民，没有党和国家的帮扶，我也不会怀着"政府帮扶引进门，脱贫致富靠个人"的信念，靠自己的双手创造财富，绝不返贫。作为一名基层共产党员，一名普普通通的村民，本人以身作则，做好本职工作。在工作中，我尽力做到以下几点。一是努力成为上级决策部署的宣传人。脱贫攻坚是我们党向全世界做出的庄严承诺，县委、乡党委坚持以脱贫攻坚统揽经济社会发展全局，把大量的人力、物力、财力、精力向脱贫攻坚聚焦，作为基层党员干部，事必躬亲，学习相关政策并积极宣传，让各项政策家喻户晓。二是努力做脱贫致富的领路人。绕丝村全村 17 户里有 15 户是贫困户，目前脱贫出列的寥寥无几，脱贫攻坚任务十分艰巨。全村要奔小康，需要怎么办？这是摆在我们面前需要思考的问题。我们的脱贫路在何方？党中央其实早已给了我们方向。脱贫攻坚关键在产业，产业有发展，脱贫基础才会牢固。习近平总书记说"绿水青山就是金山银山"，绿水青山我们有了，放眼望去，以前开垦从山脚到坡顶的日子一去不复返，上山挖阁兜广种薄收的日子一去不复返，但是我们还缺习总书记的下半句话，就是"金山银山"，就是老百姓的腰包要鼓起来。如何将我们的绿水青山变金山银山？现在考验我们干部群众智慧和力量的时候到了。在每次群众会上，我都积极发动群众，集思广益谋发展，出谋献策奔小康。三是努力做到村民移风易俗的带头人。我觉得现在我们党的政策越来越好，大家住上了宽敞明亮的搬迁房子，告别了水质不好的问题，水泥路将逐步修到家门口，大家告别了过去人背马驮的日子，去哪都有汽车坐，有什么事即便相隔千里，打个电话就能通知到位，吃肉不再像以前那样，只有来客人、过节时才舍得吃。这是大家小时候根本不敢想的事。国家发生了翻天覆地的变化，大家的生活水平比过去有了质的飞跃和提升。但是我们的精神面貌、一些陋习还没有根除，跟不上时代的变化和要求，这还需要我们人家共同努力，从我做起，奋勇争先，做移风易俗的带头人。

目前，我们村还存在一些问题和困难。县委、乡党委已经为我们做的很多很多，今后我将结合本村实际，率先垂范，补齐短板，发动群众，群策群力，为本村变新颜、改新貌、换新村不懈努力，贡献自己的一份力量。

（左贡县绕金乡绕丝村村民 益西次成）

勤学苦练，小技能开创幸福路

我家住左贡县美玉乡日雪村，我是一个地地道道的普通牧民。因为家庭贫困，2015年，通过政府审查考核，我家被纳入美玉乡日雪村建档立卡贫困户。乡、村干部在了解了我家的贫困情况后，经常帮助慰问我们。我对乡、村两委的关怀和帮扶十分感动，但又一直苦于不能改变自己贫困落后的现状。我一直在寻找摆脱贫困的方法，想要用实际行动来改变现在穷困的生活状态，依靠自己自主脱贫，摘掉贫困户的帽子。村委会了解到我想要自主脱贫的想法后，在生活中努力帮助我，在工作中给予我各种扶持，希望我能够成功自主脱贫，给日雪村村民做一个好榜样。

2016年，我和其他有脱贫想法的贫困户一起走进了左贡县在卡若区俄洛镇组织的实用技能培训课堂。在课堂上，专家集中教授给我很多实用的脱贫致富技能，为我致富提供技术支撑。当听到专家讲解关于摩托车、电气焊等实用技术时，我非常有兴趣。我一直跃跃欲试，想要学习修理技能，并希望凭此谋生。专家了解到我的想法后，专门对我进行细致的技术培训指导。通过一个多月的刻苦学习钻研，我掌握了基本的维修、电焊技术。政府鼓励自主脱贫，对自主脱贫有各种扶持政策。我通过政府的扶持，拥有了一定的资金，又在银行小额贷款，准备建设自己的维修铺。2016年11月，万事俱备，我信心满满地在日雪村建立了自己的维修店铺。

我干劲十足地对乡亲们说："乡党委政府为我们创造了这么好的机会，说什么也要好好干，我一定要实现脱贫，摘掉贫困户的帽子。"由于家庭贫困，我很早就辍学放牧了。车辆维修虽然没有多少技术含量，但是对于一个只有小学文化水平的人来说谈何容易。虽然刚开业的时候维修店铺就因为各种问题停滞不前，但是我不气不馁。我一边按照课堂上所学的知识认真学习如何维修，一边通过维修中遇到的难题自己摸索，实在不懂的地方就电话咨询技术人员。在坚持不懈的努力下，我的维修技能越来越炉火纯青。我突破种种困难，把自己的维修事业搞得热火朝天。

拥有了致富技能后，我加快了脱贫的步伐。"一分耕耘，一分收获"，此话不假。在开办维修铺2年之后，我家的经济状况基本向好，已经从精准扶贫中脱贫了。从以前的一穷二白到现在吃穿不愁还有3万多元的存款，我历经无数艰辛，克服重重困难，依靠自己自主脱贫。我在脱贫致富路上尝到了甜头，将在这条路上越走越远。

"我找到了发财致富之路，现在我已向村委申请摘掉我的贫困户帽子"，我曾骄傲地对周围人说道。退出脱贫户之后，我并没有忘记感恩，是国家扶贫政策的支持和村"两委"的帮扶，给我的生活带来了希望。想到日雪村还有那么多的贫困户生活困苦，我决定将自己发家致富的经验和车辆维修的技能向当地村民分享，给尚未脱贫的村民带来帮助，为国家的扶贫事业做出自己力所能及的贡献。我宣讲自己成功脱贫的事例，鼓励村民自主脱贫。如今，日雪村许多没有致富能力的群众受到我的影响，想要跟我学习技能，独立自主脱贫。我为日雪村的脱贫事业做出了力所能及的贡献，因而成为村里响当当的脱贫致富能手。

"我有今天，离不开党和政府对我的帮助，如今我已经脱贫了，我愿尽我所能去帮助需要帮助的人，希望大家一起过上好日子，一起脱贫。"我这样告诉乡亲。贫困的生活没有压倒我，在贫困中我奋起直追，用实际行动改变了当下困难的生活状况。我想做一个坚强且有勇有谋的人，做一个不甘陷于困厄中、努力追求幸福生活的人。从我的脱贫经历中，大家可以看到，想要彻底脱贫，还要依靠自己的奋斗，打消不劳而获的投机取巧心理，明白授之以鱼不如授之以渔。在当前国家一片大好的扶贫政策的帮扶下，未脱贫者要好好把握国家政策带来的好机遇，抓紧时机赶快脱贫。脱贫不是依靠国家扶贫就能彻底解决的，幸福的生活也不是等来的，习总书记也表示，输血和造血同时并举，脱贫与扶贫同步进行，才能真正脱贫。我觉得脱贫先扶志，首先在思想上实现脱贫。扶贫也要扶智,要主动学习科技知识和技能,拥有脱贫的能力。其次要相信国家和政府对贫困者的关怀和帮扶,有信心有底气,放开手脚大胆干。最后只有依靠自己才能脱贫。脱贫者要勤劳能干,勤劳肯干,用双手创造财富。

(左贡县日雪村村民 扎西次仁)

苦尽甘来,馒头店蒸出幸福生活

有一种苦难,叫命运多舛;有一种责任,叫养家脱贫;有一种志气,叫自立自强。我的人生历程,就是对这种人生境况的诠释。

扎玉的天总是黑得很早,墙上的挂钟还没指向六点,外面已经是暮色四合。就着朦胧的暮色,街上走动的人们会常常能看见一处昏暗的灯光下,有一个朴实忙碌的身影不停地在案板间忙活。这个人就是扎玉镇馒头店的主人——我。我是扎玉镇吾同村村民,已经是一位65岁的人了。经过多年的奋斗,我现为扎玉镇一家馒头店老板。我用实际行动证明了"幸福是奋斗出来的"。

十三年前,在一场事故中,我左腿受伤,成了残疾,仅有的积蓄都花在了治疗上。这让本来就不富裕的家庭雪上加霜,陷入了窘迫之中。作为家里的顶梁柱,我的受伤对家庭的打击是可想而知的。但这次巨大的变故并没有打垮我,我也并未因此而颓废气馁,没有失去对生活的信心。我知道,家庭还需自己去支撑。因此,我立志坚定要做一个残而不废的人,我希望能够寻找到适合自己的活儿来挣钱养家;我也坚信自己一定能够从逆境中熬出头。

事故发生后,身体残疾的我虽然没法通过外出就业实现增收,但在国家惠民政策的引导下,在我的脑海中萌生了一个想法:我虽然腿脚不方便,但是脑子没坏,手也还能动,我可以学习面点制作技术,用自己的能力在扎玉镇开一间小门面的藏式馒头店。这样不仅能为别人提供方便,自己也能增加收入。残疾的左腿,不是我放弃的理由;致富的梦想,一直是我奋斗的目标。从此,我为实现自己的致富梦而努力着,我用自己的努力奏响了一曲身残志坚、脱贫致富的美丽乐章……

为了实现自己的梦想,我想尽各种办法,同时克服种种困难学习制作馒头的技术。在县人社局就业培训政策扶持下,我先后学习制作馒头、饼子、油条等技术。县里的结对帮扶干部听说了我的遭遇后,多次主动上门,与我交心谈心,鼓励我积极自主创业,树立脱贫致富的信心和决心,并予以资助。在县委、县政府的帮助下,我拿到了残疾人补助、产业补助、残疾人创业资金、互助金等补贴，县政府还将我列为重点帮扶对象。

这下，我的创业积极性更高了。在我不懈努力和坚持下，成功开起了属于自己的馒头店，同时还经营一些小吃、饮料等。我每天起早贪黑，四五点就起来干活，忙到很晚也不上床睡觉，虽然身有残疾，却肯拼肯干，吃苦耐劳，每年能为自己带来5000余元的收入，不幸的家庭终于走上了正轨，日子过得越来越好！县领导称赞我虽然是残疾人，但是身残志不残，不等不靠，自立自强，靠自己的努力开起来自己的店铺，很是了不起，也很是难得；可以算得上是县里脱贫攻坚工作中涌现出的身残志坚、不等不靠、励志创业脱贫的先进典型。

一路走来，我在党的好政策的扶持下，通过自己勤劳的双手和积极进取的思想观念摆脱了贫困，过上了美好生活！在面对顾客时，我总是会说道："党的精准扶贫力度这么大，政府这么支持我，让我享受到这么好的政策，改变了我的人生，让我看到了希望，要不是我身体残疾，不能过度劳累，我肯定会比现在干得更好。但是我一定会挺直腰杆跟党走，努力把店铺经营好，把日子过得红红火火。"现在谈起生活，我充满信心，斗志昂扬。

作为一名农牧民群众，饮水不忘挖井人，自己虽然摆脱了困境，生活一天比一天富裕，在我心中的另一个愿望也越来越强烈，那就是让身边的乡亲们也能过上好日子。现在的我满脸洋溢着自信、幸福！我也会在日常工作生活中通过自己的亲身经历，教育引导身边的群众积极转变就业观念、自力更生，积极传递政府的帮扶精神。此外，我还经常会主动找其他的贫困户谈心，做宣传，鼓励他们利用国家给予的好政策自主创业，告诉他们"只要肯干，脱贫不难，只要实干，致富不难，贫困不是一件光荣的事情，依靠勤劳双手脱贫致富才是光荣的事情"，从而带动更多的贫困户通过自己的双手勤劳致富。用我的话说就是："我以我的成功作为示范，把经验和理念传授于人，让大家一同致富，是我理所应当的义务。"

在党和政府的帮助下，我的生活越过越好，这一切的变化源于我自身的努力，更源于党的好政策。和我一样，我周围的许多群众都过上了幸福生活，我们切切实实地看到了生活的变化。过去的扎玉是贫穷落后的代名词，村民的生活水平普遍不高，村民们的人均年收入也很低，很多家庭都生活在贫困线以下，条件十分艰苦。现如今，随着国家的富强、社会的发展，党和政府给予了扎玉人民很多的资金、技术、政策支撑，鼓励他们积极就业，自主创业，摆脱贫困，实现富裕，人民群众的生活质量较以前有了大幅度的提升，年收入水平也显著提升，村民们不用再为温饱发愁，很多人都朝着"小康"的方向努力，也有不少村民实现了富裕。"脱贫攻坚"是实现中国梦的重要环节，号角已经吹响！勤劳的汗水和无边的智慧终会把贫穷连根拔起，阳光终将照进西藏的每一片土地，照亮每一个灿烂的面庞。

（左贡县扎玉镇吾同村村民　邓登）

锐意进取，木碗工艺里的"生财路"

在西藏高原上，小小的木碗不仅仅是人们的生活必需品，也是一门具有欣赏价值的艺术品。"情人是木碗该多好，可以揣在怀里头……"一首古老的西藏歌谣，足以显现人们对木碗的钟情。

我于 1965 年出生于左贡县旺达镇则巴村，由于家庭条件有限，家里的生活十分窘迫。因此，在创业之前，我的生活十分艰辛。而这也在我心中埋下一个种子，那就是：一定要靠自己的努力，去摆脱贫困，用自己的辛勤劳动让家人过上幸福生活。但怎么样去脱贫致富，对我来说，是一个大难题。一个偶然的机会，我喜欢上了藏族传统的木碗制作技艺，于是我决定学习木碗制作，通过这门手艺脱贫致富，让家里人过上幸福生活。有了这样的想法后，我开始琢磨如何去学习这门技艺。通过四处打听，我了解到西藏林芝八一有木碗制作者，他们有着熟练的制作技术。我决定去那里学习木碗制作技术。

由于木碗技艺的传承时至今日依然是师徒制，大多在亲属之间的传授，旁人轻易接触不到这种技术。一次偶然的机会，通过县人社局的帮助，我到林芝八一完整地学习了木碗的制作技能，因为自己的热爱和不懈的努力，再加上对于美好生活的向往，我克服了一切阻碍，只要有闲暇时间便开始对木材进行研究和甄选。我从 35 岁开始学习木碗的制作，通过 4 年的认真学习，已经全面掌握了各种款式木碗的制作技能。我还在传统的基础上不断改进、提升了木碗的制作工艺，加强了木质选材的技术能力，在我手里制作出的木碗更符合现代人们生活的需要。

木碗制作一般分为五个步骤，看似简单，却需要投入极大的细心和耐心。第一步，也是最重要的一步，便是选材。木材的好坏会直接影响木碗的使用，好的木碗一般选用杜鹃树或一些稀有杂木的节或者根雕琢而成，以节人、疙瘩多为佳。制作木碗的第二步是风干，选好材料后，需要用土或者肥料将材料掩埋，或者挂起来风干 20 天左右，这样既可以去掉水分，又能避免材料破裂。制作木碗的第三步为制坯，木碗可分为大碗、小碗、盖碗、糌粑盒等多种，按原料的大小、形状及需要加工的形制，裁成不同的木料坯子，雕刻成基本的木碗形状粗坯，然后再充分晾干。制作木碗的第四步是制作中较为费时的细磨，细磨说起来就两个字，但做起来，却相当费时，至少要花一天的时间。细磨必须要做到画线准确，木碗四周厚薄均匀，碗底平稳。木碗制作时最容易出错的环节也在这里，一个木碗花上一天的时间才能勉强成型，如果在最后的打磨过程中破裂掉，前面所有的努力也都会付之一炬。木碗有裂开处或有黑色瑕疵需要修补，而修补合格的木碗，还需用砂纸打磨光滑。制作木碗的最后一步是上色，上色相对于其他步骤来说就比较简单了，一般都是先上染料，再刷一层清漆，漆好的木碗会呈现出橘红色或者黄色。这样，一只木碗才算完成。在学习木碗制造时一定要能沉下性子，跟着师傅们一点一点将木头打磨成木碗，经过不断的练习，我的技艺越来越娴熟，制作的木碗摆上了周边许多群众的餐桌。正是因为我制作的木碗选材要求高、款式多样、工艺精良、图案优美，因此能吸引更多的人来观赏和购买。

创业、创客，作为当下最火热的词汇，受到了无数人的追捧。相比就业，越来越多的年轻人因为种种原因更倾向于创业，但没有一个创业者是轻轻松松就能够获得成功的，每一次的创业都是无比艰苦的，创业需要创业者有强大的内心和无所畏惧的勇气，同时还要有充足的资金和广大的人脉支持。为了贯彻习近平新时代中国特色社会主义思想，保护、传承、发展民族传统的手工艺文化，助力脱贫攻坚，拉动就业，带动更多"建档立卡户"脱贫致富，创业增收，满足人们的物质和文化需要，提升藏民的幸福指数，我在2017年的时候决定利用自己的技术在左贡县开始创业，主要制作出售木碗、木质酒杯、木质糌粑盒、木质花瓶等。当地政府在得知情况后，给予了我一系列的政策和资金支持。2019年总生产量1200多件，销售额达60余万元。

我作为木碗创业的带头人，还吸纳了周边不少贫困群众一起来进行木碗的制作，为他们实现了技术的提升，带领他们一起走上了致富之路。在我看来，一个人的富裕并不是真正的富裕，身边所有人都能摆脱过去的贫穷，过上吃饱穿暖甚至是吃好穿好的生活才是真正的富裕。因此，在我的木碗作坊开办起来以后，我没有因为自己取得的成就而沾沾自喜，轻视别人，而是利用自己已有的资源积极为身边人提供就业岗位和就业机会，还将自己学习到的制碗技术倾囊相授给想要学习的人。对于想要做其他事业的人，我也真心给他们讲述自己创业的经验，真正做到了"授人以渔"。我的这些行为做法获得了身边人的称赞。

通过我的努力，木碗制作的技艺不断传承，经济效益和社会效益也在不断显现。展望农村芳草路，无边花柳正含春。在这条充满荆棘和坎坷的创业路上，我心怀希望，积极进取，以强大的勇气和娴熟的技艺走在了前列，在我的后面，还会有第二个、第三个……慢慢地，会有成百上千个后来者，西藏的明天将由我们谱写，西藏崭新的未来就在我们手中。

（左贡县旺达镇则巴村村民　次仁塔松）

锲而不舍，石头上刻出幸福生活

我叫吉扎，家住丁青县色扎乡木查村嘎堆组，全家一共4口人。我和妻子文化水平低，家里收入来源主要靠打零工和采集虫草，这些收入基本能维持一家人的温饱。一家上下三代人，每天只是柴米油盐酱醋茶，虽谈不上富裕，却是一个无忧无虑幸福的家庭。

可是，年迈的岳母次松随着年龄的增长，身体越来越不好，常年疾病缠身，需要花费大量的医药费，这给我们一家增加了很大的负担。2014—2015年，为了给母亲治病，先后花费医疗费用几万元。家里本来就没有什么存款，能借的亲戚都借了个遍，原本幸福的家庭也开始负债。所有的担子都压在了我的肩膀上，让我有些喘不过气来。也许是对生活失去了信心，也许是难以承受家庭重担，我开始意志消沉，逐渐失去了摆脱现状的斗志，过起了得过且过的日子。尽管我有石头刻字这一技术，但由于没有致富的路子，又没有资金来源，一直未能凭手艺挣钱贴补家用。于是，日子是越过越穷。2015年精准扶贫工作中，我因为家庭贫困被政府列入贫困户行列。

迎难而上不等靠

扶贫工作队了解到我家的情况后，决定到我家实地调查，采取对策，帮助我解决生活困难。我是一位不善言辞的男人，是我妻子拉嘎向工作队诉说了我的生活现状。被列入建档立卡贫困户后，工作队给我讲解了扶贫工作的相关政策，鼓励我振作起来，依靠自己的手艺改变家庭窘境。

也许是贫穷的字眼触动了我的内心，也许是精准扶贫的政策让我看到了未来的希望。2016年1月1日，我主动到木查村村委会，向村干部和驻村工作队提出要在国家的帮助下，改善自己现在的生活状况，发家致富，走出贫困，积极脱贫。2016年1月2日，木查村驻村工作队和村干部来到我的家中，和我亲切座谈，了解到我想通过自己发展石头刻字来脱贫致富，希望政府能给予支持和帮助后，驻村工作队及乡扶贫办积极为我争取了5万元的金融扶贫贷款，其中部分资金用于购买石头刻字所需工具，剩余资金用于前期发展资金。解决了一直困扰我的资金来源问题后，我开始了自己的创业。

怀揣石头刻字技术的我，在得到国家的支持和驻村工作队的鼓励后，对自己的创业充满了信心。我对村民说："我虽然现在很穷，但是我有技术，我有双手，现在党的脱贫攻坚政策又解决了我的后顾之忧，早晚有一天我一定会用双手刨出一个好光景。"

辛勤努力摘贫帽

在党的脱贫攻坚政策指引下，我利用金融扶贫贷款采购了所需工具，全心投入到石头刻字行业。但产品制作出来如何转化成钱，又成了萦绕在我心头的一大难题。通过与驻村工作队多次座谈，我们最终制定出"订单＋零售"销售方案。凡是政府和附近寺庙有相关石刻需求时，就找我下订单，根据需求制作相关石刻。自从认准了这个致富路子后，不管是刮风下雨还是烈日暴晒，我和我的家人总是在石刻机旁奔波忙碌。经过多方共同努力，通过石头刻字，仅2016年我就实现现金收入21000元。这笔钱很大地提高了家中经济收入，改善了生活质量。2017年，通过石头刻字，我实现现金收入33750元，还清了家庭欠债，同年9月向村委会提交了脱贫申请书，顺利摘掉了贫困帽。2018年，通过石头刻字，我实现现金收入35600元，进一步巩固了脱贫成效。

脱贫路上不停步

在稳步脱贫发展致富的同时，我没有忘记当初是党和政府给自己提供了这么好的发展机会。我知道，如果没有党和政府的大力支持和鼓励，就没有如今的自己。想到村里还有很多和当初自己一样的贫困户，有没有什么办法帮助村里其他的贫困户一起致富呢？我有了自己的想法："光自己富不算富，必须在自己富的同时，带动和帮助其他贫困户脱贫致富，共同发展。"2018年，我从自己的收入中拿出了4165元采购国旗、大茶、哈达等，对本村其余56户建档立卡贫困户进行了慰问，在慰问的同时向其他贫困户介绍自己的脱贫经验。为了确保同村更多的贫困户脱贫后能有一份稳定收入，巩固脱贫成效，一起致富，我鼓励索朗德青等7户贫困户同自己一起干石头刻字，并向他们说道："正是党的脱贫攻坚政策让我们家踏上了脱贫致富路，党和国家给我们提供了这么好的发展机会，我们如果不好好把握，岂不是辜负了党，辜负了我们自己。"其他贫困户看到我靠自己的努力发家致富了，都愿意跟着我干，也希望通过自己的劳动来发家致富。

我的石头刻字技术已经相当成熟了，得到周边用石者的充分认可。对于未来的生活蓝图，我有自己的构想。下一步我打算借助精准扶贫这一平台贷款2万元用来扩大生产规模；同时，我还想发挥自己的余热，利用自己的致富事迹，动员更多的贫困户参与到我的石刻工作中，带动更多有发展意向的人共同致富。

现在的我，已经成了我们村远近闻名的致富能人，越来越多的贫困户，甚至是那些日子过得还算富裕的人们，都把我看作是学习的榜样，也希望能够像我一样依靠自己的辛勤劳动过上更幸福的生活。

（丁青县色扎乡木查村村民 吉扎）

知难而进,少年壮志不言愁

人生在世,草木一秋。无论是匆匆的脚步,还是蹒跚的步履,总会在天地间为前进的历程留下痕迹。我叫阿夏,今22岁,是贡觉县阿旺绵羊育肥基地的副厂长,被我们基地视为育肥基地内养殖技术核心力量。这一切成绩和荣誉的取得不是偶然的,这是我凭着一种信念、一份执着走出来的一条属于自己的人生道路。这些荣誉和成绩既是对我人生的一种肯定,也是对我工作的一种激励。

二十年前,两岁的我与父亲从三岩片区木协乡搬迁到莫洛镇幸福村。因为是搬迁户的缘故,家里没有土地和牲畜,生活极其困难,只能靠父亲外出务工所得的极少收入和政府低保补贴来维持家庭开支,是村里典型的贫困户。

16岁时,正在读初中的我本应享受和同龄人一样的无忧生活和优质教育,但因父亲身体患疾,手臂不能弯曲,家中失去了劳动力,本不富裕的家庭更是雪上加霜,一度陷入绝境。为了维持家中生计,无奈之下,我只能选择辍学,主动承担起养家的重担,成为家里的顶梁柱。"一定要让父亲过上幸福美满的生活",这是我对父亲的承诺,对生活的承诺,也是一种个人信念、更是一份矢志不渝的执着理想。经过短暂的沮丧之后,我又重新振作了起来。我来到县城,应聘了很多行业的工作,到处碰壁,也失败了很多次。这些挫折和经历,让我明白维持一家的生活并非易事,于是我开始思考自己今后的人生路该怎么走。

正在我迷茫着自己未来的时候,党和国家为我的人生点燃了希望。党和国家鼓励搬迁民众发扬自力更生、艰苦奋斗的精神,克服"等、靠、要"的消极思想,积极发展产业,用勤劳的双手脱贫致富,建设更加美好幸福的新家园。2016年,贡觉县脱贫攻坚工作全面展开,贡觉县阿旺乡牧场积极围绕阿旺绵羊品牌抓产业发展,通过"公司+基地+合作社+农户"的运营模式,建成阿旺绵羊产业体系,鼓励建档立卡贫困群众参与到阿旺绵羊产业链建设中,精准扶贫的曙光洒向每一名贫困户。我意识到,这是一次能让整个家庭彻底摆脱贫困过上幸福美满生活的机会,一定要抓牢这个机会。为了努力工作,我克服了自己贪玩和不健康的生活习惯,不再通宵玩游戏,而是将全部心思投入到工作上。在雪域高原,稀缺的是氧气,珍贵的是精神。以前长辈们在那么艰苦的环境下,都能坚持下去,我相信自己也有能力脱贫、致富。最终,功夫不负有心人,我从一个懵懂的少年成长为成熟的社员。通过努力,我不仅成为育肥基地的一名饲养员,也成为幸福绵羊合作社的成员,向幸福美好的生活迈开了坚实的第一步。我在不断克服困难中成长起来，培养了一种敢于斗争、善于斗争的精神。

初到养殖基地，我与其余 20 名饲养员一样，每天早上 8 点准时进入羊圈给绵羊喂水和饲料，然后打扫羊圈，并认真记录所管棚圈绵羊的状态，通常一忙就是一天。晚上，忙碌了一天的饲养员们都早早地休息了，只有我家的灯还亮着。为了掌握更多的绵羊养殖技术，我每天都会利用晚上的空闲，认真研读从基地养殖技术人员那里借来的绵羊养殖相关书籍，仔细做笔记，遇到自己难以理解的内容，第二天便会主动向基地内的技术人员请教学习。日复一日，养殖知识的积累使我的养殖技术越来越好，也越来越专业。在完成饲养工作后，我还积极配合基地兽医、饲养技术人员出色地完成了绵羊疫苗接种、受孕等工作，工资从刚进基地的每月 500 元上涨到了每月 2200 元。

2018 年，育肥基地决定在饲养员当中挑选并派遣一人到天津澳群牧业有限公司和内蒙古澳群牧业科技有限公司进行为期一年的养殖技术挂职学习。因为平时的刻苦努力，我在众人的一致推荐下顺利地拿到了挂职学习的名额。在学习期间，我始终保持着认真的态度，努力学习先进的养殖技术，不断提升自己的养殖水平，顺利通过了考核。挂职结束后，我回到育肥基地及时与基地养殖技术人员分享自己学到的先进技术，全身心地投入到工作中，与养殖技术人员共同克服了许多养殖中的难题，大家对我的工作给予了肯定。2019 年，因我表现突出，育肥基地任命我为副厂长，每月工资也上涨到了 7400 元。我用赚来的钱为家里置办了崭新的电器、家具、生活用品，为自己添置了一辆新摩托车和一台电脑。这样的生活对以前的我来说是"梦想"。几年前我家还是贫困户，如今靠现代养殖技术过上了好生活，这得感谢党和政府的扶贫政策。

西藏正处于历史上最好的发展时期，经济发展、社会进步、文化繁荣、民生改善、民族团结、政通人和。沐浴着党的阳光雨露，我和我的家人在幸福的康庄大道上越走越远。副厂长不仅仅是一个职务，更是对我个人信念和执着理想的最好诠释，我用自己的努力兑现了要让父亲过上幸福美满生活的承诺。我将把对党和国家的爱融入生活，学会团结协作，用自己的双手创造美好的生活，回报社会、党和国家。

（贡觉县莫洛镇幸福村 阿夏）

不畏艰难，用坚韧撑起一片蓝天

我叫巴金拉姆，是汪布顶乡查格村人。作为一个土生土长的农民，我一直在家务农，主要种植青稞和元根等。常年的辛劳磨炼了我坚毅的品格，也激起了立志寻找出路脱贫致富的想法。也许是对未来的憧憬激起了我的内心活力，面对窘迫的生活困境，我不能逃避和妥协，只能坚强地面对。我坚信自己可以用勤劳的双手创造出一个美好的明天。

直面挫败不逃避

2015年对于我家来说，是噩梦般的一年。在这一年中，我的母亲、丈夫和两个小孩相继去世。接踵而来的打击犹如晴天霹雳，不断敲打着我的身心和意志。多重打击下，我痛苦万分，觉得人生没有了寄托，生命没有了意义。我甚至有过轻生的念头，想一死了之。女人的肩膀经不起接二连三的重创，但女子本弱，为母则刚。考虑到剩下的孩子需要我来陪伴和照顾，需要我来给予他们生活的勇气和动力，我即使再苦再难也要苦苦支撑着努力前行。在苦难面前，我选择了坚强，选择了顽强地生活下去。

由于各种灾难的摧毁性打击，我家家徒四壁、一贫如洗，连基本的生活都难以维持。村委会了解到我的情况后，把我家认定为贫困户，想通过惠民政策的相关规定帮助我脱贫。是党和国家帮我渡过了难关，扶持、引导我走上了致富之路。当精准扶贫的春风吹进我家时，遭受多种不幸的我和家人如沐甘霖，看到了过上幸福生活的希望，我的内心燃起了对未来生活的期盼和希望。

在乡党委、政府的帮扶下，我家原本摇摇欲坠的危房被列入危房改造项目，由政府出资进行维修。经翻新修理后，我们一家住上了安全结实的新房屋。同时，为了提高我家的自主生活能力，政府出面为家中的劳动力寻找岗位。我的家人被安置为护林员、水管员、草监员和地质灾害群测群防员。有了这些岗位，我家的经济收入趋于稳定，生活越来越宽裕轻松，从前因生活压力带来的烦恼也没有了。这一切都让原本不见天日的一家逐渐看到了生活的希望，对美好生活充满了向往和期盼。

拓展思路谋出路

在党和国家政策的扶持下，我开始了新的人生。我很珍惜这来之不易的机会，对生活有了更多的追求和渴望。一方面我要求家庭成员认真履行岗位职责，把岗位收入作为支撑家庭基本生活保障的奠基石。另一方面，我也认识到，尽管农业种植很辛苦，但通过政府、驻村工作队和结对帮扶干部的帮助，实施科学种植，照样能通过农业种植增加收入，脱离贫困。于是，我和家人一起，利用新的种植技术经营农田，科学利用田地，尽可能提高农田的产量。经过一家人的辛勤耕耘，2019年收获青稞1600余斤、土豆2000余斤。同时，我们还利用边角地种植豌豆、白菜、元根等，收获亦颇丰。农田里的收成除全年自食外，还通过出售增加收入2000余元。

在种植农作物之外，我看到本村虫草资源有一定的优势。于是我动员家人，根据政府出台的相关政策采挖虫草。所采挖虫草除少部分自用外，多数通过帮扶对象和其他渠道以较好的价格售卖，仅虫草一项收入就10000元左右。在不断寻找致富道路的过程中，我也深刻地认识到，要想真正脱贫，还需要有自强意识，不能只靠别人的帮扶和资助。因此，我经常鼓励自己克服以前"等、靠、要"思想，用自己勤劳的双手创造属于自己的新生活。我除了投入大量的精力在农业种植上，还利用农闲时间带着家里人到其他村民家里做帮工，通过劳务输出又增加经济收入3000余元。如此一来，我们全家的经济收入日益提高，很快便摘掉了贫困户的帽子。对此，我感慨万千，我家因为事故导致贫困，险些翻不了身，多亏了党和国家的政策，才让我们家获得新生。面对大好的机会，我们自然不能让它溜走。我的想法是，把成熟的农业种植技术教给我的孩子和家里人，让他们继续种植农作物，为家庭创收，而我本人要继续学习。我要再去学一门技术，等我学会了新技术，我再把技术教给家里的孩子们和村中其他的年轻人，这样，不但我家能过上小康生活，村子里其他的贫困户也可以脱贫，过上幸福美满的日子。

学习技能谋新路

当我们的农田种植达到一定的规模后，制约我们家脱贫发展的重要因素是缺乏技术。因缺乏技术、缺少市场信息而造成减产、减收的情况在我们村占比较大。为增加家庭收入，我趁江达县人社局统一开展农牧民技能培训的机会，积极报名，同家人一起参加了人社局组织的技能培训，掌握了新的就业创业和生产生活技能。这为我们提高种植效率和收成起到很好作用。

现在，我们家所有人对生活充满了热爱和信心。家中虽然以女性为主，而且还有个身体残疾的儿子，但谈及未来生活，家里每个人心中都有自己的想法。我更是积极为自己、儿子和家人计划借助精准扶贫的平台，拓宽经济收入渠道，用勤劳的双手实现脱贫致富奔小康的美好憧憬。

现在的我，和当初备受打击和煎熬的模样判若两人。脸上更多的表情是笑容，心里装的更多的是对美好生活的向往。村里人都说，从我眼里可以看出满满的坚定和对美好生活的执着，谈起对未来的规划更是津津乐道，自信而淡然。我感到很幸运，赶上了好时代，遇到了好机会。我会抓住机会，一直走在脱贫致富的大道上，我相信只要辛勤劳作，未来的生活会越来越好。

（江达县汪布顶乡查格村　巴金拉姆）

辛勤劳作，不懈追求创造幸福生活

我是一位普通的山乡妇女，生活在昌都市江达县卡贡乡；我和爱人经历过艰苦的生活，却始终对生活抱有美好的希望；我有着一股不服输的劲头，始终心怀脱贫致富梦想；我是2018年度昌都市江达县评选的"最美巾帼奋斗者"，也是2020年江达县评选的"脱贫攻坚奋进奖"获奖者。我叫白措，我出生的卡贡村，是一个在地图上并不起眼的小山村。

从江达县出发，沿着江达县贯城而过的字曲河向西12公里，约20分钟的车程就能到达我家所在的卡贡乡卡贡村。我的家并不在卡贡村的中心区域，而是要沿着卡贡到娘西的乡道继续向南。我们家的房子临近道路，四周是海拔渐起的高原草甸。我的邻居们的房子，远远近近散落在草甸的四方。

一眼望去，我们家单层的红砖房，与传统江达民居土木建筑的外观完全不同，显得很是显眼，看上去比其他房屋要坚实美观许多。砖房是2018年我们通过政府补助的5.8万元危房改造资金重新改建的。为了坚固实用，我和丈夫索朗江措接受了驻村工作队的建议，选用了牧区很少使用的水泥、红砖等建筑材料。生活在崭新的家园里，我们一家感受到了从未有过的幸福。

"我们就是考虑要让房子结实耐用。"我给前来调研的工作队解释说，我们家之前的房子是用土木建成的传统民房，但是2015年的一场大雨，让老房子变成了危房。老房子是2010年我们夫妻二人用打工节省下来的积蓄盖起的。在这之前，我们其实没有真正意义的家。

我们夫妻二十多年前相识，因为这段婚恋，我们两人一直不被我家人认可。结婚后，我们就与家里人分开。夫妻两人居无定所，几年间一直辗转在江达县城、昌都、玉树，最远还去过日喀则和拉萨，过着几乎是漂泊的窘迫生活。

外面的世界已经看过了，也尝试着通过不停地劳动来换取相对宽裕的日子，但缺少手艺的我们只能在工地上搬搬砖，打小工赚钱并没有改善我们的实际生活。好在我们二人吃苦耐劳，也省吃俭用，积攒下了几千元钱，返回了故乡卡贡。靠着这笔钱，丈夫索朗江措自己动手建起了房子。有村里人的帮助，加上索朗江措自己动手，我们用了5000多元买材料，只用了二十几天就把房子建好了。但房子建好不到五年，一场大雨就把房子一角的墙基给浇裂了。我们的生活依然处于没有着落的艰难中。我们俩期盼着能够寻找到改变拮据生活的路子。

党和国家的惠民政策的实施，终于让我们俩看到了新的希望。2015年年底，我们一家被江达县认定为建档立卡贫困户。据建档当年统计，我们一家三口一年的纯收入只有4968元。为了帮扶我们家增收脱贫，驻村工作队和村"两委"在宣讲国家脱贫攻坚政策的同时，真心帮助我们解决实际困难，也鼓励我丈夫索朗江措利用原本的木工手艺增收致富。

驻村工作队就像我们的家人一样，在家里最困难的时候帮助我们。我永远也忘不了自己生病时，是驻村工作队及时发现并把我送到了县医院。有党和国家的脱贫政策扶持，有驻村工作队的真心帮扶鼓励，我和丈夫点燃了拼搏奋斗的梦想。

在驻村工作队的帮助下，我的丈夫索朗江措开始努力在县城寻找商机，利用木工手艺慢慢接触藏式房屋装修，一点点打开了装修市场。建档立卡的第一年里，我们一家的收入实现了翻倍增长。我们俩真切感受到了勤劳努力的回报，一家人的信心和干劲儿也更足了。

2018年，有创业意愿的我，收到了中国就业培训技术指导中心的邀请，参加了"创办你的企业（SYB创业培训）"项目的初级培训。培训结束后，我又在卡贡乡党委、政府的帮助下，成功申请到了江达县"四扶激励"5万元的专项创业资金，在自己家里开起了一间乡村便民百货店。我们俩分工协作，我在家经营小店，打理家里的日常生活；丈夫索朗江措则在县城继续开展装修，并负责为小店补充货源。

一家人的生活忙碌而充实，事业蒸蒸日上。这一年，我们家的收入有了质的飞跃，主内的我靠着经营小商店，收入近万元；主外的索朗江措也靠着装修，收入达到了7000多元。同样是在这一年，我们一家也用辛勤汗水换来了全家人的脱贫。

2018年，我请驻村工作队代笔，递交了入党申请书。是党和国家的扶贫好政策，为我们提供扶贫工作岗位，托底安排就业，帮我们困难户改建房屋，还为我们提供创业培训和资金，真心帮助我们老百姓过上了好日子！

2020年，我商店的经营利润达到了13000元，索朗江措的装修收入也达到了17500元，对比建档立卡时，我们的收入在五年内增长了8倍多。

由于装修业务量的增加，我的丈夫索朗江措还带领一位村民一块儿干起了装修生意；而我也有了依托当地牧业优势，去实现筹建皮料加工厂的大梦想……

如今，脱贫致富的我们，正通过自己的实际行动，带动着其他乡亲一起追梦。我常想，自己这辈子吃了没有文化的苦，所以特别想让孩子好好学习，用知识来改变命运。如今，我们把女儿送到了县城读书，希望女儿通过教育走出大山，学习更多的知识回来建设家乡。

（江达县卡贡乡卡贡村 白措）

艰苦奋斗，从贫困家庭到最美家庭

《礼记·大学》中有："欲治其国者，先齐其家"。家风好，就能家道兴旺、和顺美满；家风正，则民风淳，若以千千万万家庭的好家风支撑起全社会的好风气，社会必定和谐，国家必定兴旺。"家是最小国，国是千万家。"驻村工作队进村后，自2020年8

月初起,如意乡杜嘎村积极响应上级号召,在全村广泛发动宣传,公开评选最美系列及脱贫致富模范榜样。最后通过全村群众无记名投票的方式,正式评选出了一户"脱贫致富模范户"。

如意乡杜嘎村评选出的最美"脱贫致富模范户"是我们家。我是户主洛桑益西。我们家中现有4名家庭成员,我与妻子共同培养着两个女儿成人成才。对国家,我们爱党爱国,自觉遵守国家法律法规,践行社会主义核心价值观;对他人,我们团结邻里,热心帮助,自觉维护公共设施;对家人,我们和父母关系和谐亲切,姊妹关系亲厚温暖。我们积极参与公益事业,配合驻村工作,家庭成员自觉遵守村规民约,重视教育,提高素质,遵守义务教育法,能够树立为国教子、以德育人的观念,支持学校工作,配合学校教育好子女。"勤俭持家,尊老爱幼,和睦邻里"是我们家风的标签。我们艰苦奋斗,建立了和睦、友爱的家庭关系,是弘扬家庭美德,互敬互爱的家庭典范。

虽然家中并不宽裕,自己也没有多少文化知识,但我和妻子却十分重视孩子们的文化教育。早年家中两个孩子学习优异,考上了大学,家里需要供他们读大学,由于妻子白珍年迈,干不了粗活重活。这样一来,作为家中唯一的劳动力,家庭的重担自然也就全部压在了我一人肩上。仅靠着几亩耕地和打零工获得的微薄收入,是远远不够供两个孩子上大学的。在经济能力不足、生活困顿之时,我想到了党和政府,想到了驻村工作队多次宣传的各类扶贫政策。在仔细了解了国家惠民政策后,2015年,我申请将自家纳入建档立卡贫困户。村党支部重视每一位群众的基本生活诉求,在仔细核查和分析的基础上,经过村内召开的支部会议及村民大会,村委会认定我家符合建档立卡贫困户的条件,最终在2015年12月通过了将我家纳入建档立卡贫困户的申请。

在国家和政府的资助下,我的两个女儿刻苦努力,发奋学习,最终不负众望,顺利从大学毕业。大女儿扎阿于2017年6月成为芒康县措瓦乡的一位基层人民教师;另一个女儿加永措姆于2017年6月成为国网西藏电力有限公司昌都供电公司的一名职员。在政府的帮助下,我们一家度过了最艰难的一段岁月。由于两个女儿都有了工作,我们家中经济负担减轻了很多,生活逐渐迈向小康。我深知,如今的幸福生活来源于党和政府的关心关怀,来源于党和政府的惠民政策。如今提起往事,我们一家人的脸上充满了笑容,心中满怀着感激。

过去,我家的情况用家徒四壁来形容毫不为过。家具老旧破败,生活用品匮乏。如今,我们家中条件和过去相比翻天覆地,现在家中环境干净整洁,各种家用电器完备齐全。各类家具摆放整齐,桌上放着大量肉干,这些肉眼可见的变化实实在在说明了我们家从贫到富的转变。我常常对别人说:"过去家中生活拮据、困难,在党的政策的帮助和引领下,现在我们的家庭生活更富裕了,真心感恩党和政府。"我教导女儿们做人要诚实、勤奋、吃苦耐劳、乐于助人,要热爱祖国,维护祖国的利益。我常常鼓励女儿们努力工作，做一个对国家有用的人。

我们一家人都正直善良，我们始终秉持勤俭节约、不挥霍浪费、不横攀竖比的家风，并用自己的行动为别人做表率，邻居或群众哪家有急事难事，我们总是热心地给予帮助。如今，我们的善良勤劳终于有了回报，看到我们一家翻天覆地的变化，我常常对孩子们说，贫穷只属于那些安于现状的人；人啊，要不怕辛苦、辛勤劳动、家庭和睦、怀有感恩的心，美好的生活才会展开双臂拥抱我们。

2018年年初，我们得知村内正在开展有关低保户的调整工作，马上来到村委会向驻村工作队提出自愿退出低保户和建档立卡贫困户。我表示，因为党和政府的关怀，自己家中两个女儿现已大学毕业并且都有了满意的工作，家中经济宽裕了不少。现在我希望自己能够退出建档立卡贫困户和低保户，将名额让给其他更需要资助的家庭。我们家的每个成员愿意在力所能及的范围内回报政府，回报国家，回报社会。

我们一家从贫困户到脱贫户的转变，正是千千万万贫困家庭实现脱贫致富的缩影。没有党中央吹响打赢脱贫攻坚战的冲锋号角，没有党和政府实施精准扶贫举措，没有广大扶贫干部的担当和作为，就不可能有那么多的贫困户脱贫摘帽，实现全面建成小康社会。一个家庭的脱贫致富，也为其他贫困家庭带来了鼓舞和力量，先富带后富，最终实现共同富裕。

（卡若区如意乡杜嘎村 洛桑益西）

旧颜换新装，异地搬迁创生机

我叫洛格，我家是埃西乡莫巴村建档立卡贫困户。由于我和家人文化水平偏低、劳动技能缺乏，以及受家中人口较多等条件的限制，生活一直比较困难。得益于精准扶贫、精准脱贫，我们一家被纳入了建档立卡户。享受易地搬迁政策后，全家从埃西乡莫巴村搬迁到了昌都市明珠花园安置区，一家人从原本"一方水土养不活一方人"的老家搬到了城区，周围生活环境的变化，激励了我们一家脱贫致富的决心，我们决心用自己双手换取幸福生活，让一贫如洗成为过去。

发现商机创造收入

由于是易地搬迁户，住宅区周边的基础配套设施正在建设之中，附近居住的都是像我们一样刚从农村搬迁过来的安置户，附近门面大多没有营业，连一个像样的生活用品商店都没有，购买日常生活用品还需骑车二、三公里才能买到，极为不便。看到这种情形,我们一家人心中有了想法,决定在安置点租赁一间小门面,试着开设一个销售日常生活用品的商店,满足居住群众日常生活所需的物品。刚开张时,由于对销售物品的需求没做好前期市场调查,销售利润时好时坏。我是个愿意动脑筋的人,常常到城区类似商店拜学取经,总结人家经营的经验,结合安置区居住人群的日常需求,慢慢改善自己经营模式,收入得到了提高,基本能解决家中大部分开销。

利用剩余劳动力增加收入

政府每年都会提供给各村很多培训,我们一家人每次都很积极地报名参加。通过劳动技能培训,我成功被区邮政站点招录,实现了稳定就业,收入进一步增加。在工作闲暇时,我帮助妻子料理小卖部,小卖部打理得井井有条。由于我热情好客,很快得到了安置区群众的认可,小卖部生意也越来越好。家庭富裕,离不开我们夫妻俩起早贪黑的辛勤付出。我们用勤劳和汗水让自己的腰杆子挺了起来,精神面貌也发生了翻天覆地的变化。经过不断努力,我们的家庭情况大有改观,我们已经没有过去因为自己是贫困户而自卑的感觉,也改变了左邻右舍对我们的看法,很多搬迁群众也开始对外出务工和劳动技能培训有了更大兴趣,我们夫妻通过自己的努力,不仅仅自身得到了蜕变,也营造出一份积极向上的氛围。

饮水思源,脱贫不忘穷苦人

我们家富裕起来了,小日子过得红红火火,但我们没有忘记帮扶其他群众。我常常对搬迁点的群众说:"不勤快,再好的政策也没用,政府能帮我们到这样已经很不错了,剩下的要靠自己让日子越过越好"。我不仅是嘴上说说,还多次提出自己现在已经脱贫了,不想占着扶贫名额,让政府有更多的资源去帮助还没有实现脱贫的群众,帮助更多需要帮助的人。

我主动帮助搬迁点其他群众联系务工机会。在经营小卖部期间,我认识了不少开出租车的师傅。通过与师傅的攀谈,我了解到他们很想找一些有驾驶证的驾驶员帮忙开车。因为出租车白天、黑夜不休息,他们急需找一些倒班的驾驶员。我知道这个情况后,马上开始在搬迁点宣传起来,并帮助搬迁点中有驾驶证的人员与出租车师傅联系,谈薪酬。在我的努力下,一些"闲散"的人员大多实现了相对稳定的就业,而我在搬迁点的声望越来越高,名声越来越好。但我没有自傲,也没有忘本。我常常对身边的人说:"现在觉得日子越来越有奔头了,感谢共产党的好政策,感谢新时期扶贫的好待遇,感谢政府和驻村工作队。"

我们家从一个建档立卡贫困户到生活富足户的蜕变过程中,完全是国家脱贫攻坚工作带来的。我们在不断努力,辛勤付出的同时,应该抱着感恩之心并以实际行动回报社会,竭尽全力帮助身边需要帮助的人。烛光虽小,但能够照亮身边。我将以积极向上的形象给身边的人带来更多的正能量,帮助身边人解决生活难事。

(卡若区埃西乡莫巴村 洛格)

路在轮下，出租车开出新生活

我是卡若区埃西乡蒙普村的一名普通村民。早年，我就渴望走出村子，到城镇寻找新的生活之路。但那时，由于各方面条件的限制，我能够做的只是在村里打点零工，赚点糊口的小钱，与儿子过着相依为命的日子。这样的生活状态并不是我需要的，但我也无能为力。时间一久，我对生活似乎也没有任何期望了，过起了得过且过的日子，生活过得不尽如人意，很多时候都入不敷出。许多大好时光就在这样的贫困潦倒中悄无声息地溜走了。直到2015年，情况发生了变化。那一年，党中央提出脱贫攻坚战略决策，全国打响了脱贫攻坚战役。西藏各地也迅速推动脱贫攻坚，在政府和村委会的帮扶下，我通过埃西乡政府精准扶贫建档立卡户识别等程序，被纳入到卡若区建档立卡贫困户名单中，成了重点帮扶的对象。就这样，我的生活轨迹发生了巨大变化。我重新找到了往日的勇气和信心，我从政府的扶贫政策中看到了过上美好生活的希望。

集中安置，入住"幸福窝"

2016年，我家被列入蒙普村易地搬迁安置名单，不花钱入住新房，这是我从前想都不敢想的好事。因为与妻子分开后，我和儿子一直租住在村里亲戚家的"小旧房"里，仅有个能遮风挡雨的地方。相比来说，通水、通电、环境干净的安置区房屋简直是梦里的"幸福窝"。

刚搬到新家时我还有点恍惚，毕竟过去的艰辛历历在目，现在睁眼看到崭新的小家，仿佛一道曙光照进了黑暗。当时，卡若区掀起了一阵向脱贫攻坚先进人物学习的热潮，一些先富起来的农牧民事迹传遍农家村舍，刚搬进新家的我对未来生活也萌发了新期待。为了确保搬迁群众"搬得出、稳得住、能发展、可致富"，埃西乡政府在易地搬迁安置区组织开展了经济林种植培训。我抓住了这次培训的机会，在埃西乡经济林苗圃谋到了一份看护岗位，每月工资1500元。这是我首次有稳定收入的就业岗位。

参加技能培训，手握"新饭碗"

针对卡若区农牧区富余劳动力就业问题，卡若区政府经常性地组织农牧民群众开展转移就业培训，包括驾驶技术、建筑技术、服务领域技术等，并依据当地市场需求和群众意愿，搭好用工企业与待业人员的沟通桥梁。

我又抓住了政府组织的驾驶技术培训机会，通过刻苦学习，成功拿到了驾驶执照，这又是一个"新饭碗"。虽然在家附近就业很方便，但是我在这次脱贫攻坚战役中明白了一个道理，就是"越努力，越幸福"。于是我萌发了进城务工的念头，凭借驾驶技术，我在城区出租车公司找到了工作，月收入达到了 4000 元，自己的小日子越过越好。

带领同村人，共奔"小康路"

"小康不小康，关键看老乡"。我进城务工，获得稳定收入的成功经验，在同村的建档立卡贫困户心中埋下了跃跃欲试的种子。其实致富之路已经很明确了，困难的是能不能迈出第一步。我通过自己的辛勤劳动打破常规，成功富起来了。于是我一直鼓励邻居家中的年轻人参加政府组织的驾驶等技能培训，还积极与所属的出租车公司对接，希望能帮助更多的同村人顺利进城务工。通过不懈努力，我终于帮助另一户建档立卡贫困村民在出租车公司实现了稳定就业。现在，我们分两班倒，同开一辆出租车，并在城区租了一间小单间，方便开夜班的人休息。一辆小小的出租车，让我们都过上了好日子。

在我积极的带领下，更多年轻贫困户积极参加各类劳动技能培训。这几年里，就有 5 名贫困人员考取到了机动车驾照并实现了稳定就业，还有 2 名贫困人口考取了挖掘机驾照，在周边工地务工，工资每天能达到 300~500 元。

过去，埃西乡有 3000 多名农牧区富余劳动力，在这几年精准扶贫政策帮扶下，已有 1800 余名农牧民群众实现了在城区或周边县区就业，成为了卡若区 15 个乡（镇）里转移就业的典范。看到埃西乡蒙普莫荣搬迁点的村民们通过技能培训取得相应证书，实现大量外出务工，进一步提高了家庭收入，家家户户都过上了富足的生活，我从心里感到高兴。

"我们今天的幸福生活离不开党中央的关怀、政府的帮助，离不开乡（镇）扶贫专干的付出。大家都在用尽全力帮助我们过上好生活，我们又有什么理由偷懒呢？幸福是奋斗出来的。我也会好好教育儿子，让他好好学习，报答祖国恩情。"我常常对身边的人这样说道。

（卡若区埃西乡蒙普村 仁青江村）

脚踏实地走出幸福路，心怀感恩回报扶贫情

我叫措嘎，一直以来，都过着艰辛的生活。在驻村工作队驻村之前，我没有想过主动寻找机会来增加家里的收入，从而提高生活水平。但驻村工作队进村后，这种情况发生了很大的变化。

按照扶贫先扶志的工作思路和要求，在驻村工作队的帮助下，我明白了致富的深刻

道理，那就是要俯下身子去做实事。钱是靠自己赚来的，不是天天靠着国家、政府的帮扶过日子。经过坚持学习汉语，我基本上能进行日常沟通，这为我找工作提供了很大便利。不久之后，乡里的食堂招人，要求有厨房经验、会点汉语的人优先。我听后大胆地去参加招聘。通过食堂老板"老牛"的考核后，我顺利进入到乡食堂，我获得了有生以来第一份工作。在不断努力下，我很快便适应了这份工作，也顺利靠自己的努力拿到了第一份工资2500元。这让我尝到了甜头，在工作上更加努力，也一步步得到了老板的赏识，并给我涨了工资。现在，我感觉自己辛苦赚钱就是踏实，不能光靠国家养着。自工作以来，我不断强化思想意识、认真学习扶贫政策、拓宽脱贫思路、解决实际困难，通过相关的渠道学习进步，在我的影响下，我的丈夫也积极主动寻找工作，经过面试成功当上乡政府门卫负责人，负责乡政府大门日常工作，待遇相当可观。在2016年年底我们一家实现全面脱贫，终于做到了不给国家脱贫工作拖后腿。

　　工作之余，我会主动照顾另一户高龄失能的贫困户，根据他们的实际情况想出合适的办法，让贫困户得实惠。当我主动到贫困户家中时，都会听见这样的对话："措嘎啊，工作那么忙，怎么又到家里来了，家里什么都不缺，上次你送来的牛奶还没喝完呢""没事的老大爷，我来看看你，最近身体怎么样，吃得好不好？"融洽的邻里关系，就体现在这样的对话中，充满了亲切和自然，把贫困户当亲人。我不仅这样说，也是这样做的。

　　对于脱贫致富工作，我严格要求自己，用真心和贫困户建立真情，帮助他们解决生活上的燃眉之急。我多次入户，讲解关于产业分红、医疗保障等贫困户能切实享受到实惠的政策，并关切他们的生活。每逢节假日，我都为他们送去节日的问候和生活必需品。2020年，平措扎西已经99岁了，行动上不便，长期忍受着病痛。为了缓解他的病痛，我主动联系乡卫生院的医护人员为其进行诊疗，我还连续四天到卫生院进行陪护，全程帮助他接受诊疗；平措扎西住院后，我还多次到卫生院探望他。我曾对贫困户们说："把贫困户当成自己的亲人，正是我致富脱贫的工作之一。"作为一名共产党员，我对困难群众怀有深厚的感情，对脱贫工作具有强烈的事业心、责任感；我始终坚持立党为公、执政为民，坚持做到以人为本、心系民情，结合开展的帮扶活动，积极与驻村工作队开展"手拉手、结对子、送真情、献爱心"援助行动，从思想上、感情上、物质上多重帮扶困难群众，逐步脱贫解困。在援助活动中，我主动深入贫困户，与群众联系在一起，与他们攀亲交友，向他们嘘寒问暖，为他们答疑释惑，让他们全面了解党的政策，真心实意帮助他们解决生产、生活中的具体困难；并给予及时的、必要的物质救助，让困难群众得到了实惠，拉近了群众与党和政府的距离；同时也消除了部分群众心中的怨气，化解了矛盾，维护了社会的稳定。我结合贫困户实际情况，为他们谋划脱贫致富的门路，做到因户施策。我常常深入贫困户家中，做他们的思想工作。以前少言寡语的平措扎西如今常常洋溢着幸福的笑容，他逢人就说"共产党的政策好啊，共产党的干部办实事,我从来没想到还能住这么好的房子。"那一字一句述说的都是感恩和快乐。看到自己所帮的贫困户越来越坚定地走在致富路上,这是给我的最大的欣慰。要做就做实事,让贫困户树立信心,我在面对面解决群众困难的实践中,把共产党员的先进性体现在结对帮扶工作的每一个环节、每一个角落。我始终坚持做到群众关心什么、期盼什么,就脚踏实地地干什么;群众缺什么愁什么,就倾其所能地帮他们什么;群众反对什么、不满意什么,就真心实意地改什么。我还常常认真学习扶贫脱贫政策和知识,做到内化于心,外化于行,找准吃透关于扶贫工作的政策,为贫困户讲解相关政策。在完成自己的脱贫任务的同时,还能协助驻村工作队开展脱贫任务。

作为热索村的一名党员,我能够结合党建工作开展好"党建促扶贫"工作,严格听从驻村工作队管理,不断落实好驻村扶贫制度,严格请销假和考勤制度。在开展思想扶贫工作中,我立足"扶贫先扶志,激发内生动力"的工作中心,多次走村入户,和驻村工作队、村"两委"一起谋划思想宣传,共悬挂思想扶贫横幅10余块,制作宣传图5块,营造了浓厚的宣传氛围。在我的努力推动下,热索村贫困户极大地被激发了脱贫的内生动力,强化了村居文化氛围。投身扶贫虽有苦,但乐更多,因为真诚的付出换来了善意的微笑,真心的融入换来了真诚的认可。在未来的日子里,我将本着一颗赤子之心继续奉献,不断用实际行动践行为人民服务的宗旨。

(卡若区面达乡热索村 措嘎)

修车"修"出幸福路

我叫云登,家里有4口人。由于我缺乏劳动技术,只能长期在外打零工挣些零碎钱维持家庭生活。由于打工收入微薄,加上体弱多病的妻子要照顾两个上学的孩子,家中生活总是捉襟见肘。想想过去,我们一家的生活过得实在太困难了。想起当年困苦心酸的日子,我总是止不住流泪。还记得,大儿子在一岁那年,有一次发高烧,全家一块、两块、五块、十块的才凑够了一两百块钱,我抱着孩子,一路跑到了乡卫生院。我那时不服那口气啊!想靠自己把日子过好,让孩子们有好的生活。可是天不遂人愿,因为打工劳累过度,我患了腰椎间盘突出的毛病。那几年一到忙的时候,腰疼的毛病就容易发作,这个时候连零工也打不了,生活真的很难维持下去,要是没有党的好政策,我哪有今天啊!经历过困苦生活的我深知机会的不易。因此,当国家号召全面脱贫,推行一系列惠民政策后,我决定抓住机会摆脱贫困,让一家人过上比过去更好的生活。

脱贫不忘党恩

2015年，我们一家被识别为芒达乡建档立卡贫困户，医疗扶贫解决了我和妻子的看病问题，扶贫政策的各项补贴也让家里的生活好了起来。2016年，在政策扶持下，我们一家脱了贫。虽然脱贫不脱政策，可是我们家已经不满足这种游走在脱贫线上的生活。我给家人说："有党的好政策，我们更要自己努力干下去，我们家还要过更好的日子。"因为文化水平不够、不懂技术，我在建筑工地上只能干些开机器、添沙、倒灰、加水、推车之类的杂活。身体好了以后，我利用空闲时间，一边打工增加收入、一边自学文化知识，慢慢地我不仅可以说普通话、写汉字、还能在网上购物，既丰富了生活，也拓宽了眼界。

后来，在结对帮扶人的介绍下，我参加了政府统一组织的为期一个月的汽车维修技能培训。这个培训切实增强了我的就业本领。芒达乡属于半农半牧地区，由于受自然条件及经济发展水平的制约，摩托车是这里最主要的出行工具，但是村里却没有一家摩托修理店，培训结束后，我敏锐地觉察到这是一次不容错过的机会。

在区委主要领导的关心下，我从芒达乡政府借到了第一笔热血青年创业资金5万元。通过这笔启动资金，我建立了芒达乡惠民摩托维修店。凭着吃苦耐劳精神、过硬的修理技术和热情周到的服务，我的生意越做越好。此外，我还在城区汽车修理店学习过修车技术。如今我不仅能修理摩托车还能修理部分汽车。同时，我从网上购买摩托维修零部件，很大程度上节省了维修成本。

如今，摩托维修店成为了全村最热闹的地方，尤其是夏天虫草季的忙碌时段，我的摩托维修店更是门庭若市。修摩托的间隙，大家都围着我询问摩托修理技术，我也是知无不言，教大家简单的修理技术。我对身边的人说："虽然赚钱重要，但是我的技能都是党和政府教的，我若能教会大家，让大家解决一些燃眉之急，这比赚钱更重要。"

致富不忘乡亲

闲暇时间，我又琢磨起了大棚种植技术。我利用家中庭院修建了一座大棚，开始种植蔬菜。在我和妻子的精心照料下，蔬菜产量也一路上涨。家里的菜吃不完，越堆越多，于是我和妻子商量开了一家藏餐馆，主要由妻子打理，既方便来修车的顾客们，也能为自家增收，还不耽误妻子照看孩子。

同时，凭借着自己的技术，我经常帮助乡人民政府和学校维修围栏、门窗等。兼任芒达村水管员的我在履行自身职责的同时，还经常开车帮助人民政府、芒达村和学校运水。作为乡里"先富帮后富，共同奔小康"的带头人，我没有忘记带领乡里的贫困户共同致富。我鼓励村民要靠自己的双手发展，我的摩托维修店还雇了2名芒达乡建档立卡贫困户作为维修工人，每人每月给1100元作为劳动报酬。我常常说，自己是个穷怕了的人，我知道贫穷的滋味，现在自己还不算特别富裕，但还是会尽自己最大的力量，带动其他贫困户过上好日子。村里的老百姓，一提起我，都会竖起大拇指。

如今，我们一家已经改善了生活质量、居住条件，摩托车维修店和藏餐馆的生意很是红火，蔬菜大棚的收入也相当可观。靠着勤劳朴实、吃苦耐劳的精神，我们用自己的勤劳双手闯出了一条脱贫致富的新路子。回顾这几年在党和政府关心下的脱贫历程，我总是满怀感激之情，我告诉家人，我们有现在的幸福生活，都要感谢党的精准扶贫政策。在创业过程中，帮扶单位和有关部门给了我们诸多帮助，让我们树立了创业信心，真正实现了脱贫增收梦。今后我们还要紧跟党的步伐继续努力，相信以后的日子会越过越好。

（卡若区芒达乡 云登）

5 第五篇
脱贫攻坚中的选派书记和基层干部

　　从群众中来，到群众中去；没有调查就没有发言权；全心全意为人民服务……这是中国共产党作为执政党从长期的工作中总结出来的宝贵经验。它们在中国共产党治理国家、建设社会主义新中国的具体实践中发挥了极为重要的作用。同时，也是这种贴近民心、贴近基层的工作作风使得中国共产党赢得了广大民众坚定而持久的拥护。

　　在新时代脱贫攻坚复杂而艰巨的工作中，这些宝贵的经验越发显现出其强大的理论意义和实践价值。在昌都市脱贫攻坚工作中，许多琐碎、复杂的工作，都需要到基层去通过调查研究才能顺利完成；许多重要的措施和方案，需要经过基层干部的调查研究才能顺利实施。因为只有这样，才能做到有的放矢，才能做到精准扶贫，才能做到脱贫之后不再返贫。

　　因此，长年工作在基层的干部和被选派到基层的优秀干部，都秉承中国共产党的优良作风，坚定执行"从群众中来，到群众中去""没有调查就没有发言权""全心全意为人民服务"的工作原则和方法，深入昌都市各乡镇农村调查研究，为昌都市扶贫工作的全面展开和顺利完成，打下了坚实的基础。而这一基础的奠定，离不开成千上万的驻村干部、选派书记和当地基层干部的辛劳付出。这群不知疲倦地奔波在高原大山深处的基层干部，是把扶贫的红旗插到人们心间的旗手，是最熟悉乡村民众心事和愿望的人。他

我 和 我 的 扶 贫 故 事

们细致入微的基础性工作事关脱贫攻坚成败和最终效果,其中的意义之重大是毋庸置疑的。

没有大批基层干部和驻村干部深入基层进行细致入微的调查研究,就没有全方位的精准扶贫;没有他们不厌其烦的悉心教导和宣传开导,就没有村民们思想观念的转变,也就没有乡村脱贫致富持续的可能;没有他们东奔西跑、风里来雨里去的辛勤奔波,就没有乡村民众精神面貌的焕然一新;没有他们走家串户地与村民做近距离的接触,就无法把党和政府的温暖送到乡村,就无法让村民们感到全国人民对他们的关心。在脱贫攻坚的道路上,基层干部是冲锋陷阵的先遣队,他们是一马当先的排头兵,他们是架桥铺路的开路者,他们是身先士卒的探险者。他们把自己的青春年华挥洒在了昌都广袤无垠的高原上,他们用自己的人生理想点燃了高原夜晚的明灯,他们把靓丽的青春身影留在了藏东明珠的山水之间,他们把真情和厚爱播撒在了昌都人民的心间。他们是一群无名英雄,用实际行动响应时代的召唤,在时代的征途上留下了他们的足迹。

用脚步丈量土地，用热情温暖民心

我叫洛松泽平，是日通乡党委副书记、乡长。我出生于1984年，2009年参加工作，2012年入党；工作后一直扎根基层，先后担任日通乡肖堆村选派支部书记、日通乡副乡长，现任日通乡党委副书记、乡长，先后荣获2010—2012年"昌都县优秀公务员"、2013年和2014年"优秀选派支部书记"、2015年自治区"先进驻村工作队队员"。在基层工作中，我尽职尽责地践行着一个基层干部应该担负的使命，奔赴在脱贫攻坚的道路上。

立足实际，发展经济

"日通"藏语意为"海螺"，这里的山形像海螺一样，山势雄伟，异峰突起。日通乡是以农业为主的乡镇。这里地势狭长陡峭，峰峦耸立，河谷深幽，大多都是山坡耕地，在经济发展工作上压力很大。作为当地的负责人，我深感肩负的担子重大而光荣，在其位、谋其政，我必须担负起日通人民的重托和希望。为了全乡群众的收入，我不断走访调研，了解村情，收集民意，为日通乡经济发展积极探索，优化全乡产业布局，力争让每个行政村的资源得到最佳利用。我鼓励成立农村专业合作社，为农牧民群众提供整个生产周期的系列化服务，提高组织化程度，实现了小生产与大市场的有效对接。

以身作则，无私奉献

在家里，我上有年近八旬的老父亲，下有两岁的幼子，但是这一切并没有影响我的工作热情，自参加工作8年来，从未休过假，几乎所有的公休日都在忙碌。2015年4月底，原本我已经请假准备前往拉萨陪产，但此时乡里发生虫草纠纷，我还是选择回到岗位继续工作。类似的事情经常出现，作为一名党员干部，我从未有一句怨言，因为我心中时刻都装着全乡百姓。奉献源于责任。多年的基层工作，我总是以高度的责任感投入到工作中，很少想哪些是自己的本职工作，哪些是无私奉献的，我一心只想：只要群众对自己的工作满意了，也就知足了。在日常的工作中，不管上级什么时间下发紧急通知，我总是在第一时间召集扶贫专干，研究部署相关工作任务。不管大会小会，我提到最多的就是：我们是人民的公仆，是脱贫攻坚任务的执行者，我们做不好工作，群众就难以脱贫。所以，我多次带领扶贫干部前往各个自然村的建档立卡贫困户家中了解情况，从前期调研到后期巩固，不管是刮风下雨，到贫困户家中就像回家一样。

心系群众，为民造福

在易地搬迁工作中，我多次深入达东村进行摸底调研，发现如果将工程承包给施工方，后期村民的自筹资金恐怕不够，但达东村村民本身具备修建房屋的技能，因此我多次向区委、区政府主要领导争取让达东村群众自建，并立下军令状：一定在保质保量的前提下如期完成该工程。施工前期，我积极与达东村砂石场协商，达成砂石款赊账的要求；开挖地基时，联系砂石场挖掘机无偿帮扶开挖；材料方面，联系该搬迁点负责人为困难户提供30余吨水泥；人手不足，就组织达东村党员对村内贫困户进行无偿帮助。目前，达东村的房屋已全部完工并且入住。雄达村易地搬迁点曾发生用地问题纠纷，我组织乡指挥部项目协调组到雄达村搬迁点用7天时间来做群众工作；同时，与施工队负责人协调，最终以每平方米1200元的单价修建雄达村易地搬迁点，解决了贫困群众自筹资金困难的问题。我不辞辛苦往返两个易地扶贫搬迁点，对施工队的材料、标号进行核实，在施工过程中亲自督导，有效确保了房屋的质量及进度。在易地搬迁中遇到困难，我都会及时与建档立卡贫困户进行协商，同时传达党中央对困难群众的关爱。

亲力亲为，致力扶贫

我带领乡脱贫攻坚指挥部成员到村、户加大精准扶贫宣传教育力度，鼓励建档立卡贫困户多方面采取措施，增长自己的技能，扩大自身的就业空间，在全乡范围内实行整乡扶贫推进工作，采取一些有效措施，取得了显著成效。一是，2016年我与区农牧局积极协商菜籽油加工点建设项目。2016年，雄达村种植油菜200亩，真达村种植油菜240亩。为解决村民菜籽加工问题，我与朵康民族传统手工艺制作有限公司负责人一同去找区脱贫攻坚产业组负责人，争取到89万元建设菜籽油加工厂，该工厂现吸纳建档立卡户22人。二是，积极衔接卡若区日通乡朵康民族传统手工艺制作有限公司，让其吸纳建档立卡贫困户20余人务工就业，工资为150元／（人·天），直接使建档立卡贫困户增收。并与朵康民族传统手工艺制作有限公司协商，在菜籽油加工厂建成以后，要对日通乡25户建档立卡贫困户每户免费提供5000元左右的家具，并为日通乡所有建档立卡贫困户提供就业指导培训（木工、唐卡绘画、金银加工）等，要求在培训期间，所有建档立卡贫困户包吃包住，还要有一定的生活补助；培训结束后，将对能力较强的贫困人员直接吸纳，留在公司就业。三是，积极联系昌都市国税局、卡若区脱贫攻坚指挥部，加大对温达村鼎雄糌粑加工厂进行帮扶，目前正在筹备建设中的温达村合作社康巴情仓农家乐将直接吸纳11户贫困家庭，参与培训和就业，达到脱贫目的。2016年，参加温达村糌粑加工培训班的12名学员全部为建档立卡贫困人员。培训结束后，直接吸纳至糌粑加工厂工作，每人每月工资1800元，直接使建档立卡贫困户脱贫。四是，我与卡若区相关部门积极联系，加大温达村新颖民族手工艺制作农牧民专业合作社的帐篷出售，截至目前，已出售30余顶帐篷，直接增加20多万元的现金收入；在制作手工包上，我多次与拉萨、广东等制作手工包厂商联系、学习，询问制作工序及需要的设备，召开并通过乡党委班子会议从广东定购了两台缝纫机及制作手工包的一些原材料，反复研究制作手工包的技能，最终在茶马文化艺术节上展出手工包，并得到了肯定。在

2016年年底，我积极争取区脱贫攻坚指挥部产业组项目资金28万余元，扩大规模加购20台缝纫机及各种原材料，也专门从广东请来技术员提供技术支持，该合作社也将对温达村正在培训的建档立卡贫困户12人提供手工帐篷制作和绘画的岗位，每人每月工资1800元，直接使12名贫困人员脱贫。五是，从2015年年底开始，帮助瓦列村宗嘎秀然牧场联系区相关部门，让驻村工作队为其撰写实施方案、项目建议书等相关材料。为宗嘎秀然出谋划策，规划其场地，并积极向区上相关领导联系，向区政府争取到捐赠的两头娟栅奶牛并扩大规模，宗嘎秀然牧场如今在昌都市区内具有一定的影响力。同时与区脱贫攻坚指挥部积极衔接，为牧场解决了加工奶制品的一些设备，现在牧场承担着日通乡所有建档立卡贫困户奶制品加工就业培训，为培训期间所有建档立卡贫困户包吃包住，并为本村10户建档立卡贫困户提供就业岗位。针对卡若区捐赠给瓦列村建档立卡贫困户的8头良种奶牛，实行以市场价收购，达到直接现金增收。

紧跟政策，落实有方

自精准扶贫工作开展以来，在我和同事们的不懈努力下，日通乡在2017年如期实现全乡脱贫。我在工作中踏实肯干、任劳任怨，爱岗敬业，经常为全乡精准扶贫工作谋思路、创出路，在精准扶贫精准脱贫攻坚战中做出了积极的贡献。我积极与区人社局衔接，争取送教下乡。截至目前，日通乡温达村温室大棚、新颖民族手工艺、鼎雄惠民糌粑加工、易地扶贫搬迁建筑培训了近200人，帮助他们实现就业，从而达到脱贫。我组织日通乡干部入村传达区里指示，要求新增的553名生态岗位必须全部为建档立卡户人员，而未引发一起矛盾纠纷。全乡建档立卡贫困户共有学生162人，贫困表面是物质的贫乏，但归根结底是知识和技能的缺乏，让贫困地区的孩子们接受良好教育，既是"扶智"更是"扶志"，刚开始在发展教育脱贫这方面除了三包政策外无其他对策，我就组织召开乡党委班子会议及脱贫指挥部成员会议，提出成立爱心基金会，与区指挥部及区教育局衔接申请了3万元启动资金，后与本乡干部、完小教师、银行储蓄所职员、乡致富带头人召开座谈会，本着自愿的原则进行捐款，截至目前爱心基金共筹得5万余元，对贫困学生进行助学金发放。全乡五保户、孤儿已经按照意愿实行集中供养，现有低保167户486人（其中建档立卡贫困户134户424人），在2017年春节来临之际，我带领乡干部到集中供养中心看望孤寡老人、并为每人送去500元慰问金。在脱贫攻坚摘帽年，我号召全乡干部发扬团结一心，助人为乐、互帮互助的友爱精神，以更好的姿态、更积极的工作劲头，作出自己的一份贡献，我多次深入到帮扶户中对帮扶户进行政策讲解、了解情况，共送去2000余元的金钱与物资。

我作为一名生在农村、长在农村的普通乡镇领导干部，在平凡的岗位上扎实苦干，在脱贫致富的进程中积极作为，是我的本职工作。我将以饱满的热情在致富路上书写群众致富的希望。

（卡诺区日通乡 洛松泽平）

赤诚以待，扶贫路上洒真情

2019年4月，我主动请缨，担任中共昌都市委办公室选派驻卡若区柴维乡格瓦村第一书记。那一年，我28岁，带着两箱泡面、背着一卷被子、骑着摩托开始了自己选派书记的工作。用自己的话讲"到基层干活，正是好年纪呢"。

千难万难都得从头开始。刚到卡若区柴维乡格瓦村，作为一个汉族干部，陌生的语言环境需要我慢慢适应摸索。虽然我有2016年在卡若区若巴乡卡堆村担任驻村工作队长的经验，但面对第一书记的工作，我心中也很彷徨。从哪里开始着手干、从什么地方开始着手干、怎么展开工作？一系列问题始终在我的脑海里萦绕徘徊，是那么迫切和纠结。在经过对村委会文件资料的学习后，我决定"首先得让群众认识自己"。本着这样的初衷，我开始对村内每一户群众进行入户走访，在这个过程中遇见语言沟通困难的群众时，我滑稽的比画和自学自创的语言沟通模式为我与群众间顺利沟通搭建起了桥梁，让群众快速且记忆深刻地认识我。在走访中，我了解到村内有很多迫切需要解决的问题，比如基础设施尚不齐全、部分孤寡老人问题没有妥善解决、教育观念没有彻底转变等等。之后，我开始做方案、理头绪，结合卡若区脱贫攻坚的相关政策制定了详细的工作规划，确定了"以教育为抓手、推动脱贫攻坚"的工作办法，为我接下来的工作寻找思路。

真性真情需得待民以诚。两年间，我按照自己的工作规划，从大力度贯彻"控辍保学"政策开始，让格瓦村所有适龄儿童都能进入学校接受教育。我深知格瓦村的未来寄托在这些孩子身上，我经常对驻村工作队员们讲"我们村依然很差，要改善必须抓好教育，一定要树立好功成不必在我、而必定有我的意识"。为抓好"控辍保学"工作，我长期奔走在村组之间，每每遇见疑似失学儿童时，我总会问个究竟，在面对未送学的家庭时，我往往当场对着家长开展教育，浑厚的声音直震得人耳膜生疼，让很多接触过我的人都记忆犹新，渐渐地群众对我到户询问送学的情况都习以为常了，因此格瓦村的老百姓们知道了他们的书记是个"大嗓门"的家伙，还曾一度认为他们的书记脾气很坏。

在2019年、2020年两年中，我为柴维乡格瓦村学生日夜奔走。每当高考结束时，我都特别关心学生的高考成绩，及时给困难学生家庭送去慰问金；当六·一儿童节来临时，我总会四处筹钱给在乡小学上学的孩子们送去节日的祝福和问候；当假期到来时，我总是风雨无阻地站在学校门口接送每一名村里的孩子。我土黄的衣服好像颜色越来越淡，但我就像变戏法般为孩子们送来了春夏秋冬的衣服，带来了源源不断的学习用品。孩子们渐渐地习惯了生活里面有个穿着工装骑着摩托常来看他们的叔叔，有的孩子还会叫我"杨爸爸"。当和孩子在一起的时候，我没有大的嗓门、没有火爆的脾气，展现的只是温柔的一面，孩子们很喜欢我。

两年间，我对村里致富门路进行了仔细思考，除了解决孩子上学问题，我还着眼在孤寡老人、残疾人的生活保障上下功夫。我常说"两不愁三保障一定不能是空话，我们一定要落实下去"，我常常去看望孤儿，对在敬老院的老人如自己父母般照料，很多时候还搭上自己本就不多的工资。

记得我第一次到分散供养老人布嘎家中去时，看到布嘎的房子属于危房，家里除了床什么都没有，于是我从兜里拿出了刚领的6000元工资给布嘎，并组织村里的青壮年为布嘎修缮房屋，一干就是一个星期。我还给布嘎上报了危房改造的项目，随后当项目款下来的时候，布嘎想还钱给我，我握着布嘎的手讲到："您这么大年纪受苦是我不好，我的钱都是党和人民给的，补贴您再合适不过了。"从那以后，村民们都把我看成了村里的一分子，每当遇见什么难事，总会到村委会去找"杨书记"。小到牦牛下崽、大到红白喜事，家家户户都想着我，有时候乡里派干部到村里办事都是往老百姓的家里去找我，"整个村子都是我的家，你反正是来找我又何必计较我在哪里呢"。

自从我来到村里，一切都变得好了，每个人都已经习惯了有我的日子，好像只要我在格瓦村就有了主心骨。

记得我刚到村里的时候，我经常批评村里闲散的年轻人，有些时候还故意组织闲散的年轻人干农活、捡垃圾、帮村里的老人修房子、为劳动力少的家庭提供帮助；有时还会组织年轻人集体去跑跑步打打球，村里那些曾经天不怕地不怕的小伙子们如今对我也很服气。时间久了，我就不断地给村里的小伙子们讲故事，讲的都是隔壁嘎日、古强、柴维、差达那些致富成功的老百姓的故事，听得小伙们热血沸腾，纷纷让我给介绍工作。对于介绍工作的事，我干得格外卖力。有的小伙子被我介绍在建筑工地去帮工了；有的小伙子被介绍去跑运输；有的小伙被拉去当了兵；有的被我介绍在城里去做了保安、服务员等，一下子让以前闲散的劳动力有了出路，就这样在我的"大嗓门""胁迫"下，2020年格瓦村顺利通过扶贫检查验收，村内人均年收入突破了6500元大关。

干事创业必得信仰为基。在脱贫攻坚的道路上，我时刻心里想着群众，在一桩桩一件件的小事上，我始终牢记自己是一名共产党员，始终以群众利益为先，我常说"以人爱子之心及我爱民之心则治矣"。两年间，我习惯了在研读政策与实地调研中去寻找解决问题的方式方法，及时与群众沟通在我看来是做好脱贫攻坚的不二法门，党性在服务群众的过程中得到了淬炼，尤其是在脱贫攻坚工作的宣讲过程中，我始终以习近平总书记关于脱贫攻坚的相关要求和重要论述为教案，要求自己学、工作队学、村"两委"学、群众学，实实在在地将全村的思想与自治区、昌都市、卡若区、柴维乡保持着高度的一致,"不论干啥想要成功都得有理论支撑才行"。

金杯银杯还得群众口碑。在格瓦村两年,我顺利成长为奋战在基层脱贫攻坚道路上的一名合格战士,但我依然是我,那个穿一身土黄色的工装、骑一辆宗申牌摩托、脸上总是挂着和谐笑容的阳光青年,转眼已经到而立之年,村里许多老人都亲切地叫我"宝贝书记,你是我们格瓦村的好儿郎"。

(卡若区柴维乡格瓦村第一书记 杨正则)

恪尽职守,不遗余力帮扶群众

我叫鲍山才,中共党员,现任昌都市卡若区农业农村局副局长,负责产业组工作。谈起我,群众都会想起卡若区青贮玉米和食用菌种植基地;谈起我,群众都习惯叫我"鲍书记"。在这背后,是我扎根基层、服务基层、服务群众的无私付出和坚守,在这背后,是我投身脱贫攻坚、精准扶贫、产业增收的具体实践和行动。

与青春较劲

2012年,刚从部队退伍的我参加了西藏基层公务员招录考试,进入俄洛镇人民政府工作。次年,我主动请缨,加入"选派支部书记"队伍,担任俄洛镇约达村选派书记。军人出身的我,比常人多了一份坚韧和毅力,我一心扑在基层,一干就是三年半。出生于农村的我,对农村有着天然的一份亲切和热爱。在工作中,我心里装着人民,装着可爱的乡亲,和乡亲们打成一片,成了乡亲们的"知心人"。

2015年,脱贫攻坚的号角吹响,再一次牵动了我扎根基层、心系基层、发展基层的愿望。"晴天一身灰,雨天一身泥"的约达村没有阻碍我改变贫穷落后现状的雄心。"地无三尺平"的自然条件没有阻碍我带领乡亲们寻找增收致富的决心。2016年,在区党委、区政府的正确领导下,在前期充分调研的基础上,我带领约达村建档立卡户群众率先实施青贮玉米种植项目。这是青贮玉米在卡若区的首次种植,困难、挫折伴随而行。翻地、平土、点播、盖膜,历经了半个月繁忙的劳作,我们完成了120亩青贮玉米种植工作。接着是实地查看、等待、期盼,一周过去了,种子没有发芽的迹象。真不能等天下雨了,"抗旱保丰收"才是当务之急。我组织村民抽水灌溉,1亩、2亩、3亩……10亩、20亩……、100亩,灌溉工作有序推进。人们常说,所有的事情都需要时间的考验、岁月的洗礼。收获也不例外,它是给那些热爱土地、热爱生活的人准备的。那是一个收获的季节,那是一个足以让乡亲们沸腾的日子。青贮玉米丰收了,120亩青贮玉米产量达 300 吨，产值 30 余万元，7 户建档立卡户群众户均增收 8000 元。我露出了灿烂的笑容，那是东方初晓的喜悦，这种成就感也只有我才能体会到。青贮玉米的试种成功为后期的规模化种植打下了坚实基础。截至 2020 年，卡若区已种植青贮玉米 9938.9 亩，带动沙贡乡、俄洛镇 227 户群众持续增收。

与市场较量

俗话说，贫穷限制了我们的想象，只有开动脑筋我们才能赢得先机。2016 年，外出考察学习归来后，经过一段时间的市场走访调研，我发现昌都市菌类市场潜力巨大，而全市却未有一家大规模生产菌类的基地。于是依托食用菌种植，让群众脱贫致富的想法在我的脑海里应运而生。在区党委、区政府的大力支持下，在专家组的充分论证下，2016 年 8 月，投资 78 万元的加林村食用菌种植基地落成并投产。

基地投产伊始，缺乏生产菌棒的能力，第一批 1.4 万余个菌棒是从四川绵阳引进的。正当大家满怀信心，准备撸起袖子加油干时，一场"考验"正在向我们逼近。从绵阳"嫁到"昌都的菌棒由于运输过程中气温较高的缘故，霉变损坏了 4000 多个。得知消息的那一刻，我差点失声痛哭。我把平安落地的菌棒当成自己的孩子一般悉心照顾，上架、摆放、洒水、管理……每个环节都小心翼翼。经过一个多月的等待，菌棒终于没有辜负乡亲们的期待，当看到一朵朵蘑菇从菌袋中探出脑袋时，喜悦瞬间涌上大伙儿心头。本以为就此能扳回一局，没想到新的问题又出现了。市场上到处是从各地运进来的各色平菇，而加林村的平菇由于没有知名度，未能得到消费者的认可。这种情形让我彻夜难眠。我又只身深入菜市场、市区各饭店、各蔬菜门市推销自己的平菇。凌晨 2 点的菜市场也能听到"这是卡若区的产业、这是贫困户自己种出来的平菇""这是俄洛镇加林村的平菇"的吆喝声，那是一段辛酸又煎熬的日子。但通过我的各种努力，加林村的平菇在昌都市场上终于拔得头筹，抢占了先机，平菇出名了，我还得到了另一个名字"鲍平菇"。如今，食用菌种植基地已形成了从菌种制作、菌棒生产、灭菌、发酵、栽培、管理、销售于一体的现代化基地，不仅成为建档立卡户脱贫摘帽的平台，更是成了致富奔小康的有力抓手。3 年来，食用菌基地共带动 281 名群众增收 101 万元。

与岗位较真

"3 天内到农牧局报道……"接到工作岗位调整通知的我，当时正在老家陪伴待产的妻子，即将迎来做父亲的角色，但我没有丝毫犹豫，"岗位就是命令"，怀胎九月的妻子陪同我一起踏上了返程。就这样，我再次进入战斗状态，投身新战场，投入脱贫攻坚主战场。为尽快摸清卡若区产业扶贫底子，把握工作重点，在短短的 3 个月时间，我走遍了产业项目点，实地调研产业带贫机制，明确了产业扶贫目标任务，明晰了产业扶贫工作思路。脱贫产业发展什么项目，支持谁发展，怎样把贫困户嵌入产业链并建立稳定长效的利益联结机制，如何实现扶贫资金效益最大化，如何指导全区产业扶贫工作有序开展，是我经常思考和研究的问题，我在一线干过，我也学到了很多，但我不懂项目，为了解掌握项目申报、审批程序,我把已建成的项目资料翻阅了多遍。为解决这些问题,我深入乡(镇)、村(居)、项目点,与产业项目经营主体、贫困户群众交谈,向行业部门老同志请教,产业发展思路逐步明晰,并与同事一道研究制定了《卡若区产业项目管理暂行办法》,完善了《卡若区产业项目以奖代补实施方案》《产业项目包干制度》,指导产业项目严格程序实施、因地制宜精准实施。并提出了"1+4+15"的牲畜收购模式、"飞地分红"差异化分配方式等,推进实施了产业项目资产移交工作和产业项目财务决算审计工作,我一直与产业一同成长,也将伴随着产业逐渐成熟壮大。

与成果较真

坚持项目引领带动是抓产业扶贫工作的切入点和重要举措。卡若区2016年至今已实施产业项目80个,面对项目多、资金量大、工作人员少、工作量大的局面,我没有退缩,依旧保持着军人本色,按时完成本职工作、按时进行产业项目调度。在我的努力下,扶贫产业取得了阶段性成果,产业红利逐步显现。卡若区已建成产业项目实现增收2612.86万元,惠及建档立卡群众3404户15077人,户均增收7675.80元、人均增收1733元。"以奖代补"工作进展顺利。卡若区对实施"牦牛短期育肥、芫根种植、油菜种植、经济林种植、青贮玉米种植"等项目的个人和集体进行奖励,奖励资金达319.06万元。"飞地经济"带动明显。飞地项目累计收益1063.48万元,已兑现"飞地分红"资金920.91万元,户均增收2405元,2020年将突破800万元。

我作为一名基层干部,从事着脱贫攻坚的艰巨任务,在"不获全胜决不收兵,全面打赢脱贫攻坚战"的历史时刻,在脱贫攻坚的紧要关头,我一刻也没有松懈,始终奋战在脱贫攻坚的最前线,我希望以实际行动践行着党和人民赋予的使命,我希望以最青春的姿态在藏东大地书写产业脱贫的华章。

(卡若区农业农村局 鲍世才)

爱岗敬业抓生产,精准识别促脱贫

我叫扎西次巴,男,中共党员,现任莽岭乡人武部部长。2015年,我主动申请任莽岭乡上莽岭村选派支部书记兼驻村工作队队长,从事精准扶贫工作。围绕脱贫攻坚工作计划和发展目标,我们的工作始终以发展农村生产力、促进农民增收为中心,以改善农民生产生活条件为重点,以深化农村综合改革为动力;紧紧围绕"两不愁三保障"目标,加大基础设施建设、促进农户持续增收、改善村容村貌等方面,高度重视、责任落实、统筹兼顾、刻苦钻研,以务实进取的工作作风,扎实做好各项精准扶贫工作。

我认真学习习近平新时代中国特色社会主义思想,提高自己的政治思想觉悟,在思想上与党保持一致,树立正确的人生观、价值观和世界观,增强履行岗位职责的能力和水平。作为一名共产党员,我始终坚持正确的政治立场,坚定中国特色社会主义信念,真正信仰党的章程、纲领,拥护党的领导,维护党的尊严,听从党的指挥,把党性观念扎根于内心深处,融入灵魂,做到思想上不动摇,行动上不出错,永远跟党走。我坚决拥护以习近平同志为核心的党中央领导,始终忠诚于党和人民,永远把人民的事情放在自己的心中,时刻维护群众的利益,与群众风雨同舟,荣辱与共,以党的宗旨为宗旨,以人民的利益为利益,站在党的立场上,努力做好各项服务工作,竭尽所能,为人民群众的发展奉献自己的全部力量,努力做到问心无愧。有了这样的思想意识,我们才能在扶贫工作中很好地解决遇到的各种问题,把扶贫工作贯彻到底,取得应有的成效。

我爱岗敬业,努力取得优异工作成绩。我始终坚守爱岗敬业、忠于职守、兢兢业业、求真务实,坚持"精益求精,一丝不苟"的原则,认真对待每一件事、每一项工作,在把工作做完的基础上尽量坚持做好,提高工作效率和工作质量。在各级领导的关怀和指导下,在各位同事的关心和帮助下,自2015年精准扶贫工作开展以来,取得了优异的工作成绩。严格遵从乡党委、政府的管理。严格按照乡党委、政府的统一要求,严明纪律,规范管理,本着思想为先的原则,通过各种途径加强学习,提高思想认识,驻村期间坚持吃住在村,坚决做到不吃请、不扰民,和群众同吃、同住、同劳动,切实做到有事请假,不迟到、不早退。认真履行乡人武部长、村党支部书记及驻村工作队队长职责,按照强基惠民七项任务要求,充分发挥驻村工作队的作用。深入基层,抓动态管理,落实精准识别和精准脱贫,做好建档立卡贫困户动态管理工作。多次走村入户,与村民零距离接触,了解民情民意,完成建档立卡户的资料收集和整理上报。帮助村委会完善村档扶贫痕迹管理,实时更新,尽量做到精准识别、精准扶贫、精准脱贫。促项目进展,提升脱贫实效。通过入户调查、实地调研,建立上莽岭村项目库,积极申报各类项目;在上莽岭村驻村期间实施了投资54万元的驻村短平快项目,新修了上莽岭村吉多组及江仲组灌溉水渠、队果组蓄水池。积极与县农牧局协调了优质青稞种子18万斤价值90万元;与县林业局协调实施了克扎组600亩的公益林项目和800亩的退耕还林项目;实施了65户牲畜棚圈项目;按照精准扶贫"五个一批"工作要求,在充分听取群众意见的基础上,结合群众自身实际,认真制定了符合群众自身的脱贫措施,期间实施了卡若香猪、红拉山鸡等产业项目,试种当归及油菜花,并与加工厂联系销路,通过项目的实施,实现了上莽岭村从危房多到安居户建设、无水到通自来水、无硬化通村路到全部道路硬化、无产业到各类产业等全方位的改变。抓政策落实,摸民情,暖人心。驻村扶贫工作期间,从小事做起,从实事做起,主动帮助有困难的老百姓。上莽岭村追组拉措家属于建档立卡贫困户，当初要建设新房时由于资金短缺，又没有多少人愿意借贷，我们驻村工作队主动与农行营业所联系做担保，帮助其借贷，并自掏腰包给予1000元的现金，助其建设新家园，在之后长期的工作与生活中一直关心关怀，现在拉措家住上了新房，有了冰箱、洗衣机等家用电器，银行里也有了存款，再也不愁吃穿、不愁住房安全了。吉多组果卓玛家的住房安全一直是我的一块心病，为了帮助她渡过难关，多年来我自掏腰包送物资送钱，扶贫优惠政策倾斜于最贫困的家庭。后来将果卓玛家纳入异地搬迁，现已搬迁至县城，住上了新房。抓宣传教育，调动农户积极性。驻村及乡扶贫办工作期间，深入上莽岭村各村小组及农户家中积极宣传扶贫政策，进行感党恩教育，努力改变群众"等、靠、要"思想，调动了群众脱贫致富的积极性。

在这个从陌生到熟悉的乡村，我目睹了村里大大小小的变化。从与老百姓打交道的那种陌生感，到每次去老百姓家里那发自内心的欢迎与感谢；从我们带着老百姓打扫卫生，到老百姓主动打扫卫生的习惯、观念改变；从泥泞不堪的村内道路，到门前通水泥入户路的"阳光大道"；从老百姓"靠天吃水、靠车拉水"的无奈，到老百姓家通自来水后满满的幸福。这些点点滴滴的变化，我都看在眼里，记在心里。能看到老百姓灿烂的笑容，我就觉得这一切都是值得的。老百姓满意了我们就满意了，老百姓过得幸福了我们就幸福了。这也是我作为一名驻村干部最大的收获和幸福。

（芒康县莽岭乡上莽岭村选派书记 扎西次巴）

深入基层，做群众的知心人

我出生于西藏山南浪卡子县，现任八宿县白玛镇旺比村选派第一书记、驻村工作队长。自担任第一书记以来，我不忘初心、牢记使命。在我的带领下，旺比村脱贫攻坚各项事业进展有序，党支部的凝聚力和战斗力进一步增强，人们的生活水平有了显著提高，村容村貌也有较大改善。我在工作中兢兢业业、勤勤恳恳，为村民解决了很多实际困难和问题，得到了干部和村民的一致好评。

吃透村情民意，夯实基层组织建设

为掌握旺比村的实际情况和村民的实际需求，自进驻旺比村起，我就深入田间地头，实地察看了村内路、沟、渠；同时深入农户人家与村民促膝长谈。通过与当地群众面对面的交谈，我详细了解了该村的经济发展情况和村民的生产生活情况。在短短的2个月内，我走访完3个村民小组94户，并坚持做好民情日记。在了解和掌握了村情民意后，我组织村干部、党员、双联户户长，认真研究并制定详细的村规民约。同时，通过"四议两公开"的民主方式，出台了村规民约。来到旺比村，我首先解决的问题是如何修缮村民们经常聚集娱乐的村活动场所，因为村活动场所早已破旧不堪了。先为村民开辟一个干净安全的活动场所，也为今后举行村委会会议提供方便。很快，我与镇上的相关部门多方协调，2018年争取到项目，建起了标准化村级活动场所。

认真学习，不断提高自身政治素质

我坚持认真学习党的方针政策、国家法律法规，提高自己的政治思想觉悟，在思想上与党保持一致，树立正确的人生观、价值观和世界观，增强履行岗位职责的能力和水平。我注重理论学习联系实际工作，努力做好各项服务工作，竭尽所能，为旺比村的发展奉献自己的全部力量。

爱岗敬业，取得优异工作成绩

脱贫攻坚，与群众齐走致富路。在我和驻村工作队、村级组织干部的共同努力下，旺比村于2018年已实现全部脱贫，实现了从2016年人均年收入7000余元，到现在人均年收入突破万元。为实现"以技脱贫、以技致富"，达到"输血式"扶贫向"造血式"扶贫的转变，我积极组织40名群众参加技能培训，以建设扶贫产业为契机，提供就业岗位，增加村民收入，改变村民收入方式单一的现状。2017年3月，在县委、县政府、白玛镇党委、政府的协调下，旺比村沙场与鑫源建材有限公司签订合同，于2017年7月正式运营。沙场运营后，由于没有制定相关的劳务承保制度，出现有的村民每天都能打工、有的村民无法去务工、沙场的用工需求没有优先选择旺比村村民等各种矛盾纠纷，村民的收入无法得到保障，2018年5月，村支部与八宿县鑫源建材有限公司多次协商后签订了劳动承包合同，并制定劳务输出费用按季度核对清单的方式。签订的合同确保了村内和谐稳定和村民稳步增收。截至2019年8月31日，旺比村在沙场务工的30户农牧民户年均收入在万元左右，收入最高的家庭达53000余元，最低的家庭也达到8500余元，2018年产业扶贫资金分红24万元多。为巩固脱贫成效，加强村民对扶贫政策的知晓度，我利用村民通俗易懂的语言、喜闻乐见的方式不断宣传党的各项扶贫政策，但由于村民外出务工和农忙时无法学习、学习效果也极差。经过村"两委"研究，决定利用晚上时间集中宣传扶贫各项惠农惠民政策，提高群众对政策的知晓率，做到家喻户晓、深入人心。

保障群众利益，与群众交朋友。一是妥善解决旺比村川藏联网、村幼儿园建设等运输、劳务输出方面的各类矛盾纠纷，确保村民的利益得到保障。二是为建档立卡贫困户筹措救治资金。丁增松姆的女儿西绕拉姆患结核病住院，组织开展治疗费募捐活动，自己带头捐赠750元，通过各种渠道共筹集到治疗费用13万余元。四郎泽培的儿子扎西曲培因脑结核住院，通过各方渠道，最后共筹款3600元。

赠人玫瑰，手有余香，真心可以换来真情，通过一件件小事，我换来的是群众的信任与支持。同时，在与群众的交往中，我的心智也得到很好的锻炼，能够更深刻地理解和认识脱贫攻坚的重大意义，从而也对自己的责任更为明确。

互学互鉴，与群众共同进步。一方面，严格落实"传帮带"工作，我以身作则，手把手传帮带示范引领，增强了村干部的服务意识、责任意识，认真耐心地指导村干部业务工作，通过我的努力，村干部日常工作能力得到了明显提升。另一方面，做好与村民的沟通交流工作，我努力克服语言短板，积极向村干部和村民请教，向他们学习当地的语言、地方风俗习惯，处理矛盾纠纷的方式方法。

我在工作上勤勤恳恳，脚踏实地，旺比村的和谐稳定和经济的稳步发展离不开我和同事们在脱贫攻坚工作上的付出和奉献。

（八宿县白玛镇旺比村选派书记 格桑罗宗）

身体力行，做好致富引路人

受类乌齐县委组织部的任命，2019年1月6日，我到类乌齐县岗色乡比苍行政村担任选派支部书记。比苍村全村有79户426人、建档立卡户56户275人、易地搬迁户34户153人、五保户6户7人、低保户16户63人、残疾人12人、15个联户单位、草场总面积117383.96亩（其中草蓄平衡面积100853.37亩，禁牧面积16530亩）。我从一名乡机关行政干部转变为村选派第一书记，虽然工作性质、工作对象发生了根本性的变化，但作为一名党员，我始终坚持全心全意为人民服务的宗旨，勤勤恳恳，脚踏实地。将"优化村级党组织建设，壮大村集体经济、实现富民强村、全面消除'空壳村'，推动小康全面建设"作为工作的主题，以吃苦耐劳、爱岗敬业、求真务实的工作作风树立了一名基层党组织第一书记的良好形象，赢得了比苍村广大群众和党员的认可和拥护。

刚到比苍村时，村"两委"班子软弱涣散，班子之间不团结、内耗严重，导致工作不能及时开展。我深知：一个好的班子是带领群众脱贫致富的关键，把村班子抓好，队伍带好，调动村干部和党员的积极性，才能真正带领群众脱贫致富。因此，我以党建活动为载体，开展"两学一做"学习教育，规范"三会一课"制度，经常与驻村工作队、村"两委"班子成员交流谈心、面对面沟通，与驻村工作队、村"两委"班子紧密团结，制定村级班子议事规则，建立健全党务村务公开制度，推行"四议两公开一监督"工作流程，坚持民主决策，充分采纳班子成员的意见，从而有效调动了大家的积极性。同时，我亲自带头示范，坚持与村党员干部一道学习政策法规、谋划发展出路，让群众对村"两委"班子有了更多的理解、更深的信任与支持,使村班子新形象焕然一新,整体战斗力明显增强。

做群众致富的领路人

我把基层党组织建设作为首要工作来抓。在原有的村"两委"班子的基础上,设立了民事纠纷调解组、防汛抗旱组、应急突发事件处理组等,健全完善村"两委"领导班子及工作机制,坚持"四议两公开",实行民主集中制,确保事事有人问,件件有着落;加强党员的培训与管理。在原有19名党员的基础上,比苍村支委已于2019年7月吸收积极分子3名,积极培养后备干部,壮大组织力量。规范"三会一课"制度,担任选派支部书记期间,我召开了7次支部党员大会、7次支部委员会,开展了7次党课,召开了30余次的村"两委"班子成员、村务监督委员、各双联户户长工作协调会。通过召开各种会议,宣传和学习习近平总书记系列讲话精神和党的富民强村政策,帮助村"两委"班子理清发展思路,脱贫致富。

在精准识别贫困户的工作中,2019年1月通过开展"回头看"活动确定贫困户1户7人。我村按照"一申请二评议三公示四审定"的办法,先以村为单位召开群众大会进行集体评议并张榜公示,在此基础上,召开党员、干部、村民代表会议进行复议,再次张榜公示,群众无异议后,上报乡政府审查。最后确定建档立卡贫困户1户7人,我村又以村为单位,集中召开村民大会,重点宣讲"六个不准",并对已确定的1户7人建档立卡贫困户再次复议,张榜公示。对在公示中反映出的问题,开展入户调查,走访农户1户。在村民代表、党员、干部集中评审会上,基本做到了精准识别贫困户。

通过反复深入农户座谈,真实了解到了村民的意愿;通过召开村民议事会,联系村情、立足村情,结合建档立卡贫困户的现状,最终制定了建档立卡贫困户分年度脱贫规划并分户制定了产业发展规划。

为切实解决好"怎么扶"问题,比苍村在易地搬迁、产业扶持、生态补偿、社保兜底、转移就业等"5+N"脱贫措施上下大力气、花大功夫,多措并举、齐头并进,帮助建档立卡户发展致富。较好的做法:一是产业扶持。我村根据村级实际情况,建立类乌齐县岗色乡农牧民高原畜产品合作社,带动20户20人增收致富。二是转移就业。依托类乌齐县人社局技能培训帮助建档立卡户实现转移就业,增加工资性收入。三是能人带动。采用"基地+党支部+合作社+贫困户"模式,积极鼓励建档立卡户到农牧民高原畜产品合作社工作,带动了建档立卡户20户20人,预计每年每人可分红1500元。四是教育脱贫。坚持"扶贫先扶智",保证建档立户适龄儿童享受义务教育,保障我村适龄学生全部实现教育发展。

比苍村虽然海拔较高,但有丰富的自然优势和资源优势,比如冬虫夏草、贝母、红景天、雪莲花、人参果以及藏药等,可根据本地的自然资源寻找增收致富的道路。

做村民全面小康建设的贴心人

我曾说:"群众的事,就是我们自家的事,必须用做好自家事的态度,尽力做好群众的事情,这是我们义不容辞的责任和义务"。我特别关注五保户、低保户、残疾人员等弱势群体,认真做好排查工作,入户拜访,查清数量,比苍村共有五保户6户7人、低保户16户63人、残疾人12人(其中1级残疾1人、2级残疾1人、3级残疾4人、4级残疾6人),并建档立卡为他们制定帮扶对策。我利用自己多年从事保险工作的经验优势,大力推行合作医疗、养老保险的政策宣传,引导群众积极参加医疗保险、养老保险。2020年比苍村医疗保险费缴纳任务已完成100%,养老保险费缴纳任务已完成95%以上,我还积极开展人口和计生的宣传工作,教育群众少生优生,利国利民,从政策和资金方面帮扶独生子女户、一孩双女户。

不当"软骨头",引导群众自力更生

在开展脱贫攻坚工作之初,同村"两委"走访时我发现有一种苗头正在蔓延,那就是个别建档立卡贫困户不思进取、懒惰成性,只想享受国家惠民政策、获取更多的财物,不想主动脱贫,也不愿意改变现状。他们只关注自己有没有被列入重点扶助对象,村里访贫问苦是否来到自家,当得知国家将大力实施扶贫攻坚,他们更是在家坐等,希望能够不劳而获。他们从根子上丧失了与命运抗争的勇气,失去了改变生活的信心。扶贫先扶志。为此,我带领村"两委"班子,通过上门走访、集体座谈等形式开展贫困户思想教育,破除他们"等、靠、要"的懒汉思想。

巩固提升,精神脱贫是关键

以前的比苍村,白色垃圾遍地,村民家中不讲卫生,为了消除"脏、乱、差"的贫困现象,让群众在物质上和精神上实现双脱贫,我带领驻村工作队和村"两委"班子,一是亲自参与到河道治理、垃圾清理整治等工作当中,走遍了村里的每一个卫生环境死角,监督村里卫生的整治;二是组织村组干部亲自示范,在干部家中开展卫生整理活动,邀请村民前去观摩,以点带面,带动全村村民大搞卫生;三是利用闲暇时间,号召村民开展集中整治村容村貌活动,并建立长效保洁机制,努力营造干净、整洁、文明、有序的农牧区环境。

(类乌齐县岗色乡比苍村选派书记 米玛)

脱贫路上，不忘初心

我叫次旺多吉，于2002年参加工作，现任类乌齐县委政法委科员，2018年8月被组织下派至吉多乡阿珠村担任第一支部书记，2019年12月任吉多乡阿巴珠巴片区片区长兼第一支部书记。

我在工作上勤勤恳恳、兢兢业业，尤其在驻村期间，始终践行"不忘初心，牢记使命"的宗旨，同其他驻村队员及村"两委"班子一道，在加强村级基础设施建设、激发贫困户内生动力等方面的工作上卓有成效，充分发挥了共产党员的先锋模范作用。

加强学习、吃透政策，不断提高自身水平。"工欲善其事，必先利其器"，我深知要出色地完成驻村工作，务必提升自身理论水平和业务知识水平。自驻村以来，我认真学习脱贫攻坚相关政策文件和习近平总书记有关脱贫攻坚重要讲话精神，在思想上、行动上与党保持一致，树立正确的人生观、价值观和世界观，增强履行岗位职责的能力和水平。同时，迅速了解村情，掌握阿珠村状况，进入角色，投入到脱贫攻坚工作之中，以人民的利益为利益，站在党的立场上，努力做好各项服务工作，竭尽所能，为人民群众的发展奉献自己的全部力量，努力做到问心无愧。

牢记宗旨、爱岗敬业，全力做好各项工作。我对待每一件事、每一项工作，都坚持精益求精，坚持提高工作效率和工作质量，取得了优异的工作成绩。

夯实基层堡垒

自驻村以来，我把加强阿珠村党组织建设作为重点工作，通过一系列措施，真正让阿珠村基层战斗堡垒坚如磐石。一是整顿村"两委"班子纪律松散的问题，严格上下班值班制度，规范工作流程，对于重大项目点，每天安排两名村"两委"班子成员实行值班制度；二是提升村"两委"班子素质能力建设，每周组织开展政策法规学习，使班子成员能熟练掌握政策法规，当好"宣传员"，同时，加强双语学习力度，目前所有成员均能用汉语书写自己的姓名；三是加强党员队伍建设，组织全村党员重温"双语入党誓词"，背诵入党誓词，真正使"入党誓词"入心入脑，有效地激发每一名党员真正按照"入党誓词"履行党员应尽的责任和义务，发挥党员的先锋模范作用，做一名"让党放心、让人民满意"的合格党员。

狠抓矛盾化解

针对阿珠村资源纠纷多、历史遗留纠纷多的情况，为了及时掌握第一手资料，了解阿珠村的基本情况，掌握矛盾产生的根源，我组织队员集中力量采取多种形式开展调查研究。一是摸清村情民意。通过"请进来""走出去"的方式。召开村"两委"班子扩大会议，详细听取了党员干部、群众对村班子的评价，并有选择性地访问了本村老党员、困难户等不同层次的村民代表，了解群众真正想什么、盼什么，需要帮他们解决哪些问题，真实地了解到农民的现状和实情，通过深入的调查摸底，整理出当地存在的一些问题，初步掌握了村情民意，找准工作的着力点和突破口，明晰了今后的工作思路。二是用"情"化解矛盾纠纷。片区工作队根据纠纷实际情况，分别与村"两委"班子、双联户"户长"、"三老人员"进行座谈，层层进行劝导，并要求村"两委"班子、双联户"户长"、党员要带头做好家庭成员的劝导工作，并经常性与"回流"人员等"特殊群体"接触交流，了解其所思所想，晓之以理、动之以情地做思想工作，从源头上做好矛盾纠纷化解工作。三是2019年1月19日，阿珠村工作队深入开展危爆物品管制刀具收缴工作。维护了农村社会秩序，为社会主义新农村创造了和谐、稳定、良好、有序的社会环境。同时认真对阿珠村进行摸底调研，在全面掌握阿珠村基本情况的基础上，在全村范围内开展收缴土枪土炮、非法爆炸物品及管制刀具工作。阿珠村工作队充分发挥村"两委"班子、双联户"户长"、老党员等人员人熟、地熟的优势，加强线索摸排，始终保持高压态势。共收缴炸药35公斤，类似高射炮子弹1枚，LF-3发射架1个，弹药64枚，半自动步枪子弹12发，雷管120枚，导火索6米，管制刀具29把。通过此次专项行动，进一步夯实了阿珠行政村的维稳根基，确保了群众生命财产安全。四是敢于"啃硬骨头"。在了解到吉多乡阿珠村与类乌齐镇扎沙村夏季草场历史遗留纠纷后，我勇担当、敢作为，直面这一"老大难"纠纷，积极化解矛盾。现在双方群众已完成夏季牧场搬迁工作，生活恢复正常，增收又添希望，每家每户的屋顶、帐篷顶升起了鲜艳的五星红旗，群众以自己最朴实、最简单的方式表达了对党和政府的感恩之情。

驻村工作期间，我从小事做起，从实事做起，主动帮助有困难的老百姓。一是村里卫生不好，我带头开展卫生整治活动，用实际行动感染老百姓，带领老百姓打扫村内和自家卫生，村里环境卫生发生了翻天覆地的变化，也让村民养成了良好的生活习惯。二是坚持群众利益无小事，想方设法帮助群众解决热点难点问题。在片区工作队的努力争取下，在各级各部门、社会各界人士的大力支持下，先后帮助困难群众67户，送去共计8万多元的米、面、油、衣物等生活必需品。2020年4月至5月，给3个困难户组织130多名村民，投工投劳近一个多月修了3套房子。通过为群众办好事办实事，树立了村"两委"的形象和威信，增强了群众发展的信心，也赢得了群众的一致好评。

宣传到位、排查细致，落实疫情防控工作

疫情就是命令。面对突如其来的疫情，我坚持冲锋在前，扎实工作，充分发挥"排头兵""主心骨"作用。为了使群众对疫情有更加深入的了解，我通过网络、电视以及向上级咨询等形式学习防疫知识，并利用茶余饭后时间，走村入户向群众宣传宣讲防疫知识，消除群众恐慌。当得知个别群众对疫情防护知识一知半解，对疫情防控重视程度不够，我与其促膝交谈，介绍当前疫情的严峻形势，介绍国家为了防控疫情所做出的各项决策部署，介绍各行各业、各族人民群众为防控疫情做出的辛勤努力，纠正其错误想法，进一步提高了群众对疫情防控工作的认识。同时，对辖区群众近期动向进行了全面细致的核查，了解近期动向，是否与疫情区人员有过接触，是否存在感染风险，并于每日定期进行发热检查，确保第一时间发现发热病人，及时予以隔离。

在我与同事们的共同付出中，我们收获了累累硕果。如今，阿珠村委会各项规章制度健全，发展思路明确，农村经济有了坚实的保障。

（类乌齐县吉多乡阿珠村第一支部书记 次旺多吉）

风清气正奔小康

我叫蔡鑫平，出生于山西运城。2011年12月至2016年12月于中国人民解放军火箭军某部队服役，历任战士、副班长、代理班长，服役期间多次获得"优秀士兵"、嘉奖等荣誉。退役后，于2017年起在西藏自治区昌都市类乌齐县类乌齐镇人民政府工作，2018年8月经组织选派至类乌齐镇香迁村任第一书记。

坚持因地制宜，发展特色农业经济

随着全面小康工作的深入推进，村集体经济薄弱已成为制约实现小康社会的短板所在，只有把村集体经济搞上去，才能更好地带动贫困群众脱贫致富，筑牢乡村振兴的基石。

类乌齐镇香迁村经济落后，村民思想相对保守，发展集体经济困难重重，我深知脱贫离不开经济的发展，离不开经济发展模式的转变。作为扶贫攻坚一线的战斗人员，有再大的困难都要迎难而上、勇往直前。2019年以来，我与驻村工作队员前后深入群众家里调研20多次，召开村集体经济发展专题会议5次、工作推进会3次，创建"党支部＋基地＋农户＋市场"的农村党支部引领经济发展模式，依托支部引领，探索"传统转特色、农民变股东、收益有分红"的新路径，最终实现了集体经济破零、农户持续增收的格局。从起初的500元创业基金，到现在的年创业收入5万元，无论是香迁村的党员干部还是当地的群众，都相信党支部有能力把村里的集体经济带入正轨。

截至目前，香迁村党支部成功吸引9名村干部、11名双联户长和54名群众参与到芫根加工产业建设项目上，累计争取到各级扶持资金达70余万元，并通过"创造收益

+群众参与"的方式建成280平方米规模的生产厂房,参与芫根种植的54户群众户均增收300元,项目带动14户贫困户参与分红。这不仅推动了当地经济发展模式的转变,而且大大促进了贫困户脱贫增收、共同致富,实现了经济效益和社会效益双丰收。产业扶贫的显著成效,激发了村民脱贫致富的信心,更增强了村民自力更生的决心。

扎根本村入户走访,宗旨落实在行动

作为香迁村的扶贫工作第一责任人,我与驻村工作队员为进一步将扶贫工作做精、做细、做实,从驻村开始,便组织扶贫工作队成员深入走访群众,全面掌握村里实际情况,摸清查实底子,联合村"两委"班子及党员群众,严格按照规定,重新调查建档立卡人员及家庭状况,整理完善贫困户档案,做到一户一档,更新资料,夯实精准扶贫的工作基础。

我与村"两委"班子深入调查研究,成立专业合作社,并将芫根加工项目与利用村委会闲置房间开设的便民服务超市融合在一起,打造特色品牌,形成生产、加工、销售为一体的芫根种植生态产业链。

通过实地入户走访,了解农牧民职业技能需求,开展有针对性的农牧民职业技能培训。我积极与县人力资源与社会保障局协调,选派本村3民群众参加装载车操作、摩托车维修职业技能培训班。

保持风清气正,践行初心使命

在驻村工作期间,我始终做到依法办事、廉洁自律、为人正派,能够自觉接受群众监督。在思想上立场坚定、笃定追求;在工作上服从安排、力争上游,在生活上遵规守纪、艰苦朴素。我始终以一名共产党员的标准严格要求自己,做到"不忘初心,牢记使命",始终奉行中国共产党"全心全意为人民服务"的宗旨,始终牢记习近平总书记"全面小康路上一个都不能少"的郑重承诺,坚持用实际行动践行对组织和人民许下的庄严承诺。

(类乌齐镇香迁村 蔡鑫平)

党的光芒照四方,惠民政策闪金光

自开展驻村工作以来,在县委、县政府和乡党委、乡政府领导的大力支持及同事们的帮助下,在各级单位的支持下,我始终坚持为农牧民群众服务的态度和以人为本、执政为民的理念,把"求真务实、开拓创新、诚信守实、团结拼搏"的精神、党的十九大精神以及习近平总书记系列讲话精神与驻村工作相结合。

身为驻村干部，我对群众有着深厚的感情，深知群众的艰辛。多年来，把为农牧民群众服务作为工作的出发点和落脚点，认真贯彻落实自治区、市、县关于扶贫工作的一系列安排部署。在乡党委、政府的领导下，我不断强化帮扶意识、健全工作机制、拓宽帮扶思路、落实帮扶项目、解决农村实际困难，以解决广大贫困群众吃、穿、住难问题为重点，把解决群众最关心、最直接、最现实的问题作为驻村工作的出发点和落脚点，扎实开展驻村工作"七项任务""五+N"任务。

热西行政村位于类乌齐县滨达乡西北部，村委会驻地海拔3650米，距离县城28公里、乡政府4公里。村容村貌整洁，村风和谐，村规严谨，连续5年无治安、刑事、群体性案件。热西行政村正式党员57人，其中预备党员1人，入党积极分子6人。全村共有188户652人，其中建档立卡户为31户114人（其中一般农户18户87人、低保户5户18人、五保贫困户8户9人）。2016年已脱贫1户2人，2017年已脱贫28户108人，2018年脱贫2户4人。

在认真开展脱贫攻坚各项工作中，我坚持自下而上，以群众的住房条件、居住环境、生产资料（牦牛数量、耕地草场面积）、现金收入、交通工具、生活物品、享受惠民政策等为具体依据，亲自带领乡包片干部、乡扶贫办干部同驻村工作队、村"两委"干部逐户调查核实登记基本情况，实实在在地进行精准脱贫工作。根据上级要求选派支部书记，按照"四议两公开"程序严格执行，在村"两委"中商议讨论，提交群众大会审议，驻村工作队、乡党委、乡政府把关审查，切实按照"三公示一公告"执行。公示后上报县扶贫办审核。审核通过后以村委会的形式形成决议，切实做好建档立卡基础工作，为精准帮扶提供可供参考的第一手资料。

为了群众能够顺利脱贫、过上幸福生活，我在精准扶贫工作中充分发挥参谋助手作用，全力听从县委、县政府指挥，一揽精准扶贫精准脱贫政策，亲自带队讲解修建项目，打破群众传统观念，切实改变群众现实生活状况。我还组织驻村工作队和村干部大力宣传精准扶贫贷款政策，督促村干部深入贫困户认真调查摸底工作，使所有有贷款需求的贫困户都能享受到精准扶贫贷款政策。我首先自学相关知识，其次深入基地帮助群众，手把手进行指导，保证质量和产量的提升。同时我在工作中踏实肯干、任劳任怨、爱岗敬业、求实创新，经常为全乡精准扶贫工作谋思路、创出路，在精准扶贫精准脱贫攻坚战中做出了积极的贡献，帮助全村贫困户31户114人顺利脱贫。之所以能够取得一些成绩，主要在于我注意日常工作细节。

走村入户，尽快掌握村情

作为一名选派支部书记，我在掌握驻村工作资料的基础上，积极开展走村入户了解民情工作。我在工作中勤勤恳恳，注重思想政治理论学习，工作态度端正，与干部群众一起积极完成各项工作，起到了党员先锋模范作用。而且我认真了解了村内的基本情况,完善了热西村的基本数据。同时,在进村入户中,大力宣传党的十九大精神和"四讲四爱"教育活动,以及习近平总书记的一系列讲话精神和自治区党委、政府有关于维护社会稳定的各项要求和各项惠民政策、措施。并开展了送温暖、感党恩活动,调解排查了矛盾纠纷,加强了安全生产及维护稳定的工作力度,掌握了村情民愿,理清了发展思路。

学习宣传,提高思想觉悟

通过入户宣讲、集中宣讲等方式,向广大农牧民大力宣传习近平总书记治国必治边、治边先稳藏的重要战略思想和"依法治藏、长期建藏"的重要指示,宣讲了十九大精神及"四讲四爱"教育活动,把广大农牧民思想高度提升到党中央和区党委的一系列要求上来,进一步筑牢农牧民跟党走的思想基础。在宣传中把党的路线方针政策、民族宗教政策、强农惠民政策和法律法规知识与农牧民畅谈的乡村新面貌结合起来,使广大农牧民感受到现在生活的幸福美满与党中央、自治区党委的各项利民、惠民措施还有党的民族宗教政策离不开,更与党对西藏各族人民的特别关心和关爱分不开。

因地制宜,办实事解难事

积极开展帮贫扶困,密切干群关系。"想群众之所想、急群众之所急"、为民解忧解困,是我们党一贯坚持并为之奋斗的坚定信念。按照《类乌齐县长期深入开展"党员干部进村入户、结对认亲交朋友"活动实施方案》,驻村工作队在村委会干部的带领下,走村入户,登门拜访并各自结对户,与群众同吃同住、同学习同劳动,积极、主动了解群众生产生活状况,掌握联系户的基本情况,同时组织驻村干部对各自结对户送去慰问金和慰问品。同时了解到群众需求,并及时与乡政府沟通,进一步了解实际情况,解决实际问题。

全面部署,认真落实维稳措施

为认真贯彻落实区、市、县、乡各级党委政府关于做好维稳工作的政策,将基层维稳工作做得更细致、更扎实,确保"大事不出,中事不出,力争小事也不出"。在县、乡党委、政府的领导下,结合本村实际情况,与村"两委"认真分析本村维稳工作面临的形势,落实维稳工作责任机制、应急预案及工作部署。分别召开村"两委"班子与驻村工作队会议11余次,全村村民大会11余次,传达学习自治区、昌都市和类乌齐县关于做好维稳工作的一系列文件精神,并对元旦、春节、藏历年及三月维稳工作、国庆节进行了细致部署。一是统一思想,提高认识,在"三大节日"、自治区"两会"和3月敏感阶段来临之际,召集全村村民召开维护稳定工作会议。宣传反分裂斗争面临的新形势,统一广大农牧民的思想,进一步让广大农牧民树立稳定意识、知情意识和辨别是非的能力。二是落实责任机制,完善村维稳领导小组,明确领导小组职责,落实各党政一把手在维稳工作的责任,明确各自然村村长的责任。并进一步加快护村队建设,强化以党员、双联户为主的护村队责任,把责任分解到村,细化到人。三是制定维稳工作方案、各类应急预案，理清维稳思路，强化维稳责任，细化维稳措施。根据实际情况进一步完善联防护村巡逻队，坚持24小时值班，落实24小时值班巡逻制度。在3月这一敏感时期，组织近40人的护村队，进行5次较大规模的巡逻。四是加强对重点人员的管控，准确掌握其动态。五是开展反恐及防火应急预案的演练。在3.14敏感日来临之际，组织村党员、护村队等人员，在乡政府的统一指挥下，对反恐及防火预案进行演练，检验预案的可行性和可操作性。

充分发挥双联户作用。为进一步加强基层建设、创新基层管理、增强基层组织活力、确保基层信息渠道畅通，切实发挥双联户在维稳工作的责任和作用。3月在乡政府的统一指导下，对全村拥有手机的农户进行手机信息查询，检查中未发现一例有害信息。

多种形式，开展感党恩跟党走活动

驻村工作开展以来，我们利用召开会议、走访慰问和专题宣讲等形式，充分宣传党的惠民利民政策和措施，引导广大农牧民开展西藏新旧社会对比，以及改革开放以来本村的新面貌、新气象，从思想上深深感受党的恩情。

改善卫生，开展环境整治工作

在驻村期间，为改善热西村环境卫生状况，驻村工作队与包片干部、村"两委"成员共同成立环境卫生整治小组。对公路沿线每周一、三、五打扫卫生。全村分成两个小组，对公路沿线、村民房前屋后、河道的环境进行集中清扫。这样不仅为全村创造良好的居住环境，还为村民积极参与环境卫生整治、养成良好卫生习惯打下了基础。

（类乌齐县滨达乡热西村选派书记　普琼）

因村施策，引领群众奔小康

我叫彭远明，中共党员，2000年12月参加工作，现任类乌齐县尚卡乡人民政府一级科员、尚卡乡尚日片区副片区长、尚日村选派第一书记。

2018年，在上任选派第一书记期满轮换之际，我主动请战来到了距县城最远的尚卡乡尚日村担任选派第一书记。作为第一书记，面对脱贫攻坚的艰巨任务，我用实际行动证明了自己。任职两年多以来，我带领扶贫工作队在村里宣传扶贫政策，帮助贫困户创收增收，解决村民生活困难和难题，带来丰富多彩的精神文化活动，让尚日村发生了明显的变化。

摸准实情，认清目标

为了在短时间内尽快了解村里每家每户的基本情况，从到尚日村第一天开始，我就一大早起来，包里装着一个记录村里每户情况的笔记本，奔走于各自然村之间，穿梭于群众之间，在薄雾晨曦中总能看见我的身影已经隐隐约约出现在村级小路上了。经常在晚上九点多的时候，村民都要入睡了，还能看到我串家入户的身影。村民最多见到的是我和群众亲切、贴心的拉家常、记录民情民意的画面。我用最短的时间摸清了尚日村全村60户将近400人的基本情况，特别是建档立卡23户152人的整体分布、收入生活现状。此外，我还了解了全村耕地林地等自然资源，掌握了整个尚日村因地处偏远山区、基础设施落后、自然资源匮乏的实际情况，该村的发展严重受限。在此基础上，我采取了一些改进的措施。

真抓实干，打好脱贫组合拳

"扶贫先扶志，治穷先治愚"。我依托党建阵地强化宣传引导，从2018年8月至今召开大小会议40余场次，现场培训10余次，参会群众1300余人。通过大力开展"不等不靠、艰苦奋斗""精准扶贫不是养懒人"等思想培训会，不断增强贫困群众脱贫致富的信心。

维护、修建村牧场道路推动脱贫致富。经过多方沟通规划，并在相关部门的大力帮扶下，新建、维修牧场道路近5公里，解决了村民放牧出行、运输等实际困难。

真诚扶贫，帮扶推动脱贫攻坚。在实地调研走访、反复研究如何推进脱贫攻坚工作后，在各级领导的大力支持下，按照上级《精准扶贫结亲结对帮扶》相关精神，组建了党员干部帮扶队伍。每月定期组织帮扶队伍到23户贫困群众家中开展帮扶、慰问等活动。两年多以来，我为23户贫困户送去大米、面粉、菜油、鲜猪肉、慰问金等累计资金5000余元，并对他们当前的生产生活情况进行了详细询问。根据脱贫不脱政策、不脱帮扶相关要求，认真落实精准扶贫帮扶工程，群众称我为贴心人。

完善软硬件，推动阵地建设。始终把村基层组织建设作为建设扶贫的首要任务和第一责任，不断加强基层组织建设，充分发挥党组织的战斗堡垒作用和党员干部的先锋模范作用。我在上级统一规划完成村级组织活动场所的建设后，不断完善村党支部、村委会的各类软硬件建设，科学使用办公设施，将所有资源按照方便群众的原则进行配置，并将各类制度进行了上墙、上展板，做到了公示有展板、宣传有橱窗、文化活动有场地。

突出因村施策，确保脱贫成效。根据村自然资源匮乏、交通不便、离县、市区较远的地理环境实际状况，指导鼓励村里致富带头人利用20万元政府帮扶资金创办村集体便民超市，摩托车维修、农机维修铺，方便群众生产生活，并从收益中以分红的方式带动贫困户增收。同时，我积极联系本乡内其余产业，争取到了19个入股分红名额，为19户贫困户每年增加分红收入1600元左右。

我还组建劳务输出队,发动贫困户参与务工,参加劳务技能培训,由村"两委"带头,积极联系有劳务需要的公司、工程队、工地,输送本村劳动力。这样既能领取误工补贴,也能从务工中获得实际收入,拓宽收入渠道。我针对本村道路工程建设,协调有条件的群众为工地运输砂石、当短工、临工,既照顾了家庭也获得了收入,同时也逐步转变了群众的思想观念,从"要我富"向"我要富"转变,达到了扶贫先扶志的目的。

心系群众,爱岗敬业

群众无小事,只有心系群众、关心群众才能做好脱贫攻坚工作。对照"十项提升工程"总要求,尚日村目前已基本实现。村里有集体经济收入,有通村硬化路,有安全饮用水,有生活用电,有网络,卫生室和文化活动室。尚日自然村易地搬迁点是本乡两个安置点之一,由于电网改造计划,刚开始群众生活用电很受影响,我主动与电厂进行多次沟通,终于为群众拉通了临时线路,保证了电网改造规划期内群众正常用电。由于每年的雨季很长,造成了房屋不同程度的雨水渗透现象,特别是烟囱处,更是渗透严重,为此,我来回于各工地协调购买水泥,爬上房顶为群众修补房屋。因雨季暴雨冲刷,自来水源头被洪水冲毁,我带领驻村队员进行清理维护,我不怕脏、不怕累,亲自跳进有淤泥堵住的地方清理泥沙,疏通管道,确保了群众正常用水,因此群众对我更加感激尊敬。

在国家的大好政策下,在各级党委政府的带领下,尚日村的面貌有了很大变化,不仅多了一排排崭新的房屋,而且群众的腰包更鼓了,笑得更甜了。通过两年多的驻村工作,我用自己的真情真心付出,换来了尚日村群众的信任和认可。在脱贫攻坚、乡村振兴的征程中,我与村干部同心同力、共同筑路,与广大村民想在一起、干在一起,坚决坚定打赢这场脱贫攻坚战,带领村民走向乡村振兴路、小康幸福路!

(类乌齐县尚卡乡尚日村选派支部书记 彭远明)

让土豆种满"然爱村"

2019年正值脱贫攻坚的关键时期,按照市委统一要求,乡政府派出驻村工作队进行调整和充实。我作为然爱村第一支部书记兼索片区副片区长,面对脱贫攻坚的艰巨任务,我用实际行动证明,扶贫,巾帼不让须眉。两年来,我带领扶贫工作队在村里宣传扶贫政策,帮助贫困户销售农产品,解决村民生活困难。我深知在脱贫攻坚这场决战里,每个人都不是局外人,都必须克服困难勇往直前。我深知扛在肩上的责任之重,或许我曾经也怀疑自己的辛苦和奔波是否有回报,但是我仍然义无反顾地开启了自己艰辛而漫长的扶贫之路。

走进一线融真诚

作为一名扶贫队员以及第一书记,我为自己有幸成为精准扶贫战线上的一员而骄傲,更为能投身到这场波澜壮阔的伟大事业中而自豪。如同我在7年的工作经历中得到的锻炼成长一样,在精准扶贫的道路上,我的人生又一次得到锤炼和升华。

刚来到扶贫点然爱片区时,虽说有心理准备,但牧区的环境不是想象中的"风吹草低见牛羊"的情景,这里的一年四季都是风吹日晒,夏季炎热短暂,冬天严寒漫长,全年降雨量大,十年九雨,属于典型的高原气候。更艰难的是,工作队居住的地方,处于无电无水的状况,不得已的情况下,队员们又拾起早已被忘却的蜡烛和扁担。夜晚与烛光为伴,喝水要去牧民家的背水台去挑,生活用品要到二十里外的芒达乡采购,生活条件俨然十分艰苦。再加上牧民的传统生活方式和思维方式根深蒂固,使扶贫工作难上加难。驻村工作队除了坚持每周"五天四夜"的工作外,经常还要以"白+黑""5+2"的模式开展工作。对此,我也曾犹豫过,也曾有过打"退堂鼓"的想法。但是在难熬的日子里,最终我凭借着"队员们是在为贫困建档立卡户和贫困村做着伟大的事,我们觉得付出总有一天会被人们理解"这种信念支撑着。而且我也相信奋斗在脱贫攻坚一线的战友们都会咬紧牙关,努力拼搏,给自己给单位给社会交上一份满意的答卷。我更相信驻村工作经历一定会是我自己人生道路上一次宝贵的经验和财富。于是,我沉下心来,俯下身去,与贫困区群众同呼吸共命运。短短几个月的时间,农牧区广阔的天空吸引了我,我开始爱上这片广阔的土地,我不由自主地融入到百姓的生活中,与农牧民和村"两委"一同投身到这场如火如荼的精准扶贫的壮丽事业中,共创扶贫工作新辉煌。

情系群众得始终

作为第一书记,如何做到"扶持对象精准、项目安排精准、资金使用精准、措施到户精准、因村派人精准、脱贫成效精准"这六个精准,一直是我必须研究的问题,也是我扶贫所追求的目标。于是驻村后,我便走访了所有贫困户,倾听他们的心声,听取他们的意见和建议,用深情驻守,用真情帮扶。经过实地调研。我们认为,半农半牧的百姓历来有养畜和种植的传统,具有良好的养殖、种植基础,养畜业一直是牧民的一项主要收入来源,耕地也不例外。于是我决定从种植业和养畜业这些牧民熟悉的地方入手,实施精准扶贫项目。最终我决定为然爱行政村划分20亩左右的耕地种植土豆,并上报乡党委。我的扶贫项目得到了县级领导、乡党委的高度重视和支持,通过党委书记多次听取项目汇报,亲临扶贫点调研及技术指导。最终扶贫项目顺利实施,且当年年产量再创新高,年收入高达19000余元,主要为建档立卡户就业的村民年底全村分红。给村民分红的那一天,我的心里也有一分收获,有一分成就。

情守脱贫不散神

扶贫非小事,贵在有真情。扶贫工作贵在"精""准""实"。为了取得最翔实的第一手资料,我采取最普遍最有效的走访方式,一有空便到贫困户家中,了解贫困户的家庭动态等情况,倾听他们的诉求,适时宣传党和政府的精准扶贫政策,遇到事情就帮忙,认真为他们解决我个人力所能及的实际困难,把他们当作我自己的亲人,把他们的困难当作我自己的困难来办。有一次在建档立卡贫困户旦增旺姆家中了解到:旦增旺姆腿脚不好,走路不便,家中没有劳动力,但是还要供小孩上学,在生活、经济等各方面均有困难。我尽自己最大的能力去帮助她,而且在国家下发好政策的第一时间让她家享受,希望能在一定程度上减轻她家的负担。

很多次,走在熟悉的入户路上,有许多群众问我:"2019年脱贫了,你们是不是要走了?是不是也没有脱贫政策了?"面对群众的疑问,我都会坚定地回答他们,不会。摘帽不摘责任、摘帽不摘政策、摘帽不摘帮扶。

知重负重担使命

成绩固然令人欣喜,但我更在乎的还是群众对我的认可和信任,更想看到的是群众生产、生活的改善、收入的不断增加以及贫困群众脸上灿烂的笑容。扶贫永远在路上,2019虽然已经在全面脱贫攻坚摘帽时期,但广大群众还不富裕,产业发展还不平衡,底子还不扎实。我将以群众满不满意、幸不幸福,作为工作的出发点,用真心真情投身脱贫攻坚,在苦干实干中走好群众路线,践行初心使命,不辜负党组织和脱贫攻坚的重托,用自己的工作精准度提升群众的满意度,以自己的帮扶责任感提升群众的获得感,用自己的辛苦指数换取群众的幸福指数,用自己的时代担当和汗水,换取类乌齐县尚卡乡的欢声笑语和美好未来!

(类乌齐县尚卡乡然爱村选派支部书记 央金)

有耕耘就有收获

2013年12月,我被县委组织部任命为第一书记,在担任支部书记期间就开始接触精准扶贫工作。2016年4月,担任第一支部书记驻村工作结束后,根据组织的安排,我到伊日乡担任党委副书记、组织委员,分管扶贫办,负责具体落实并开展精准扶贫工作。

脱贫攻坚以来,我敢于担当,一直奋斗在脱贫攻坚最前线。我善于运用村党支部和村"两委"的战斗堡垒作用,在伊多村、崩日村和亚中村委会创办为民服务超市,解决了基层群众购物难的问题，也解决了崩日村和伊多村等为空壳村，没有村集体经济的现状，通过超市这一实体经济的建立招聘并解决了9位村民的就业问题。

我以身作则，深入到管辖区5个村中，开展党建促扶贫工作，带领村"两委"干部和党员开展各项党务工作和村务工作，组织召开党员大会13次，支委会17次，党课14次；关心关爱困难群众，组织为贫困户捐资捐物10多万元，慰问困难党员和群众12次；落实"四议两公开"工作法，化解群众矛盾纠纷24起；组织村"两委"会议28次，强化了群众的责任意识和法律意识，从根本上摘掉了崩日村基层党支部软弱涣散的帽子，同时又增强了其余4个村党支部的感召力、号召力、凝聚力和战斗力，使全乡各村基层党组织面貌一新，使基层党组织的干部精神状态为之一振。

我工作务实，成绩显著。自精准扶贫工作开展以来，走遍下辖5个行政村15个自然村，深入走访并了解了254户建档立卡贫困户，通过走村入户的形式深入到特困户家中进行座谈调研，实地了解真实困难，针对每家每户存在的不同致贫原因，悉心撰写调查报告，逐一分析案例特征，科学制定行之有效的帮扶措施，将精准扶贫的惠民政策推送到每家每户。从2016年至2020年任职期间，我积极主动与乡辖区施工单位进行衔接，为全乡建档立卡户提供就业岗位167个，与县人社局进行深度沟通合作，对脱贫意愿强烈的812人进行免费专项技能培训。

"要致富，先修路"，村里的道路等相关基础设施跟不上，空谈脱贫致富是没有意义的。因此，我积极协助上级部门解决村内基础设施落后的短板。一是积极协调各相关部门，大力推进基础设施建设。2017年投资3000余万元修建珠达村、伊多村和崩日村道路。2017年帮助崩日村实现易地搬迁点建设。在易地搬迁过程中，充分向村民讲解国家政策的惠民、利民政策，深入了解村民的担忧和顾虑，始终站在村民的角度，把村民的担忧和不解一一进行说明。我晓之以理，动之以情，在充分了解村民各自顾虑的前提下，对症下药，用实实在在的国家政策和已经成功实施的案例，终于获得了村民的认可。如今村民的居住条件都有了显著的改善，大家心里都感念党和政府的好。二是大力推动精准脱贫落实力度。我聚焦脱贫工作中的突出问题，真抓实干补齐工作短板，较好地完成年度脱贫摘帽目标任务。2017年实现全乡除仅有的2户特殊苦难户以外，其余贫困户全部脱贫摘帽。在脱贫摘帽的攻坚阶段，不仅要解决政策的普及问题，更要解决村民致富动力的问题。我用亲自调研得到的诸多脱贫致富的成功案例，向贫困户村民说："党的政策好！时代机遇好！靠自己的勤劳肯干脱贫致富有啥不好呢？全中国人民都过上了好日子，我们不能拖后腿！"在与村民的深切交谈中，着力解决村民思想上的"等、靠、要"，激发村民作为社会主义新时期一员的责任感和使命感，在思想深处燃起致富的动力。三是着力解决"两不愁三保障"突出问题。围绕"两不愁三保障"精心策划、集中发力，稳步落实控辍保学工作机制，跟踪推进全乡义务教育普及情况，并深入各村督促村民务必要严肃对待娃娃的教育问题，充分了解各村义务教育实施的真实情况，确保全乡无建档立卡贫困学生辍学，保证每个学生完成义务教育。四是落实健康扶贫政策，在我的全力推进下，全乡基本医保参保率达到100%。其中贫困人口基本医保参保率达到100%。始终将百姓看病难、治病难等问题放在心上，经过我的深入调研和多方协调，先后多次组织全村150多名疑似患慢性病患者的贫困村民，到指定医院进行慢病筛查鉴定，共认定贫困人口门诊特殊慢性病93人，并给他们发放了慢病卡，确保他们能够真正得到治疗的机会。五是落实住房保障政策，对全乡贫困户住房情况进行挨家挨户摸底排查，并主动协调住建部门予以解决百姓生活中遇到的各类具体问题，为全乡31户C级危房户和1户D级危房户进行房屋全面修缮加固及重建工作。让百姓踏踏实实地住进了牢固结实的房子，让老百姓真真切切地体会到了党的关怀和温暖。

我一直心系农村经济产业的发展，大力倡导并发展壮大村集体经济。目前，村集体经济主要分布辖区5个行政村，到目前为止，全乡共有15个村集体经济项目，为建档立卡户128人解决了就业问题，为当地群众人均增加收入1837元，真正意义上实现了家门口就业、家门口增收的惠民目的。

一分耕耘一分收获，在我的努力下，村集体产业得以茁壮成长并且发展势头迅猛，贫困人口就业、创业和增收的渠道进一步得到拓宽，老百姓的日子越过越红火，脱贫致富的路越走越宽广。

（类乌齐县伊日乡崩日村选派书记 李锋）

不负青春，圆梦乡村

我叫格桑尼玛，2013年12月参加工作，六年来一直坚守在驻村第一线。驻村期间，我多次荣获自治区、市、县优秀驻村工作队队员称号。

作为第一书记，我身处脱贫攻坚战的最前线，担负着全村脱贫攻坚推进落实的重任。自任职以来，我严格按烟多镇党委政府对精准扶贫精准脱贫工作部署开展全村精准扶贫工作。在驻村期间，我认真研究精准扶贫政策；走村入户时，我深入了解贫困群众实际情况，并将两者紧密结合起来，探索践行农村扶贫工作新思路新途径，使雪东村扶贫攻坚工作取得了阶段性显著成效。

作为基层的"一把手"，我始终认为，行政村是全县脱贫攻坚工作的"基石"，工作推进中的"排头兵"。村干部必须身先士卒发挥带头作用，必须真正的吃透、吃懂"精准"二字的含义，有效扶贫。脱贫攻坚以来，我经常走村入户，嘘寒问暖、问计于民，时刻把扶贫工作作为一项政治任务和民生工程来抓，结合村情实际，提出了精准扶贫工作思路。三年时间全村共有 37 户 225 人圆了脱贫梦，实现整村脱贫，为全县全面小康奠定了坚实基础。

谏言献策当基石，狠抓落实促脱贫

一是狠抓产业扶贫。雪东村 2012 年因地质灾害整村搬迁至县城周边，住房条件得到了明显的改善；但是农牧民群众的收入主要还是老村的耕地和牛羊，经济效益不理想。为改变这一现状，我担任第一书记以来，与上级部门积极协调雪东村推动贫困户种植经济林 2 万株，成活后每株财政补贴 3 元。了解到经济林水源和经济林之间距离较远浇水困难后，我多次从水利局争取 1 万余米的水管，组织群众开展引水工程。二是狠抓教育扶贫。落实对全村贫困家庭、特殊困难家庭子女考入大学除了政府给予每人 5000~15000 元资助外，我每年自掏腰包 300~500 元不等，确保全村不会出现因贫困上不起大学的情况。此外，为 2 名贫困大学生办理了生源地助学贷款，贷款金额 2 万元。截至目前，共资助 6 名建档立卡学生，资助金额 4800 元。三是狠抓生态扶贫。累计投入资金 1 万元对村进行绿化美化，我自筹资金按照每人每月 400 元的工资待遇选聘贫困户护林员 1 名，同时积极开展贫困户林业技能培训，完成培训 3 余次。

强基固本夯基础，找准短板拔穷根

一是落实扶贫异地搬迁。全村"十三五"易地扶贫搬迁任务 3 户 12 人。截至 2018 年年底，通过"五个一批"方式累计交付安置房钥匙 3 户 12 人，2019 年 5 月底前实现全部入住。我主动与上级沟通，对不符合异地搬迁的 3 户建档立卡户和边缘户落实危房改造，实现了全村"两不愁三保障"基本要求。二是狠抓就业扶贫。通过上级部门特设公益性岗位等措施，我积极争取名额，对富余劳动完成劳动力转移就业 2 人，并主动组成雪东村劳务服务队，实现转移就业 30 人；依托雪东村家具厂，开展实用技术培训，累计培训 50 人次；强化产业扶贫模式创新，投资 15 万元糌粑加工厂，计划吸纳 3 名有劳动能力的贫困人口就业。三是狠抓基础设施和公共服务设施建设。交通方面，通村惠民资金公路实现了老村全部通达，总里程 10 公里。安全饮水方面，新建改造 1 处农村饮水安全工程，解决了 100 余人的饮水安全问题。环保方面，开展了雪东村的生态文明示范村创建工作。

压实责任抓落实，创新举措抓帮扶

一是明确驻村抓帮扶。自担任第一书记以来，我将驻村工作队、第一书记、村级"两委"班子整合为脱贫攻坚工作队，制定驻村干部帮扶 2~3 户、村"两委"干部帮扶 1 户的标准，建立了干部包户定点帮扶制度，实现了每个特困户都有帮扶对象。2018 年建档立卡土邓曲培家的青热群觉因病危在昌都就医，凑不齐住院费，了解此情况后我积极组织驻村工作队和村"两委"爱心捐款 8100 元，解决该家庭的住院问题。二是创新社会抓帮扶。自 2016 年年初，全村累计投入社会扶贫资金 100000 元。自结对帮扶实施以来，我严格按照县结对帮扶实施方案进行落实，制定执行结对帮扶台账，累计帮扶 222 人次，积极到察雅县协调蒲公英爱心和内地爱心人士等，争取爱心包裹 80 余件，帮扶资金 3000 元，爱心帮扶物品对接成功率达 100%。现已初步形成社会扶贫一张网的雏形。三是结合实际抓帮扶。在我的带领下，全村 37 户群众建立精准扶贫档案 37 个，紧密结合工作实际、严格标准、明确专人、强化措施，形成了层层抓落实的良好工作局面；落实发放强基惠民资金、惠民资金及"精准扶贫"岗位资金等，通过创新宣传形式，充分发挥第一书记作用，向群众宣传好各项强农惠农政策，不折不扣地落实各项强农惠农政策，让惠民政策的阳光普照每一名农牧民群众。

行政村作为脱贫攻坚工作的"基石"，积极为县委、县政府脱贫攻坚正确决策提供依据。三年来，雪东村在我的带领下，抓落实，抓推进，脱贫攻坚取得明显成效。我始终把耐得平淡、舍得付出、默默无闻作为自己的人生准则；用勤于学习、乐于奉献严格要求自己；把公仆意识、服务意识作为一切工作的基础；把重点放在严谨、细致、扎实、求实的作风建设上，脚踏实地埋头苦干；始终保持年轻干部的蓬勃朝气，为了按时完成要求内的任务，"白+黑""5+2"已经成为自己生活的常态。凡是我能干的，总是带头干，遇到问题总是先尝试，力将扶贫路上的困难解决在萌芽中。我用积极向上的工作态度，不厌其烦地向贫困户讲解扶贫政策，给同事解答各种疑问，积极向上级请教各种业务难题。在工作中，我以"时不我待、只争朝夕"的精神，奋力走好新时代的长征路，勇做时代的弄潮儿，脚踏实地，在实现中国梦、小康梦的生动实践中放飞青春梦想，在为人民利益的不懈奋斗中书写人生华章。

（察雅县雪东村选派书记 格桑尼玛）

风雨同舟，扶贫路上"鱼水情深"

刚下过雪不久，去往学达村的路，山高谷深、处处急弯，为了防止意外发生，车子时不时地就要停下。早上 8 点出发，到达村子时，已经是下午 7 点了。这里是一个在大山深处的偏僻地方，面积广袤的村里却只有 26 户 170 人，其中建档立卡贫困户却达到 17 户 98 人。

从我驻村那一天开始，便把熟悉村情、摸清家底作为开展工作的第一步。为了达到这个目的，为今后工作顺利展开，我带领村干部登门入户去家访。我们与村民拉家常、交朋友，听群众说实话、讲真话，甚至听气话、恼话。为尽快取得群众的信任、理解和支持，我和村"两委"班子成员一起制定、印发了"办事不出户"明白卡，及时发到村民手中，方便群众联系，把村民视为亲人，把群众的事当成自己的事。驻村日子里，我们走村入户详细了解学达村的自然环境、组织建设、经济发展、文化教育、医疗卫生、社会保障、计划生育等方面的情况；扎根基层，情洒农家，用自己的实际行动诠释了一名党员干部为人民服务的宗旨，给学达村这片土地带来了一片生机；用真心、真情、实干的工作激情，抒写着一个共产党员的人生诗篇。只要群众需要，会义无反顾地留下，直到学达村脱贫奔小康的那一天！

新识别建档立卡贫困户

2018年4月21日，我再一次来到新识别建档立卡贫困户西绕曲桑家回访。西绕曲桑到地里干农活去了，他妈妈玉珍旺姆正在新建的住房打扫卫生，看到我们到来，她赶忙放下手里的活计，招呼我们进屋坐，在和玉珍旺姆交谈的过程中，我的思绪不由地回到了两年前。

那时，我刚到学达村担任选派支部书记，第一次跟着村干部开展走村入户工作。那天，天空飘着蒙蒙细雨，我们一行人走在泥泞的村间道路上，当我们穿过曲折蜿蜒的田埂时，村长巴旦顿珠指着山边上一栋孤零零的房子说："前面就是西绕曲桑家了。"进一步走近才发现，他家的门只是一块简易的木板，用几根铁丝捆在一棵树桩上，西绕曲桑和他的家人正在吃饭，而饭菜就是简单的野菜和糌粑，儿子脸色有点泛黄，一看就是明显营养不良。窗户没有玻璃，只是简单地用报纸和塑料布遮着，冷风呼呼的吹进家里，床上没有一床像样的被子，衣服凌乱的堆在床脚……后来了解到，西绕曲桑从小没爸爸，跟母亲相依为命，而且因为自身发展动力不足，只能靠国家补助、林下资源、挖虫草为生，收入微薄。妈妈已经50多岁听力不好，玉珍旺姆在家务农并照顾刚满1岁的孙子。我在脑海里不断试着去还原他家每一天的生活，我想生活的压力一定让这家人笼罩在愁云的阴影里，让他们绝望又无助。

回来的路上，我们边走边商量着如何帮助西绕曲桑一家，村干部说："根据西绕曲桑的家庭情况，我们于2016年8月把他家纳入新识别建档立卡户，逢年过节都会进行慰问。"当天晚上，我们认真地分析了他家的致贫原因和帮扶措施。根据他们家缺技术并居住着危房的实际情况，决定利用扶贫机遇为他家新建住房，同时进行产业扶持。在我们告诉他为他家制定的帮扶措施后，西绕曲桑很认可我们工作队为他制定的帮扶措施。对于他担忧的建房没有启动资金的问题，我们也作了解释。在与西绕曲桑交谈过程中，我们被他爽朗的笑声所感染，西绕曲桑不断称赞共产党千般万般的好，他相信在政府的帮扶和自身的努力下，日子会越来越好。

再细细思索，认真观察，现在的学达村和我刚到的学达村相比，已经发生了翻天覆地的变化。以前是极其简陋的土路，现在虽然还是没有变成水泥路，但比从前宽敞安全了许多，村里也不断盖起了新房。以西绕曲桑家为例，现在已经搬迁到交通条件更为便利的村委会旁,以前摇摇欲坠的木房变成了稳如泰山的砖混房;同时通过产业帮扶政策,我们村的高原土豆及林下资源也为他们家带来了不少收入。两年来西绕曲桑家发生的变化,正是精准扶贫过程中一户户贫困户的缩影。

选派支部书记与患有精神病家属对话

达瓦加措家中有患有精神病的儿子索郎拉吉,他常年靠药物维持生活。五年前母亲因生活困难没钱治病落下病根,同样也长期靠药物维持着。初次到他家走访,家里是一片狼藉的景象,他和年迈的父母一块挤在一个小屋里。

索郎拉吉坐在他父亲的身边,乍一看还挺精神,根本看不出他有精神病,经过一番家谈才了解,索郎拉吉精神平时也算正常,还可以帮家人干农活。但有时不知怎么了,索郎拉吉就像发了疯一样,把村里车子玻璃全部打碎了,几个村民想把他按住,可是他力气太大根本按不住,说什么话他也听不进去,后面他妈妈来了,大吼一声后直接把他抱住,索郎拉吉怎么打她、咬她、踢她,她都没说什么。就这样一直抱住他,我们看着都十分的心疼。后来他才慢慢地好了一点,他的妈妈也累了,本来身体就不好,这么一折腾肯定受不了的,直接就坐在地上大哭了起来。我们一边安抚索郎拉吉,一边安抚他的妈妈,事后才知道,他爸爸训斥了他几句才导致病情加重发生了这些事。回去的路上我了解到他将家里的草料都烧了,这是今年家人辛辛苦苦割的草,准备在冬天饲喂牲畜的。

转眼间我成为选派支部书记已经两年了,一路过来有辛酸、有汗水、有痛苦、有快乐,其中的点点滴滴如苍穹下的繁星,闪烁夺目。种种经历,所见所闻,必将成为我人生中不可多得的财富。

(察雅县察拉乡学达村选派支部书记 旦巴加措)

无怨无悔,用青春点亮扶贫

灰头土脸,一双无神的眼睛凝望着天空,眼中有颓废、有失望、有落寞。相较于周围轻松自然的人们,一名年轻人脸上却布满了紧张和失望,而这就是我,埃西村选派第一书记——李强。刚刚从部队退伍的我本该是充满着活力、充满着动力,满心欢喜地深入基层大干特干。我想这是年轻人应有的特征。2014年12月刚刚从部队退伍一年参加工作的我,就被安排到了埃西村担任村选派第一书记。

我印象中的村支部书记应该是一言九鼎、指点江山,抑或是伏在案头、俯首为民。

总之是高大、向上、激昂的。但现实却给了我迎头一棒。埃西行政村位于左贡县东坝乡西部，海拔4180米，幅员107平方公里，距离县城76公里、乡政府38公里，离国道15公里。现有31户188人，劳动力66人，2015年人均纯收入只有2300元，属于纯牧区，总耕地面积也只有157亩，草场面积22480亩。埃西村海拔高、地势广、耕地少、群众穷，农牧民群众仅仅依托牦牛养殖维持生计。

起初在村里的日子对我来说是难熬的，直到发生了一件令我记忆深刻的事情，慢慢地改变了我的想法。记得那天下午，阴云密布，暴雨滂沱，天空仿佛撕破了一道口子，雨不停地打在屋顶。我的心情如同被敲响的钟鼓纷乱不堪，感到不安。犹豫了一下，我便穿上雨衣冲出院门外查看情况，只见洪水从山上咆哮着向村内扑来。我还来不及做出反应，冲积下来的沙石便阻塞了河道，咆哮而来的洪水漫过了河床，向周围肆虐开来。我拔腿就向旺堆家中奔去。他家就在河道边上，我担心洪水冲毁他的家。我气喘吁吁地冲到他家，发现他正在组织他们一家人自救。我一边打电话组织村"两委"成员、党员和村内的青壮年赶往村委会集合，一边帮助他撤离。经过简短商议，我让他们将家中的木方、垫子集中起来加固河道，并将所有铁锹、十字镐集中起来分组疏通河道、装填沙石。

到了晚上12点多，洪水暂时得到了控制，天空的雨却不遂人愿，越来越大。这时大家已满身是泥、疲惫不堪，我只能让大家暂时回家休息吃口热饭。我和驻村工作队、村"两委"通宵值班盯住险情，并将险情汇报给了乡党委政府。第二天一早，乡党委政府便协调沟通在乡施工的施工队，让一辆挖掘机、一辆装载机赶来村内。东坝的山路崎岖难行，而且两辆机器没有运输工具，行走缓慢，直到晚上10点多才到达村口。当听到轰鸣声时，我知道机器终于赶到了，不禁松了一口气，周围群众紧张的脸也不禁放松了许多，我便组织两辆机器加固河堤，疏通河道。

这时发生了一件小事儿。村组织委员泽旺多吉因为担心家中房屋被冲毁，赶忙拖着我从没过胸口的河道，走到他的家门口，说："必须要先清理靠他家的河道边，不然房屋垮了你负责吗？"作为选派支部书记的我非常气愤，说道："你身为一名党员还是村里的组织委员，难道不明白到底是你个人重要，还是全村群众重要吗？"听到了这句话，他幡然醒悟，配合着我组织群众和机器清理河道，险情很快就得到了排除。经过这两天两夜的相处，我和这些朴实的村民贴近了许多，他们的质朴、善良、勇敢、坚韧都感动着我，我心底又燃起了一丝火苗。

2016年的一个早晨，我听见村委会外头传来一声声吆喝，睡意蒙眬的我看了看时间，发现居然才6点多。西藏高海拔的山村寒意强烈，加上正处在寒冬腊月，温度只有零下十几度，究竟是谁在吆喝？我强忍着睡意穿好衣服去看个究竟，发现是阿旺拉姆正在赶着牦牛上山放牧。我站在村委会门口，目送她远去，却将这件事默默地放在了心底。正巧当天傍晚，我又听见她吆喝着牦牛路过村委会。这时，我按捺不住心底的好奇，把村组织委员泽旺多吉叫到了村委会询问情况。经过大致的了解，我知道了埃西村的农牧民群众生活的是多么的艰辛，而且主要的经济来源都只能靠放牧养殖牦牛来生活。在往后的几天里，我又深入牧区与群众聊了许多，虽然语言不便，但藏族群众质朴简单的话语，都表达了他们对牦牛深深的感情，无不反映着他们脱贫奔小康的期望，我萌生了发展集体经济的愿望。

埃西村由于地处纯牧区，群众思想守旧，经济作物单一，主要依靠牦牛养殖为生，想要脱贫，任务艰巨。经过多次的实地考察和论证，按照乡党委政府打赢脱贫攻坚的具体要求，我决定在村内发展以牦牛养殖和奶制品加工为主的集体经济，并带动相应的附属产业发展。一开始，许多群众不理解，不认可我的想法，他们普遍都存在"等、靠、要"思想。为了改变这一现状，我与驻村工作队一家家的走、一户户的说，通过长时间的沟通谈心，终于全村群众认可了我发展集体经济的规划。

群众同意了。而资金从哪儿来以及如何发展的问题，开始萦绕在我心头。我便组织村"两委"召开会议商讨，决定用强基础惠民的15万元资金作为我们最初的启动资金发展牦牛养殖产业，并且注册成立了"东坝乡埃西村综合农牧业专业合作社"。雏形搭建完成，可我们面临的困难依然艰巨，毕竟资金太少。为了节约有限的资金，我带领合作社成员同工同劳自行搭建牛舍。基础有了，经全体村民商议，我们用15万元资金购买了46头年龄不等的牦牛。还是太少啊，产生不了多少效益，带动不了大家的积极性。于是我便组织村"两委"给每一位群众做思想工作，讲好处、讲发展、讲前景、讲未来，群众被我们的真诚打动了。在村"两委"的带头下，每名入会社员都捐赠了成年母牦牛1头给合作社，这样一来，我们集体经济就有了母牦牛67头，还拥有夏季牛舍一座，有了进一步发展的本钱。

为了发展好牦牛养殖产业，解决饲养、放牧、病虫害防治等问题。我们多次召集驻村工作队、农牧民群众召开会议共商解决办法。我们建立健全了股份、分红、放牧、值班、兽医值班等制度，配套的还有投工投劳建设牛舍方案、运输车辆管理办法等。在此基础上，通过我们的不懈努力以及昌都市扶贫办的支持下，2017年我们又得到了集体经济发展资金60万元，购买了成年母牦牛60头，极大地拓展了养殖规模。在合作社的发展过程中，针对制度不健全、人员思想不统一等问题，我积极协助合作社，不断完善合作社章程，教育引导广大社员牢固树立以社为家的思想，不断增强广大社员在合作社发展中的主导作用，形成了利益同享、风险同担的良好局面。同时，我们充分发挥村养殖能手和科技特派员作用，加大对农牧民群众养殖和疾病防控培训力度。在党支部的带领下和合作社成员的共同努力下，目前合作社现有牦牛204头（成年母牦牛88头，2~3岁牦牛89头，新增牛犊27头），拥有人工牧草105亩，冬季、夏季牛舍3座，运输车辆1台。合作社实行轮流放牧值班制度，每天有4名同志投身到合作社的运行当中。主要经济来源是牦牛肉、奶制品加工，并于2018年实现了效益分红，合作社成员每户效益分红 4000 元。这时群众看到了集体经济的发展前景，知道了自己正迈着大步奔向小康的康庄大道。

目前，埃西村农牧民群众认清了从"要我脱贫"向"我要脱贫"转变的重要性。农牧民群众开始深刻认识到自身发展的动力所在，逐步弱化了宗教迷信、陈规陋习的消极影响，涌现了一批自觉带头发挥党员先锋模范作用的优秀党员。如带领农牧民群众致富的阿旺尼玛、率先实现人畜分开的向秋罗布、带领农牧民群众投身务工的陈列江村、帮助农牧民群众争取牦牛补偿拍照的泽旺多吉、帮助农牧民预防和治疗的扎西江措。在埃西村党员的带动之下，极大地提高了村里农牧民群众脱贫致富的积极性、主动性。2018年，作为纯牧区的埃西村率先在东坝乡实现人畜分开隔离；农牧民群众主动转变不杀生的观念，为提高自己生活质量和经济效益宰杀牲畜 30 头，增加收入约 30 万元；积极投身到埃西村村务建设项目，增加收入 21 万元。目前，埃西村农牧民群众掌握了牦牛养殖技术、房屋装修、藏式家具雕刻等技能，他们基本可以利用自己的技术去发家致富了。

（左贡县埃西村选派书记 李强）

任劳任怨，甘当群众的老黄牛

"全心全意为人民服务，甘当人民的老黄牛"是我的座右铭，也是我的信念和追求。我 18 岁从湖北省来到拉萨当兵，2013 年参加工作，2015 年开始担任绕金乡普拉村选派支部书记。我在工作上勤勤恳恳、兢兢业业，尤其在驻村帮扶工作中，始终以"立下愚公移山志，打赢脱贫攻坚战"鞭策自己，在驻村帮扶过程中践行"不忘初心，牢记使命"，同其他驻村队员一道，在加强村级基础设施建设、激发贫困户内生动力等方面工作卓有成效，充分发挥了共产党员的先锋模范作用，为普拉村经济和社会事业发展做出了积极贡献。

"工欲善其事，必先利其器"，深知要完成驻村帮扶工作，务必提升自身理论水平和业务知识水平。自驻村以来，我认真学习脱贫攻坚相关政策文件和习近平总书记有关脱贫攻坚重要讲话精神，迅速了解掌握村情，吃透普拉村贫困状况，进入角色，投入到脱贫攻坚工作之中，协助第一书记制订帮扶村年度脱贫计划和帮扶措施。

我在工作中具有强烈的开拓进取精神，善于创造性地开展工作。自精准扶贫工作开始以来，在贫困户收入调查核实过程中，我不怕麻烦，带领其他驻村队员入户调查，与贫困户面对面，一笔一笔进行核算，为普拉村15户贫困户精准退出和贫困村出列奠定基础。在村级基础设施建设过程中，我始终在工程一线，及时协调出现的问题，确保工程进度和质量。建立每月两次帮扶干部工作例会制度，利用每月第一周和第三周的周一晚上，组织帮扶干部召开工作例会。传达各级脱贫攻坚会议精神，安排部署脱贫攻坚中心工作，有序指导帮扶干部开展帮扶工作。在村"两委"班子换届后，我注重和村干部沟通交流，有力整合了四支力量。同时，创造性地建立普拉村党员干部微信群和"普拉村群众与驻村工作队"微信群，通过微信群进行党员教育管理，宣传扶贫政策及大事项项目进展。协助村党支部书记抓好组织建设，切实发挥基层党支部战斗堡垒作用。

俗话说"干一行，爱一行，钻一行"。自驻村以来，我结合普拉村实际和贫困户状况，在充分调研的基础上制定了帮扶村2016—2020年帮扶工作规划。我在贫困户识别、退出及动态调整过程中严格程序、注重细节，做到"不漏户、不漏人、不错人"；在村级资料整理过程中，严格按照县脱贫攻坚办公室要求，认真细致开展工作，做到及时归档、整理有序，得到上级领导的充分肯定，并被评为绕金乡示范村；在结对帮扶手册资料填写过程中，耐心细致指导帮扶干部，帮扶措施和成效填写准确规范，照片和相关票据粘贴整齐有序，先后有多个村前来学习；密切联系群众，严格要求自己。做到每月走访一次全村贫困户，每季度走访一次全村非贫困户，严格落实驻村干部"五天四晚"作息制度，吃住在村。组织全村党员干部学习"党员十二分制"和习总书记关于脱贫攻坚重要讲话精神，保持党员干部从思想上、政治上、行动上与乡党委步调一致；在完善村级基础设施建设上，不怕困难，多次和村主要干部到相关部门争取项目，解决影响和制约经济发展、群众生产生活的水、电、路等突出问题。几年来，我先后争取资金，于2015年解决了人畜饮水问题；2020年硬化村组道路1.5公里，彻底改变了"晴天一身灰，雨天一身泥"的生产生活环境；2015年绕金乡电站完工，全乡通电，但使用3个月后电站出故障，目前全乡处于没通电情况。我用努力换来了百姓的满意，得到了群众的认可。普拉村实行村务党务双公开制度，增加了工作透明度，消除了隔阂和疑虑，赢得了群众的理解和支持，村上23名党员都能够按照各自的实际情况，做出承诺40余条，现已履行承诺20多条。同时，我高度重视党员发展工作，不断为党组织增添新鲜血液。2020年在递交了入党申请书的7名积极分子中确定培养对象2名。为确保发展新党员的质量，我积极调查发展对象的基本情况和以往表现情况，注重把符合条件的年轻致富能手发展成为党员。

"讲团结、爱祖国"，用真情实感唱响了各族兄弟姐妹和睦相处的优美赞歌。我把驻地当作故乡，把农牧民群众视为亲友，让民族团结挂在嘴上、放在心上、落实在行动上。民族团结一家亲，是我和村委会干部时常挂在嘴边的一句话。56个民族，56种习俗，56种语言，56种文化，把祖国的大地装扮的五彩斑斓，把祖国的天空描画的壮丽灿烂。

作为第一书记，我和其他成员坚决把民族团结教育放在讲政治的高度，牢固树立马克思主义民族观，树立"三个离不开"的重要思想，巩固发展平等、团结、互助、和谐的社会主义民族关系，凝聚起各民族团结一心，推进改革开放和社会主义现代化建设的强大力量，加强政治理论学习，坚定"三个离不开"的思想，争做民族团结的楷模，让民族团结之花竞相开放。

我担任选派支部书记以来，说实话、办实事，认真履行好自己的工作职责，时刻谨记"群众无小事"，深入基层，和基层群众"打成一片"，通过大量的实际工作，为人民群众解决实际困难，赢得了群众的一致好评。

（左贡县绕金乡普拉村选派书记 郭嘉兵）

盛开在藏东大地上的青春之花

我叫岳耀衡，现任西藏自治区昌都市文化局（市文物局）政策研究室副主任，2015年10月至2017年12月选派至昌都市左贡县旺达镇夯达村担任第一书记。

自2015年10月经昌都市文化局选派到左贡县旺达镇夯达村担任党支部第一书记以来，我在昌都市文化局党组的大力支持和左贡县委政府、旺达镇党委政府的坚强领导下，始终站在顾大局、讲政治的立场，以习近平新时代中国特色社会主义思想和中央第六次西藏工作座谈会为指引，按照构建和谐社会的目标，落实西藏自治区强基惠民七项任务，认真履行职责，积极摸索经验，为夯达村的社会稳定、经济发展做出了应有的贡献。

积极走村入户摸排情况

2015年10月，一到旺达镇夯达村，我就积极开展走村入户，摸清底数，了解村里情况。夯达村位于左贡县城西北29公里处，距离旺达镇政府所在地22公里，318国道、玉曲河流域穿过境内，平均海拔3980米，属典型的高原气候。全村主要以农业为主，兼有牧业和林业；农作物有青稞、小麦、油菜等；牧养牦牛、犏牛、奶牛、黄牛、马、羊等；野生动物有獐子、鹿、棕熊、藏马鸡、雪猪、盘羊、鸽子等；林下资源有虫草、贝母、雪莲花等名贵药材，但资源奇缺，严重制约群众收入。全村已基本实现通水、通电、通路、通信、通邮政、通广电六通政策。夯达村共有64户385人，其中男性163人，女性222人，共有劳力237人。参加新型合作医疗率100%，参加农村养老保险率100%，该村共有精准扶贫建档立卡户12户34人，其中低保5人，五保户3户。全村有耕地514.5亩，均属一季地，由于地处海拔高，粮食产量均在每亩350斤左右。全村共有牲畜1437头（匹、只），农牧民群众年人均收入达3640元，现金收入达3275元。

在了解到全村情况后，我充分认识到夯达村的发展优势：一是毗邻318国道这条进藏旅游大通道，过往游客较多；二是64户村民中55户村民都有两套住房，一套传统藏式民居，一套新建设的砖混结构现代化住房；三是市旅游局准备打造国道沿线精品旅游项目"洒唎营地"。

争取项目落地，推进扶贫开发

到村任职后，我紧紧根据夯达村实际优势，申报争取项目，推进扶贫开发。两年多来，"洒唎营地""次普牧场路桥""左贡县产业园"等项目先后落地，项目总投资近亿元。

鼓励群众开办农家旅馆，增加群众收入。根据全村实际，紧紧把握毗邻318国道这条"进藏旅游大动脉"，我号召新村55户村民，利用新居，开办农家旅馆。总投资21万元，其中，群众自筹11万元，驻村经费扶持10万元。目前，共设接待床位110个，每个床位收费30元，用餐另算，每人每餐15元，累计实现创收近5万元。

积极做好"洒唎营地"建设，营业创收助脱贫。"洒唎营地"项目是昌都市旅游局统一规划打造的昌都旅游精品项目，夯达"洒唎营地"的建成，标志着夯达具有自己特色的集体经济项目从无到有的突破，项目总投资450万元，占地面积1.5万平方米。共有藏式帐篷8个，共380平方米，其中100平方米帐篷2个，50平方米帐篷2个，20平方米帐篷4个，另有游客服务中心、厨房、公共厕所、垃圾回收站等配套基础设施。我积极组织村民，顺利完成村里承担的帐篷搭建、配合施工等工作，并结合旅游旺季来临的实际情况，协调旅游局，于2016年6月中旬开展试营业，并安排精准扶贫建档立卡户就业，共提供就业岗位4个，人均月工资1000元，帮助他们脱贫致富。2017年，"洒唎营地"迎来了发展新机遇，先后承办了首届"全国巅峰汽车拉力赛"、左贡县文艺下乡演出等重大活动10余次，累计接待游客1000余人次。

争取辖区内施工方支持就地解决群众就业。2016年，夯达村辖区内次普牧场路桥（总投资350万元）、洒唎营地（总投资450万元）、藏中联网工程（国家项目，总投资约162亿，本村辖区大概涉及约2000万元）等项目陆续开工。在各个项目的建设进程中，我积极配合各项目施工方，协调小工选派、建设材料运送等工作，先后派出小工1200余人次，出动运输车辆1000余辆次，群众累计创收近40万元，既增加了群众收入，又确保了各个项目顺利建设。

做好征地工作，确保项目顺利落地。利用新村周边土地长期闲置未利用，且较为平坦开阔的优势，县委、县府决定统一规划建设"左贡县产业园"项目（总投资约1亿元）。我带领村党支部、工作队，按照"依法、有偿、自愿"的原则积极组织引导群众树立大局意识，全力配合全县发展规划。于11月17日，按照每亩地6600元的价格，共征地379.404亩，兑现2504066.4元征地款给农牧民群众，顺利完成征地工作。目前，总投资近亿元的"藏东葡萄酒庄""左贡县特色农牧产品基地"及附属项目"玉曲河防洪堤"等项目将陆续落地。

紧抓重点工作，做好精准脱贫

在实际工作中，我坚持把脱贫攻坚作为自己的重点工作。我带领党支部、驻村工作队围绕"五个一批、六个精准"开展工作，大力实施"5+N"脱贫措施，以实现贫困户"三有三不愁三保障"为目标。2016年完成10户32人脱贫指标，2017年完成新识别1户2人脱贫指标，目前，全村建档立卡户已实现全部脱贫。两年间，共为精准扶贫户安排生态岗位16个，争取低保5个（其中A类4个，C类1个），五保3户3人。联系各单位、部门争取修理、驾驶、服务等培训机会20余人次。并按照"一对一"结对帮扶原则，积极协调对接帮扶责任人，落实帮扶资金和物资。

争取单位支持，加强基础建设

在切实了解到村委会办公设备匮乏和文化设施落后的情况后，我积极寻求局党组的帮助，支持文化建设和文艺活动经费5万元，购买会议室桌椅12套、多媒体设备1套；在原有农家书屋基础上，健全文化活动室，添置书架3个、期刊架2个、沙发一套，新增图书5000余册；成立30人的农牧民演出队，为他们添置演出服装，逢年过节编排节目进行演出，极大丰富了全村群众的精神文化生活。

建好护村队伍，做好维稳工作

在认真贯彻落实习近平总书记"治国必治边、治边先稳藏"的重要战略思想的基础上，进一步强化了维稳意识。为落实维稳措施，做好长治久安基础工作，我积极抓好护村队建设，与驻村队员一起，多方筹措资金，为护村队的队员们配备了统一的工作服。"虫草采挖""三大节日""党的十九大"期间，我积极带领护村队检查辖区内小卖铺、施工场地安全隐患问题，向群众宣传交通工具安全防范知识，及时合理地处置各项维稳工作，保障了夯达村无维稳事件发生，营造了和谐稳定氛围。

载誉归来，继续前行

两年多的任期里，我严格按照共产党员的要求，遵守各项纪律，深入学习党性、党风、党纪教育知识，不断加强自身修养，始终做到自重、自省、自警、自励。在日常工作中，深入全村各户，认真走访，真诚倾听群众呼声，真实反映群众愿望，真情关心群众疾苦，做到知民情、解民忧、暖民心，办了一些事关群众切身利益的事和群众普遍受益的事。在完成各级党委、政府交办的任务时，我始终牢记并发扬文化系统干部求真务实、踏实肯干的工作作风，积极参加左贡县组织的"我的驻村故事"演讲比赛，弘扬驻村工作正能量，获得"三等奖""优胜奖"的好成绩，并被左贡县委宣传部授予"优秀宣讲员"荣誉称号。两年来，夯达村驻村工作队先后在2016年度荣获左贡县"民族团结先进集体"、2017年度荣获"昌都市先进驻村工作队"，我也连续两年被评为"自治区级创先争优强基惠民先进驻村工作队员"。任职期间，在组织部门对选派第一书记的日常考核（半年考核）中，我连续两年考评为"良好"以上层次，任职期满考核评定为"优秀"等次。

在圆满完成两年的左贡县旺达镇夯达村选派村支书工作后，我从基层一线返回市文化局（市文物局）办公室工作。在积累了丰富的基层工作经验的同时，我深感自身理论水平的不足，着重加强理论知识的学习，努力在提高自身综合素质上下功夫。我积极参加党支部组织的学习活动，加深了对党的先进理论知识，尤其是习近平新时代中国特色社会主义思想的认识和理解。由于出色的表现，我被补选为支部青年委员，在新一届的支部换届工作中，当选为支部宣传委员，并兼任工会干事，努力将组织的多重关怀送到每一名干部群众身边。

（左贡县旺达镇夯达村第一书记　岳耀衡）

砥砺前行，潜心扶贫

我叫周昊，是昌都市司法局普法与依法治理科一级科员。初次接触驻村工作是在2016年，通过主动申请和局党组审核，我被派驻边坝县拉孜乡雄日村驻村一年。在驻村工作中，我经历了不少事情，克服了众多困难，积累了部分经验。年终返回局里工作时，深感时间短暂，既定的目标没有全部实现。2017年年底，机会来了，通过申请和组织选派，我被委任为左贡县田妥镇米扎村选派第一书记，到任前树立了目标，任期结束后既定的目标基本全部实现。在驻村期间，为村民做了一些力所能及的事。

驻村的总目标是实现全村贫困人口脱贫致富，需要做好"驻村七项任务"。为了这个目标，我首先将之前在边坝县驻村时全年时间节点工作内容梳理一遍，如全年维稳值班巡逻安排部署，虫草采挖前政策宣讲和办理虫草采挖证，春耕秋收等时间节点工作内容列表注明，立足岗位，做好踏实苦干的准备，切实帮助农牧民群众提高经济收入，提升生活水平。

临行前，领导和同事们谆谆教导，安全第一。米扎村山高路远，累了多休息。但是既来之则安之，为了完成党组织交给的光荣使命，帮助农牧民群众早日脱贫致富，打赢脱贫攻坚战，我坚持长期在村，吃住在村，踏实做事。

走村入户，摸清底数

初到米扎村，山高路远，道路崎岖，但之前边坝县的驻村经历使我已经做好了心理准备。入村后，我收拾好行囊马上投入到工作中去，与其他驻村队员和村"两委"班子入户调查，填写一户一档表，摸清了米扎村建档立卡户、户籍人口、学生、耕地、外出务工人员信息、收入来源、"水电路讯网、科教文卫保"十项基础工程等情况，为下一步开展工作奠定了坚实的基础。

解决历史遗留问题，帮助精神病人次仁卓玛恢复健康

初次见到次仁卓玛是在刚进村时。她在村委会门口看着我们这些新轮换的驻村人员，邋里邋遢，有点疯癫，后面入户调查时一直跟着我。我了解到她很年轻，29岁，只比自己大3岁，是精神病人，还是建档立卡户，我内心很震惊。再后来了解到她是村内第一位高中毕业生，藏汉双语听说读写都很精通，高中毕业后到拉萨打工，后面结婚生娃，因老公与她离婚，精神受到刺激，加之当时区内无精神病院，无法医治，区外治疗家庭负担不起，于是开始疯癫。最终驻村人员与镇派出所干警到拉萨将其接回原籍米扎村，由其家人照看。因其无劳动能力，还有一女儿不满一岁，为其申请为建档立卡户。村民对其病情不了解，家人配合不力，对她有歧视，因此她常表现出拿石子砸人等异常举动。我了解了具体情况，排除了先天性精神病，有可能治愈或者缓解。经多方打听了解，我联系上左贡县人民医院福建厦门援藏许爱珍医生，许医生又联系上专业精神病医生在田妥镇政府办公室进行了远程视频会诊，判断为精神分裂症。之后，许医生4次到米扎村为次仁卓玛送医送药，并向周围村民讲解其病情及表现，督促大家不要戴有色眼镜看待次仁卓玛，不要对她进行言语攻击和侮辱打骂，将心比心。在之后的驻村生活中，我对次仁卓玛及其女儿更加关心，常联系许医生沟通病情，许医生两次自掏腰包为次仁卓玛从厦门购买了一年的精神病药品，我监督她吃药。经过一年多的治疗，次仁卓玛的病情有了很大的改善，村民的态度也随着我潜移默化的影响有了很大的改观。在之后的一年里，她已经能够下地劳作，帮助家里做些力所能及的事，且非常关爱自己的女儿。村内组织各类会议宣讲活动，她总是第一个到场，坐在前面，还变得笑口常开。驻村结束临行前，我又嘱托其家人、村医和下一批驻村队员，善待她，争取让她早日康复。

为村内农牧民群众募捐衣物并发放

驻村一段时间后，经过深入了解，以及切身体会，我发现米扎村的人民生活条件较差，各种衣物较为匮乏，群众收入水平较低，每年很少购买衣物，部分群众一套衣服穿半年以上，学生一套校服穿烂到换新的为止。我经过多方协调联系，通过向大学毕业生实习的公司募捐、向亲朋好友募捐，以及联系援藏单位募捐等方式，为村民募捐到衣物共计70余麻袋（箱），解决了村民穿衣和穿鞋的问题，解决了学生学习文具用品问题。

帮助卖特色农产品，提高村民经济收入

米扎村地处沙溢片区，紧靠澜沧江，处于察雅县、芒康县和左贡县交汇之处的山窝之中，交通不便，特色农产品销路极少，比如村民带虫草骑摩托车到左贡县城或者昌都

市区等沿街挨家挨户售卖，耗费时间，成本很高。或者虫草收购商到村内收购，价格较低。因此我积极协调联系亲朋好友，利用到县城购买生活用品和到市区轮休的时间，将米扎村的特色农产品通过邮政快递销往内地，将藏香猪销售到市区，提高了村民的经济收入，极大地节约了时间，减少了成本，得到了村民的一致好评。日常售卖虫草至少两三个月，我在虫草采挖回来前就已联系好买家。日常售卖50头藏香猪需要两三年时间，我联系同事两天内就卖完了。2019年卖特色农产品收入8万余元，卖藏香猪收入10万余元。

排查化解矛盾纠纷

2018年5月，移动公司需将光缆和电线杆架设至米扎村和嘎益村，需要村民去帮忙。两村因分界线问题矛盾已久，此事涉及两村村民利益，经两村村"两委"和驻村工作队人员多次协商无果，遂上报至镇政府。经过镇党委书记、镇长、镇派出所所长、镇综治办人员、两村村"两委"和驻村工作人员经过一周的调解，终于和解，并在大家的见证下，两村进行了划界。移动公司架设光缆工作顺利完工，为下一步建立移动4G信号、结束米扎村不通信号问题，不通网络的历史问题奠定了基础。

2019年年初，米扎村通过了国家第三方考核，实现了建档立卡户脱贫。2020年年初，完成了上级交办的疫情防控任务。3月5日，与下一批驻村队交接完本职工作返岗。

三年多的驻村经历，一千多个日日夜夜，我见证了基层的发展，老百姓生活水平的提高，脸上笑开了花。但这些不是终点，而是下一个目标的起点。

（左贡县田妥镇米扎村选派第一书记 周昊）

抓班子带队伍，有效落实精准扶贫

我叫加永登增，现任金岭乡卓格村选派第一书记。驻村期间，我牢记驻村使命，在工作岗位上带群众致富脱贫，取得了显著的成效。

卓格村位于金岭乡北面大山中部，距乡政府8公里。该村属半农半牧村，森林面积有400余亩，耕地面积有742.2余亩，草场面积200余亩，主产青稞、小麦、油菜等农作物；牧业饲养以牦牛为主，牲畜有1052余头。农牧户71户359人，劳动力175人。村民的文化程度普遍较低，思想观念还比较落后。

面对卓格村的实际情况，学习与实践相统一，努力提高自己的工作能力

加强政治学习不放松，全方位提升个人素质素养。自担任卓格村选派第一书记后，我不断在理论和实践上提高自己的思想认识，认真贯彻落实党的十九大会议精神，积极实践习近平新时代中国特色社会主义思想。同时，我还不定期学习国家新的法律法规和相关政策内容，以中央第六次西藏工作座谈会及自治区第九次党代会精神为工作指导，不断丰富自己的政治理论，提高自己的政策水平，加强政治修养，为进一步锤炼党性，树立了正确的世界观、人生观和价值观。

以实践为理性认识的基础，深入群众，深化乡情认识。将科学执政提升到实践层面，广泛听取群众的心声，了解群众的意愿，增强用科学理论指导实践、正确决策的能力。我利用"8小时以外"时间，在村召开党员大会、双联户户长会、村"两委"谈心会，深入了解掌握各村基层组织建设、产业发展、群众生活现状和存在的问题。通过调研，更深入了解熟悉了村情、民情，掌握各村存在的热点难点问题，理清了工作思路，找准了工作切入点和突破口。

抓班子带队伍，加强党的执政能力建设

我在村"两委"会议上常讲，村党支部有没有战斗力，村干部在群众心里有没有威信，关键在于支部一班人能否搞好团结，在处理事情上，能否做到公开、公平、公正。为了搞好支部团结，村里成立了群众议事小组，成员由村里比较有威望的成员组成。每当遇到事情我都会召集支部党员和议事小组成员开会征求每个支委成员以及议事小组成员的意见和看法，不搞一言堂或个人说了算。对于村内重大事项的决策和群众关心的重大事情，坚持做到办事公正、处事公平、办事公开。在我的倡导下，村里实行了村务、财务、党务三公开制度，增加了工作透明度，消除了隔阂和疑虑，赢得了群众的理解和支持。同时，我本人高度重视党员发展工作，不断为党组织增添新鲜血液。为确保发展新党员的质量，我积极调查发展对象的基本情况和以往表现情况，注重把符合条件的年轻致富能手发展成为党员，并把能力突出、德才兼备的党员作为村后备干部进行培养。

紧扣脱贫攻坚主题，狠抓落实"精准扶贫"政策

建档立卡贫困对象逐步脱贫。卓格村建档立卡贫困户14户，贫困人口58人，占总人口的16%。通过2015年、2016年精准识别，清退不符合条件户1户6人；2018年动态调整新增户2户2人。一般贫困户3户12人，低保户10户45人，五保户1户1人。2015年至2018年截止，2016年实现脱贫人数1户4人；2017年实现脱贫人数10户44人；2018年实现脱贫人数3户8人。

心系村民，全力为民办好事实事。一是积极开展结对帮扶工作，深入帮扶对象家中进行亲切慰问；二是组织村"两委"班子成员带领群众，修筑3处防水堤坝，解决了群众的出行安全；三是村民罗措、斯朗住房处于危房状态，为此，我积极筹划协调并将情况及时上报上级党组织。2018年7月，在乡党委的大力支持及村"两委""双联户"积极配合下，携驻村工作队分别为其危房整体的90%进行修护，为其解决了住房安全问题；四是切实解决卓格村环境卫生脏、乱、差。施行垃圾规范统一堆放处理，挖建垃圾堆放坑4处，着实解决了村垃圾统一堆放问题，提升了本村整体面貌；五是排解矛盾纠纷，维护农村社会稳定。在工作中，我真诚对待每一个反映问题的村民，面对矛盾不回避，公平、公正地提出自己观点和意见，努力化解矛盾纠纷，把不稳定因素消灭在萌芽状态。为切实做好村的信访工作，我与村"两委"和群众代表开会商议后决定在村里每天安排人员值班，并在值班室里印制了一本群众反映问题接处单，对群众反映的问题及时记录并解决，解决不了的，及时向上级有关部门反映，群众看到村干部尽心在帮助自己，心平了、气顺了、意见少了，上访的也没有了；六是积极做好村里的养老保险、医疗保险缴收工作。村"两委"高度重视新型农村合作医疗和新型农村社会养老保险工作，为解决群众参加新农合缴费难的问题，村"两委"班子成员、驻村工作队常到百姓家中做群众的思想工作，切实解决群众担忧的问题。2018年，全村完成新农合收缴任务100%，完成养老保险收缴续费任务100%，新增参保收缴任务100%；七是积极响应党的方针政策，关注村民的生产生活。为切实提升村民的生产生活，我与村民小组经常深入百姓家中，对困难户、老人进行摸底，发放补助资金，积极为他们解决生活中的实际困难。群众利益无小事，对村民反映的问题和要求，不论事情大小，只要政策允许，都尽心尽责地去解决。让他们切实感到党和群众的关心；八是领导工作队入户开展新旧西藏对比主题宣讲活动3次，精准扶贫政策宣传28次，法律法规宣传5次。同时深化感恩教育，潜移默化地教育引导卓格村民爱党爱祖国，爱家乡爱生活，一心致富奔小康；九是继续加大扶贫开发宣传力度，切实转变贫困户脱贫致富观念，扭转"等、靠、要"的被动脱贫思想，鼓励和帮助有劳动能力的扶贫对象通过自身努力摆脱贫困；十是继续完善基础设施，加大上级主管单位、施工单位对接力度，加快村组道路、水利、通信、安全饮水等基础设施建设，改善生产生活条件。

我带领大家在致富的路上一起前进，村民笑了。他们感谢党的惠民政策，感谢各级组织的关心。我也在致富的路上实现了自身价值。扶贫、脱贫，我们一起走向共同富裕。

（边坝县金岭乡卓格村选派书记 加永登增）

倾听群众心声，一切只为脱贫

自2015年7月担任碧土村选派第一书记以来，我在各级领导的正确指导和同事们的热心帮助下，认真做好本职工作，深入各自然村开展调研，摸清基本情况，探索发展思路，制订发展计划，积极为村经济的蓬勃发展建言献策。碧土村党组织进一步加强社会和谐稳定，经济发展良好，于2020年全面实现贫困户脱贫摘帽，各项工作取得了良好的成效。

担任选派第一书记后，为了更好地融入群众生活当中，发现所存有的问题，并结合现有的积极因素去分析，我首先走村入户了解每个自然村和农户的基本情况，熟悉各村所处地理位置，以及其村的民俗习惯和基本生活条件。

同时，我还非常重视组织工作，日常工作中抓班子、带队伍，筑牢党建基础。我不断加强党员干部学习，定期组织召开党员大会、组织生活会，组织学习党章及党的十九大精神和习近平新时代中国特色社会主义思想。及时掌握上级各项惠农惠民政策，开展批评和自我批评，使党员找准自身在思想、工作、纪律、作风上存在的问题，提升党员的综合素质，不断增强班子的创造力、凝聚力、战斗力。在春节藏历新年和"三八"妇女节等节日期间组织开展文体活动，在"七一"建党节等节日开展走访慰问活动（为1户特困户党员、1户五保户、3户老党员户购买大米、面粉、清油等慰问物品），并组织全体党员召开座谈会，重温入党宣誓，加深党性教育。

2020年是脱贫攻坚收官之年，脱贫攻坚任务十分繁重，为此，我集中力量展开了大量工作。一是在原有林下资源合作社的基础上，积极吸纳本村闲散青年作为主要劳动力，然后在村致富带头人的带领下，形成了以松茸、虫草、核桃收集加工，康巴香猪养殖为主的产业新模式。产品的开发，进一步增强了碧土村农牧民群众的"造血"能力，使碧土村潜在的资源优势转化为现实经济优势，创造了大量的经济效益。二是在原有老护林员78名的基础上，通过与县、乡相关领导部门的协调沟通，增添生态岗位280名。至此，碧土村平均每户家庭至少有一至两名生态岗位名额，每户家庭年收入将增加3600元以上。三是碧土村位于乡政府所在地，之前村里巷道没有进行凝化，随处可见坑坑洼洼的土路且道路偏窄、尘土飞扬，路人行走和车辆来往极其不方便，经济发展受阻。近年来小城镇建设规划等相关文件精神，加快碧土乡特色小镇建设步伐，促进乡域经济快速、稳定发展。目前大部分道路工程已竣工并投入使用，使碧土村基础设施建设得到极大的改善，从而带动一系列公共服务措施的有效落实。不仅方便了村民的日常生产生活，还能因此添加经济发展新元素，旅游业、运输业、特色农畜产业加工等应运而生，从而达到要消贫，更要致富的目标。四是2016年争取到6万元投资修建龙日自然村党员活动中心的项目，2017年争取到6万元投资修建沙瓦自然村党员活动中心的项目，建成后的几年时间里，极大地方便了本村村民日常的健康生活，亦改善了村民进行相关事宜决定和工作的环境。五是为增加贫困户收入。市农牧局油菜种植基地已交由碧土村贫困户无偿种植管理，于2019年4月底为合作社变更了营业执照，将农副产品加工及销售、与农业生产经营有关的设施建设、休闲农业等纳入业务范围，扩大了业务范围。计划将 2020 年 10 月中央党委组织部划拨的 50 万元集体经济发展项目资金用于建设松茸加工厂，目前已完成选址工作，后续设计、建厂工作由左贡县发改委项目部进行，计划年底完成配套基础设施建设。六是把握碧土村修建变电站、实施饮水工程的时机，积极与项目负责人联系，以劳务输出、租用车辆等方式为村民增收创利。

在实际工作中，我严格落实第一书记帮扶贫困户工作机制，帮助村"两委"教育引导群众转变思想观念，多用脱贫致富的实例鼓励群众，结合实际情况为群众多出主意、多想办法，调动群众脱贫致富的积极性和主动性，逐步转变发钱发物等简单方式，树立扶贫不扶懒的鲜明导向。同时经常深入结对帮扶户家中，进一步了解结对帮扶户的实际情况，帮助他们理清思路、树立信心，依靠双手脱贫致富。通过到农户家中走访和谈心，针对 25 户有劳动能力和致富意愿的农户进行全面的帮扶。深入到结对农户家中了解家庭情况，根据农户的具体情况分别制定帮扶计划，使得各农户致富的思路得到了开阔，提升了农户致富的信心和能力。

全力做好精准扶贫，打好脱贫攻坚战

为了完善党建促脱贫工作机制，我帮助帮扶户出主意、谋思路、送技术、送项目；我先后动员建档立卡贫困户家庭剩余劳动力加入村合作社，逐渐实现由"输血型"扶贫向"造血型"扶贫的转变，为打赢脱贫攻坚战，如期实现脱贫摘帽起到了积极的促进作用。

2020 年是脱贫攻坚收官之年，脱贫攻坚任务十分繁重，碧土村会竭力做好以下工作：根据上级要求调整补充精准扶贫户一户一档资料（草补资金、结对帮扶手册等），按照"两不愁三保障"和"五个一批"的要求，主要做好危房改造、产业脱贫、教育脱贫、生态补偿脱贫等工作；通过召开村民大会、入户走访等形式大力宣传脱贫攻坚政策知识，确保顺利通过考核。

要做好扶贫工作，这三方面的工作一定要打牢基础。一是摸清扶贫对象，精准"靶向定位"。协同驻村工作队，摸清惠民帮扶政策，服从政府既定扶贫规划，为创新性开展基层工作做准备。与村"两委"工作人员一同与农牧民群众座谈交心，深入各户宣传中央、区、市、县开展精准扶贫工作的政策。二是制定帮扶规划，确保精准扶贫。在立足村情的基础上，按照"规划到村、帮扶到户、责任到人"的工作思路，深挖致贫根源。依托碧土村优势资源，从基础设施、产业发展入手，制订切实可行的帮扶计划，争资争项，抓好扶贫项目落实，着力推动碧土村经济建设和各项事业发展。三是体恤百姓民情，做好组织慰问。在特殊的节日期间，对退伍军人、老党员、贫困党员、残疾人、贫困户、五保户等，以各种形式进行走访慰问，让他们感受到党和政府的温暖。同时，主动从政治、工作等方面给予村"两委"干部全力支持。

（左贡县碧土乡碧土村选派书记 扎西次仁）

在平凡中闪光,在扶贫中成长

　　党的十八大以来,以习近平同志为核心的党中央提出关于打赢脱贫攻坚战的决定和治藏方略。在党中央的关怀下,在全国人民的大力支持下,在自治区党委和政府的团结带领下,西藏各族干部纷纷加入了扶贫大军,在取得脱贫攻坚决定性胜利的路上默默奉献。在这条路上,既有带领群众开辟致富路的企业人、致富带头人,也有在基层一线日夜操劳的奋斗者、第一书记,更多的是和我一样在各自岗位上默默奉献的普通人。

　　我是万千人民公仆中的普通一员,2007 年参加西藏第一批基层公务员公开考录,考上基层公务员。我带着自己的骄傲和天真,按照组织的安排,到西藏昌都市类乌齐县的卡玛多乡(一个纯牧区乡)工作。我是在拉萨城区长大的孩子,到乡里才发现,基层公务员不是人们说的看报纸、写文件、打字、开会……办公室的条件非常简陋,家里和办公室的取暖要自己劈柴、水要到河里挑、饭要自己做、下乡的路颠簸崎岖,有些村要骑马很久才能到。从挑水、做饭、劈柴这样的生活琐事开始,新鲜之余更多的是对基层工作的敬畏,生活再难也是轻松的,而做好群众工作是不易的,带领群众发展致富更是充满挑战。时隔十四年我依旧清晰地记得参加工作的第一年国庆节。当时的乡领导带着我们去解决草场纠纷,从小身体很差的我跟着领导驱车到了帮嘎油青自然村的一处山脚。下车后,领导说我们要去的地方就在这座山上,我不太擅长估算距离和高度,只是记得当时自己的心里忽然感到了一阵慌张,从一开始的兴奋到后来上山时越来越无力;从一开始和大部队一起爬山到最后只剩自己垫后。我生平第一次感受到原来公务员不是我所想象中的:等群众来找你,到群众家只要几步路,即使很远开车骑马就到了。事实是,去群众家里远得超乎想象,各种交通工具齐上阵。这里的村庄也不是我以为的家家相邻,而是家家都离得"十万八千里"。当我爬到半山腰时,大家已经到了山顶;当我爬到山顶时,只听见领导对我喊了一句:"你不用过来了,就在那里等我们。"此时大家都已经到了另一座山的山顶,远远地看着大家,我大声地喊了一声:"好的。"坐在山顶,身体已经疲惫到无力前行,心里五味杂陈,既佩服我的同事们,又为自己感到羞耻;既对基层工作多了一份崇敬,又感慨群众生活不易……下山的时候,我和领导去了一户低保群众的家,我已经记不得她的名字,只记得阴暗的房屋、地上用木板搭建的简易床、门口一块木板上放着的半袋糌粑、屋里酸臭的味道……从小在拉萨生活优越的我,第一次看到原来还有人如此生活,鼻头一阵酸楚。当时的我还听不懂昌都话,并不知道乡长和她聊着什么，只清楚地记得她拿出家里发黑的碗，用黢黑的围裙擦了擦，热情地招呼着我们喝茶。我突然看到床铺的角落，在已经发黑的羊毛被里有一个可爱的婴儿在熟睡……我端着手中热腾腾的碗，看着眼前的这个女人和这个脸上还挂着糌粑糊的孩子，在这间阴暗的房间里，我的心碎了。旁边的乡长拍了拍我的腿，我赶紧悄悄擦掉没能控制住的泪水。回来的路上，乡长说这样的家庭还有许多，这样的下乡经历也很平常，牧区群众居住分散，有时候只是去一户人家就需要一天，我们要做的工作还有很多……

看着眼前感慨万千的巴哥（乡长叫巴桑次仁，我们习惯亲切地叫他巴哥），我心想，今后我也要成为像他一样的人。他几乎能记住全乡每一户家庭的情况，他的笔记本更像是一个宝藏，有需要时，我总能在他的本里找到我需要的所有数据和信息。他也总能像个大哥一样对待我们每个"弟弟妹妹"。他教会了我常怀感恩之心，也教会了我把群众挂在心上，要认真地对待每一份工作。遗憾的是，时隔十四年，我依旧没能成为像他一样的人。还记得每一次乡里的男干部骑马下乡回家的时候，岔着腿走路时那难看的样子，也记得去过的每一条心惊胆战的路，每一次入户调查、每一次纠纷调处……所有的乡镇干部几乎都有一些心惊胆战的回忆，很多人羡慕乡镇干部，因为他们朝九晚五，曾经睡到自然醒的状态让人羡慕，也以为骑马下乡是一件有趣轻松的事，可是未曾经历过的人怎会知道，他们曾在下乡途中与死神擦肩而过；曾为了了解灾情，站在冰冷刺骨的河水里；为了帮助群众解决实际困难，夜夜失眠，四处相求，他们的父母、孩子为了支持他们的工作经历了太多苦楚……不管在扶贫的路上他们有没有突出的成绩，但他们的汗水洒遍了扶贫之路。他们中的许多人，甚至把一辈子都奉献在了基层，对家庭、对孩子的教育、对父母的赡养都留下了太多的亏欠。

2013年，我为了方便照顾孩子和爱人的父母，选择离开了那个工作多年的乡（镇），不舍而又无奈，通过公开考录，顺利进入了市委政法委工作。这7年中，鲜有机会和群众直接接触，但我们都在自己的岗位上努力做着自己的本职工作。很长一段时间，我都在想机关离群众很远，但是在枯燥的文件、信息、统计数据里，我发现我们所做的每一份工作虽没有和群众面对面接触，却时时刻刻为了群众的幸福生活在努力。记得初到政法委，因为一篇简报，我的领导改了7次，我心想一个简报改来改去、呈来呈去，麻烦透了，效率真低。慢慢地我才发现，工作中每一个细微之处的严谨，都是对群众负责。我们为了维护社会稳定所做的每一份贡献，也是实现脱贫及和谐社会的基础。在政法委的这些年，我有直接接触群众的机会，大概只有每年群众来办理"先进双联户"家庭直系子女享受加分政策审核备案手续和每年领着自治区级"先进双联户"家庭代表到自治区参加表彰会的时候了。在审核备案资料的时候，为了不耽误每个群众的时间，就算是周末，我们也会在群众来电话时回到办公室进行审核，帮助他们复印资料。我也习惯把上级部门的地址写在一张纸上并留下自己的电话号码。我的目的很简单，因为知道生活不易,希望为他们尽可能提供方便。我们科室里的每个人都努力以自己的热情,来展示我们作为人民公仆的谦逊和亲切。一杯温暖的水、一句简单的问候,一个笑脸和并不麻烦的资料复印都是小事,但我们就是希望这些小事能够让每一名来访的群众感受到温暖。年长的群众说的"阿咪、马永、亚雄(宝贝、谢谢了)"和参考大学生发来的感谢信息……也能让我感到无比温暖。听县上的同志说,许多家庭因为享受到了加分政策,随着孩子的就业,家里也实现了脱贫,我们也会感到幸福,我会觉得自己的工作是有意义的。和自治区级"先进双联户"家庭接触的时候,从群众简单的谈话里,能听到他们都非常感激党和政府的关心关爱,他们相信党相信政府,感恩之情早已牢牢印刻在心里。

2019年,我开始兼职从事机关扶贫工作,按照市脱贫攻坚领导小组的要求,认真落实了中央第三巡视组脱贫攻坚专项巡视反馈意见的整改工作,每年积极动员干部职工开展结对帮扶工作、动员鼓励干部职工积极参与消费扶贫、积极参与扶贫宣传,完成上级交办的每一项任务。

我只是最普通的一名机关扶贫人员,但我却看到了这些年群众生活的变化,牧区的群众因为扶贫搬迁政策,告别了翻山越岭的时代;孩子们因为教育扶贫政策,享受到了更优质的教育和生活;村里的低保家庭也得到了国家更多的政策照顾,吃穿不愁、生病不愁;过去熟悉的低保群众现在也买上车了,姑娘们也用上化妆品了;很多人都已经住上了宽敞明亮的小楼房,人畜分离了,家里的空气也清新了许多。精准扶贫把群众的脸扶笑了,把群众的家扶亮了,也把群众的心扶暖了。我和大多数公务员一样,没有感人的扶贫故事,也许我们并不足以称为扶贫高楼上的一块砖,可我们用认认真真履行本职工作的方式,为扶贫工作倾注了心血,用保质保量完成上级交办的工作任务的方式,为昌都的发展力所能及地贡献着自己的力量,我相信群众的生活会更加幸福,也坚信昌都的明天会更加耀眼。

(昌都市委政法委基层治理科副科长 格桑央宗)

意满高原扶贫路,难忘人生驻村情

"下乡驻村是锤炼本领的好机会,要学会放下、学会融入、学会秉持。"带着领导的谆谆教诲,2014年12月31日,我作为中共昌都市委办公室第四批强基惠民工作队队员来到了昌都县若巴乡嘎达村,正式开启了自己为期一年的驻村经历。到村后我努力转换角色,不断学习,积极提高自身的工作能力,好让自己对得起"驻村工作队队长"这一光荣称号。在紧张、忙碌和充实的一年驻村工作生活中,我对领导当时的教诲,有了更深的感悟。

革命同志是块砖,哪里需要哪里搬。既然自己选择,组织决定,就要调整好心态,愉快接受,心安才能身安。说实话,刚到嘎达村的第一个月,我基本每晚都辗转反侧,怎么都睡不着。说出来不怕笑话,是在寒冷的冬季烛光中想城市里的烟火气息,想念千里之外老家的老母亲,想城市的舒适生活……过了一周的适应期后,我习惯了村里较单调的生活,习惯了等待着黑夜和寒冷的来临,但挂念母亲,却是一种挥之不掉的痛楚。一直以来,母亲都特别支持我的工作,初到村里的日子,每次与母亲通话,她都鼓励我多为群众做事,多与群众打交道,要设身处地地为群众着想,不要担心家里。可我知道,她一位73岁的老人,本该颐养天年,却顾不上自己身上的病痛,还在独自一人起早贪黑地帮我们带着上小学3年级的孩子,还在为儿女这个小家坚持和奉献。就是在这种煎熬中,我开始了我的驻村工作,随着时间的流逝,在与基层干部们有了共同的工作和生活接触后,我慢慢明白了,其实每一位基层干部的背后,都有着无数年迈父母的牵挂、有着无数亲人的惦念、有着无数妻儿的期盼。大家都是这样克服各种家庭困难,在一头事业一头家庭还有老人的牵绊中,慢慢支撑过来的。"既来之则安之",更何况我们嘎达村民风淳朴、我的家人又这么支持我。作为一名党员和干部,我还有什么理由退缩和抱怨,还有什么个人利益和情感不能放手?

嘎达村地处横断山脉金河河畔的高山之上,最低海拔3579米,距县城所在地50公里,距乡政府所在地11公里,交通不便。全村49户224人,4个自然村有3个自然村位于海拔3800米的山坡上。2014年人均纯收入仅1138元,属半农半牧村,经济收入单一。经过初步的了解掌握,我暗下决心必须为改变这里贫穷落后的面貌做点什么。在思考出路与对策时,我脑子里响起了市委办公室主要领导在驻村轮换动员会上的讲话:"金杯银杯不如百姓的口碑,'血肉联系'喊在嘴上群众不信,'鱼水情深'做个样子百姓不认。融入群众是掏心窝子的事,只有深入群众,才能知道老百姓衣食住行和就业、就医、就学、养老还有多少困难,才能为村民切实解决困难和问题。只有放下架子,扑下身子,深入田间地头,了解村民所需、所想、所愿、所盼,才能摸清制约驻村发展的主要问题,为下一步解决问题、推动发展打好基础。只有虚心拜村'两委'班子为师,融入村'两委',学会如何处理基层工作,找准工作的切入点和着力点,才能和村干部唱好'协奏曲'。打个不太恰当的比方,这正如年轻人谈恋爱,只有真正看对眼、融入到对方的生活和家庭,才能一起规划和畅想未来。"此刻我明白了,驻村工作的首要就是我必须融入群众的生产生活中去。

对于没有一点基层工作经验的我,顺利开展驻村工作更是困难重重。现在我还清楚地记得我驻村遇到的第一个难题就是语言不通。要想尽快融入嘎达村这个大家庭,就必须克服语言障碍，我下决心用最短的时间掌握一些常用的藏语，解决与藏族群众沟通交流的难题。我经常跟着村支部书记去群众家里"串门"，拉着村里的学生们进行简单交流，久而久之我大概能懂得村民想要表达的意思了。

光学会交流还不行，还得懂得尊重。有一次，我到自然村走访，刚好赶上村民在家吃午饭，他们热情地邀请我一起吃，但我已吃过饭，就婉言谢绝了。可有位村民就不高兴了，说："队长，你是不是嫌我们家里脏，吃不下去？"听到这话，我才意识到自己无意间辜负了村民的一片好意，我连忙道歉，并赶紧拿起一块村民揉好的糌粑坨塞进嘴里，顺便喝起了热乎乎的酥油茶。那位村民露出了纯朴的笑容，说："队长，你确实没有把我们当外人。"这一刻，我才深深地理解了"吃得了百家饭，才能进得了百家门；进得了百家门，才能访得了百家情；访得了百家情，才能解得了百家愁"这句话的真正含义。群众是最朴实的，能和他们坐在一张桌子前，深入了解他们所思所想所盼，他们就会觉得你是尊重他们的，他们才会跟你讲心里话。通过这一件极小的事，拉近了我与群众的距离，我也懂得了要尊重老百姓的生活习俗和宗教信仰，懂得了只有让群众从心里接纳了我、认可了我，才能真正把我当成自己人，才能为日后各项工作的顺利开展打下良好的群众基础；懂得了驻村工作队只有真心实意地融入基层、融入群众，尽快度过恋爱中这个尝试性接触期，才能和当地的群众、党员、村干部，一起在这片希望的田野上，在那些袅袅升起的炊烟里去实现我们强基础惠民生的目的。

驻村工作队员是派驻单位驻扎在一线的代表，也是连接群众、村"两委"和基层党委政府的纽带。

驻村工作队员不仅代表自己，代表单位形象，更代表党的形象。秉持党性原则是我们始终保持政治坚定的力量源泉，只有时刻谨言慎行，勤勉努力，学以致用，用以促学，不断提升自身素质，树立良好形象，用共产党员先锋模范作用要求自己，在开展工作中不忘初心、用心用情，带着"党性做工作"，把强基惠民的广阔战场当作锤炼党性修养、增长能力才干的训练场，以"不破楼兰终不还"的决心和韧劲，全力以赴投身工作，才能不负驻村工作队的使命。"想要成为一名合格的驻村工作队员，就要学会用脚去丈量村里的每一寸土地，用眼去观察村里的发展状况，用耳去聆听群众的每一句心声，用心去体验群众的酸甜苦辣，用脑去谋划群众发展致富的对策良方"，市委办公室主要领导说的这句话我一直铭记于心，努力践行。

在嘎达村，摩托车是我在崎岖山路上走村入户的重要交通工具，摔倒受伤是家常便饭，但只要通过深入调查，能与群众交心谈心，帮助他们分析致贫原因，寻找脱贫措施，制定脱贫计划，成功致富脱贫，这一切付出都是值得的。强基础惠民生，维护统一、反对分裂，提升群众的获得感、幸福感、安全感，需要我们每一位驻村工作队员，秉持为民服务理念，用自身行动去打动和感召身边人，才能教育引导群众学政策、懂政策，知党恩、跟党走。

习近平总书记讲道:"一代人有一代人的使命,一代人有一代人的担当。"在市委办公室的大力支持下,在若巴乡党委政府的关心帮助下,在第三批驻村工作队前期打下的良好基础上,通过全体队员的不断努力,嘎达村慢慢有了变化:通村公路里程增加了,温室大棚验收通过了,犏奶牛养殖项目落地了,电灯明亮了,通信畅通了……群众的保守思想也慢慢有了转变,积极投身劳务输出,发展庭院经济,增加了现金收入,向脱贫致富迈出了坚定步伐。

随着时间的流逝,一年的驻村生活在忙碌中很快结束了,我获评了2015年度全区"优秀驻村工作队员"荣誉,这份荣誉是组织对我工作的肯定。时代是出卷人,我们是答卷人,人民是阅卷人,我的驻村工作做得怎么样,群众心里自然有他们的一杆秤。但我明白,虽然母亲和孩子生病时只能打电话送去言语上的安慰,虽然和群众交流会被语言屏障所阻碍,虽然群众会存在对政策的曲解和对我们驻村工作的不满意……但每当看到一张张逐渐熟悉的笑脸,每当看到村民们的日子越变越好,他们的接纳和改变就足以安慰自己的付出和努力。

五年了,在嘎达村驻村经历中邂逅的每一个人,走访的每一户群众,踏到的每一个角落,都将成为我永恒的记忆。人的一生会有很多选择,但并不是每一次选择都会成为经历;人生中的每一段经历,都会因丰盈了生命而弥足珍贵。而这一段用行动兑现使命,用汗水践行党员担当,在人生奋进中锤炼自己,更是用实际行动来书写岁月芳华的驻村时光,更因其独特、深刻和丰富而弥足珍贵!

(昌都市市委办公室 李敬)

双脚踏上扶贫路,双手播下扶贫情

一腔热血倾注扶贫。一直以来,我都把扶贫当作一项事业,而不是任务。作为扶贫战线的一名基层工作者,我认真学习党和国家的各项路线和方针政策,全面贯彻落实上级攻坚行动,深入学习领会各级精准扶贫、精准脱贫、脱贫巩固等方案政策。我在工作上勤勤恳恳、兢兢业业、团结同事、爱岗敬业、克服困难,在上级领导的悉心指导和关心支持下,不断丰富自己的阅历,增进自己的知识,胆识和见识;同时,从实际出发,尽己所能,不断创新,充分发挥工作优势,勤于深入农户,有较强的亲和及融通能力,能与同志打成一片,与工作扎成一堆,与群众密切联系,当好了领导的参谋和助手,扎实努力工作。

踏上扶贫之路

党的十八大指出了到2020年实现全面建成小康社会的宏伟目标。扶贫开发事业是一项为贫困群众"雪中送炭"、救人于苦海的事业，为贫困群众实现理想的阶石。

2015年9月的一天，我接到组织的来电，通知因精准扶贫工作任务重需要抽人，我克服了家庭的诸多困难，放弃了近5个月的产假，踏上了扶贫之路。离开工作岗位一段时间，一时间，我还真有些不习惯，可是一切都来不及等你习惯，脱贫攻坚的战役已打响了。在市委、市政府、市扶贫办的统一安排部署下，在区党委、区政府的高度重视下，在区直相关单位和乡党委、政府、村"两委"班子、驻村队的通力合作下。2015年10月，我开展了精准扶贫摸底调查工作，并坚持以"基数不变、实事求是、一次搞准、动态进出"的原则，结合我区实际制定"六看一比"和"五不评"及"五个一批"等要求，对全区15乡（镇）157个贫困村逐村、逐户进行调查摸底并找准致贫根源，实现贫困人员动态管理，确保"区有档、乡有簿、户有卡、村有册"，为开展"十三五"精准扶贫工作提供了扎实有效的依据。

为了夯实精准扶贫基础工作，历经几个月的时间进行多次复审，开展"回头看"工作。按照"一个都不能少、一个都不掉队"的要求，我联合乡（镇）干部、驻村工作队多次走村入户，逐户开展"地毯式"调查识别，对贫困对象的家庭情况、收入来源、日常表现、贫困程度、致贫原因、掌握生产生活技能情况及脱贫愿望逐一核实，实行动态管理，规范全区建档立卡工作，卡若区精准识别农牧民人均纯收入低于2300元以下的贫困户3192户13030人。按个人意愿分类出产业扶持、医疗救助、转移就业、能人带动等帮扶措施多达过万项，按乡镇村居上报项目多达452个，这其中包括基础设施、产业项目等。做到了底数清、情况明、原因准，为精准扶贫的下一步工作提供扎实有效的工作依据。

开启了加班之路

精准扶贫工作前期政策不明朗，很多数据工作一直在反复性地干，时常要临时加班完成紧急任务，当然"5+2""白+黑"更是不在话下。有一段时间，我们与乡镇干部同在办公室生活工作了4天3夜、2天2夜、2天1夜……这样的日子不计其数了，所有人都已经无暇顾及自己的形象了，坐在地上靠着墙睡着，在垃圾堆上坐着、在仓库里休息着，这一幕幕让我觉得真好，虽然很累、很困、上眼皮和下眼皮一直在打架，但是我们风雨同舟，没有人中途退出，打好了这场战役最重要的首战。

扶贫之路有惊无险

动真情、动真格、真扶贫、扶真贫、真抓实干、埋头苦干，数据组的干部们风雨无阻冒着雨雪、泥石流、山体滑坡等各种惊险，在淤泥的路上，白天黑夜不停地穿梭在各乡镇间。在路上，我们遇到了山体滑坡及泥石流携带大量泥沙碎石，无法通车，卡在了前不着村后不着店的地方。我们全体干部冒着大雨，下车用石头、木头清理出了一条简易的通道，使车子安全通过。记得那晚，我们马不停蹄地赶往面达乡时经历了滚石、路基坍塌、车子打滑滑过2米远那一幕幕艰险、刺激的场景，好在我们都平安回来了。

我的身体素质不是太好，容易生病。记得有一次感冒缠身，连续近3个月的时间在乡、村入户加班，没有得到及时治疗，最后引发了分泌性中耳炎，失去嗅觉十来天，同时还患上了急性气管炎。2016年9月，我们又开始忙碌了，没时间自己做饭吃，只能吃外卖，结果使我食物中毒两次，最终急性阑尾炎，只能做手术。术后，家里人说，你的电话一直在响，那时手机里的未接电话、短信已有上百余条了，大家肯定想着，哇！这么多人关心你啊！果不其然没有一通电话、一个短信是家人、朋友、亲戚的，没错，都不是……那上百个电话全是正在招收建档立卡贫困户藏医培训班的学生和家长打来的电话，病床上的我在一个个地回复，这一条短信来自某乡某村一名学生，短信里写道："你就是这样为人民服务的吗？电话打了不下十几次，短信也发了那么多，不管你在做什么，是不是该礼貌性回个短信，你的责任心就是这样吗？"让人心酸，让人委屈的短信，我当时查看了这位学生给我打的电话和短信的时间，刚好是在做手术的时间，我当时很生气，也很委屈，眼圈已经湿了。参加工作以来，不管领导安排的任何一项工作，是多么多么累、多么辛苦，我从来就没有掉过泪，这次我落泪了，因为我委屈，可我的委屈是因为这个学生的不理解，我回了他的电话，解释到，实在不好意思，我因为身体不适，在医院没能接到你的电话；电话那头，他根本就不听解释，开骂，说了很多不堪入耳的话，就把电话挂了。

基础不牢，地动山摇。为了贫困户数据信息采集录入工作更加精准，一年365天，我们在乡里、在村里、在户里就已经有150余天，走村入户拉拉家常、问问情况，看看他们平时吃什么、穿什么、喝什么、用什么，了解他们的困难和问题，及时与结对帮扶责任人联系解决燃眉之急。在走访贫困户过程中，我积极宣传精准扶贫、精准脱贫、脱贫巩固等各项政策，激发内生发展动力，动员贫困户自力更生、艰苦奋斗，克服依赖思想，增强精准脱贫的内生动力；要做好"良心、诚信、感恩"教育，提高群众的满意度。在建档立卡国家系统信息录入工作中，我们的工作始终走在全市前列，高质量率先完成扶贫开发信息系统工作，使卡若区精准扶贫信息系统精准指数达到90%以上，致贫原因和脱贫措施紧密衔接。

不积跬步，无以至千里。相信，只有脚踏实地去做好脱贫攻坚的每一件事，为贫困户做好自己应做的工作，履职尽责，发挥作用，用真心换来真情，用实干赢得信任，心里时时刻刻想着贫困户，挂着贫困户，克服工作和家庭的种种困难，时刻战斗在脱贫攻坚第一线，为打赢脱贫攻坚贡献自己的力量。

（卡若区扶贫办 达瓦拉姆）

兢兢业业，不辞勤劳为扶贫

2011年6月，我从甘肃农业大学动物科学（畜牧）专业毕业后，积极响应西藏自治区人才引进的号召，毅然来到西藏自治区昌都市八宿县农业农村局畜牧技术推广站工作，做了一名基层农牧工作者。在西藏昌都扎根工作的九个年头里，工作上也换过很多单位，但无论在任何岗位，我都严格要求自己，始终践行一名党员干部的初心和使命。九年的工作经历，培养了我强烈的政治责任感、使命感和服务意识，明白了只有实实在在地用情做事、踏踏实实用心工作才能实现自己心中的那份热爱和奉献。

2011—2012年，我在畜牧技术推广站工作期间，全身心投入到草场承包及草原生态保护补助奖励机制工作中，与县农业农村局同事一起深入到八宿县每一个乡村、每一户农牧民群众，从政策解读到政策落实、从草场测量到承包到户、从载畜量核算到年末牲畜统计、从农牧户信息核对到补助奖励资金及时足额拨付到农牧民手中，这一切都是从无到有的过程。这不仅全面落实了国家、西藏自治区草原生态保护补助奖励机制政策，保护和改善天然草原生态环境，也增加当地农牧民的收入，促进当地畜牧业生产经营转型发展。

八宿县在西藏自治区作为旅游资源较好的县，有着得天独厚的旅游资源。2012—2013年我借调八宿县旅游局工作期间，努力思索如何让农牧民吃上旅游饭，在工作中积极主动，加强业务知识学习，尽快熟悉掌握业务知识，确保工作顺利开展，同时坚持虚心向老同志学习、请教，进一步提高自身工作能力，切实提高自身工作效率。通过快速掌握旅游相关知识，积极和领导同事通过推动公路沿线旅游农家乐示范点，多次入户深入"318"川藏公路国道线的然乌镇和来古村，住在村民家中，在实地了解了村民的情况和意愿后，宣传党的帮扶政策，引导激发群众内生动力，发动群众建设农家乐，如今在这项工作的大力推进和思想先进村民的示范带动下，然乌镇来古村的农牧民都吃上了旅游饭，真正实现脱贫致富。

2014—2019年，我参加公开遴选，进入昌都市经合局（后机构改革并入昌都市商务局）投资服务中心工作。为努力做好本职工作，我迅速投入到招商业务工作中，以踏实肯干的工作作风赢得了单位同事的一致肯定。其中2016年、2017年被连续两年评为"优秀事业单位工作人员"。在工作中，我主动担当，尽职尽责，经常带头加班、任劳任怨，积极主动推进各项工作，认真履行职责分工，加强业务管理和内部管理，圆满完成了各项工作任务。同时，我和领导、同事们结合招商引资落地企业、项目的用工用人需求，在详细统计用工人数和岗位后，通过与人社局积极对接沟通，帮助企业解决用工需求，有效带动贫困家庭大学生和建档立卡户就业。在此期间，我曾多次代表昌都市远赴全国多地开展招商引资、项目推进、产品展销等活动，主要包括2016年5月参加广东省深圳市第十二届中国国际文化产业博览会、2016年8月参加西藏昌都第二届三江茶马文化艺术节、2016年11月参加北京市"名优特"产品展销会、2017年6月参加福建省"6.18"中国海峡项目成果交易会、2018年9月参加云南迪庆藏族自治州第十届"康巴艺术节"，通过这些活动，我和我的领导、同事将昌都市各县（区）的精美的民族手工艺品、珍贵的西藏土特产、特色的农畜产品推广、宣传到全国各地，让人们知道昌都、认识昌都、了解昌都，促进西藏特色产品远销区内外，增加当地农牧民收入。

2020年，我被派驻到昌都市察雅现肯通乡达如村驻村，自进驻以来，我紧紧围绕新时代干部驻村"七项重点任务"，始终以党员先进性的标准严格要求自己，充分发挥驻村工作队是部署脱贫攻坚战斗中的战斗队、是脱贫攻坚战中的主力军的作用，积极采取有效措施，在队长带领下与驻村工作队其他人员一起，带着为民办实事的初心和热情扎实有序推进驻村各项工作。驻村期间，我和驻村工作队紧盯群众最急最忧最盼的问题，充分发挥资源优势，积极为农牧民群众寻找致富门路，助力打赢脱贫攻坚决胜战。一是积极引导广泛参与，做好感恩教育工作。针对达如村农牧民党员及群众多数不懂汉语、理解能力不强等实际问题，我与驻村工作队通过收集编印了藏汉双语、图文并茂、生动鲜活、通俗易懂、具有农牧区特色的达如村"本土教材"和视频光盘，使农牧民党员和群众读得懂、愿意学、记得住，推动学习入脑入心。并立足牧区实际，在牧民采挖虫草、夏季牧场放牧、闲暇耍坝子期间集中宣讲，并发放学习资料和雨伞、饮料等物资，统筹好学习教育与生产生活；同时充分发挥广播、微信平台作用，不定时推送党的方针政策和藏语版党员应知应会。还采取上门"送学"、集中"讲学"、文化活动"助学"等方式组织牧民群众开展学习，以政治、红色、感恩、实践"四小课堂"为载体，组织群众参加升国旗唱国歌、重温入党誓词、党员政治承诺、老党员讲故事等活动，并从群众的视角出发，运用抖音视频、红色电影、文艺活动等群众喜闻乐见的形式，推动感恩教育走心走深走实。二是多渠道申请帮扶资金，切实帮扶贫困群众。截至目前，在派驻单位的大力支持和驻村工作队队长的带领下累计申请帮扶资金24万元。主要包括：向昌都市商务局协调申请落实达如村扶贫超市帮扶资金和村级规范化建设资金各5万元；用于建设达如村"扶贫爱心"超市、制作爱心兑换券；募集昌都市互惠互利超市和藏昌良品公司物资3万余元，以爱心帮扶物资作为本村义务劳动、公益活动奖励和特困家庭、受灾家庭的临时救助；申请慰问物资及现金2万余元，对全村五保户、三老人员、建档立卡户等开展经常性入户慰问活动；积极协调社会民间力量，陆续开展"爱心书包""爱心包裹""校园爱心公益"等活动,春季开学前为全村58名中小学生送去了价值3万余元的文具、书本、鞋子和奖学金;为肯通乡小学和达如、吉孜、爱如三个行政村的农牧民群众募集了衣物、鞋子、书籍等共计8.5吨物资;联系爱心人士为肯通乡小学师生捐赠了6万余元的服装和生活学习用品;带领村"两委"参加公益活动和困难群众救助活动,激励干部行使带头干事创业的权利和热情。三是线上线下产销对接,帮助群众现金增收。驻村期间,我驻村工作队通过联系昌都网红深入达如村虫草采挖点直播带货,1小时售出虫草3斤,群众每根虫草平均增收5~10元;积极衔接藏昌良品公司在本村发展"订单式"产业,帮助代销本村虫草、獐子菌、人参果等林下资源。四是加强党群关系建设,为民服务解难题。制作发放"党员连心卡"密切党群关系,让群众有困难时第一时间想到驻村工作队。通过开展帮助建档立卡户牧民曲加在察雅县加油站解决就业、利用寒暑假组织20多名孩子在村委会图书室学习、假期帮助照顾村中留守儿童并教授孩子看书写字唱国歌、定期为95岁五保户丹曲送衣送药送菜、为村中老人孩子免费理发等好人好事,切实为群众办实事、解难题,以实际行动充分发挥党员模范带头作用,引导村党员干部共同践行为民宗旨。

"道虽通不行不至,事虽小不为不成",作为一名平凡而普通的基层党员干部,我会继续前行,在平凡的工作岗位上实现自己的人生价值。打铁还需自身硬,我始终把学习作为重中之重。今后我将继续坚持学习"习近平总书记脱贫攻坚系列讲话"精神、"第七次西藏工作座谈会"精神及党中央国务院、西藏自治区党委政府相关扶贫政策文件精神,在学习、工作、生活中继续发扬"老西藏精神",缺氧不缺精神、艰苦不怕吃苦、海拔高境界更高,不断增强责任感、使命感、增强能力、锤炼作风,在平凡的岗位上干出不平凡的事业。

"不忘初心,牢记使命",使命在肩,胜利在望。我将以更加坚定的信念和更加饱满的热情,继续全身心投入到工作中,不负重托,不辱使命,为全面打赢这场没有硝烟的战役贡献自己的力量。

(昌都市商务局驻察雅县肯通乡达如村工作队队员 魏润月)

情系拉根,心系群众

从昌都出发,去往八宿县城方向,距县城12公里左右有一个小村庄,一到春天,满眼望去都是一片郁郁葱葱景象,这里就是八宿县拉根乡拉根村。在2019—2020年,我有幸成为第八批和第九批的驻村工作队长,在这个美丽的土地工作和生活,参与和见证了"富美拉根"变迁的故事。

拉根村位于八宿县拉根乡政府所在地,距离县城 10 公里,"318"国道穿村而过,下辖加玉、拉根 2 个自然村,有 95 户 404 人,其中建档立卡户 15 户,共计 52 人。

驻村工作队入驻拉根以后,大家干劲十足,通过每日的走村入户很快掌握了村里的基本情况,我们发现村里不平衡不充分的发展,无法满足人民群众日益增长的美好生活需要。为此全队展开了充分的调研论证,并集思广益最终提出了打造"富美拉根"理念。两年以来,我们两批驻村工作队多措并举、狠抓落实,真正把发展理念融入到具体工作中,努力将"富美拉根"目标付诸了实践。

在富上做文章,从根本上拔穷根

习近平总书记说过,富不富,看群众。在第八批驻村工作队刚入驻时,发现群众"等、靠、要"思想严重,为了改变这一现状,我们提出"一要一转变"发展思路。紧紧依托拉根所处地理位置,千方百计要为群众谋出路。转变群众"等、靠、要"思想,激发群众内生动力。想到就干,我们实行了两步走战略。

首先是莫扎驿站,搭建群众致富平台。与西藏其他地方一样,拉根村土地贫瘠,村落依山脚而建,人均耕地仅 1.2 亩,严重制约农业经济发展。"318"国道穿村而过,是唯一的区位优势。驻村工作队看在眼里,急在心里。向派驻单位汇报情况后,引起了市委领导和市委办公室机关党委的高度重视,多次召开会议专题研究拉根村帮扶工作。在深入调研、综合考虑、统筹谋划的基础上,在市委办公室主要领导的大力帮助协调下,我们利用废旧大巴客车开设了汽车旅馆,在引进了西藏西旅文创有限公司后,采取"公司+支部(驻村工作队)+贫困群众"的模式,招商引资 338 万元实施了莫扎驿站项目,成功打造进藏路上第一家、具有一定特色的休闲旅游产业。莫扎驿站项目共利用 7 辆废旧大巴车改造成 2 个汽车餐厅、3 个汽车旅馆、1 个汽车超市、1 个生态公共旅游厕所,建成 1 个阳光观光房、1 个大型露天餐吧、1 个特色藏餐厅,是一个集休闲、观光、娱乐为一体的特色旅行休息服务区。莫扎驿站的建成,让当地群众吃上"旅游饭",已解决群众就业 5 人,人均每年增收 3 万元以上;每年通过场地租赁方式为拉根村集体经济带来增收 5 万元;间接带动当地 20 余户群众销售农畜产品户均增收 1 万多元。

其次是转变观念,激生动力致富源泉。工作队通过前期走村入户调查,了解到拉根村有大量闲置青壮年劳动力在家待业,没有稳定的收入,成天除了打牌就是酗酒。为了帮助他们提高家庭收入,消除"等、靠、要"思想,增强主动外出择业意识,工作队多次上门动员他们外出务工。建档立卡户布贡、阿姆、非建档立卡户小普布 3 户家庭困难,经济收入低,生活质量不高。他们担心自身文化水平不高、劳力不强、语言不通、生活不习惯从而不愿外出务工。针对这一现状,工作队发动本村外出务工人员一起上门面对面为他们进行思想开导。功夫不负有心人，最终困难群众消除了顾虑，都决定外出务工。在积极沟通协调下，工作队为他们在辖区内新开加油站找到了工作岗位，并协助他们办完全部入职录用手续和接受专业岗前培训。在正式上班那天，布贡、小普布、阿姆都流下了激动的泪水。工作队与加油站也达成协议，同意后续保安、保洁等工作人员的招录在我村解决。此外，在工作队的多方协调组织下，安排村里闲置劳动力去拉根村附近苗圃务工、建档立卡户村民到富隆农牧民施工队工作，其他闲置青年劳动力外出进城务工。经过工作队不懈努力，全村每年外出劳动力达到了80余人，每年劳务收入达100余万元。

在美上下功夫，依托实际重管理

解决了群众腰包鼓起来的问题，我们驻村工作队就从打造宜居环境、建设美丽乡风入手，与村"两委"联合开展了"一创建、两打造"活动，成功营造了人人爱护环境的良好氛围，塑造了干净整洁的乡村风貌。过路游客都为拉根村的优美环境感到舒心，都想在这里歇歇脚，听到进藏游客对家乡的称赞，我们群众都有了主人翁的自豪感。

第一，创建宜居环境美拉根。驻村队致力美化乡村环境，制定了《拉根村环境卫生评比奖惩机制》，深入推进农村人居环境整治，采取分片包干、重在日常、考评奖励等方式，鼓励村民打扫庭院、码放柴草、清理牲畜粪便、规范存放垃圾，每周组织集体对318国道沿线、村道周边、河道两岸、公共场所开展大扫除，清扫路面、捡拾垃圾、清除卫生死角，全面提高了全村环境卫生水平和文明清洁程度，营造出干净卫生、整洁有序、优美舒适的村落环境。

第二，打造绿色生态美拉根。围绕建设绿色美丽家园，驻村工作队牢固树立"绿水青山就是金山银山"的发展理念，组织群众大力开展植树造林，扎实巩固消除"无树户"成果，大家一起动手栽树，挥锹、挖坑、培土、浇水，在国道、村道公路沿线种植冷杉等本土苗木1000余棵，步步做得认真到位，个个忙得满头大汗，用自己的实际行动绿化了家园，提升了乡村景观，改善了生态环境，为营造人与自然和谐的生态环境贡献了力量。

第三，打造乡风文明美拉根。我们驻村工作队聚焦维护祖国统一、加强民族团结，创新方式、丰富内容，帮助群众既富"口袋"又富"脑袋"。从组织群众成立民族歌舞表演队在莫扎驿站为游客表演，增加收入、开阔视野，到培训群众当服务员、销售农畜产品，增进了各民族交往交流交融，持续筑牢了中华民族共同体意识；从邀请拉根村在读大学生、高中生到驿站过林卡，谈大学生活、谈高考理想、交流学习方法，鼓励青年学生通过学习改变命运；从举办各类喜闻乐见的文艺活动宣传习近平总书记的领袖风范、统帅威望、核心能力，引导群众增强"四个意识"、坚定"四个自信"、做到"两个维护"，到寓教于乐宣讲维护稳定、扫黑除恶、脱贫攻坚战、包虫病防治等政策要求，开展"最美家庭"流动红旗评比,教育群众持续淡化宗教消极影响,践行社会主义核心价值观,感党恩、听党话、跟党走,广泛调动了拉根群众脱贫攻坚的主动性,移风易俗的自觉性,持续增强了获得感、幸福感、安全感。

两年的驻村时间稍纵即逝,我耳濡目染了群众对核心的拥戴、对社会主义制度的拥护、对党的好政策的称赞。群众对我们的期许之深、期盼之切,又让我们对初心使命有了更深刻的体会,真正把群众放在心里、捧在手上,才发现我们还有许多工作没有做好、还没有做到位。然而群众是包容的,更是理解的,他们感党恩、听党话、跟党走,以对党、对祖国最纯朴、最真切的情感,时时刻刻感染着我,成为我继续做好驻村工作的不竭动力和力量源泉,也必将成为我人生当中最宝贵的精神财富,更使我深刻认识到我们正处在一个伟大的时代,我们有一个好的领袖、好的党中央。只要我们按照中央的大政方针、区党委的决策部署和市委工作要求,从小事入手、实处做起,让群众得到实实在在的实惠,持续推动驻村工作向纵深发展,就一定会更好地凝聚人心、夯实基础,就一定会让群众过好更加美好的幸福生活。

(八宿县拉根乡拉根村驻村干部 泽成江措)

倾心倾力,建设美丽的乡村

我叫西落,中共党员,洛隆县中亦乡脱贫攻坚办公室主任。2017年12月担任洛隆县中亦乡脱贫攻坚办公室主任以来,我主要负责中亦乡的脱贫攻坚工作。自参加工作以来,我多次受到上级表彰,特别是在2018年的扶贫工作中表现突出,受到了群众的好评和领导的认可,被评为洛隆县脱贫攻坚先进个人。

中亦乡位于洛隆县西部,距县城61公里,总面积625平方公里,平均海拔3780米,中亦乡下辖4个行政村20个自然村。全乡共有692户3509人,其中建档立卡户322户1385人(中亦村74户284人,于2017年全部脱贫,加果村73户321人,嘴村56户253人,亚许村119户527人),五保户12人,低保141户587人;教育发展534人,社会兜底143人,转移就业337人,医疗救助50人;生态岗位1528人。2020年新生态岗位52名;2017年至2018年中亦乡完成3个(中亦村、然木通村、八里村)易地搬迁点项目建设,易地搬迁180户共832人(中亦村已实现搬迁73户342人,然木通42户200人,第三批八里村预计于2019年11月前实现搬迁65户290人),全乡贫困户234户1074人,年均收入达到了2018年脱贫标准年收入4455元以上,能如期完成脱贫摘帽。

精准扶贫，关键在于"精准"。为做到识别"精准"，掌握贫困户信息，作为中亦乡脱贫攻坚办公室主任，我把群众当亲人，把扶贫脱贫当作自己的本职工作，与乡扶贫办同事，调查、研究及制定中亦乡"十三五"扶贫规划方案。我还亲自带领乡村干部深入群众走访，调查了解贫困户家庭和生产生活情况。中亦乡4个行政村322户建档立卡户都留下了我的足迹，对贫困户，我已入户走访了无数次，哪家几口人、什么原因致的贫、面临哪些困难、落实了哪些脱贫措施，我都掌握的十分清楚，为下步工作开展奠定了坚实基础。在入户的同时，我耐心地向群众宣传扶贫政策，解答群众针对精准扶贫工作存在的疑惑。

自2016年洛隆县脱贫攻坚工作会议召开以来，我严格按照会议安排要求，及时成立了脱贫攻坚领导小组，划分了各片区负责人及小组成员，制定下发了《中亦乡脱贫攻坚工作实施方案》，分工部署了各片区脱贫攻坚工作任务。我认真组织各片区小组成员针对贫困户"两不愁三保障"方面开展入户识别调研，严格核实贫困户当年人均收入水平，识别建档立卡户322户1385人。通过我和同事们共同努力，中亦乡于2018年9月完成了脱贫。

习近平总书记指出，"发展产业是实现脱贫的根本之策"。我因地制宜，采取"支部＋合作社＋基地＋贫困户"的产业扶贫模式，最大限度地降低群众增收风险。截至目前，全乡完成主要产业项目5个；将然木通村的自然优势转化为发展优势，积极同县武装部协调联系，因地制宜地在然木通村规划养鸡场，于2019年10月底完成养鸡场建设，预计带动群众33户155人就业增收。为让家园更美、空气更净、山体更牢，我经常带动干部群众开展生态绿化行动及河道污染治理工作。2018年植树节，组织生态岗位人员及乡干部开展植树活动，共植树约3.5万棵。

扎实开展"心灵美、房子美、环境美、邻里美"四美活动，促进中亦乡易地搬迁现代化管理，把中亦乡建设成美丽家园，是我工作的一个重心。具体措施如下：一是易地搬迁提升群众素养指引"心灵美"。把提高群众文明素养贯穿于"美丽乡村"的建设中，我多次组织各行政村以开展"四讲四爱"为主线的美化心灵纯洁思想道德教育会议，大力倡导讲文明、除陋习、树新风。二是易地搬迁提升满意度打造"房子美"。严格要求一定按照安置房房屋设计图和建设标准来施工，并对房屋外观进行美观处理，达到安全舒适、宽敞明亮。中亦乡的易地搬迁安置点一眼望去，映入眼帘的是规划齐整的小康住宅，敞亮的屋舍、洁净的庭院，深受群众好评。三是易地搬迁提升整治力创造"环境美"。在生态保护与美丽乡村建设中，加大农村环境卫生综合整治力度，努力打造"绿、清、亮、美、谐"的美丽乡村，着力解决农村环境"脏、乱、差"问题。在房屋格局上进行了人畜分离，确保了群众的居住环境干净整洁，空气清新。开展"垃圾不落地，美丽新中亦从我做起"活动，修建垃圾集中填埋点，购置分类式垃圾桶，彻底整治、改善乡村人居环境，为建设美丽、安全、舒适的生活环境提供了有力保障。四是易地搬迁提升社区和谐体现"邻里美"。组织开展易地搬迁安置点以"双联户"为载体，深化邻里关系为抓手，教育农牧民群众邻里和谐是一种传统美德，群众要懂礼让、懂尊重、懂分享、懂团结，多交流、多交往、多理解、多帮助，营造一个美好的相处环境，从而提升生活质量。

近两年，各项脱贫攻坚任务接踵而至，扶贫资金的管理使用，扶贫项目的申报、验收等各个环节都需要我谨慎把关、层层推进。虽患有严重的胃病，但我从未向领导请假看病，也从未有过半句怨言，同事们劝我多休息，我嘴上答应，可脚步从来没有停歇过。在扶贫工作岗位上，我努力践行着一个共产党的光荣使命。

（洛隆县中亦乡脱贫攻坚办公室主任 西落）

扶贫路上，教育先行

自 2016 年扶贫工作开展以来，我始终坚持"教育是阻断贫困代际传递的根本之策"的思路，在同事的帮助下，结合教育事业实际情况，不断地学习扶贫政策，不断强化自身业务能力，不断提升工作水平、提升帮扶意识。在实际工作中，不断建立健全工作机制，努力落实帮扶项目，有效解决农牧区教育实际困难。我始终以高度的责任感和强烈的事业心，恪尽职守，竭诚奉献，辛勤工作，扎实有效地推进了教育扶贫各项工作。

"打铁还需自身硬"。作为一位工作在教育战线上的扶贫干部，我深知作为教育扶贫专干，必须要吃透政策、熟悉业务，才能把教育扶贫各项政策精准落实。无论是在繁忙的日常工作中，还是节假日，我都会抽空学习脱贫攻坚政策、文件，率先学懂弄通。我先后学习了《习近平扶贫论述摘要》《习近平谈治国理论》《深入贯彻总书记关于扶贫工作重要论述，坚决打赢打好精准扶贫精准脱贫攻坚战》等政策理论和文件精神。同时，我积极配合单位领导，组织开展了"洛隆县教育系统干部学扶贫政策""洛隆县教育系统干部职工扶贫知识测试"等活动，帮助同事吃透、学透"建档立卡大学生免费教育补助""学生三包""营养餐改善计划""格桑梅朵助学金"等政策性要求、标准和程序，切实提升教育扶贫能力。

为了使教育扶贫政策更接地气，易于操作落实，切切实实地为广大农牧民群众带来好处，我深入基层认真调研，帮助形成了《洛隆县教育脱贫攻坚发展规划（2016—2020）》《洛隆县 2019—2020 年教育脱贫攻坚巩固提升工作实施方案》等文件，以此促使全县教育脱贫攻坚工作有序推进。在实际工作中，我虚心向县脱贫攻坚指挥部业务骨干同志学习，对工作上遇到的疑难问题认真分析，精准把脉，切实承担起全县教育脱贫攻坚各项工作任务。

教育精准脱贫工作开展以来，我做到思想上高度重视，行动上主动作为，狠抓工作落实，一人承担多人的工作量，保质保量完成各项工作任务。

宣传动员群众，全力完成脱贫攻坚的重要目标。思想脱贫，无影无形，群众有没有脱贫致富的思想动力，是脱贫攻坚的关键因素。为解决这一问题，针对部分干部畏难情绪和群众贫困思想根深蒂固的问题，我草拟了《洛隆县教育惠民政策宣讲实施方案》，制作了《洛隆县教育惠民政策明白卡》11000余份、宣传海报6000余张、宣讲横幅60余条、教育惠民政策宣传手册300余份。在宣讲中，我积极配合孜托镇党委政府在夏果、达贡、古曲、中松等村开展了洛隆县教育惠民政策宣讲活动和扶贫政策宣传活动，邀请来自群众身边的脱贫典型现身说教，提高了群众的教育脱贫意识，把农牧民群众的思想切切实实统一到教育工作这一民生工程上来。

为进一步提高贫困户群众自我脱贫意识，我在入户走访宣传中，以群众最关心的教育脱贫事情入手，采用通俗易懂的形式，通过面对面交谈、类比等方法，让其认识到受教育和未受教育两者的差距，真正走出自己的脱贫之路。

不落一个地完成学生资助工作任务。针对学生资助工作机制不健全、洛隆县贫困学生多、申请流程不规范等问题，我草拟了《洛隆县建档立卡及临时困难家庭子女接受高等教育实施免费补助政策实施细则》（暂行），研究制定了资助工作流程图，建立了受助学生大数据信息库和资助工作微信群，有效帮助了学生及广大农牧民群众熟悉了解资助政策，提高了工作效率，做到不落一人。多年来，我以自己的辛苦，切实帮助到需要帮助的困难学子而自豪。普巴次仁是瓦河村的孤儿，因患再生障碍性贫血，在成都市华西第二医院住院治疗，诊疗意见"需实施造血干细胞移植术"，但治疗费用需30万元。在第一时间了解情况后，我积极向上级各部门申请资助，经过多方面努力，在县民政、卫生和镇政府等部门的帮助下，筹借资金和爱心捐款30万余元，普巴次仁得到了及时的治疗，并在群众中受到广泛好评。这样的例子不胜枚举，三年来累计完成资助项目十余个，为各贫困学子圆梦。

为民务实服务，行走在扶贫路上的锻炼。为实现精准脱贫，使有限的教育惠民资金发挥最好的社会效益，我经常走村入户进行调查。有时为了核查一名学生情况，我也要下乡认真摸排情况。我常对别人说：助学基金是贫困学子和家庭的希望，决不能让一个贫困学子漏领助学金，也绝不让一个人冒领。好钢要用在刀刃上，三年来，我不时跋涉在漫漫扶贫路上，身为教育扶贫专干，我几乎没有节假日，常常加班。

我对自己各方面的要求十分严格，处处以党员的标准对照、检查、规范自己的行为。我严于律己、廉洁自律、以身作则、处事公正，模范遵守各项规章制度。关心群众,对同志以诚相待,善于做细致的思想政治工作,注意倾听群众的意见和要求,热心帮助群众解决实际困难。我结合本部门工作实际,把切实为民办实事当作转变工作作风的头等大事来抓,解决群众的实际问题,为群众办好事实事。我卓有实效的工作赢得了广大农牧民群众和师生一致好评。

在脱贫攻坚的道路上,我与群众拉近了距离、增进了感情,与群众不再陌生、不再拘谨,用真心换来了真情,用实干赢得了信任。我克服工作和家庭的种种困难,时刻战斗在脱贫攻坚第一线,为打赢脱贫攻坚战一直前进着。

(洛隆县教育扶贫专干 袁骥)

舍小家为大家,暖民心为群众

脱贫攻坚战打响伊始,刚参加工作不久的我,马上就自愿报了名,担任了腊久乡精准扶贫专干一职。一转眼已步入了2020年,扶贫工作已经干了5年,既有心酸又有喜悦。5年来,我肩负重任、负重前行,坚决做到想群众之所想,急群众之所急。通过层层的考核和评估,2020年终于顺利通过了第三方评估组评估。回想起自己的驻村经历,一切都还历历在目。

腊久乡位于洛隆县东南部,海拔4300米,为全县唯一的三类地区,属于洛隆县大型乡,全乡辖10个行政村66个自然村,全乡总户数1268户,总人口5987人,建档立卡贫困群众654户2920人,贫困发生率48%。

2015年12月,根据组织安排,我被分配到腊久乡精准扶贫办公室。面对着恶劣的工作环境,我没有任何怨言,因为,在我的心目中我是一名中共党员,只要组织上需要,只要群众需要,任何地方,我都会坚决服从,毫无怨言。我坚持深入到群众一线,积极开展了进村、入户、走访工作,用最短的时间掌握了全乡589个贫困户的实际情况,分别对10个行政村的589户精准扶贫户(社会保障兜底户123户190人,享受低保224户927人,享受五保的14人,散养11人。残疾持证的133人,其中一级持证13人、二级持证40人、三级持证44人、四级持证36人)进行走访,摸清了贫困户情况,重点了解致贫原因和群众需求以及制定因地制宜的帮扶措施。

我们带着党中央决策的"六个精准"要求,逐一入户调查。贫困户巴桑旺加,长期慢性病又患有大骨节病,家里有六口人,五口人都患有大骨节病,不能干重活,房屋破旧不堪,家里脏、乱、差。他哭着向我们讲述生活的困难和家庭情况,我拿着扶贫识别的文件，用通俗易懂的语言，向他讲解相关政策，随后我们详细了解他的致贫原因，并帮他们填写建档立卡申请书，制定了扶贫措施。看到此情此景，我的内心五味杂陈。从那时以来，我和巴桑旺加大爷建立了产生了比亲人还亲的关系，想方设法转变他们的思想观念，从内心里关心家里的每一个人。

自脱贫攻坚战打响以来，县委、县府和乡党委政府正确领导下，脱贫攻坚"五个一批"措施等扶持下，全面进行脱贫攻坚各项惠民政策宣传和脱贫措施宣讲，积极引导贫困群众思想观念的转变，消除贫困人员"等、靠、要"的思想，通过我们的不懈努力，转变了像巴桑旺加这样一批观念落后家庭的思想，坚定了贫困群众从"要我脱贫"转变为"我要脱贫"。

2020年1月，我被组织选派到巴堆村任选派第一书记，带领新一届驻村工作队入户调查发现，如今的巴桑旺加生活翻天覆地。儿子娶了媳妇生了孩子，村里申请了农村低保每年均补贴领到19000元，家里大骨节病2人得到慢性签约服务，儿子等4人安排岗位人员每年领到14000元工资，2017年鉴定D级危房支付了64000元改造经费。这些惠民政策让他家里大变样。

饮水思源，铭记党恩。党和政府的一系列扶贫政策和举措在腊久乡落地生根，巴桑旺加家过上了美好幸福的新生活。询问巴桑旺加扶贫情况时，他笑着向着习主席的画像说感谢党、感谢政府，帮我们脱了贫，实现了小康梦、幸福梦，我们永远不会忘记党的恩情。

我是一名普通的党员，也是脱贫攻坚战线上的一名战士，在我的心中，始终心系着"群众"二字，时刻牢记着党的宗旨，不忘初心、牢记使命。用我铁杵成针的决心和持之以恒的态度，使全乡10个村发生了巨大的变化，各村精准扶贫工作逐步加强，村容村貌得到了改观，村民生活福祉切实提升。从事精准扶贫工作的那天起，我同上级领导一起深挖致贫根源，从抓基础入手，积极协调，及时上传下达相关数据和存档，为精准扶贫工作打下了扎实的基础。2016年查瓦村脱贫101户388人；2017年萨玛村及查瓦村分别脱贫33户127人、24户101人；2018年8个行政村脱贫499户2299人；2019年脱贫23户72人。这些数字就是我们五年来脱贫工作的最好证明。

扶贫脱贫工作责任重大，需要我们付出和做出牺牲。2015年，我的妻子分娩，而当时我正在基层一线开展工作，接到儿子出生的电话后我继续忙着工作。一面是心爱的妻子，一面是紧张的精准扶贫备战状态。在"大家"与"小家"的两难中我毅然选择了前者。在谈及因为工作而不能陪伴在妻子身边的时候，妻子简单地说："我很支持自己的丈夫，因为他是一名国家干部，首先就得履行自己的职责，我为他自豪！""放心吧！我会照顾好自己还有孩子的！我知道，群众更需要你！"妻子非常理解我。作为一个孩子的父亲，可以说从未参与过孩子的成长，打心眼儿里愧对妻子和孩子。自从事精准扶贫工作开始，我从未停歇过。无论是在走村入户的基层一线，还是在充满热情的办公室,我都冲在第一个。所幸,付出的汗水是不会被辜负的。我的工作均取得了优异的成绩并获得主管领导的一致认可和好评。

这就是我和我扶贫工作的纪实。作为一名生活在新时代普通的共产党员,一名脱贫攻坚战线上的战士,我尽自己所能彰显着新时期党员的风采和诠释了共产党员的使命,我清楚我的成绩同群众的期盼相比还有很大距离,相信我在这条路上越走越稳、越走越远。

(洛隆县腊久乡巴堆村第一书记 扎西占堆)

牢记使命,甘当致富领路人

我叫江永仁青,中共党员,初中学历,现任江达县邓柯乡青稞村支部书记、村委会主任。自2011年任青稞村村支部书记以来,我始终坚持共产党员的高标准严格要求自己,认真贯彻自治区、昌都市关于扶贫开发工作的一系列安排部署,我不断强化帮扶意识、健全工作机制、拓宽帮扶思路、落实帮扶项目、解决农村实际困难。在精准扶贫工作中,我仍坚持不懈地带领全村365户2065人昂首阔步地向小康迈进。作为村支部书记,我始终瞄准班子建设不放松。任职以来,我重点抓了村"两委班子"、党员队伍、驻村工作队结对帮扶等工作,在建强村级班子、提升为民办事水平、加强综合治理方面发挥了重要作用,为脱贫攻坚奠定了坚实的基础。

瞄准班子建设不放松,为脱贫攻坚奠定坚实基础

作为村支书,我根据村情组情,明白"要想火车快,全靠车头带"的道理。我重点从村"两委"班子、驻村帮扶队伍建设抓起,强化村级班子的执政能力入手,不断提升为民办事能力,为推进脱贫攻坚奠定了坚实基础;二是扎实以"三严三实"学习教育为根本,以"两学一做"为主线,有力促进"两委"班子转变服务能力;三是努力强化党员队伍建设,对无职党员均设岗定责,极大地提高了党员的服务意识;四是通过致富带头人身份,引导党员致富带头人通过领办、带动贫困户土豆种植基地和藏香猪养殖专业合作社,带动贫困户发展,从而严格了各项规章制度,有效地加强了驻村帮扶工作队管理帮扶到位。

健全工作机制,确保帮扶工作稳步推进

在深入调查研究的基础上,我带领全村干部群众结合青稞村实际,制定了以培育特色产业为主的脱贫路线,为确保脱贫攻坚行之有效,青稞村成立了以我为组长的扶贫工作领导小组,对全村扶贫工作组织实施和指导督查。制定了《青稞村关于实施脱贫攻坚工作方案》,明确帮扶资金、项目、责任、考核等5个方面的内容,为扶贫工作的运行流畅夯实了基础。明确责任,全村党员干部和驻村工作队对贫困户进行一对一帮扶,深入帮扶户家中调研,分析致贫原因,根据不同家庭、不同劳动力、年龄结构、技术优势等方面,有针对性地提出脱贫意见。

针对青稞村实际情况,我对症下药,突出重点,带领全村大力实施项目扶贫、鼓励劳务输出的举措。一是大力实施项目扶贫,帮助该村争取到康巴香猪养殖场、土豆种植基地、高效温室大棚等多个项目,切实为群众带来了看得见、摸得着的实惠。二是大力开展劳务输出,鼓励在家闲散劳动力前往同邓公路改扩建项目、沙嘎村果通坝现代产业园、康巴香猪养殖场等项目建设处务工,平均每户增加现金收入1000多元。组织驾驶经验丰富、有驾驶证的技术人员到同邓公路改扩建项目参与运输,平均每人增加现金收入3000多元。

坚持标本兼治,切实转变观念。通过一段时间的调研扶贫,我深刻认识到,"授人以鱼不如授人以渔",之所以有那么多的贫困户,关键还是在于思想观念的落后,为了开阔思想,转变观念,我积极与上级部门协调,先后组织了一批脱贫意愿强烈且有一定文化水平的农牧民前往昌都等地接受培训,感受先进思想的熏陶,进而鼓励本村群众能够走出去、引进来。扶贫先扶志,针对贫困户存在的"等、靠、要"思想,我带领全村干部群众深入开展解放思想、艰苦创业活动,与群众面对面谈心,分析贫困原因,寻找致富门路,宣讲新观念、新思路,有针对性地解决思想观念上的问题。同时提高农民科技素质,先后邀请市、县种养专家对村民进行科技培训,提高了村民的致富水平,组织贫困农民进行学习培训,请种养大户、外出务工人员现身说法,介绍致富经验和创业历程,使贫困户开阔了视野,增强了自立意识和脱贫信心,激活了他们的内在动力。

任职以来,为尽快了解情况,进入角色,我深入群众,倾听民声,积极开展村情民意走访,克服各种困难,走村入户与群众交谈,听民声、察民情;重点走访了村民代表、组长、党员骨干、困难家庭。除了直接走访以外,我还利用业余时间,分片到村民家中召开民情会,直接倾听群众呼声,宣传党和国家方针政策及惠民政策。会后,我及时整理出群众反映的问题,分析原因,提出对策及建议,在村委会集中讨论,制定出符合村情民意的脱贫致富方案。

我认为,没有村集体产业就没有精准扶贫,针对青稞村没有特色产业这一实际,我把培育特色产业作为治本之策,采取争取项目、自主开发等举措,帮助农牧民群众拓宽致富门路。我积极协调有关部门,为青稞村争取到了青稞村年巴组土豆种植项目,带领年巴组120户村民种植土豆,全年创收32万元,平均每户增加收入2000余元;2015年,又为青稞村年巴组争取到藏香猪养殖项目,由我本人承包,该项目总资金165万余元,为当地群众解决就业人数 30 余人,每人创收 16000 余元。在带动本村群众脱贫致富的同时,我还积极利用自己施工队的优势,先后承包了道路、桥梁、水渠、自来水等多项工程,为当地闲散劳动力提供就业机会,增加现金收入。2013—2015 年,我承包朗吉村灌溉水渠项目,总资金 178 万元,解决当地就业人数 40 余人,平均每人创收 7000 余元;承包邓柯乡直巴村、色日村、青稞村、朗吉村和东宗、康果、益嘎、朗吉、达吉等 5 座寺庙的生活饮水工程项目,总资金 216 万元,为当地农牧民群众提供了 120 个就业岗位,平均每人创收 12000 余元;承包邓柯乡巴龙村、年巴村、直巴村、朗吉村、色日村 4 条公路和 2 座桥梁建设项目,总资金 183 万元,解决闲散劳动力 80 余人,平均每人增加现金收入 10000 余元。2016—2018 年,在带领全村"村支两委"一班人的同时,有效地推进了产业结构调整和转变经济的发展,一是培育主导产业促增收,稳步发展畜牧养殖主导产业优势,成立了土豆种植基地,吸收贫困群众 112 户 560 人,其中建档立卡户 15 户,占全村建档立卡户数的 60%,土豆种植 336 余亩,为脱贫攻坚工作奠定了良好的基础;二是通过政府部门产业扶持,带领群众开建了藏香猪养殖场,带动贫困群众 57 户 114 人,其中建档立卡户 11 户,占全村贫困户数的 21%,这些惠民项目得到了村民的交口称赞,都实实在在为村民的生活带来了非常大的改善,为群众增收致富增添了门路。

(江达县邓柯乡青稞村村支部书记 江永仁青)

心系民生,全力以赴不辱使命

我叫尼玛泽仁,出生于 1958 年 8 月,是一名中国共产党党员。我于 2011 年 10 月起担任江达县汪布顶乡查格村党支部书记、村主任。自参加工作以来,我多次被上级表彰,多次被评为优秀村干部、优秀党员。这既是对我个人工作的肯定,也是对集体的肯定。

扶贫工作开展以来,我作为村党支部书记,带领村委会其他成员,积极配合和协同驻村工作队、乡扶贫专干,入户走访座谈,访贫问苦,帮助村民争取项目,为贫困群众工作多做实事,得到群众的肯定和认可。

作为查格村的村干部,我清楚在脱贫攻坚中身上所担负的责任。为贯彻党和国家的精准扶贫政策,顺利完成我们村脱贫攻坚任务,我和其他村干部一起,根据上级部门制定的标准,识别村里的贫困户,然后为他们建档立卡。之后,按照贫困户建档立卡贫困户"回头看"要求，并严格按照"六个精准"的总体要求，充分考虑无房（危房）、重病、残疾、因病返贫、因灾致贫、无劳动能力等困难家庭实际情况，为他们提供尽可能的帮助，帮扶他们脱贫致富。为了在帮扶中做到公平公正，我带领班子成员，按照村组干部会初选、选派支部书记和其他村干部走访、党员群众代表大会评议，紧紧抓住精准识别第一关，拟定贫困户名单公示等程序，把识别贫困户的工作做细做扎实。对评议出的51户贫困户名单在村部显眼位置进行长期公示，并公布县扶贫办监督举报电话，接受群众监督。由于识别贫困户工作细致扎实，我们之后的帮扶工作进展得很是顺利。

自扶贫工作开展以来，我努力解决所遇到的各种难题，配合驻村工作队在上级有关部门的关心支持下，积极争取了到户增收项目，计划修建温室大棚、民族服装店等产业项目。我还积极主动地参与项目征地、贫困户动员等方面工作。遇到思想不通、不愿意参与劳动的群众，我也经常主动带领村干部、双联户户长等到群众家中做思想工作，确保了产业项目前期工作扎实推进，为项目落实地方奠定了坚实的基础。

日常工作中，我和村干部，配合驻村工作队和乡干部，深入开展调研，召开贫困户座谈会，让贫困户自己分析致贫原因，寻找脱贫措施，制定脱贫计划，在充分尊重贫困户意愿的基础上，在与乡党委政府提出的"一线两片区一园区"产业发展思路相结合后，科学确立了发展畜牧业、民族特色手工业为主的脱贫致富的路子。为确保扶贫搬迁群众"搬得出、稳得住、能发展、可致富"，我与驻村工作队共同商议，提议开办蔬菜大棚种植技术、理发、汽修、驾驶、电工等技能培训，为有意愿的村民提供就业机会。而本村部分村民在我的劝说下，参与了政府开办的电工培训、蔬菜大棚种植技术、挖掘机驾驶技能培训，现已成为乡里的专职电工或参加工程队，通过自己的双手进行创收，摆脱了贫困帽子，成为查格村先富起来的那一部分，并通过现身说法为周边的群众带去了劳动、技能致富的希望，做到了回报社会，回报党和国家。

俗话说"人穷志短、马瘦毛长"，对于贫困户来说，他们的心里很脆弱，尤其是对于那些因残、因病致贫的贫困户来说，他们的心里更为脆弱，有些甚至于接近崩溃的边缘。为此，我在落实各项脱贫措施的时候十分注重对这类贫苦户的心理疏导，先走精神扶贫路线。看到村里的无房户、危房户，有的村民家里的住房可谓"东边看日头、西边看月亮、遇上雨天无处藏身"，还有村民家里既有病重的老人，又有就学的儿童，生活黯淡无光。每每面对这些贫困户，我是看在眼里急在心里，因为我知道，如果不能很好地解决贫困户的问题，并妥善的安置他们，这些贫困户有可能走到社会的对立面。为此我同驻村工作队一起，经常走访一些家中无劳力的群众和危房户、无房户，为他们打理日常生活，细致地同他们讲解目前党和国家的扶贫政策，同时积极联系乡政府，落实危房改造项目资金和社会兜底救助，使他们树立脱贫致富的信心。

虫草采挖和牦牛养殖是查格村的主要经济来源，我曾深入走访，深知村内情况，充分发挥本村虫草资源和草场资源,组织百余村民参加农业技术培训班,转变牧民思想;利用我乡夜校开展村"两委"培训,增强村干部农牧业知识积累能力;协调全村用水、用电、通信等协调工作,确保民生基础工程不断完善,顺利完成了本村的安全饮用水项目前期水源勘探工程和国电接入工程;组织群众透过"一事一议"的方式,发动群众投工投劳,组织村民修复村庄水泥道路,持续村庄清洁;认真落实惠农政策,做好相关资金发放接对工作;完成农村新型合作医疗保险农民保险工作,做好五保户资金发放,生活保障,农村低保户生活保障,评定工作;做好村级公路养护、除草工作等。

目前,我和全体乡干部、村"两委"班子继续按照既定目标,在党和国家精准扶贫政策的大格局下,以习总书记的"六个精准"为指导思想,团结辖区农牧民群众致富增收,通过发展产业促进经济发展,共享全面小康成果,切实做好乡村振兴战略与脱贫攻坚的有效衔接,并以先富起来的一批村民,带动全体村民共同致富。

(江达县汪布顶乡查格村 尼玛次仁)

孜孜不倦,用行动践行使命

2016年4月,我来到贡觉县最大的乡镇——莫洛镇。莫洛镇下辖31个村(居)委会、59个自然村,共有农业户1363户10059人,建档立卡贫困户有497户3296人,贫困发生率32.76%。面对这样一种贫困情况,我没有退却,反而增加了几分"斗志"。在投入到新的工作当中后,我没有因语言不通而止步,而是带着民族干部走访了31个村(居),了解了每一个村(居)的基本情况、贫困现状以及亟待解决的问题,摸清了"贫困脉络",做到了心中有数。这样,我就可以在脱贫攻坚工作中带领干部做到"精准帮、精准扶",全盘把握如何让贫困群众做到"精准退"。在上级党委政府的领导和支持下,经过我与同事们三年的努力,通过"产业+合作社+致富带头人"带动、"技能培训+创业扶持+外出务工"等措施,贫困发生率逐年递减,2016—2018年减贫164户1208人,贫困发生率降至20.6%。2019年,莫洛镇按照预期已脱贫摘帽。

发展和壮大集体经济,强化群众"造血功能"。四年来,我通过实地调研和多方探索,摸索出了一条"产业带扶贫促脱贫"、"党支部+致富带头人+合作社"带贫困群众、贫困群众主动参与的脱贫思路。通过发展和培育效益好、前景好、群众参与热情高的阿旺绵羊和犏奶牛养殖、饲草种草、唐卡绘画、生态林建设、藏家乐、藏药材培育、蔬菜种植、车队运输等特色优势产业,帮助贫困群众拓宽了致富门路,增强了脱贫信心。我还积极与扶贫干部入村、入户，与村"两委"、村里的致富带头人，以及贫困群众促膝谈心唠家常、谈经验、挖穷根、找门路、宣传政策、增强信心。通过我苦口婆心劝说、开导，让他们转变了思想，使他们认识到了想脱贫、想致富，需要在享受国家政策保障的同时，还要奋发进取，发挥自己的主观能动性，主动参与到脱贫攻坚的"主战场"中去，成为脱贫攻坚的"主力军"。通过我的努力和群众的主动参与，果普、查雄普等11个村建成了饲草基地，总收益增加到80余万元；林通、帮措等16个村顺利实施了犏奶牛到户工程；丈中、俄底、阿嘎等6个村建成了阿旺绵羊养殖示范基地，带动88人增收0.4万元；根当等3个村建成了犏奶牛养殖基地，带动60余人增收，实现年收益20余万元；根当村霍萨藏式家具等13个农牧民组建的经济实体，带动130余人年增收0.36万元。

认真开展自主创业扶持工作，激发群众奋斗自强意识。我深知"授人以鱼，不如授人以渔"的重要性。在与其他同事交流的过程，这是我的口头禅，也是我的扶贫工作的指导思想和原则。为打赢脱贫攻坚战，我经常奔走于扶贫部门和村（居）之间，因地制宜、因人而异地寻找拓宽群众的致富门路。我先后为7户建档立卡群众申请到了自主创业扶持资金14万元，帮助6名贫困群众在餐饮、服饰加工、藏香制作等行业方面拓宽了务工渠道，帮助贫困群众提高了自主创业的经济收入。

加强基层硬件设施建设，不断提高群众生活质量。我时常告诉自己，作为党的基层领导干部，是党与群众交流、党各项惠民政策落实的"传话人"和"落实人"。四年以来，为进一步推进新农村建设，牧区、边远村（居）群众的出行是否安全、生活有什么困难、能否及时知晓党和国家最新的惠民政策等在我的心中始终记挂着，我经常性地奔走在"路上"，积极与上级相关业务部门及时沟通协调，四年以来帮助来日玛、阿嘎村、觉龙村、拉玛村、贡中村、苦达村等多个村（居）解决"通水通电通网通路"问题。目前，全镇村（居）通水泥路或柏油路率达98%，通水通电率达100%，网络信号覆盖率达100%。

优先发展教育"治穷病"，智志双扶"暖穷心"。一是按照"治贫先治愚，扶贫先扶智"的要求，我带领镇干部健全建档立卡贫困学生资助机制，实现建档立卡学生入学资助全覆盖。全镇共有学生2392人，建档立卡学生896人，其中大学生29人，高中生30人，初中生162，小学生547，学前儿童128人。2015年以来大中专以上的204人。2016年以来，按照大学本科800元、大学专科600元、内地西藏班600元的激励标准，对176名新考录大学和内地西藏班的学生发放激励帮扶资金11.9万元。二是自结对帮扶工作开展以来，我带领全镇职工采取"321"帮扶模式与建档立卡贫困户进行认亲结对，实现了建档立卡贫困户帮扶全覆盖，全体帮扶干部正确处理"扶贫""扶志""扶智"的关系，在观念转变、内生动力激发上想办法出实招，帮扶成效凸显。2016年以来累计帮扶7350人，解决困难156件，帮扶资金18.9万元，宣传教育1.56万人次。

参加工作多年,熟知我的干部在提到我时说道:"她是一位责任心极强的干部,工作中敢于担当、生活上关心关爱同事,只要是群众的事,她都会记挂在心,多方奔走,尽全力去帮助群众解决困难"。

脱贫攻坚工作开展以来,莫洛镇在县直相关部门的积极协助下,在我和全镇干部职工、农牧民群众的努力下,莫洛镇着力改善基础设施,确保群众切实受益。一是易地搬迁至壹号安置点194户1223人,已入住194户1223人,入住率达100%。二是31个村(居)59个自然村已实现通电、通水、通网、通路、通信。三是在社会保障方面,每年积极开展农牧民医疗保险、养老保险收缴工作,建立起"基本医保+大病保险+医疗救助+重病兜底"四重医疗保障线,将贫困人口全部纳入城乡居民基本医疗保险、大病保险和医疗救助保障范围,并对全镇493户建档立卡户群众实施了家庭医生签约工作。四是学前教育、义务教育及高中教育执行国家"三包"标准和营养改善计划,建档立卡大学生每年享受区、市、县补助金,至少15500元,顺利完成并做好了适龄儿童小学入学、小升初整班移交工作。五是在医疗卫生方面,协助县人民医院向新建完成村(居)委会发放了药品、输液架、医疗床等相关设备。向群众发放感康、云南白药、创可贴、板蓝根、奥美拉唑、高血压药等13种药品,价值5140元,发放就医指南2560份。六是在文化方面,31村(居)均建有农家书屋,为农牧民群众、寒暑假返村学生、积极分子、党员提供"充电"空间,丰富农牧民群众的文化生活。在重大节日期间,组织群众编排节目欢度节日,丰富群众的业余生活,共享社会主义发展成果。七是在环境卫生方面,组织生态岗位承担人员、群众开展人工种草、植树造林、辖区卫生定期清理工作,不断强化了群众的保护意识。八是在科学技术推广方面,组织科技特派员、致富带头人、农牧民群众开展饲草种植、农作物种植、良种推广、犏奶牛科学养殖等工作,不断推进农牧业的科学化、现代化。

天道酬勤,矢志不渝,不忘初心,牢记使命。随着西藏经济的不断发展、社会局势的持续稳定、人口素质的不断提升,我始终坚信,在党的领导下、在基层干部的共同努力下,农牧民群众的生活会越来越好。同时,作为一名中国共产党党员,我始终牢记党的宗旨和党的培养,坚定立场,历练党性;作为一名公仆,我要始终把群众的所思、所盼、所急当作自己的事,为群众解难题、办实事,不负群众所望;作为一名干部,我要始终铭记党的培养,把群众的利益放在首位。今后的工作中,我始终踏踏实实干事、本本分分做人、团结同事、积极进取,为党的事业和人民群众的幸福放射自己的光和热。

(贡觉县莫洛镇党委副书记、镇长 王燕)

村书记的大梦想

我叫加塔，是现任贡觉县阿旺乡党委书记。

阿旺乡距贡觉县城51公里，属纯牧区，群众以牧业为生。生产模式决定了生活方式。以前，这里的9个行政村260多户牧民常年逐水草而居，居住分散；这给村里基础设施的建设出了一道难题，投资大效益低。随着精准扶贫各项政策的出台，2016年4月，县委、县政府决定在阿旺乡政府驻地建设易地扶贫搬迁集中安置点。得此消息后，不少群众欢呼雀跃，对党的政策拍手称快、叫好。我更是激动不已，新任党委书记的我迅速进入角色，带领阿旺乡新一届班子成员攻坚克难，锐意进取，把在建设和搬迁过程中遇到的占地、拆迁补偿、房屋不临街、房屋朝向不满等一系列问题统统击破。

搬迁是大事，一些群众一开始并不愿意，因为舍不得离开生活的多年的家园。为了安抚群众情绪，我挨家挨户去做群众工作。在我的劝说下群众都放下个人私利，服从大局，纷纷投身到小城镇建设中，顺利完成搬迁工作。2016年11月9日，仅仅历时7个月，234座标准化易地扶贫搬迁集中安置房全部落成，宽敞、明亮、干净的房屋错落有致地坐落在街道两旁，俨然形成了一个崭新的小城镇。1108名搬迁群众的脸上也流露出了幸福的笑容。县委县政府对阿旺乡党委能按照易地搬迁房各项标准，在如此短时间内高质量地完成234座安置房的建设工作表示充分肯定。

自脱贫攻坚工作开展以来，为切实落实好全乡的脱贫攻坚任务，与全县一道接受党和国家的脱贫验收，我亲自充当宣讲员，挨家挨户讲解惠民政策，足迹遍布每一个贫困户家中。可以毫不夸张地说，这里的每一座山中，每一条河边，都留下了我行走的身影。为了更好地帮助贫困群众脱贫，履行结对帮扶工作责任，我带领乡党委班子成员带头签订军令状，立下了不脱贫不脱任务，不脱贫不换岗位，脱了贫也不脱关系的誓言。就这样，我不但通过组织带领大家一心一意做好脱贫攻坚工作，我还在生活中发挥模范带头作用，用实际行动帮助老百姓，比如，当得知五保户西拉家里没有像样的家具时，我自掏腰包购买了1.5万余元的家具添置到西拉家中。

在我的带领下，阿旺乡的干部个个成了组织带领群众冲锋陷阵的排头兵；教育引导群众转变思想观念的宣讲员；跟踪管理项目督促监管成效的纪检委员；红利公平分配保障劳有所得的责任人；紧抓机遇因地施策奔小康的领路人。

"群众有房住了，吃和穿没问题，但接下来我们怎么解决群众增收致富稳就业的问题?"这是 2017 年 2 月,我组织召开乡党委班子会议时直奔主题抛出的疑问。问题提出后,我就领导乡党委班子成员开始寻找解决问题的路子。我们首先想到的是因地制宜,充分利用当地优势和当地群众的技术长处。

阿旺乡群众依靠自己勤劳的双手,在这片土地上繁衍生息,练就了一身畜牧业养殖技术与本领,尤其是阿旺绵羊的养殖更是闻名遐迩。在我的带领下,阿旺乡依靠阿旺绵羊的核心产区优势,通过"公司+基地+合作社"的模式紧跟时代发展步伐,拓宽群众增收渠道,转变群众经营理念,不少群众相继脱贫,有了稳定的收入。但为了进一步拓宽群众的致富路子,我并没有止步,我依然带着驻村干部逐家逐户串门,进行实地调查研究倾听群众心声,目的是根据村民们的需要和心愿寻求适合当地民众需求和意愿的发展方式。如今,群众已经完全习惯了这个熟悉的身影出现在自己的家中。夜深人静之时,总是能够看到空旷的阿旺牧区边陲总有一盏灯亮着,那是我下乡回来熬夜阅办各类文件,或思考着白天还没有解决的问题。有同志开玩笑说"书记总是第一个离开办公楼的",因为书记离开办公楼总是在凌晨。

三年来,在我的带领下,阿旺乡的产业扶贫工作做得有声有色,村民们的收入也是水涨船高,生活水平和质量有了大幅度的提高。除了依靠阿旺绵羊品牌大做文章,大搞产业,我还带领群众突破性地开展了温室大棚蔬菜种植。在海拔近 4000 米的阿旺乡种植大棚蔬菜是极大的挑战和考验。我并没有被困难阻退,我组织群众学习相关技术和种植技能,通过反复的试种,村民们还真的种出了第一颗白菜,摘下了第一个青椒,养活了第一株黄瓜、西兰花、蒜苗……扶贫建设的 29 座共 8.6 亩温室大棚产出的大白菜、萝卜、黄瓜、小白菜、芹菜、西兰花、蒜苗等收成喜人,经济收益颇为可观,成功带领 34 户建档立卡贫困户从单一的牧业经济向农牧经济转型,从"输血型"扶贫向"造血型"脱贫改变。全年每座温室平均收益 1.2 万元,"大棚蔬菜不能种、种不活"的魔咒顺利解除。在我的带领下,如今的阿旺乡呈现出了一片生机盎然的景象,阿旺乡群众的人均纯收入从 2016 年的 6300 元,增长到了现在的 10000 元,通过发展产业,实现了 200 余名贫困人口的稳定就业。

我就是这样一名一门心思落实扶贫政策、抓好扶贫政策、利用扶贫政策促改革的普通干部,也是千万奋斗在脱贫攻坚战斗中人民干部的一员。我用实际行动和实际成效诠释了一名普通共产党员在脱贫攻坚工作中的崇高形象。

(贡觉县阿旺乡党委书记 加塔)

不负青春，只为那一抹微笑

古诗有云："好雨知时节，当春乃发生。随风潜入夜，润物细无声。"党的扶贫政策仿佛一场及时雨，洒进贫困农牧民群众的心中，让他们感受到滋润与甘甜。这一切都给我留下了美好的记忆。忆起我的扶贫故事，要从我负责结对帮扶的一位名叫添美的阿姨说起。2020年，添美阿姨48岁，家住丁青县丁青镇热昌村二组。我与她此前完全陌生，是干部结对帮扶的政策，让两个陌生人结下了不解之缘。后来，每当周围的同事提及扶贫结对帮扶工作，我便不由自主地想起这位带着一抹微笑的阿姨。

党和国家开展精准扶贫，要充分发挥党员干部先锋模范作用，扎实开展党员干部结对帮扶活动，积极帮助贫困群众脱贫解困，切实密切党群干群关系。我以极大的热情投入到精准扶贫的结对帮扶工作中，不畏惧工作中遇到的苦难。作为一名90后，一名刚刚参加工作不久的干部，在全县上下齐心协力打赢脱贫攻坚的大环境中，一开始我心中夹杂着些许忧虑和不自信。我来自农村，了解农村家庭贫困户情况非常复杂，导致家庭贫困的问题和原因各不相同，我结对的这个家庭是否年底能够脱贫，对我来说是充满挑战的。当然这些忧虑和不自信不会影响到我工作的热情。由于她家住得比较偏远，第一次去家里我带了一袋米、一袋面粉、一桶清油，还有水果等帮扶物资，在热昌村驻村工作人员的带领下去她家中拜访，主要目的是了解阿姨家庭情况。崎岖的山路上，远远望去，一座看上去有些年头的房子呈现在我的面前，门口的狗仿佛是因为陌生人的到来而兴奋的蹦跳着，又似乎在迎接我们的到来，就这样，我第一次走进了阿姨的家。

走进大门，看到添美阿姨安静地坐在那里，看见我们进来了她那布满皱纹的脸上露出了慈祥的笑容，于是我微笑着和她说明了我们的来意，她也很认真地听着，不时地回我几句，不过阿姨的声音实在太小，我只能依稀的听到她说谢谢你们什么，阿姨身旁有一个十四五岁的小姑娘，因为陌生人的到来有些不安，但更多的是好奇，她紧紧依偎在阿姨身上，我用汉语跟她交流，她羞涩地低下头，或许对我们的到来，她还没有准备好，我把带来的东西拿给了阿姨，阿姨脸上洋溢着笑容，眼睛里噙满了感激的泪水，看得出她心中有很多话想和我们说。在驻村工作人员的帮助下，我开始了解她家里的基本情况，添美阿姨家中只有两个人，家庭情况在全村里都算较为困难的，孩子年幼，缺少劳动力。家中只有8亩地，主要农作物是种植青稞，家中无牲畜，经济主要来源跟其他家庭一样，靠采挖虫草，一年收入大概在1万元左右……从她家具体情况了解来看，添美阿姨平时很勤劳，自己的女儿是她的精神支柱，也是她唯一的期望。我们为添美阿姨家送上县委干部的关心关爱，解释了党的兴边富民、脱贫攻坚政策，鼓励阿姨有党和政府的惠民富民政策，有社会各界的关心帮扶，一定能早日脱贫。

这是我第一次和群众零距离接触，感触颇多，使我更进一步了解了扶贫工作的价值和意义，也了解了党和国家对西藏群众的爱和关怀，这是我作为党员干部的一笔宝贵的精神财富，从今以后，我会以更积极的姿态投入到扶贫工作中去，尽自己最大的努力让我的结对帮扶对象早日脱贫。

爱心的定义不仅是你要付出多少，而是你的一个眼神、一个动作、一句话语都可以让人感受到爱，感受到阳光般的温暖。在了解完家里基本情况时，我了解到小女孩的学习成绩不算太好，目前在丁青县中学读初二，平时都是住在学校里，只有周末的时候才会回到家中，如何让孩子的成绩取得进步是添美阿姨最关心的事，而我也把这个问题放在心上，当成头等大事。我先是将小姑娘在学校的班主任老师的电话要了过来，方便以后直接与她的老师联系，希望在学习上能够帮助到她。回去的路上，我们一行人走在弯曲的小路上，我心里一直惦记着添美阿姨和她的女儿，我热情高涨又忐忑不安。添美阿姨对我而言，并不仅仅是"精准扶贫·精准脱贫"的帮扶对象，还是我牵挂于心的人，我反复思考如何才能真正地帮扶到他们，让他们早日实现脱贫，这对我来说艰难却重要，我愿意用我的爱和热情支撑结对帮扶工作，让添美阿姨永远都拥有那一抹微笑。

人生是一趟苦旅，用爱的大伞撑起，装着我们共同的感动，盛着我们共同的欢笑。这次家访结对户，深入到帮扶户，对我来说是一次宝贵的人生财富，把帮扶户当成自己的亲人，用自己的行动诠释血浓于情的干群篇章，让我深深地感受到爱需要复制，爱需要粘贴。

（丁青县委组织部跟班学习人员 拉增）

美丽的波查，我的家

2018年12月，我作为自治区国资委系统企业西藏中兴商贸物流产业发展集团驻八宿县同卡镇波查村驻村工作队副队长，被下派到八宿县同卡镇波查村，从事精准扶贫工作。自担任驻村工作队副队长以来，我围绕八宿县年度工作计划和发展目标，以发展农村生产力、促进农牧民增收为中心，以改善农牧民生产生活条件为重点，以深化农村综合改革为动力，促进农牧民持续增收、改善村容村貌等方面，高度重视、严格落实、统筹兼顾、刻苦钻研、以务实进取的工作作风，扎实做好各项精准扶贫工作。

认真学习，不断提高自身政治素质。我认真学习党的十九大精神，认真学习区党委、市委、县委各项会议精神，提高自己的政治思想觉悟，在思想上与党保持一致，树立正确的人生观、价值观和世界观，增强履行岗位职责的能力和水平。我始终坚持正确的政治立场，坚定中国特色社会主义信念，信仰党的章程、纲领，拥护党的领导，维护党的尊严，听从党的指挥，把党性观念扎根于内心深处，融入灵魂，形影不移，做到思想上不动摇，行动上不出错，永远跟党走；坚决拥护以习近平同志为核心的党中央领导，始终忠诚于党和人民，永远把人民的事情放在心中，时刻维护群众的利益，与群众风雨同舟，荣辱与共，以党的宗旨为宗旨，以人民的利益为利益，站在党的立场上，努力做好各项服务工作，竭尽所能，为人民群众的发展，奉献自己的全部力量，努力做到问心无愧。

爱岗敬业，取得优异的工作成绩。我忠于职守、兢兢业业、求真务实，坚持精益求精，一丝不苟的原则，认真对待每一件事、每一项工作，在把工作做完的基础上尽量坚持做好，提高工作效率和工作质量，在各级领导的关怀和指导下、各位同事的关心和帮助下，确保把扶贫工作不漏一户、不落一人。

严格按照自治区的统一要求，严明纪律，规范管理

本着思想为先的原则，通过各种途径加强学习，提高思想认识，坚持吃住在村，坚决做到不吃请、不扰民，和群众同吃、同劳动，切实做到有事请假，不迟到、不早退。认真履行职责严格要求自己，坚持长期驻村，充分发挥自身的作用。

认真学习精准扶贫相关政策

通过学习驻村扶贫守则加强对驻村扶贫工作队员的管理；坚持不断学习，努力搞好自身建设。按照各级政府的要求进行学习和培训，特别是加强政治理论、精准扶贫政策等学习，全面提高自身素质。同时，通过扶贫政策的学习和宣传，最大限度地为人民群众谋求更多的利益。

深入基层，抓动态管理

落实精准识别，做好建档立卡贫困户动态管理工作。多次走村入户，与村民零距离接触，了解民情民意，完成建档立卡户的资料收集。帮助村委会完善村档扶贫痕迹管理，实时更新，尽量做到精准识别、精准扶贫、精准脱贫。

促项目进展，提升脱贫实效

实地走访查看，也为了让驻村点村民更好地过上幸福生活，增加村民收入，经我和驻村工作队实际了解村情民情和西藏中兴商贸集团领导带队实地考察情况后与驻村工作队和同卡镇党委共同商讨决定为波查村西藏中兴商贸集团投资援建农产品专业合作社（冷链项目），包括住宿、超市、冷库、新鲜食物配送、茶馆等一体化项目援建。通过项目的实施,实现我村收入低和务工收入少及务工机会少等问题全方位的改变。

抓政策落实,摸民情、暖人心

驻村工作开展以来,从小事做起,从实事做起,主动帮助有困难的老百姓。一是在入户走访时,了解到不少困难群众因经济原因不舍给自己添置新衣。熟知情况后,我作为一名驻村工作队成员,通过各种渠道,联系到以纯和森马品牌西藏总代理商,为我镇波查和帕西村筹集到了600多件全新衣物（折合人民币价值16万余元）。二是主动带领农牧民群众打扫卫生。波查村属于纯藏族村,村里卫生习惯相对有落差,主动带领村小组到村委会打扫村内和自家卫生,用实际行动感染老百姓。三是2019年2月15日波查村村民家属重病在医院,因医疗费不足停止治疗,得知情况后,我和选派第一书记到同卡镇农业银行帮助病人家属申请救助贷款,同时商讨决定捐款给病人1600元人民币。四是2019年2月波查村村民回村途中遭遇暴风雪困在山顶共四人,向驻村工作队求助,我和第一书记凌晨1点立即进行营救,并成功把村民安全送到家中。五是波查村村民贡秋旦增的父亲在2019年2月23日凌晨3点突然病危,我和第一书记及时把村民送往同卡镇并协助寻找前往昌都车辆,也给病人400元爱心帮助。六是波查村第八批驻村工作队按照区国资委和中兴集团部署安排,以藏历新年为契机,积极开展三大节日慰问活动的落实工作,为61户建档立卡贫困户送去30500元（每户500元）,为15名老党员送去15000元（每人1000元）,并传达了国资委和公司的节日问候,得到了村民和村"两委"班子的一致好评。七是西藏中兴商贸物流产业发展集团（汽工贸）驻波查村工作队的努力下为改变驻村点群众单一的娱乐生活现状并拓宽惠农政策宣传渠道,为驻村点波查村和帕西村村民捐赠共计197台液晶电视,村民通过电视学习党的十九大精神、了解国家的相关政策与法律法规。八是更加提倡"两不愁三保障"原则,让群众拥有更好更优质的衣物,我于2019年7月9日前往拉萨,在吉安商贸有限公司总经理崔立军先生的帮助下筹集到了600多件服装和130多双保暖棉鞋（折合人民币9万多元）。九是我为波查村次仁拉珍和边巴扎西两位孤儿姐弟寻找到了一对一帮助对象,援助金额已经落实到位（援助到大学毕业为止）。十是因同卡镇供电设施不完善的原因,镇政府日常工作受到影响,我通过个人渠道筹到50千瓦的发电机捐赠给了同卡镇政府（折合人民币5万元左右）。十一是,在我和其他驻村工作队队员的共同努力下,得到了派驻单位西藏中兴商贸物流产业发展集团投资援建的价值360万元的移动冷链项目,现前期手续和各项工作已经布置到位。十二是在我的细心努力下,为波查和帕西村得到了五名援助孤儿和贫困孩子的名额,此事正在协调核实落实当中。十三是我通过个人努力得到了探路者和牧高笛户外品牌西藏总代理的支持,其愿捐赠的360件吊牌价共37万多元服装（含羽绒服、冲锋裤、冲锋衣）。十四是我不断与拉萨、其他省份私营企业和个体户联系寻求支持援助,正在沟通协商鸿星尔克、李宁、阿迪达斯等品牌的西藏分公司、西藏友盛工贸、罗布爱心公益等平台,为我镇农牧民群众寻找更多的援助。

抓基层组织,增强发展能力

积极组织基层党建工作,切实做好"抓基层党建,促脱贫攻坚",通过发挥党员的积极性,争取早日实现波查村的贫困人群脱贫,广大村民发家致富。发挥基层党组织战斗堡垒作用、激发党员队伍生机活力,坚持中央统一部署与基层探索实践相结合,不断推进基层党建工作。

除此之外,结合精准扶贫工作,我给全体党员上党课,加强全体党员对精准扶贫工作的认识;争取对全体党员进行基层党务培训,强调了持续有效地开展好"两学一做"学习教育的重要性;认真开展庆祝建党98周年系列活动,精准扶贫挂钩单位相关驻村队员参加了活动,进行了重温入党誓词,交流等等。按照关于基层党建提升年的相关工作部署,要求我村全体党员提高认识,配合各村支部持续有效开展好"两学一做",抓好党建扶贫双推进工作,党员干部强化责任意识,对照四风找问题,严肃组织纪律,着力解决懒散问题,基层党组织按照规范落实好"三会一课"、党费收缴等基础性工作,创建服务型党组织,带动群众打好脱贫攻坚战。

在波查村,我目睹了村里人人小小的变化。从一开始与村民打交道的那种陌生感,到每次去家里老百姓发自内心的欢迎与感谢的幸福感,从带着村民打扫卫生,到村民主动打扫卫生;从泥泞的小路到水泥入户路的"阳光大道";从村民愁眉苦脸到脸上满满的幸福。这些点点滴滴,微小的变化,我都看在眼里,记在心里。能看到老百姓灿烂的笑容,我就觉得这一切都是值得的。

(八宿县同卡镇波查村驻村工作队副队长 阿勇嘎)

扶贫路上写真情

我的家乡在西藏的大山里,偏僻安静。父母时常叮嘱我:只有教育才能改变未来。通过高考,我第一次走出大山去读书学习,看看外面精彩的世界。大学毕业后,经过艰难的抉择,我毅然回到西藏,希望用所学回馈家乡、回馈社会。

来到察拉乡后,我慢慢了解了这方热土。察拉乡地处偏僻,位于昌都东北部,察雅县南部,幅员496平方公里,境内四面环山。慢节奏的生活在这里一直延续,藏族同胞世世代代聚居在山谷台地。

夏天的清晨,静谧的乡村笼罩在第一缕晨光中,偶尔可以听见不远处的几声犬吠和牛羊慵懒的叫声,草地上已经冒出小草的嫩芽,上面还挂有晶莹的露珠,群花争艳,五颜六色。乡村被四周的群山包围，沟深林密，乡政府大门外的河水常年奔流不息，俗话说"一方水土养一方人"，附近的村民日常生活用水以及灌溉农田用水都来自这条河。

在这生机勃勃的夏天里，我带着全乡干部跟往常一样走出乡政府大院，开始了又一天的精准扶贫走村入户调查工作。自2012年我来到察拉乡担任书记一职，我一直怀揣着青春的梦想，扎根乡村、脚踩泥土、发展产业、带领农牧民共同致富是我实现人生价值的不懈追求，为此我付出了六年多的汗水和心血。

察拉乡在针对精准扶贫上，既要精准识别贫困户，又要寻找脱贫门路，还要在规定时限内帮助帮扶对象脱贫。面对沉甸甸的脱贫责任，我们所有干部主动担当、忙个不停。建档立卡、确认扶贫对象是一项繁杂的基础性工作，我带领驻村干部们连续多日，头顶太阳，经常走在蜿蜒崎岖、尘土飞扬的小路上，走村入户，开展入户调查、核实、甄别等工作，全乡5个行政村就逐村逐户跑了好多次，有时甚至连饭都吃不上，就连我帮扶的几个对象都感慨地说："你们问得可真细啊，家庭基本情况、生产生活情况、人员结构以及家庭的经济收支、耕地面积、牲畜数量等情况进行了详细的了解调查，你们都毫不含糊，我从心底感到高兴，永远支持你们的工作。"察拉乡要求所有建档立卡户必须要"一户一摸底、一户一台账、一人一措施"，这些沉甸甸的精准扶贫措施，必须要一件一件盯好抓好并认真落实下去。

在为最底层的贫困户服务工作时，我始终牢记高举中国特色社会主义伟大旗帜，深入贯彻落实党的十九大精神以及习近平总书记"治国必治边、治边先稳藏"的重要战略思想，进一步贯彻落实区、市、县关于精准扶贫相关政策，紧紧围绕县委、县政府中心工作。时刻牢记习近平总书记谈精准扶贫"一个不能少，一个不能掉队""动员全党全国全社会力量""扶贫同扶志、扶智相结合"等重要讲话，在乡政府的积极带领下，全乡所有干部共同努力做好精准扶贫的有关工作，"村民不脱贫，扶贫就不脱钩"，这是乡政府交给每一位干部的任务，也是乡政府与各村村民之间的约定。

自精准扶贫、精准脱贫工作开展以来，我用心融入每家每户，在工作开展的做法思路上，我重点思考解决"扶谁的贫""谁去扶贫""怎样扶贫""扶真贫"、"真扶贫"和"扶贫效果"等问题，大力推进精准扶贫，确保脱贫成效。随着社会的不断进步，时代的不断发展，我也追随时代的步伐，在工作之余认真学习，与时俱进，并且还会经常和农牧民一起同吃同住同劳作，亲近农牧民，体会农牧民，帮助农牧民分担一些自己力所能及的事情，思考如何可以丰富创新农牧民的扶贫措施。对农牧民的扶贫上面，我主要坚持政府投入的主体和主导作用，充分发挥产业扶贫、教育扶贫、易地扶贫、生态扶贫、低保扶贫等多种方式的各项国家优惠政策，构建大扶贫格局，形成工作合力。在乡党委、乡政府的领导下，大家的共同奋斗下，努力改善贫困村的基础设施和村容村居村貌，培育带动脱贫的实体经济，让农牧民的生活越过越好。"精准扶贫，一个也不能落下；共同富裕，一个也不能掉队"，这是每一位乡干部的使命，使命决定责任，责任连着行动，每一位乡干部一刻也没松懈，看着我们乡干部的无私付出，农牧民对未来发展充满了信心。

现在回想起我在察拉乡工作的6年时间，可以发现，现在的察拉乡与我刚到的察拉乡相比，其实已经发生了翻天覆地的变化。在察拉乡的产业扶持上，卡达村、金巴村的油菜花种植加工项目、察拉村的藏白酒加工项目、学达村的土豆种植和林下资源开发项目以及夏达村的藏鸡养殖项目五大产业合作社按照既定计划正常运行，实现了建档立卡户113户722人增收。特别是卡达村和金巴村的纯天然油菜花加工项目2020年扩大了生产规模，完成选址、征地以及开挖基础工作，9月完工并投入使用。

同时，我们申请到了察拉村的红景天种植项目。说起察拉村的红景天种植项目，可谓是一波三折啊。2020年，通过对察拉乡察拉村的气候、土壤等环境因素提前进行前期调研，并共同制定了红景天种植可行性方案。我和驻村干部满心欢喜的去察拉村召集好村民并向他们介绍了我们的红景天项目，本以为村民听了会十分认同我们的项目方案，没想到在我们辛苦解说了一个多小时后，村民们在底下却是一片质疑的声音，"红景天哪有那么容易种植的？肯定活不了。""红景天的收成周期都要两到三年，效益实现的也太慢了吧？"等等的一大堆问题向我们袭来。村民们的这种心情、这种疑虑我很理解，我知道这是他们从没经历过的事情，他们的病根不是懒，而是贫穷的思维，固化的行为，"等、靠、要"，这样的思想根深蒂固，感到疑惑也是很正常的。所以出生在农村里的我深知，要扶贫，一定要先扶志，只有把村民们的精气神扶起来，他们才会真正的富足起来。于是我赶快安稳民心，等到他们平静了，我又再次向他们介绍红景天项目，并认真地告诉他们现阶段种植红景天的可行性和必要性，还有国家对产业扶持的许多优惠政策。在经过一早上的详细介绍后，村民们终于认同了，说："原来种植红景天也是挺好的，不但可以使我们慢慢脱贫，还可以帮助我们集体致富""就是就是，我们要努力种植，跟着国家一起奔小康"。在得到村民的大力支持后，察拉乡把这个项目汇报给县委、县府主要领导，县委、县府高度重视，并要求我乡立即组织人员前往拉萨进行沟通、寻求帮助。于是我又亲自带领考察工作组前往区农科院协调沟通此事，经过十天的实地考察协调后，终于为察拉乡争取到了察拉村红景天种植项目。虽然此番有诸多的不顺心和些许困难，但是最终我还是感到十分开心，因为我知道乡里的农牧民会相信我，会和我一起并肩作战，我不能辜负他们的希望，我始终相信未来的日子也会越来越好，我对将来也充满希望，因为我也相信国家的政策也会越来越好。

现在的察拉乡已经从以前的泥路和土路全部修成了砂石路和油路，乡里的中心小学也已经开始扩建教学楼、宿舍楼、操场等基础设施建设，村民有的也住进了新的房子。种种的改变为村民的生活、出行、农作、发展生产提供了更多的便捷，近年来精准扶贫工作帮助的每一户建档立卡贫困户，他们的生活也在悄然发生变化，这些一户一户贫困户的缩影，也渐渐地成就了察拉乡的巨大变化。

物转星移，转眼间我在察拉村工作也已经有六年的时间了。回忆起精准扶贫的工作，有辛酸，有汗水，同时也有很多的快乐，回忆起这其中的点点滴滴便如苍穹下的繁星，闪烁夺目，在精准扶贫的过程中，这些种种经历，所见所闻，必将成为我人生中不可多得的财富。

发生在当下中国的这场精准扶贫行动，不仅是人类史上最伟大、最温暖的民生工程，同样也是我们这个时代的年轻人所需要肩负的使命，心中有阳光，即使在前行的路上布满荆棘，我们也依旧会砥砺前行。

（察雅县察拉乡书记　拉巴桑珠）

熟知民情，脚踏实地帮扶群众

2017年，我被派到察雅县色热西村驻村。通过2个月的实地调查、广泛深入、征求基层干部和农牧民群众的意见，我对色热西村的现状、存在问题和困难进行了认真梳理，对发展优劣势及发展定位进行认真分析，本着"因地制宜、注重实效、科学规划、适度超前、统筹安排、分步实施、突出重点、注重特色、综合配套、功能完善、以人为本、尊重民意"的原则，以科学发展为主题，以加快转型跨越发展为主线，以夯实基层为抓手，提出色热西村脱贫致富新思路："一周梳理一次工作思路、一月有一项重点工作、一月有一个工作亮点、一月为民办一件实事"，并通过梳理归纳制定了2017年度色热西村发展规划工作计划。

色热西村由色瓦和热西两个自然村组成，位于察雅县西部高山深谷区域、它念它翁山南麓（年拉山南端），澜沧江支流——金河下游8公里处，距察雅县城、吉塘镇所在地分别为28公里、19公里。村所在地海拔3190米，年平均气温11℃，无霜期150天左右，年降水量350毫米，日照充足，干湿分明，气候温和，阴坡湿润，阳坡相对干旱，水资源丰富，气候适宜种植经济林木和各类蔬菜。

全村总人口109户711人，劳动力437人。该村移居外地人员较多，常住本村人口46户401人，移居昌都市外的拉萨、林芝、那曲等地20户90人，移居我市昌都、丁青等其他县23户111人，移居察雅县城及本县其他乡村20户109人。全村有建档立卡户11户，残疾人员21人，在校生104名，宗教职业人员65人。耕地面积606亩，人均面积0.9亩，其中旱地223亩；草场面积78280亩，可开发用来种植经济林木的平坦荒地面积200余亩。人畜饮水以雪山引水为主，农业以青稞、小麦、白菜等农作物为主。该村村民有从事民族手工业的特长，共有 39 户家庭进行藏靴、藏式储物袋和藏香的制作（其中藏靴制作 23 户、藏香制作 2 户、藏式储物袋制作 16 户）。群众收入以农业、经商务工和手工业制作为主。

色热西村在市委市政府、县委县政府和镇委镇政府的正确领导下，在村"两委"班子的团结带领下，深入持久地开展"三个离不开"和"团结稳定是福、分裂动乱是祸"的思想教育，极大地增强全村群众团结观念，在反对分裂的大是大非问题上，立场坚定，旗帜鲜明，始终高举爱国团结进步的旗帜，多年来该村实现了"三不出""四无"目标。

经过调查，我发现色热西村发展起步较晚，但发展潜力较大；产业结构调整和优化升级的可塑性高，在产业发展方面，加快民族手工艺发展和农业富余劳动力转移创业。该村劳动力转移就业的优势很突出，手工制作藏靴、藏式储物袋、藏香的技术成熟，村民积极性较高。结合文联工作实际，继承发展昌都市民族民间的优秀文化传统，加大民族手工艺品制作的扶持和组织力度，不仅对保护民族手工艺品、传承手工艺及文化具有重大意义，同时民族手工艺事业发展潜力较大，可形成独立、特色的色热西品牌，成为色热西村脱贫致富的重要经济来源。

2017 年是全面脱贫的关键之年，也是同全区、全国一同建成小康社会的重要一年，色热西村也将在脱贫致富的浪潮中奋勇前行，力争率先圆满完成脱贫任务。为此在现有的各项政策扶持下，思想观念的转变就显得尤其重要，全面脱贫的人口会不会出现反贫，等待脱贫的人口是不是一如既往地"等、靠、要"等等，为此及时的转变群众观念，让广大农牧民群众在精神和经济上同时进步才是长久之策。

我在各类节庆节点，组织全体村民编排舞蹈、歌曲，开展了形式多样、内容丰富的文体活动，让广大村民在幽静的山村也感受到文艺的快乐和文化的力量，切实把文化深入到我村群众中，让他们在娱乐中学习文化、在娱乐中开阔眼界、在娱乐中绽放思想；其次为提高村民思想水平、政治觉悟，我工作队按照计划每周开展一次党员学习会，把"讲党恩爱核心、讲团结爱祖国、讲贡献爱家园、讲文明爱生活"的精神内涵向广大村民传达学习，在了解认识的基础上进一步体会了党和国家对西藏的特殊照顾之情，进一步树立起了"听党话、跟党走"的强大信念，进一步明白了要怎样做一名合格的基层党员，用自己的所作所行教育引导广大村民"改陋习、树新风、奔小康"。"四讲四爱"的深入学习让党员同志先学一步、学深一步，充分保证党员同志的积极性、先进性；最后通过组织村民开展形式多样的义务劳动，比如集体植树、集体大扫除等活动，让党员带动群众心往一起想、劲往一处使，进一步"凝聚人心""团结人心"。

通过一系列的思想转变教育活动，色热西广大农牧民群众深刻认识到了"扶贫先扶志"的重要性，也进一步了解了市委、市政府为实现"脱贫摘帽"付出的巨大努力，更学习和掌握了日常知识和法律法规，特别是广大党员干部深刻地认清了现在大好的形势，率先垂范，起到了积极的带头作用，为色热西村的发展起到了重要的作用。

抓实基层党建，确保方向正确。我在现有的村委会设施的基础上，进一步完善村委会硬件设施，通过协调村级文化活动必需品、制作宣传栏、文化墙等措施，切实把村委会打造成政策的宣讲堂、党员的深造地、群众的娱乐场，让村民在娱乐中学习、在学习中成长。

务实惠民实事。鉴于本村农牧民群众在藏靴、藏式储物袋、藏香等手工艺的发展优势和农户单元化生产的局限性，我在色热西村成立"色热民族手工艺制作有限责任公司"，以传承人带动富余劳动力，以单元化生产走向集体化合作，以传统技术转型现代工艺，以亲朋托销面向网上网下，确保民族手工艺合作社办成村集体经济中最重要的组成部分，带动村劳动力从传统农业向技术发展转型。现公司已正式成立，并在市委、市政府和市农牧局等单位的大力支持下，在马草坝正式开门营业。公司厂房也在驻村工作队的多方面协调下，顺利建成，并由市机关事务管理局等多单位协调解决了窗帘等附属设施，察雅县委、县政府也给予了高度关注，并下拨专项资金进行设备添置更新。

驻村工作是平凡的，但离开驻村岗位时，看到百姓们脸上的笑容和道出的一声声再见，让我感动，让我的人生多了一份实在、少了一份浮华。

（察雅县色热西村驻村干部 陈占喜）

在扶贫中放飞梦想

一开始，我单纯地把扶贫工作当作是一项光荣而艰巨的政治任务来做，随着扶贫工作的渐渐深入、随着走访次数越来越多、随着验收考核越来越近，这项工作掺杂的许多小情绪也逐渐显露。让我自己惊讶的是，这些情绪不是烦躁、不是疲惫、不是推脱，而是对帮扶户发自内心的关心关怀，挂念亲人一般地事事想着他们，来力所能及地帮他们完成一些事。

大学期间，我对扶贫工作了解并不多，只是偶尔从他人口中听到的一些零散的信息，而且当时也没太在意，觉得那离自己很远，是需要政府相关部门的工作人员去解决的，我作为一个大学生起不了什么作用。然而，这一切在我走出校门走上工作岗位后发生了变化。

2018年1月，我被分派于玛多苦村驻村，而且被列入帮扶干部，需要接手扶贫的任务。说实话，一开始我是忐忑的，因为对它的了解可以用微乎其微来形容了。我不知道自己接下来需要干什么，又该怎么做才能做好，非常害怕和焦虑，还好驻村工作队全体干部都特别友好,也给我讲解了一些关于扶贫的事以及帮扶人大概需要做些什么,让我不要给自己太大压力,有什么不明白的尽管问他们或者请教包片村干等都是可以的。这时,我才慢慢调整心态,想着既然已经是确定的事了,何不欣然接受呢,要不然只会徒增烦恼呀。在接到帮扶人调整的通知后,我就被告知需要入户走访,我对那边并不熟悉,不知道贫困户家的地理位置,有一种很无助的感觉。好在队友们一直在宽慰我,让我不要着急,先调整好自己的状态,告诉我万事开头难,只要你迈出了第一步就没什么可怕的了。

待整理好物品和资料后,我一同出发了。到了大概的位置,我就开始询问,经过一番折腾后,我顺利地找到了扶贫对象多吉顿珠的家。简短地介绍了自己,然后我就开始了解家庭基本情况,发现多吉顿珠叔叔身体不太好,需要经常吃药,而我却不能为他做些什么,一时手足无措,不知如何是好。好在多吉顿珠告诉我,办了医保卡,许多药会便宜不少,顿时觉得自己一定要将这份工作做好,帮助更多需要帮助的人。紧接着我得知多吉顿珠有一个女儿已经出嫁了,还有三个孩子在读书,妻子斯朗拉珍常年有病,现在就他一个人是家里的主要劳动力。因为刚刚在问路的过程中有人说这个人性情有点孤僻,一进门就试图与他拉近距离,希望可以顺利完成走访。但令我意外的是,这个叔叔对我特别好,说这么一小伙子还不嫌弃他们,坐着和他们聊天,就像自己的孩子一样;然后还一直说党的政策好,帮助他们解决了不少问题。在我垂头丧气之时听到这样的话真的是太暖心了,瞬间觉得自己充满干劲,不再觉得这事是在给自己增加负担。我回到村部,获取了贫困户户主的照片并完善精准扶贫档案,第一次走访也就到此结束,虽然收获没有那么大,但至少自己勇敢地迈出了第一步。

慢慢地,我渐渐习惯了它成为工作的一部分,有人问我对扶贫这事感触最深的是什么,我的回答是教育扶贫和健康扶贫。谈到健康,这是一个与每个人都息息相关的话题,我们都希望自己有健康的体魄,但生病这事却是谁都无法控制的。国家也一直高度重视这方面的工作,对于贫困户,医院必须做到先救治,后付费,而且在治疗的过程中,可以享受各项相关优惠政策。这一下子解决了许多人看病难的问题,同时也挽救了不少生命,若没有这些政策,许多人会因为费用的问题而错过了黄金时间,从而耽误了治疗。健康脱贫政策的出台和落实真的是深得民心。

在扶贫过程中,我和贫困户结下了深深的情谊。贫困户多吉顿珠的妻子斯朗拉珍身患重病,因为治病家里一贫如洗。为了让他们重燃生活的希望,我经常去看望他们一家。多吉顿珠常常要送我酥油和牛肉,但我都回绝了。

"我能雪中送炭,但不能要你们的东西,如果要了那就成了雪上加霜了,我来看望你不是为了这些东西,我们不能要你们一针一线。"我说。

在我的笔记本上,记载着这样的内容:次仁的鞋子烂得穿不成了;卓玛家有坏掉的电饭锅两个;拉巴一个人住时常吃不上饭……桩桩件件,我把这些贫困户的情况详细地记在笔记本上。

"下乡服务要实在,要把贫困户当亲人,哪怕能帮这些贫困户打扫一下院子,收拾一下屋子,买一块香皂,只要他们对脱贫有信心,咱们做啥都值得!"我常常对工作人员说。

每次下乡,我总能马上叫出老乡们的名字,老乡们很是惊奇,而我却说:"我是把你们都写在了心里,才能一个一个记住。"好几次下乡,贫困户见到我,都感动得掉下眼泪,拉住我的手,迟迟不愿松开。

一次次感动总能戳中泪点,点滴细节汇成最真的感情,2018年,我们工作队和他们初次相识,带着工作任务,带着扶贫决心想要大干一场,走访、慰问、签字、拍照、讲政策……一步步走下来,发现都不及和他们一起吃一顿饭、喝一杯热茶、一起烤烤火聊聊天来的贴心。半年时间左右,我们从陌生人变亲人,从我们单方面关心他们变成相互体谅相互关心,这个季节,有温度的帮扶才是最暖心的帮扶。

十九大报告指出,"青年兴则国家兴,青年强则国家强。青年一代有理想、有本领、有担当,国家就有前途,民族就有希望。"作为一名共产党员,作为一名青年,习总书记的话让我心潮澎湃,也深感责任深重。面对精准扶贫,面对那些可爱的群众,我暗自下定决心将会在扶贫的战场上和今后的工作中,坚守正气,不忘初心,在决胜全面小康中放飞青春梦想、书写人生华章!

(察雅县扩达乡玛多苦村驻村工作队队员 扎西多吉)

少先队工作,别样的扶贫故事

精准脱贫攻坚战的号角吹响后,全县上下全力投入攻坚战。党有号召、团有行动,围绕打好"脱贫攻坚战",组织指导青少年奋力投入攻坚战役前沿,团县委为新卡、烟多等农牧民青年提供技能培训、岗位推介、创业扶持等援助。同时,县团委充分发挥希望工程等社会资源动员机制,深入全县中、小学校大力开展助学扶智,帮助了全县300余名贫困学生,为若普、王卡等学校建图书室,购买鼓、号等器材,对吉塘等6所学校提供儿童书籍,在精准扶贫工作中充分发挥了团的作用。我们的精准扶贫的工作只是全县精准扶贫工作中一点点的光亮。我今天写的是通过我们在积极助力精准扶贫工作中深入学校,发生在香堆镇第二小学少先队的感人故事。

香堆镇第二小学位于香堆镇热孜村,原身为香堆镇热孜村完小。第一次走进香堆镇第二小学是因为这里有一位全国少先队辅导员代表洛松欧珠老师，2017年10月13日少先队建队日，我们在洛松欧珠老师的邀请下，去学校和孩子们一起过少队节。初秋，村里的天气比县里冷，学校由于正在建设，为了学生安全，108名孩子都搬进老旧的村委会上课，条件十分简陋，同学们在村委会院子里给我们表演了节目，少先队呼号仪式、老队员离队向新队员寄语，学校孩子们精神抖擞，节目很精彩，特别难忘的升国旗唱国歌仪式，一年级才入学不久的同学，汉语表达能力都不是很好，但各个能流利地唱出国歌和少先队队歌，望着飘扬的国旗、队旗，少先队员的小脸上写满自豪，条件虽然艰苦而孩子和老师们的精神却是高昂的，老西藏精神在学校展现得淋漓尽致。从此以后，我们和热孜小学结下了不解之缘，经常去学校看望小孩，征集社会爱心，为贫困学生带去鞋子、衣服等物资，时常和老师们交流，为学校搭建平台，为学生创造在区内外交流的机会，让他们走出去，看到祖国繁荣发展，让老师去外地学习，帮助学校解决困难，通过不断地深入了解，也让我看到该校出色的少先队工作，红领巾已经深深地种在了孩子们心中。如何做好青少年思想教育？深刻理解了思想教育领域工作虚功实做、久久为功的真正含义。

我想说：少先队工作在抓好孩子思想第一粒扣子中不可替代。

每周一次的队课是同学们非常喜欢的课程，5月14日，欧珠老师、游老师、扎加老师带着学生开展了寻访老党员的活动课，同学们戴着红领巾，拿着队旗、国旗去看望了香堆镇老党员热巴舞传承人格桑曲珍老人。老人一个人生活，家庭条件艰苦，和孩子们聊天，一起唱国歌，孩子们还给老人表演热巴舞，老人给同学们进行热巴舞指导，同学们的到来给老人带来了欢笑，她很开心。当回校时，少先队员曲措，偷偷拿出自己仅有的3元钱，放到老人手中，老人不要钱，曲措却把钱塞到老人手中，小女孩说："奶奶你拿着吧，我们都是党的女儿"，老人听到这句话一下热泪盈眶，紧紧握着手中的钱，目送着跑远的孩子。在回校的路上欧珠老师问曲措，"你为什么要给老奶奶钱？"孩子很认真地回答："奶奶家庭条件不好，她是老党员，而我是少先队员"。也许你会觉得这是一个小孩子说的话吗？是孩子的所思所想吗？我可以很肯定地告诉你，是的。因为学校非常重视少先队工作，从校长到每一名孩子，接受少先队知识、上各种吸引孩子们的队课、开展少先队活动、学习少先队仪式是学校教育工作的常态，通过形式多样的方式让孩子们接受社会主义核心价值观教育，从一年级到六年级，每个孩子从小心怀爱国之情、爱党之心，国旗、队旗、少先队的真正含义已经潜移默化根植心中开花、结果。

知理、明辨、立德树人的教育工作中少先队工作是不可替代的。

2017年的6月连续下了几天大雨，热孜村小学外面道路格外泥泞，家在学校附近的一年级走读生需要家长接送回家，为了方便走读生出行，五、六年级的少先队员们自发地用木板、石头块在校门口及附近搭了一条小路，排队回家的走读生们看见了少先队大哥哥姐姐在雨中给他们铺的小路，小队员没有用多余的语言表示他们的感激之情，而是整齐地用少先队最真诚、庄严的互行队礼表达了内心的感谢。少先队队礼已经成为孩子们心中至高无上的一种礼节,有这样一群可爱的少先队员,他们的表现,让我们欣慰、骄傲。

欧珠老师还开展了一些少先队员身体力行、模范带头的活动,那些贴近孩子们的活动,让少先队员更加了解少先队的意义。有一个叫热吉的二年级少先队员,在一次开展"劳动小卫士"活动中,给新队员整理衣物、搬床上用品时,不小心磕破了手流血了,欧珠老师很心疼孩子,在包扎好孩子伤口后,问他:"很疼吧,你有没有责怪老师让你们做这样的事",热吉忍着泪水望着老师,回答道:"我是少先队员"。孩子自然流露出的感情,让我们知道这些活动增强了孩子们对队组织的归属感,少先队员响亮的名字,在热孜孩子们心中是光荣的、自豪的,红领巾带给孩子们的不仅是吸引力、凝聚力更多的是责任感。热孜小学把少先队教育与学校德育工作融为一体,让每一名在校的孩子在成长的路途中快乐、健康、全面发展。

2017年学校建设已经完成,孩子们搬进了新的教室,学校环境变得更加美丽,校园文化氛围更加浓厚,孩子们有了新的少先队室、红领巾走廊,红领巾飘扬在学校的每个角落,层层传递接力着。精准扶贫工作使我们更加深入青少年之中,倾听青少年呼声,做到一些雪中送炭的实事,也让我们发现挖掘到那些在基层一线兢兢业业、默默奉献的优秀青年。随着精准扶贫工作的进一步深入,我坚信只要听党话、跟党走,在县委、县政府的正确领导下,把思想和行动统一在党委、政府精准扶贫工作的安排部署上,把智慧和力量凝聚在精准扶贫工作上,认真履职尽责、锐意进取、真抓实干,打赢脱贫攻坚战指日可待,察雅的明天会更好。同时,通过少先队、团支部、党支部层层培养为中国特色社会主义事业建设者和接班人,培养担当民族复兴的时代新人,源源不断为党输送新鲜血液、铸造政治骨干,察雅的青少年跟党走、听党话的决心更加坚定。

(共青团察雅县委员会书记 周艳)

尽心尽力,为扶贫不辞辛苦

我叫白玛玉珍,2012年2月参加工作。自决胜小康社会,全面推进精准扶贫工作开展以来,我积极响应党和政府的号召,立足本职工作岗位,主动作为,严格按照国家精准扶贫各项决策部署要求,真抓实干,全身心地投入到扶贫工作中,用真心扶真贫,用真情扶真困,用自己全身心的付出帮助贫困户实现脱贫致富,真正实现共同富裕的伟大目标。

长毛岭乡位于类乌齐县，全乡所辖 60 个自然村，牧户 1349 户，共计 8198 人。目前共有 483 贫困户，共计 2201 人。该乡原来经济社会发展滞后，基础设施建设严重不足，大多数村庄处于山谷地带，自然条件极为有限，属于纯牧区，没有村集体经济，生产力发展极为滞后，生产方式原始单一，村民们基本上都以非常落后的生产方式过着贫苦的生活。

自担任长毛岭乡扶贫专干以来，我带领各村的贫困群众积极投入到扶贫开发建设当中，针对全乡贫困现状，结合深入走访调研，制定科学合理的精准扶贫策略。我组织村民积极参与产业开发，不断加大村里的基础设施建设力度，通过多种渠道向政府和社会企业争取扶贫项目，使各村的水、电、路等基础配套设施实现到村到户。而且针对各村不同情况，实施精准扶贫，开发特色产业，使各村经济建设初具规模，村容村貌焕然一新。

为了有针对性地做好我乡扶贫开发工作，我经常深入到贫困户家中，与各贫困户村民亲切交谈，拉家常、问难处、讲政策、谈发展，认真、细致地了解贫困户家庭基本情况、致贫原因、发展需求，找准贫困户致贫原因和制约农村经济发展的主要矛盾，进一步确立了扶贫开发工作思路，制定出全乡扶贫规划。我和乡镇干部一起科学合理地制定了扶贫工作的目标、规模、重点。在此基础上，全面改善本村的生产、生活条件，为全乡脱贫致富创造良好的先决条件。

长毛岭乡贫困户的住房条件异常艰苦，居住面积狭小、房屋老旧不堪，更有墙体严重开裂存在安全隐患等情况。我和扶贫工作队看在眼里急在心上，通过多次深入村民家中，宣传易地搬迁政策的好处，认真周到地做好农牧民群众的思想工作，争取到了 257 户，共计 1184 人贫困群众的易地搬迁。从此，这些村民再也不用为住房发愁，每家每户都拥有安全的住房。此外，路的问题也得到了解决。当时村里的道路都是泥路，平时晴天一身土，雨天一身泥，群众出行严重不便，更谈不上适应经济发展的需要了。我针对群众出行不便的情况，将情况上报给政府，政府高度重视，立即拨款给村里修路。从此，村里便有了现在宽阔平坦的大路，大大方便了村民出行，而且很大程度上改善了我乡基础设施薄弱的现状。目前我乡 14 个行政村，道路已基本整修完毕，给基层群众的生产生活带来了极大的便利，为将来经济社会的发展奠定了坚实的基础。

村里村民世世代代生活在这片土地上，秉承着祖先留下的传统生产模式，缺乏开阔的视野，经济发展缓慢，虽然村民有世代养殖牛羊的传统技能，但是小农思想严重，眼界不够开放，以致养殖业收入低下。我了解到这些实际情况之后，及时整理群众反映的问题，分析原因，提出对策，给出建议，召集村"两委"班子集中讨论表决，向上级部门积极反映，筹措资金，一方面挨家挨户地讲解党和政府的扶贫政策，并介绍先进的生产管理模式；一方面积极奔走，多方筹措资金，学习并引进先进的生产技术和管理经验;经过不懈努力,终于建设成了村养殖基地,从根本上实现了由传统以户为单位的传统生产模式向互助合作科学管理的现代生产模式的根本转变,真正实现了脱贫致富,实实在在地提高了村民的经济收入水平。

我深知在当下这个日新月异的时代,不断学习科学文化知识,不断了解掌握党和国家的利民、惠民政策是极为重要的。我十分注重理论知识的学习和更新,总是在工作之余,不浪费一时一刻的时间,不断加强对国家扶贫政策和相关理论知识的学习,达到对国家、自治区、市、县扶贫政策的全面掌握和深入领会。我刻苦钻研业务知识,对扶贫开发工作有了更深刻的认识和理解。我还善于洞察新的政治形势,具备较好的政治素养、业务素质和理论水平。同时,我十分注重将学习与实践相结合,通过学习,我将理论转化为生产力,表现出了良好的理论功底、优秀的业务水平和突出的工作能力。

我对自己各方面的要求都十分严格,处处以党员的标准对照、检查、规范自己的行为。我深知作为基层党员干部,自己的一言一行代表的不是个人,而是党和国家在人民心中的形象。虽然工作普通,但意义重大。老百姓心中对党和国家形象的认识,直接来自于一个个普通的基层党员干部。因此,我始终谨记当年的入党誓词,时时刻刻以党员的责任和担当要求自己,时时刻刻将群众满不满意、答不答应、赞不赞成摆在工作首位;时刻以全心全意为人民服务为宗旨,随时准备为党和人民的事业毫无保留地奉献自己的一切。在工作中,我严于律己、廉洁自律、以身作则、处事公正,模范遵守各项规章制度。同时,我还关心群众,对同事以诚相待,善于做细致的思想政治工作,注意倾听群众的意见和要求,热心帮助群众解决实际困难,切实把为民办实事、办好事当作转变工作作风的头等大事来抓,维护群众的切身利益、解决群众的实际问题,始终把党和人民的重托记载心上、扛在肩头。

(类乌齐县长毛岭乡扶贫专干 白玛玉珍)

书写人生华章的格桑花

我叫贵桑措姆,是西藏类乌齐县伊日乡人民政府扶贫专干。自 2015 年 9 月参加工作以来,我认真贯彻落实国家有关扶贫的政策,努力践行扶贫工作要求,心系百姓,关心弱势群体,积极筹措和严格管理扶贫工作资金,全力关心和支持扶贫工作,把党和政府的温暖实实在在地送到贫困户的心里。作为一名乡扶贫工作人员,我是怀着对农牧民群众的深厚感情投入到扶贫工作中去的,这种感情是我扶贫工作的动力。在我参与扶贫工作期间，乡里开展了一次贫困人口调查工作，全乡贫困户254户，占全乡农牧民人口总数的45%。面对众多贫困户，特别是在下基层时听到那些贫困户强烈的脱贫愿望时，我的心灵被震撼了。一种强烈的时代责任感和历史使命感在我心里油然而生，我深深感到自己肩上的责任之深重，并暗下决心，一定要竭尽全力帮助村里的贫困户脱贫。

我工作踏实认真，任劳任怨，坚持入户宣传精准扶贫政策，耐心解答群众提出的扶贫问题，甘当帮助群众排忧解难的知心人，受到了群众的一致好评和领导的普遍认可。

全乡有建档立卡户254户1366人，截至2018年，已全部实现脱贫。截至2020年年底，乡里对346人进行产业扶持，对155户808人进行易地搬迁，对469人进行发展教育（其中学前教育111人，小学生273人，初中生29人，高中生28人，大学生28人），对133人进行社保兜底。全乡生态岗位人员共1326人，其中建档立卡户生态岗位人员672人，低保户有61户100人，五保户有24人（分散供养11人，集中供养13人），残疾人117人（其中一级17人，二级20人，三级23人，四级57人）。

准确把握伊日乡现状，针对性地做好扶贫工作，只有进村入户才能摸清情况。在走遍了全乡15个自然村，对254户1374人贫困户进行调查摸底后，我掌握了今后开展扶贫工作的第一手材料。

高原牧场的帐篷里，偏远山区的牧户家中，到处都有我的足迹，到处都有我问寒问暖的话语。通过走访，我被这里的偏远不便和贫瘠落后的环境所震撼，但同时也被这片高山草原上淳朴的乡风、民风所感动，我决心不辜负伊日乡党委政府领导的信任和委派，尽自己最大的努力为这里的经济发展、农牧民群众脱贫致富献计献策、牵线搭桥。很快，一个详尽的伊日乡扶贫工作摸底调研报告形成，为今后一段时期内伊日乡精准扶贫工作提供了可靠的数据基础。

我通过下村入户、查阅资料等形式，全面摸清254户建档立卡贫困户的住房、收入、劳动力、致富技能等基本情况及贫困群众的所思所想。我在广泛征求村干部和村民代表意见的基础上，制定了《伊日乡精准扶贫工作方案》，并且目标任务明了，责任措施明确。与此同时，我还经常去所辖村委会指导扶贫工作，有时村中忙不过来的时候，我也积极帮助村民，同驻村队员一起完成扶贫工作。

作为一名扶贫专干，我定期与驻村工作队对接。我们心往一处想、劲往一处使，形成帮扶合力，一方面及时将上级精神传达给各驻村工作队、村"两委"班子，确保精准扶贫政策不跑偏，不走过场。另一方面将自己负责的工作实际情况和扶贫工作进程及时汇报给乡党委、政府，使上级部门能够准确掌握工作进度，确保做到对症下药，精准施策。

牢记职责，一心一意抓扶贫。自扶贫工作开展以来，我排除万难与相关单位协调，努力提高群众积极性，在我的帮扶下，贫困户富了，我为此感到欣慰。"春种一粒粟，秋收万颗子"，为了伊日乡贫困户能脱贫致富，我付出了大量心血，因此赢得了贫困户的信任和拥护。

在工作中，我积极配合驻村工作队，深入各村，召开贫困户会议，让贫困户自己分析致贫原因，寻找脱贫措施，制定脱贫计划，在充分尊重贫困户意愿的基础上，积极为贫困户寻找再就业的机会。

为了准确把握当前农村基本现状，有针对性地做好全乡脱贫攻坚巩固工作，我经常轻车简出，深入村、户调查研究，进行了认真、细致的调研摸底，每到一处，走家串户进行深入细致的调查，认真听取村干部和群众的反映和要求，共同分析解决脱贫的方法，研究脱贫策略。在各村的协助和支持下，我带领乡扶贫办的同志先后完成了多次贫困户精准脱贫工作，建立健全全乡 5 个村 254 户的建档立卡贫困户档案，弄清了全乡各村贫困人口的分布和贫困状况。在我真诚务实的工作态度的带动和感染下，全乡干部同志动真情、动真格，真扶贫、扶真贫，真抓实干、埋头苦干。

历史会眷顾坚定者、奋斗者，我们要以时不我待、只争朝夕的精神，奋力走好新时代的长征路，勇做时代的弄潮儿，脚踏实地，在实现中国梦、小康梦的生动实践中放飞青春梦想，在为人民利益的不懈奋斗中书写人生华章。我作为一名扶贫专干，深刻认识到"授人以鱼不如授人以渔"，扶贫工作更重要的是扶志扶智。一是解放思想，扶贫先扶志，治穷先治愚。针对贫困户存在"等、靠、要"等思想观念，同村"两委"一起与群众面对面谈心，分析贫困原因，寻找致富门路，宣讲新观念，新思路，有针对性的解决村民思想观念上的问题。二是开阔视野找路子。在市、县组织的贫困技能培训中，我坚持鼓励群众参加培训，引导群众外出务工，提高村民的致富水平，通过培训，也使贫困户开阔了视野增强了自立意识和脱贫信心，激发了他们的内在动力。

（类乌齐县伊日乡人民政府　贵桑措姆）

心系群众，争当致富引路人

我叫米玛吉巴，于 2016 年 8 月来到了岗色乡人民政府，成了乡政府的一名工作人员。根据县委、县政府的统一安排部署，2016 年 12 月至 2020 年 1 月 23 日，我分别在岗色乡居美村和岗达村驻村工作，并在居美村两年的驻村生活期间担任了驻村工作队副队长一职。驻村工作虽然艰苦，但也有成就，尤其是当我们帮助村民们寻找到脱贫致富的路子时，我们感到再多的艰苦也是值得去承担的。同时值得珍惜的是，驻村扶贫工作不仅仅帮助了村民们，也帮助我们积累了工作经验，增长了才干和智慧。

任职期间，我加大进村入户识别力度，增强贫困人口发展能力。驻村期间，在县委县政府、乡党委的正确领导与两个村村"两委"班子的大力支持和帮助下，我结合各村实际情况，不断加强政策理论知识的学习，强化帮扶意识、拓宽帮扶思路，经常以走村入户的方式与村民进行沟通交流，极力宣传各项扶贫惠民的帮扶政策，切实履行好驻村工作队队员职责。

通过调查走访，我发现精准扶贫工作中存在的突出问题主要有两点：一是贫困户缺少"志气"，主观贫困意识差。二是贫困户缺少"智慧"，自身脱贫能力差，存在"等、靠、要"等悲观失望思想。在开展驻村工作过程中，我首先要了解整个村的状况，其次对村民整体的思想动态进行精准了解，然后有针对性、有目的性的找准致贫原因、明确发展方向、制定脱贫规划、落实帮扶措施，对贫困户反映出来的具体困难，制定相应的台账，适时给予帮助，或者及时跟乡党委政府汇报并积极协调，争取把各项帮扶措施落到实处。

从群众中来，到群众中去。在驻村二年期间，我为了了解和掌握最真实、最淳朴的村情民意，经常跟当地老百姓谈心谈话，把自己真实的人生经历，所见所闻分享给他们，对他们敞开心扉。在我的感染下，他们也愿意跟我分享他们的心声，每一次的谈心交流都能让我了解到更真实的村情民意。比如在居美村驻村期间，通过跟村民零距离的接触，我了解到自全国开展精准扶贫工作以来，在精准扶贫的帮扶对策下村民的思想观念发生了巨大的变化，生产生活信心倍增，一对一帮扶对策有效地增加了贫困户收入，有力地改善了农牧民群众生产生活环境，脱贫攻坚的工作取得了显著成效，赢得了广大农牧民群众的广泛赞誉与信赖。

自驻村以来，在县委县政府、乡党委乡政府的正确领导下充分发挥驻村工作队的职能优势。我跟驻村工作队队员为了增加群众收入，造福一方百姓，心往一处想，劲往一处使，排除万难，竭尽全力为村民争资引项，同村"两委"一起与群众面对面谈心，分析贫困原因，寻找致富门路，宣传新观念，新思路。

比如在居美村驻村期间，为丰富六个自然村村民业余文化生活，我们驻村工作队积极向相关部门单位领导反映辖区内六个自然村的实际困难，得到了领导的大力支持，争取到了20万元项目资金，用于组建集体摩托车修理维护处。我们安排当地有意愿的村民去学习摩托车维修技术，用他们的所学之技，让20万项目资金用到实处，起到了脱贫致富的作用。通过转移就业培训，也使贫困户开阔视野，增强自立意识和脱贫信心，激活了他们的内在动力。"功夫不负有心人"，所有的努力都没有白费，为村民争取到的20万脱贫项目资金，带动了村里更多人脱贫致富，看到村民脸上洋溢着幸福的笑容，我知道那是对我们最好的认可与鼓励。

作为一名基层驻村工作人员，我把上下信息的传达作为工作之中的重中之重。我定期与村"两委"班子对接，做到分工明确，责任压实，对自己所负责的工作从不敢松懈。信息联络主要从两方面着手：一方面及时将上级的工作安排部署传达给村"两委"班子，让村"两委"班子传达给农牧民群众，并督促相关人员，确保精准扶贫政策不跑偏，不走过场。另一方面将自己负责的贫困户实际情况和扶贫工作进度以及所在村内存在的问题、矛盾等及时汇报给上级领导，使上级相关部门能够准确掌握村里的基础设施建设，富民产业培育，村容乡貌整治，文化扶贫推进及贫困户增收脱贫情况，做到"对症下药"，精准施策。

只有安居了才能乐业，只有百姓住房无忧，才能更好、更稳地开展扶贫工作。三年的驻村工作，在我的不懈努力下，在村"两委"和广大群众的参与配合下，2017年年底居美村全村建档立卡贫困户大部分将要脱贫，2018年居美行政村顺利经过上级的考核验收，成功从贫困村中出列，全村34户贫困户实现精准脱贫。针对易地搬迁户选址和施工进度问题，为了确保13处住房圆满竣工，我们驻村工作队积极跟进，正所谓"有志者，事竟成；苦心人，天不负。"最终，2018年年底居美行政村13户易地搬迁扶贫户顺利入住。

不忘初心，牢记使命。自驻村以来，我将坚决贯彻落实总目标作为行动纲领，始终聚焦社会稳定、脱贫攻坚和群众工作三大具体工作任务，努力实现"两不愁三保障"的目标，不折不扣地落实好脱贫攻坚的各项工作措施，始终坚持着为人民群众办事、为人民群众谋幸福的初心，完成了党和政府交给我的各项任务，为人民群众交出了一份满意的答卷。这三年的驻村生活虽然劳累但很充实，这段丰富的经历我将永远铭记心中。

（类乌齐县岗色乡居美村 米玛吉巴）

龙西村的鱼水情

我叫强巴旦增，现任碧土乡龙西村驻村工作队队长，2016年分配至碧土乡人民政府工作。初入碧土，感触颇多，感叹大自然鬼斧神工的同时却又叹息贫穷落后的生活现状，暗自伤感，一瞬间闪现一个念头"我要努力去做点什么"。凭借初生牛犊不怕虎的干劲，在客观困难的鞭策下，我成为一名光荣的扶贫专干，也就是别人口中的"挑重担"。担子重了，每一步就要走得更加沉重了，玩笑话中的"5+2""白+黑"成了一包工作中的趣料。自开展扶贫工作以来，作为一名驻村干部，我始终严格要求自己，在自己的工作岗位上，始终贯彻落实各项扶贫政策，认真统计、核对各项数据，做到不忘初心、牢记使命，心系贫困户。本人积极参加上级组织的培训学习，认真领会会议精神，积极参加帮扶活动，坚持做到不怕苦、不怕累；在业余时间也会认真学习党的扶贫政策，确保各项政策无误地贯彻到每个贫困户。我深知脱贫攻坚任务十分艰巨，消除贫困、确保贫困户如期实现脱贫任重道远，巩固扶贫成果，提高贫困户人口的生活质量和综合素质，也是长期奋斗攻坚的过程。

自2016年年底驻村以来，为了能准确把握龙西村的贫困现状，有针对性地做好扶贫工作，只能走村入户摸清情况。在村"两委"和其他驻村工作队队员的协助下，我在短短的一周内基本掌握了我村全体41户的家庭情况，尤其是对精准扶贫户家庭情况烂熟于心。根据2016年贫困识别标准要求及识别流程要求，对龙西村贫困户朗吉家因病致贫进行了及时动态调整。进行调整之后龙西村共有建档立卡贫困户7户32人，针对不同致贫原因分别安排了"五个一批"脱贫政策，其中：发展生产5户16人；生态补偿5户16人；社会兜底5户7人；发展教育4户9人。

2018年1月25日，由于龙西村办公条件有限，没电没网，需要回乡填报精准扶贫工作表格，在回乡的途中因路面上结有暗冰，为此不慎从摩托车上摔落在地，并沿着山路一路滑到山脚，当时由于左膝盖骨与地面强烈撞击，无尽的疼痛感涌上心头，刺激着大脑，大概是由于疼痛过度晕倒在了雪坡上，不知过了多久慢慢苏醒了过来，我尝试着爬起来，可怎么用力也站不起来，最后在回村的路人帮助下，拨通了乡里领导的电话，在领导和同事们的帮助下，开车送往乡卫生院救治，但由于伤势过重不得不于第二天送往县里救治，在县人民医院医护人员给我进行伤口清理时，我依稀看到了我的膝盖骨白白的露在外面。期初我以为只是皮外伤，但当我看到我的膝盖骨时才知道伤得不轻，才知道此次的摔倒可能影响到我今后的走路，当时心里还是挺酸楚的。在县里治疗的第二天，一个熟悉的身影走到我的面前，是我们龙西村的村民朗吉，在几句简短而朴实的问候中，我感到了像父亲的温暖，让我想起了已经过世的父亲，终于忍不住哭倒在了他的怀里。在后面的几天里也有陆陆续续来看望我的村民，他们的语言朴实，关怀却很真切，让我一遍遍地感到了他们那颗温热的内心，让我更加坚定了我要为我们龙西的脱贫工作做得更多。经过20多天的住院治疗，我可以下床"走路"了，虽然只是我理解意义上的可以走路，我也向院方提出了出院申请，在院方和单位领导的再三劝阻下又坚持住院一周后离开了医院，回到了乡里。

回到乡里后，乡领导让我再休息一段时间，可一听说县脱贫攻坚产业组要搞梅里雪山北坡旅游开发项目，想到这是龙西村发展的重要契机，我真的再也坐不住了。就是在2月28日，因西藏自治区旅游局在龙西村规划以梅里雪山冰川为景点开发旅游业，他们委托我们驻村工作队找个时间替他们去了解梅里雪山北坡山脚下的冰川及周围地理位置、空间、气候等，并要求拍照片发至旅游局。

听村长四郎次仁说：路途很遥远，来回有18个小时左右的路程，需要早早地启程才行，关键去冰川的路况很差，大部分都是要徒步和攀登。次日，我们早上5点钟就出发了，2月的早上寒意浓浓，我和队友及两个村民还是克服困难，背上沉重的行囊，迈着并未完全恢复的脚步，摇曳在前行的路上。由于起得很早，三分之一的路段都是在黑乎乎的路上摸索着前进，后来虽然天亮了，路却没了。因为天气转暖，雪化了之后爆发泥石流，原有的崎岖小路也被洪水冲毁，越往深山走，道路越崎岖、陡峻、艰险。经过了10个小时左右的漫步前行，终于抵达了目的地，心中的激动早已掩盖住了由于长途跋涉重新裂开伤口的疼痛，立马拿起手中的相机开始拍各种不同角度的照片，为了更好地从照片中体现旅游开发的价值，拍摄时间长达两个小时，伤口也由于寒冷，冻得不知疼痛了。拍完照片后村长搜集来了柴火准备烧水，准备享受我们口中的"一人一锅方便面"，在短暂的休息和补充能量后，我们一行人起身就返回了村里，回到村里已经十二点多了，整个人感觉像瘫痪了似的，手里握着照相机心想：这也为下一步以旅游业促进我村社会经济发展，让群众增加收入不出村，走出了第一步。我也算不辱使命、不负重托、竭尽全力、攻坚困难，完成了拍照任务。想着想着就这样在不知不觉中睡着了。

对于贫困户来说，他们的心理很脆弱，尤其是对于那些残疾、因病致贫的贫困户来说，他们的心理更为脆弱，有些甚至于到达崩溃的边缘。为此我在落实各项脱贫措施的时候十分注重对这类贫困户的心理疏导，采取精神扶贫。我经常到这些精神贫困的贫困户家中，同他们讲解目前的扶贫政策，协调解决现实困难，帮助寻找致富门路，联系外出务工。通过精神扶贫，对全村的脱贫也有了一定的成效。

在多举措并施的方式方法下，龙西村建档立卡贫困户实现收入翻番，贫困户纷纷要求"我要脱贫"，经过一系列的审批之后，龙西村实现整村脱贫。

（左贡县碧土乡龙西村驻村工作队员 强巴旦增）

不忘初心担使命，砥砺前行做先锋

我叫袁贵华，2016年7月参加工作。参加工作以来，我一直在党政办工作，现为党政办负责人，主要负责基层党务工作以及组织交给的各项工作任务。"没有驻过村，就没有真正意义上的基层工作经验，就没有群众工作经验，就没有与群众的真感情……"，驻村老干部经常和我谈起驻村的经验和重要意义，为了不断丰富基层工作经验，不断提升工作能力，在驻村工作轮换之际，主动申请驻村，及时补上驻村工作这一课。工作生活中，我充分发扬"老西藏"精神和"两路"精神，安心扎根基层，不畏艰辛、迎难而上，将基层党务工作融入驻村工作日常，做到两手抓、两不误。

我始终以一名合格共产党员的标准严格要求自己,做到工作和生活严要求,思想和认识高标准。认真学习领会习近平新时代中国特色社会主义思想和党的十九大精神,坚定理想信念,站稳政治立场,永葆政治本色。紧密结合推进"两学一做"学习教育常态化制度化、政治纪律教育、"四讲四爱"以及"不忘初心,牢记使命"主题教育工作等内容,学习积极主动,自觉谋求进步。认真抄写各项学习笔记,主动撰写相关理论文章以及心得体会30多篇,通过不断学习,使得党务工作理论水平和专业水平有了很大的提升。我积极在全乡组织开展集体学习活动,利用每周五下午时间,组织全乡干部职工、农牧民群众进行集中学习。面对新形势、新任务、新挑战,我坚持在学习中开展工作、在工作中继续前进,主动带头学习宣讲20余场次,制作学习课件10多个,在全乡营造了一种浓厚的学习宣传氛围。

　　在工作中,我服从组织安排,热爱本职工作,正所谓"干一行爱一行",我出色地完成了组织交给的各项工作任务。参加工作后,在短短的一年时间里,我不仅熟悉业务工作,而且能熟练地开展各项工作,成为办公室主要负责人,主要负责基层党组织建设、发展党员教育管理、群团组织建设管理、精准扶贫结对帮扶以及公文写作等工作。基层工作千头万绪,所谓"一根针穿千条线",但我始终相信:艰难困苦,玉汝于成。作为一名干部,在基层工作中,要经受意志、耐心、定力、孤独等锤炼,方能成为一名合格的党员干部。

　　在办公室,统筹协调好各项工作,在工作繁多的时候,主动加班加点,按时完成工作任务。认真协助主要领导抓好基层党建工作,认真研究制订《碧土乡基层党组织建设工作计划》《碧土乡党员教育管理计划》等规范性文件30余份,组织召开基层党建专题研究会议15场次,召开工作例会30余场次,组织党员、入党积极分子学习培训20余场次、300余人次。办公室会议及公文材料得到很大的规范,面貌焕然一新。主动深入各村对农牧区基层党建工作进行检查督导,目前下村督导16次,收集存在的问题和困难5条,并结合实际情况制定工作方案,立行立改,特别是针对全乡软弱涣散村党组织进行强有力的整顿提升,提升效果明显,基层党组织战斗堡垒作用进一步发挥。

　　自"不忘初心,牢记使命"主题教育工作开展以来,我始终坚持以习近平新时代中国特色社会主义思想为指导,严格把握"守初心、担使命、找差距、抓落实"的总要求,紧紧围绕理论学习有收获、思想政治受洗礼、干事创业敢担当、为民服务解难题、清正廉洁作表率的目标,将学习教育、调查研究、检视问题、整改落实贯穿主题教育始终,组织党员干部学好《习近平关于"不忘初心,牢记使命"论述摘编》一书,完成6个专题的学习研讨,督促指导各支部开展主题教育"十个一"活动,将"四讲四爱"融入此次主题教育中,让"四讲四爱"家喻户晓、深入人心。年底成功组织召开了主题教育专题民主(组织)生活会,碧土乡主题教育取得了较好成果。

　　2020年是特殊的一年,年初的新冠肺炎疫情是一道加试题,同时也是"十三五"

规划的收官之年，是决战决胜脱贫攻坚全面建成小康社会的关键之年，是西藏昌都解放70周年，做好疫情防控、脱贫攻坚、维护稳定等各项工作尤为重要。2020年我光荣地成为了一名驻村工作队员，驻村工作千头万绪，纷繁复杂，"上面千条线，下面一根针""上层一句话，基层跑断腿"。在驻村工作过程中，我深刻感知基层干部是一名"高负荷运动员""整天候办事员""全能型服务员"，基层一线群众工作"压力山大"，经历着不好的条件，担负着群众的安危冷暖，"5+2""白+黑"是常有的事情。然而，作为一名基层干部在与群众面对面打交道的好事不多——不是矛盾纠纷，就是家庭疑难，等等，即便是在危房改造、城乡医疗、养老保险等这样的工作，有些群众认识不到位，工作推进过程中也会有意见。因此，也会出现"基层干部不好""基层干部能力不强"等"不知足"的吐槽。

2020年7月，面临的是脱贫攻坚普查重大工作，我们驻村工作队中有一名干部已经调走，其他两名被抽到其他县区进行普查，在这最后的"决胜期"，村里就剩下我一个人。然而，"全面建成小康路上一个都不能少"是党中央做出的庄严承诺，全国各级党委政府、几千万党员干部为此在基层一线日夜奋战，我作为其中一分子，岂能在关键时期"缺席"？我毅然决然地投入到坚决打赢脱贫攻坚战中，带着责任带着感情做好每一件小事，在这段关键时期，一路走来，苦乐交织，虔诚而又执着。工作过程中，要多次协调处理贫困户农忙、上山采挖松茸和入户普查之间的冲突，如果长时间耽误群众农忙、上山采挖松茸，群众就有意见、反映强烈，这就需要结合普查工作的实际情况，进行多次协调处理和做好群众的思想工作。普查工作中需要多次核对户表、行政村表以及入户宣讲政策，是我近期工作的重中之重，然而语言不通是工作开展过程中的"绊脚石"，我多次邀请其他藏族干部和我一同开展入户工作，以此解决语言障碍关。清晰记得有一天下村开展入户工作，天公不作美，持续下着倾盆大雨，入户结束后，天已将黑，我开着车往乡里赶回，但大雨依旧未曾停过，大雨汇聚成的山洪伴随着部分沙石不断从山上直冲而下，路面的积水很深，山上不时落石，路边又是百米悬崖，我们有时还得冒雨捡石头开路，所以我们速度很慢，眼前的这一幕幕让我们心里忐忑不安，甚至恐惧害怕。此时此刻，真是"屋漏偏逢连夜雨，船迟又遇打头风"，我们走到最险峻的路段时，又遇一辆大车坏在了路中央，我们被堵在了险路途中，来往的车辆都被堵在了大车两侧。此段险路，道路狭窄、路基不稳，容易垮塌，加之天上依然下着倾盆大雨，山上经常落石，路边又是百米悬崖，此时天已全黑，我们既无法前行也难以后退，我们都在想当晚回不去了。"山重水复疑无路，柳暗花明又一村"，幸好在半个小时之后，地巴村砂石厂负责人开着装载机前来救援，在十几分钟后，道路终于被疏通。雨夜中的山路，湿滑而险峻，我们只能缓慢前行，到乡里已是晚上11点了。我听到某个领导说："头发由黑变白，皮肤由白变黑，这才是基层干部的形象……"这句话生动地描述了基层干部的形象。驻村工作是平凡的，是辛苦的，但当群众脸上挂满笑容时，群众口中说出声声"谢谢"时,是我最难忘的时刻,一件件为群众办实事解难事的小事不断拉近了自己和群众的距离,这份平凡的工作让我感动、让我难忘,给我的人生留下了宝贵的财富。少一份浮夸,多一份实在,这就是我的驻村生活。

扎根雪域高原,矢志艰苦奋斗。习近平总书记深刻指出,在高原上工作,最稀缺的是氧气,最宝贵的是精神。西藏海拔高,对党员干部的要求更高,西藏条件艰苦,更能锤炼党员干部的品格和意志。参加工作以来,我先后被评为2017年度优秀公务员、优秀共产党员;2018年度优秀公务员;2019年度优秀公务员、优秀党务工作者;2020年记"三等功"。为了这片雪域能变得更好、更美,我一定会始终坚持初心,砥砺前行。

(左贡县碧土乡党政办干部、地巴村驻村队员 袁贵华)

坚守扶贫一线,传递人间真情

我叫永登,美玉乡后勤服务中心主任兼扶贫专干,主要负责整个乡脱贫攻坚工作。在工作上,我能做到踏实肯干,认真负责;因而参加工作以来多次受到上级表彰。尤其是这几年扶贫工作中,我因表现突出,受到了群众的好评和领导的认可。斗转星移,我已经在这条扶贫路上走了五年了,在这五年扶贫岗位上,我始终牢记高举中国特色社会主义伟大旗帜,深入贯彻落实党的十九大精神以及习近平总书记"治国必治边、治边先稳藏"的重要战略思想的重要指示,贯彻落实区、市、县关于精准扶贫相关政策,紧紧围绕县委、县政府中心工作。时刻牢记习近平总书记谈精准扶贫"一个不能少,一个不能掉队""动员全党全国全社会力量""扶贫同扶志、扶智相结合"等重要讲话。始终心系贫困户,始终将"精准扶贫,不落一人"铭记于心中,一心为贫困户排忧解难,赤诚的情怀和无言的行动,释放了崇高的理想信念和高尚的品格情操,因而在群众的心中树立起可亲、可信、可敬的形象。

作为一名扶贫专干,自精准扶贫、精准脱贫工作开展以来,我用心融入每家每户,与村民们拉家常谈心,了解他们的心声和欲求。在工作开展的做法思路上,我重点思考解决"扶谁的贫""谁去扶贫""怎样扶贫""扶真贫""真扶贫"和"扶贫效果"等问题,大力推进精准扶贫,确保脱贫成效。始终严格要求自己,积极参加上级组织的培训,认真领会会议精神,并积极参加各种义务劳动,积极参加到户帮扶任务,不怕苦,不拍累,立足于本职,立足于社会。

由于美玉乡属纯牧业乡,以牧业为主,分夏季牧场和冬季牧场。这里的群众在致富路上秉持"等、靠、要"思想，我深知这种思想的危害，为了让他们转变这种思想，我经常走村串户宣讲扶贫政策、四讲四爱、进行感党恩教育等工作，鼓舞群众小额、惠农贷款发展生产力，做到致富增收。我也能做到村户必访，访户必问，问题必记，记录必精，与群众交心交谈、倾听民声，让贫困户真正感受到党的关心和关爱，增强群众脱贫信心。

还记得2017年1月28日，为使我乡建档立卡贫困家庭能够度过欢乐、祥和的春节，在机关党委书记的带领下，我们来到了我乡乌碧行政村，给12个困难户发放了米、面、油等慰问品，看到他们颤抖的双手和饱含泪水的双眸，我们知道不善言表的他们此刻内心无比的激动。接着我们继续在尼玛次仁书记的带领下走访了3个特困户，同时把温暖送到他们的家中。在这过程中，贫困户益西伦珠在我的脑海中留下了深刻的印象。那是一个年迈的老人，家中共5口人，老人家的身体看起来不是很好。家居摆设更是简陋，可能是他们提前接到了我们来慰问的通知，家里收拾得很干净，炉子烧得很旺，家里也很暖和，柜子上的盘子里放了几个核桃，我们把慰问品送到他们家，说明来意后益西伦珠老人家很激动，一直说谢谢！当我迈着沉重的步子离开他家后，脑海中他消瘦的身影和激动的样子始终挥之不去，这让我更加坚定了自己的扶贫道路与让群众脱贫的决心。回去的路上，我们还打听到，因为我们发的这些米、面、油的价位稍微高一些，所以他们就不舍得吃，平时他们吃的都是最便宜的米、面、油。

我认为，在做扶贫帮困工作时，不但要做好物质上扶贫，思想上的帮扶更是重中之重。生活困难的人在压力面前总是处在低谷阶段，他们相当一部分人认为，自己命中注定要受穷，再怎么努力也没用。有了这种思想，他们失去了自立自强的精神，缺少雄心壮志和苦干创业精神。扶贫先扶智，关键在于要切实让农牧民群众转变"等、靠、要"思想，靠自身努力确保实现真正意义上的脱贫，只有民众自己从思想上能有想脱贫，想变富的信念，脱贫工作才能真正展开。

在多年的工作中，我一直保持着良好的职业道德、严谨的工作态度及高度的责任心，无论上班还是休息，只要贫困户需要，我都是第一时间赶到，永远把贫困户放在第一位。此外，我在每一次的贫困户询问相关政策或开具证明时时常以耐心细致的态度去讲解，在和贫困户聊天时，时刻关注贫困户的心理变化，全程面带微笑，因为我知道把群众当成自己的亲人，把群众的事情当成自己的事。可能一个鼓励的眼神、一句温暖的问候语，就能赢得贫困户的支持与尊重。每次入户走访，我从来不把自己当成客人，而是探亲，正因为这种想法让我很快就适应了环境，更好的投入到工作中。各项工作做实、做细，并且探索出很多有效的方法，同时得到了贫困户和领导们对自己的认可和肯定。

在事业中，我待人真诚，勤劳朴实，时刻为贫困户着想，在工作中，我认真做好上级布置的每一个任务，按时上交。力求在贯彻党的扶贫方针、政策和上级精神时不走样,并结合实际创造性地抓好落实。积极学习理论知识,不断更新、完善自我,力求使自己高质量完成领导干部交办的各项任务。在百姓眼中、在领导眼中树立了良好的职业形象。

回想起精准扶贫的工作和那么多驻村的日日夜夜,有辛酸,有汗水,同时也有很多的快乐和收获;回忆起这其中的点点滴滴便如苍穹下的繁星,闪烁夺目。在精准扶贫的过程中,这些种种经历,所见所闻,必将成为我人生中不可多得的财富。

(左贡县美玉乡扶贫专干 永登)

聚民心,暖人心,筑同心

我叫次仁拉姆,中共党员,2014年11月参加工作,现担任中林卡乡党委委员、宣传委员及扶贫专干。自参加工作以来,我就十分珍惜自己所拥有的乡镇公务员工作,以最热情、最积极的状态进入工作中,积极践行"自足岗位做贡献,争做合格党员"的要求,履职尽责,奔忙于中林卡乡"四讲四爱""脱贫攻坚""疫情防控"工作第一线,当好了精准扶贫政策、四讲四爱、疫情防控的"宣传员""分析员""联络员""服务员",为脱贫攻坚工作及四讲四爱、疫情防控宣讲工作做出了应有的成绩。

在日常生活中,我喜欢学、喜欢问。我始终认为,作为一名宣讲员,身上责任很重,要直接跟群众接触,首先一定要自己学懂、弄懂、读懂、学透、学精党的政策,才有资格讲给群众听。业余时间,我会主动帮忙整理资料,遇到不懂的部分就积极向县级各部门咨询,向身边的同志学习,并在笔记本上做好笔记。精准扶贫,关键在于"精准",为做到识别"精准"、信息数据"精准",我同驻村工作队一起到群众中走访调研,了解贫困户基本情况,宣传政策,始终以极大的热情坚守在扶贫一线。

自"四讲四爱"主题教育实践活动开展以来,我充分利用业余时间,认真学习领会党的宣传思想工作方针,把党的路线方针政策同群众的实际生活相结合,把"四讲四爱"的宣讲内容与脱贫攻坚工作相结合,深入到左贡县中林卡乡13个行政村,甚至跑完最偏僻的自然村,不留死角、不落一户、不漏一人,把群众当作自己的家人一样,把党的政策送到群众身边,每个星期休息期间都深入到田间地头,以和群众唠家常的形式、以群众易接受的方式,举身边的例子,用手机播放视频等宣讲扶贫政策,遇到有些话太官方,有些词太难懂的时候,我就把这些话与身边的先进人物事迹来结合,用简单的形式教育引导百姓。我以这种通俗易懂的话语赢得了农牧民群众的喜欢。因为工作开展的好，效果极其显著，我受到了干部群众的高度赞扬。

在工作中，我不仅当宣传委员，还愿意当群众的贴心人，我把群众的事当作自己的事。因为我自己本身也是从农村走出来的孩子，能深刻体会到群众的困难、想法、顾虑，能把贫困户当作自己亲人，为民办实事、解难事。一有闲暇时间，我就会走访或者向村"两委"、户长了解每个村里的贫困户，周末空闲时会找贫困户聊聊家常，聊聊他们的困难，了解他们的情况，想法、思想动态。

2017年，嘎宗村贫困户拥措姆在医院查出了宫颈癌，因为需要的医疗费数额较大，再加上民安医院医生要求尽快转院到内地大医院治疗，这对拥措姆的家庭而言简直就是"世界末日"。当时她的丈夫巴桑次仁已经从亲戚朋友处凑齐了钱，带她前往内地治疗。但因为去内地住院治疗时住错医院，回西藏时7万左右的医疗费无法报销，得知此情况后，我第一时间给县医院领导打电话说明情况，并细讲该贫困户的家庭贫困情况，然后写情况说明报给昌都市卫生局，最终解决了该家庭的困难。我还掏出自己的3000元，给拥措姆治病，如今病人的精神状态也越来越好，家庭也慢慢走上了正轨，我也感到特别高兴。

拉龙自然村村民拥冲扎西因病在昌都市民安住院后因及时报销的意识不强，未及时报医疗费，当他第二次去报销时医生说过时不能报销，当时扎西很着急，急匆匆地找我，把此情况告诉了我，我给县医院领导打电话把情况汇报后，最终顺利完成报销。

普拉村贫困户桑丁及瓦美村贫困户扎西次丁患有癫痫病，这个病不能在西藏定点住院治疗。但因为每年都要到医院住院治疗或买药，一年下来医疗费花费较多，导致两家家庭条件愈加困难。得知此情况，我及时给县民政局打电话，把情况告诉给局长，为他们申请到了临时救助，缓解该家庭的困难。

我还时刻关注着贫困户家中的学生。由于我自己就是地地道道的农村孩子，知道农村的苦，家中有个受教育的学生就代表这个家庭有了未来，但对于一个贫困家庭而言，供一个大学生是很不容易的，所以我很关注这些学生，及时了解他们的情况，给贫困户学生开具贫困证明，积极向县民政局打报告申请临时救助，让学生顺利完成学业。平日里，我还主动给班主任或者辅导员打电话，把学生家庭的贫困情况告诉给老师，让学生能得到一些补助，减轻家里的负担。为了让贫困户暖心，我还组织外界爱心人士、朋友、同学，搞捐赠衣物活动，此项活动已经从2009年坚持到现在，受益群众达到5000余人，我把爱心送到贫困户手中，温暖了贫困户的心，让他们能时刻感受党的温暖。此外，我还时刻关注孤寡老人，业余时间会走访入户看望孤寡老人、弱势群体，给他们打扫卫生、梳理头发、谈谈心、唠唠嗑，让他们能在精神上得到帮助。

习近平总书记多次强调要带着对困难群众"格外关注、格外关爱、格外关心"的真挚情感，真扶贫、扶真贫、真脱贫。把群众的冷暖时刻放在心上，办成一件件温暖到群众心坎上的实事好事，让群众有更多实实在在的获得感、幸福感。作为人民的公务员，我始终如一坚守在扶贫路上,很少轮休回家,因为扶贫工作繁忙,大部分时间都在加班状态,平时不能按时吃饭,休息不好,到严重时犯口腔溃疡及双眼得白塞氏病。我用自己最真诚的心、最热情的态度打动了村民,得到了村民的信任、肯定及一致好评。我常常对自己说,"继续努力工作,努力服务于群众,把宣传、扶贫工作做到最好,让群众满意、让领导满意,吃苦耐劳,把群众的利益放在首位,切实帮助和解决群众在生产生活中的困难,在平凡的岗位上实现自己的人生价值,不辜负党对我的培养。"

(左贡县中林卡乡扶贫专干 次仁拉姆)

敢啃硬骨头的"女汉子"

我叫洛桑珍嘎,出生于西藏芒康县,2015 年 12 月参加工作,是左贡县中林卡乡人民政府四级主任科员。2016 年至今在西藏左贡县中林卡乡普拉村驻村,期间担任普拉村扶贫专干一职,从 2015 年识别建档立卡贫困户到 2020 年脱贫巩固提升年全程参与普拉村脱贫攻坚工作。在扶贫的这条道路上,从最初的莽莽撞撞到如今的得心应手,都是在这么多年的扶贫路上积累下来的,在将近五年的扶贫路程中我的人生观、价值观有一个质的飞跃。

扶贫之路,我走得跌跌撞撞。2015 年 12 月刚入职的我来不及感受职场氛围,在报到第二天就一头扎入到贫苦百姓的生活中。入眼的是极度贫困的现象,微微倾斜的房屋、寥寥无几的家具、遍地患有大骨节病的身残者。听到的是"我很苦、我很难"的话语。作为一个本身就从藏区山村出来的我,对于眼前的贫困状况并不陌生,在藏区像这种贫困村只多不少。但是,一头扎进精准扶贫工作中,对刚从大学校园里出来的愣头青来说,是带有抵触情绪的。不断走访入户调查、开不完的讨论部署会、学不完的文件精神,曾经一度让我有逃避的心理。在部分不了解基层工作的认知里,驻村这项光荣的任务里是带有贬义的,"驻村嘛!村东口晒个太阳,偶尔报送个相关数据就行,"而我的职责是以驻村身份去摸索精准扶贫这条道路,刚开始对于这项工作我是抱有怀疑的态度,但在我慢慢探索这条路的时候,发现并不是这样,在同驻村工作队队员及村居"两委"的帮助下,我慢慢沉下心参与到这项巨大的工程中。

推进这项工作首先我们要做的就是解决"扶持谁"的问题,带着这个问题,严格按照扶贫识别程序,秉着对象精准原则,从四面八方的争议中多次入户走访、多次挑灯讨论商议中,2015 年识别 23 户 91 人,2016 年识别 19 户 61 人。在后期工作中定期对全村的建档立卡贫困户进行动态调整。2015年识别贫困户23户91人，2016年识别19户61人；调整后，建档立卡贫困户共42户152人。2017年对贫困户的自然增加人员和死亡人员进行调整，建档立卡贫困户共43户152人，2018年建档立卡贫困户共43户152人；2019年人员动态调整后建档立卡贫困户共43户151人。

在摸索中稳步前进。只有对脱贫攻坚各项情况"了如指掌"，才能攻坚克难，啃下"硬骨头"。在日常工作中，我始终秉着这个原则，为更好地投身脱贫攻坚战，团结带领全村贫困群众自力更生、艰苦奋斗，打赢全村脱贫攻坚战，实现与全国一道全面建成小康社会的宏伟目标，我不断学习脱贫攻坚相关政策举措，对全村的43户建档立卡户的致贫原因、脱贫措施进行分析，进行一户一措施，一对一帮扶的举措。并根据"怎么扶"的问题，对全村43户152人进行一一核查，面对面去认识、去思考怎么扶的问题，精准分类后对其制定精准脱贫措施。通过精准扶贫帮扶到户的实施，使被帮扶的贫困户有自我发展和稳定收入的主业，并实现稳定脱贫；全村达到"七个确保"目标：一确保16户完成贫困户家庭危房改造；二确保符合条件的19户贫困户家庭被纳入最低生活保障；三确保全村394人全部参与2020年度城乡居民医疗保险整合参保登记工作；四确保贫困户子女接受义务教育不辍学；五确保考上大中专院校的贫困家庭学生能够顺利完成学业；六确保符合条件的贫困户劳动力能参加免费职业技术培训；七确保每一贫困户学会一至二门种养技术或者手工加工技术，提高种养劳动技能。在一步步地摸索中，脱贫攻坚工作初见成效，我的工作热情也越来越高。

在瓶颈中找出路。过去的普拉村，人们生活条件极差，医疗保障基本没有，村民大多没有接受正规的教育，文化水平不高。在脱贫攻坚工作中，我们严格按照"两不愁三保障"脱贫标准，加快推进全村的道路、水电、住房教育、基础设施建设，积极配合牵头部门工作，结合农村饮水安全工作、农村危房改造工作、控辍保学工作、"两不愁三保障"脱贫标准，对全村的水电、道路交通、住房、教育普及情况多次深入的摸底调研，及时向上级上报存在的问题，并采取相应的措施。目前，全村两个自然村通硬化公路，通信信号稳定，家家通电、家家通水，家家有舒适的房子居住，家家病了有医治，小孩有学上的局面。确保了全村基础设施建设每户都覆盖，坚决打好基础设施建设脱贫攻坚战。

此外，我还为村子找到了新的发展途径，那就是以贫困户脱贫为核心，以做强做大致富产业为支撑，以培育壮大集体经济为载体，强力推进"集体经济"的产业扶贫攻坚工程，通过实地勘测调研，入户摸排，我们向上级争取到85万元的集体经济项目花椒林。目前，该花椒经济林项目已完成刨坑种植工作，现未产生经济效益，由驻村工作队定期对村花椒基地苗木的长势及浇水情况进行检查监督，确保苗木的增长率，稳定增收脱贫，促进扶贫产业大发展，带动贫困农户大增收。

在全程参与到这个伟大的工作当中，我对自己的人生观、价值观有了重新的认识。

在普拉村五年脱贫攻坚工作中30余次的入户走访、无数个挑灯分析研判情况的日子。一切的不易中有股力量支撑着自己，这股力量就是来自身边的人和事。在摔伤中有群众如亲人般的细心呵护、抱怨烦躁的心理从父母朋友同事的谆谆教导中得到平复，不同的局面构成一幅基层干部在脱贫攻坚中的缩影。所有的一切才构成了我在扶贫工作中的一条虚线，这条虚线，在我的人生旅途上画上不可抹去的痕迹，而我也在以后的生活工作中也迎着这条虚线创造更多的人生的虚线。

（左贡县中林卡乡普拉村扶贫专干 洛桑珍嘎）

走村串户送温暖，全力以赴抓扶贫

我叫德西曲珍，出生于昌都市卡若区，是一名藏族干部。我于2013年8月参加工作，2017年1月至2017年12月，在旺达镇东达村驻村。因脱贫攻坚工作需要，在组织的安排下，2018年至今，我担任旺达镇扶贫专干兼旺达镇东达村驻村工作队队员。

自担任扶贫专干一职以来，我始终保持谦虚谨慎、踏实认真的工作原则，按照组织的要求和安排，全力以赴抓好精准扶贫工作，有效助力全镇脱贫攻坚工作。期间与镇扶贫专干一同完成了旺达镇建档立卡人员动态管理、"三大节日"贫困人口"结对帮扶"工作、扶贫手册填写和档案归档查漏补缺培训、"五个一批"人员花名册核对、建档立卡贫困户信息系统数据录入、易地搬迁户筹资和房屋分配及搬迁入住等各项扶贫工作，能力和成绩得到了组织的肯定和群众的一致好评。

在开展扶贫工作期间，给我印象最深刻的一件事是，在2017年在东达村驻村的那一年，我与东达村精准扶贫户次拥珍宗一家的故事。精准扶贫工作顺利展开的前提是，需要我们明确扶贫对象，了解扶贫对象的生活状况，清楚他们的需求。要达到这一目的，需要扶贫干部做细致严谨的调查访问工作。作为扶贫干部，我们的首要任务就是挨家挨户了解情况。东达村精准扶贫户次拥珍宗一家的故事，就是我在走访中获知的。

在经过前后几次的走访入户中，我详细了解到了次拥珍宗家中共有5口人，其中学生3人，残疾人1人，劳动力1人。他们的主要经济来源为国家政策性补贴、护林员岗位工资。以我的工作经验，我深知只靠这些收入来维持生活不是长久之计，最关键的还在于如何发挥家庭成员的主动性，引领他们靠自己致富。所谓扶贫先扶志，关键在于要切实让农牧民群众转变"等、靠、要"思想，靠自身努力才能确保实现真正意义上的脱贫。在工作闲暇时间，我会前往该户家中聊聊天、拉拉家常，接触的时间长了，大家也就熟了。

我经常会主动与家中唯一有劳动力的人员谈心,她叫宗丁,2020年28岁,是一个离异的单亲妈妈,独自一人带着一小孩,还要负责照顾家里年迈的母亲。在谈话中我发现,她之所以不出去务工,是担心出去务工后,家中老人和小孩没人照顾。在了解到她这种担心后,我内心涌现出了这样一想法——在工作之余我帮她照顾这一家人,加之离村委会又近,只有五十多米的距离,也方便照看。她知道我有这个想法后直接一口拒绝了,她说道:"你们驻村工作队对我们家给予了那么多帮助,我们感激都来不及,还怎么敢麻烦你们呢",我说道:"你千万不要觉得这对我们是一种麻烦,看到你出去务工,靠自己勤劳的双手发家脱贫致富,这才是我们最为愿意看到的",她还是再次拒绝了我的这个要求,在我经过半个小时苦口婆心的劝说下她答应了,她说道:"你们放心,我一定不会辜负你们的期望"。

此后,只要有就业或务工的机会,我们驻村工作队都会第一时间跟她沟通协调,在以后的一段时间里,她变得更加积极努力了,哪里有需要务工的,都会有她的声影,终于靠她自身的努力,家中的经济条件也逐渐变好了。当我看到她一点点的蜕变,我的心中涌现出了一阵暖流,是感动,是欣慰,更是一种激励,激励着我像她一样不惧艰难,勇往直前。

在陪伴老人的那段日子里,我能更加深切地感受到他们这一家子对伟大祖国母亲的热爱和感激之情,我总能听到老人讲起在旧社会时期自己所经历的生活,时常感叹旧社会的黑暗和现如今的幸福生活,她说现在的幸福生活离不开中国共产党的领导,没有共产党就没有新中国,也就不会有新西藏,我感谢党和国家对他们给予的各项优惠政策,坚信在党和国家的坚强领导下,我们的生活会更加的美好。

我深知,作为一名扶贫干部,必须要充分领悟和掌握好上级各项决策部署及扶贫各项相关政策,为了能够正确领会好上级组织领导的各项文件和指示精神,以便更好地用文件精神指导自己的工作,使自己的工作不出偏差,我十分注重对自身的学习"充电",利用个人自学和各种集中学习会的时机,认真学习了区党委八届历次全会和九届区党委会议精神、市委一届六次、七次、八次全会精神和县委、县府及镇党委、政府关于脱贫攻坚的各项重要会议精神;认真学习相关专业知识技能。当然,在面对报不完的报表和无规律的加班,避免不了有负面情绪涌上心头,但只要一看到类似次拥珍宗一家解放思想、靠自身发展脱贫的扶贫户和他们脸上洋溢出的幸福笑容,那一刻,我的这些负面情绪就会烟消云散,甚至会因为我存在这种狭隘的心理感到羞怯,伴随我更多的是幸福感和满足感。我觉得,作为一名扶贫干部,时刻都要把农牧民群众放在首要位置,个人荣辱得失是小,百姓的事才是大事,为这一伟大的扶贫事业付出再多也是值得的。

几年来,我积极学习,努力工作,认真履职尽责,虽较好地完成了上级组织领导交办给我的各项扶贫工作任务,在扶贫工作方面取得了一定的成绩,但对照领导要求和群众期盼，我还存在一些不足之处。在下步工作中，我将不断加强学习教育，通过向书本学，向领导学，向老干部学，向先进典型学，认真学习他们扶贫工作的方式方法，学习他们理论指导实践的能力，拓宽自身眼界、提高自我控制能力和增强自身能力素质，切实使自身能够完全胜任本职工作，更好地为扶贫这一伟大事业奉献自己的一份微薄的力量。

（左贡县旺达镇东达村扶贫专干　德西曲珍）

异地搬迁换新颜，精准脱贫奔小康

我叫李钊，2010年到西藏应征入伍，2015年12月加入中国共产党，2016年7月参加工作，至今为止在旺达镇人民政府工作，主要负责政府相关工作。

说句实话，虽然兼顾许多工作，但作为一名扶贫干部，我始终将扶贫工作作为头等工作来抓，一刻一秒都不敢怠慢，不敢疏忽，只要是关于扶贫的文件，我从头到尾都是仔细再仔细，一遍又一遍地看，生怕领会不到其中的精神，不能严格按照文件指示精神来落实工作。因而无论是脱贫工作档案的整理、还是撰写脱贫汇报材料、总结报告、方案计划等，我出色地完成了领导办的各项工作，为扶贫工作交上了一份满意的答卷，为扶贫工作添加了一份成效。

清楚地记得，我曾经也是一名退役军人，退役后在西藏林芝农牧学院就读大学，可以说是辛辛苦苦的才找到一名合适的女朋友，我们两情相悦，感情好的不行，但阴错阳差，毕业后我们没有分到一起。自参加工作以来，我便接手了精准扶贫这项工作，刚开始我以为只是简简单的坐在办公室写个材料，弄个表格就完事了。可万万没想到，自从干了精准扶贫这项工作以后，都是"白+黑""5+2"，可以说是基本没有休息时间，就别提和女朋友视频聊天了，也更别提请个　天半天假去看看自己的女朋友了。我清晰地记得，2017年8月15日是女朋友的生日，同时这一天也是我的"分手日"，当接到女朋友的电话时，我已经知道结局了，她告诉我，明天就是她生日了，在一起的四年里我每年都陪着她过生日，她希望我依然能陪她过生日，她告诉我她远在千里之外的朋友都赶过来陪她过生日了，其实我内心也很想过去，我们已经一年多没见过面了，但是我清楚地知道我不可能赶过去陪她过生日，因为此时此刻我还在连夜赶材料，连夜核算贫困户收入，我只能骗她明天一定到，然后轻轻地挂了电话，默默地核算着收入。第二天我根本没办法按时到，然后接到了女友打来的电话"我们分手吧"，她在电话里讨伐我，

"既然你可以为了工作可以不要爱情,那我们就分手吧",就这样,在2017年8月15日这一天,我们分手了。目前我的前女友已经准备和别人结婚了,然而我还是在网吧默默地弄着扶贫系统的信息,我也不知道什么时候能弄完,什么时候能弄到领导满意,我只能默默地弄着,希望不为2020年的摘帽验收拖后腿,我为了扶贫放弃了爱情,所以我比任何人都希望扶贫工作能做得更好,成果能更加丰盛。

我清楚地记得,2016年的旺达镇是个多事之秋。电路设施极不稳定,平均一年要停半年电,但是扶贫工作不能落下,加之人手少,恰巧我们办公室的一名成员被抽调到自治区做"地名普查"工作。在2016年11月20日晚上10点,我接到电话,今晚务必要将全国扶贫开发信息系统里所有的问题修改完。但当时的我刚从办公室回到家里准备睡觉,为了工作,我马不停蹄地赶到大院门口,值班人员已经睡了,没办法只能翻墙到办公室。天意弄人,刚刚好又赶上停电,我心想要不明天再弄,可是责任告诉我,万一因为我们镇系统没弄好,被通报了,拖了后腿怎么办,咬咬牙,我开始找发电设备,一切准备妥当后我开始弄系统。11月的西藏,天气已经很冷很冷了,就这样伴随着呼呼的寒风、伴随着嗡嗡的发电机声音,我开始了工作。不知不觉,到了第二天中午12点,我一个人把扶贫系统改完了,低头看一下桌子上烟灰缸已经满了,而我的双腿、双手也已经冻硬了,我清楚地记得这样的场面已经不止一次两次,为了扶贫,我可以抱着电脑到任何有电的地方蹭网、蹭电。面对这些复杂、繁琐的扶贫任务,我在心里给予自己鼓励,想着事业是干出来的,成绩是拼出来的;心里想着多干一些活、多做一些事,当作是在锻炼自己,磨炼自己;心里想着,用我自己的"辛苦指数"换取人民群众的"幸福指数""满意指数";心里想着有梦想就有希望、有信心就有力量、有奋斗就有未来的一种自我鼓励和一种乐观态度来对待扶贫各项工作。

以上这些只是发生在我在扶贫工作过程中的一部分事情,接下来我想讲讲我在这片热土上做出的一些成果,让大家更了解我的这份工作。一是按照区、市、县动态管理要求,聚焦"一达标、两不愁、三保障"的贫困识别标准,扎实开展动态管理专项行动。二是在开展脱贫攻坚"重精准、补短板、促攻坚"的专项整改行动中,我对照反馈问题,举一反三,查缺补漏,制定整改方案,建立整改台账,明确问题清单、责任清单、时限清单、挂图作战,确保真查实改,并建立长效机制,确保不该发生的问题不再发生。三是按照县委组织部结对帮扶要求,严格落实结对帮扶责任制。旺达镇利用"三大节日"期间积极开展结对帮扶活动,及时督促干部职工开展结对帮扶工作,实现结对帮扶全覆盖任务。四是根据各贫困村与贫困户的实际情况,综合施策,合理安排到村到户项目,通过产业扶持、就业扶贫、健康扶贫、教育培训、危房改造、基础设施建设、政策兜底等项目的精准到户,贫困人口家庭收入显著提高,素质技能明显提升,村容村貌明显改善,群众发展信心明显增强,幸福感指数明显增高。五是积极落实自治区、市、县相关会议精神,顺利完成93户393人搬迁入住工作。六是大力宣传旺达镇产业转移扶持政策，引导农牧民加强科学知识的学习，积极引导和鼓励贫困户就近就地开展产业，并结合当地实际帮助和组织农牧民劳务输出，全年输出劳务1200人次，收入990万元。积极申报项目。向各有关部门上报产业扶持项目39个，总投资128738.7万元。七是严格按照预脱贫程序，精准摸排，结合人均纯收入及"两不愁三保障"，旺达镇2017年顺利完成175户621人全部脱贫任务。

在脱贫攻坚的主战场，我们和群众想在一起、干在一起，我们一起用双脚丈量着责任的长度，用担当践行着使命的高度，用自己的"辛苦指数"换取群众的"幸福指数"。西藏自治区脱贫攻坚取得决定性成效，实现不漏一户、不落一人的精准脱贫，离不开广大群众的配合及我们自身的艰苦付出。我也相信，在我们的继续努力下，西藏一定会遍地开满幸福之花。

（左贡县旺达镇人民政府扶贫专干 李钊）

任劳任怨的"老黄牛"

我叫罗松旺堆，从2012年11月开始担任旺达镇副镇长兼列达村党支部书记。我有着长期的农村工作经验、对农村有着深厚的感情、深知农民的疾苦。在工作中，我始终坚持为农村服务、为农民服务的原则，积极争做精神文明建设带头人、争作为人民群众办实事的领头雁、争做人民群众的贴心人；带领全体党员干部发展生产，共同致富，并取得了优异的成绩。在村委会最重要的岗位上，我首先严格要求自己，以身作则，经常学习脱贫攻坚的文件精神，不断强化帮扶意识，努力健全工作机制、拓展帮扶思路、落实帮扶政策、解决农村最实际困难，始终要求自己在推动全镇精准扶贫、精准脱贫任务落实中发挥了积极作用，为全镇精准扶贫、精准脱贫做出尽可能多的贡献。

致富不忘老百姓

在初任列达村支部书记时，我就暗自告诉自己，一定要勇敢地挑起了率领全村走共同富裕的重担。对于我的这种选择，有些人不理解，但我却认真地对他们说："如果是因为个人享受，哪还算什么共产党员！党培养我多年，理应将自己的聪明才智献给党，献给人民，献给生我养我的这块土地。"上任之后，我做的第一件事就是充分利用列达村施工人员资源，承办农牧民施工队。由于我吃苦耐劳，且头脑灵活，在我的带领下，施工队每年都能够比较轻松地赚得几万元。对于我来说，兴办农牧民合作社，为的是尽共产党人应尽的责任，为的是让家家户户过上好日子。

潜心创建新班子

自上任以来,我始终把班子建设放在首位。按照上级有关精神,我带领6名村"两委"干部管理村里所有事务。为了保证工作效率,我要求每一个干部都要以大局为重,团结一致干好脱贫攻坚工作,尤其是在关系到村民利益的问题上,村干部必须按原则办事,村干部决不能把个人利益放在村民利益之上。在这样的要求下,我和村干部们的工作进展得很是顺利,一些项目的经济效益也很是可观。2012年8月创建首个集体经济——农牧民施工队,注册资金50万元,参与群众达197名。并积极协调有关部门,多渠道为农牧民施工队争取工程项目承建,累计创收130余万元,年人均收入达3000元,让列达村群众首次尝到了集体经济带来的甜头。针对本村经济发展的模式,我对村干部工作进行了分工,明确职责,各把一关,使村里的大小事情,时时有人管,事事有人抓,通过各种方式,全方位提高党员干部素质。

立足实际,兴办集体经济

为此,我和工作人员采取了许多有效的措施。

充分发挥旅游特色。利用列达村地处318沿线优势,充分利用藏式农房面积大、房间多的优势,把列达村建设成为旅游示范村,这是我上任后着手开展的重要工作。从2014年开始,在两年时间内,前后分两批建成藏家乐112户,该项目总投资89.6万元。截至目前,列达村藏家乐共接待内地游客6000余人,实现收入18.09万元。为了更好地发展旅游业,旺达镇列达村争取扶贫项目,建设旅游宾馆。宾馆内设有13间住宿房,床位26个,总投资300余万元,占地面积600多平方米。列达村旅游宾馆共有三层,一楼设有超市和村级娱乐室,二楼设为茶馆和住宿房,三楼也是住宿房。为开辟新的增收途径和打赢脱贫攻坚战,列达村充分利用旅游宾馆面积大、房间多的优势,积极动员群众开办集餐饮、住宿、体验为一体的旅游接待点。以此来增加村民的收入。

高效日光温室建设。2015年,为提高列达村生活环境和水平,我们筹建了高效日光温室。该项目预算投资291万元(9万元/座),将全村117户按照"联户增收、联户平安"的原则分成10户联户组长管理,每4户1座,共计建设温室大棚30座,每座建设标准为320平方米(40米*8米),占地面积40亩,惠及117户群众716人,建设地点在列达村委会西南面的耕地上。截至目前,该项目已完成主体建设,均已投入用。

农牧民施工队成立。列达村农牧民施工队始建于2012年8月,由117名群众组成,该施工队注册资金50万元。截止到2016年5月,已拥有搅拌机、振动机、电焊机、发电机、代木机、翻斗车、拖拉机、装载机、挖掘机等各类施工运输机械70余台(套)。除建队之初购买的机械外,分别于2012年10月通过多方协调,本村利用36万元购买力一台装载机,剩余4万元用于装载机后期维修。2016年运用各项目收益131万元购买了挖掘机一辆、74万购买翻斗车两辆,目前所有机械均已投入使用。2019年申请项目资金50万元,与各级各部门协调沟通,结合本地实际,因地制宜,修建洗车场,停车场与脱贫致富相结合，提高农牧民经济收入，带头致富。

红色爱国教育基地建设。2015年5月，在我的提议下，驻村工作队及村"两委"班子为了更好地丰富和发展本村旅游业，组织村内展品搜集工作。在农牧民群众积极配合下，展览馆内从群众那里共搜集200多件各种各样具有历史价值的物品，包括藏族织布机、火药枪、劳作工具、马鞍、石器生活用品等。现已完成布展并免费对旅游游客开放。至今累计接待了来自各地游客1000人次参观，深受他们的喜爱。

我在工作中踏实肯干、任劳任怨、爱岗敬业，为了打赢脱贫攻坚战东奔西跑找出路，我会以严格的标准要求自己，带领群众因地制宜地发展经济，带领村民们过上幸福生活。

（左贡县旺达镇列达村党支部书记 罗松旺堆）

真情帮扶，扶贫路上播爱心

我叫妮妮卓玛，自2016年任边坝镇党委副书记、镇长以来，我始终认真贯彻落实习近平总书记扶贫工作系列重要讲话精神和中央、区、市、县各级扶贫开发工作会议精神。我始终以精准扶贫、精准脱贫统揽全镇经济社会发展大局，以贫困户、贫困村脱贫退出为主要任务，把提高扶贫对象自我发展能力作为工作重点，全镇乡村建设有声有色，产业构建基本形成，生态环境明显改善，人民群众生活水平明显提高，现边坝镇已经脱贫。

为了准确把握边坝镇每一个贫困户生活的真实状况，以便有针对性地做好脱贫攻坚工作，自2016年以来，我走遍全镇11个行政村37个自然村的田间地头，访问了不少贫困群众、进行过多次调研。我所走访的群众，连自己都数不清，身边的同事也数不清，只留下了好几本记满了各式各样问题的笔记本。通过广泛深入的调查研究，我对全镇的贫困状况、经济发展现状、致贫原因、群众脱贫愿望及贫困户需求等有了清晰深刻的认识。这项工作，为制定脱贫攻坚规划奠定了坚实的基础，这使得我之后的一系列扶贫措施的展开可以做到了有的放矢。

为了首先从思想意识上改变广大村民的陈旧观念，让他们明白党和政府的惠民政策和扶贫、脱贫政策，宣传工作是重点工作之一。我要求所有镇干部和村干部都要肩负起宣传新思想、新理念的责任，让农民群众们了解新的发展方式，不再把眼光局限于传统发展模式。同时，我还在镇里定期召开扶贫开发工作会议，并带队到村间田头宣传讲述新的政策，使各级扶贫工作会议精神和支农、惠民扶贫政策能够传递到田间地头，做到家喻户晓，人人皆知。通过大力的宣传，充分调动了群众的主动性、积极性，使群众主动参与到各项工作实施中，主动出主意，想办法，形成了家家户户、老老小小共参与的良好局面。

在结对帮扶中，我根据结对帮扶工作的相关要求，切切实实把帮扶对象当作亲人，以思想帮扶、生活帮扶等方面进行帮扶。在帮扶过程中，我加大对帮扶对象思想教育引导力度，坚持扶贫和扶智相结合，面对面的宣传好中央、自治区、市委、市政府和县委、县府一系列支农惠农政策，宣传好在党的关怀下西藏发生的翻天覆地新气象，增强对党和政府的感情。同时，我在生活上给予结对对象帮助，三年以来帮扶资金共计1万余元。除此之外还充分了解帮扶对象的生产生活所需，送去棉被、衣服、植物油等生活用品，不断提高帮扶对象生产生活质量，改善生活环境。

边坝镇大部分群众文化素质较低，思想观念落后，这增加了易地搬迁工作的难度。易地扶贫搬迁项目实行的初始阶段，有的群众宁愿守着祖辈生活的穷窝子不愿搬；有的群众吃不透政策不想搬；还有的群众持观望态度不忙搬。"党和国家这么好的政策难道让它错过？"我看在眼里，急在心里。为了顺利地展开搬迁工作，我带领扶贫专干马不停蹄地挨家挨户做工作。哪里穷就往哪里去，哪里的群众工作最难做，就从哪里开始。讲政策、除彷徨，在我和干部们的悉心鼓励、支持、开导下，群众政策吃透了，观念改变了，干劲鼓足了。最终，易地扶贫搬迁项目得以顺利实施。目前，边坝镇共有5个易地扶贫搬迁点工程，一个民族路搬迁工程，共计划搬迁234户1258人，建档立卡易地搬迁131户713人，同步实施48户295人，民族路搬迁55户250人，各易地搬迁点建设温室庭院179个，各异地搬迁点群众搬得安心、住得放心。

作为一名中年女性，我上有年迈的老人需要照顾，下有年幼的孩子需要呵护，只身到边坝镇工作，我深知其间所要经受的困难、艰辛与割舍。然而，我没有眷顾与退缩，而是怀着对边坝镇群众的殷殷深情、拳拳爱心，怀着帮助贫困群众脱贫致富的初心、打赢脱贫攻坚战的决心，坚持吃住在乡镇，与家人聚少离多，在工作上不遗余力地投入。

脱贫攻坚工作时间紧、任务重，上级党委、政府下达每项工作任务后，我都能严把时间节点，制订工作推进时间节点进度表，并根据进展情况适时进行梳理总结，及时谋划好下一步计划，确保各项工作落实在时间节点上精准精确。在我的带领下，各项工作任务落实百分之百的高效。严格按照工作任务要求，明晰思路、统筹谋划、有序开展，力求各项工作内容的落实做到高标准、高质量、高效率。功夫不负有心人，经过几年的艰苦奋斗，边坝镇发生了翻天覆地的变化，全镇共实施产业项目23个，逐步构建了种植、养殖为一体的生产基地（良种青稞、藏红麦种植基地，黑山羊、藏香鸡养殖基地）、产业园区生产加工为中心（三色湖产业园区）、旅游、文化产业（三色湖旅游、藏香加工厂）为补充的产业健康发展模式，形成"项目＋企业／合作社＋群众参与＋分红"的利益联结机制，以可持续发展为产业发展核心，提升人力资本，促进群众增收，边坝镇已完成脱贫目标。

两年多以来，我立足镇情、民情，贯彻落实习近平新时代中国特色社会主义思想，带领群众们脱贫致富，为边坝镇的精准扶贫工作做出了应有的贡献。

（边坝镇党委副书记、镇长 妮妮卓玛）

心系民众，切实帮扶争脱贫

我叫达瓦吉宗，2012年参加工作，2016年12月任马武乡精准扶贫专干。任职以来，我心系贫困户，始终将扶贫开发工作放在首位，努力践行习总书记"六个精准"（扶贫对象精准、项目安排精准、资金使用精准、措施到户精准、因村派人精准、脱贫成效精准）"五个一批"（发展生产脱贫一批、异地搬迁脱贫一批、生态补偿脱贫一批、发展教育脱贫一批、社会保障兜底一批）精准扶贫、精准脱贫新思想。

马武乡位于边坝县城东部，距县城112公里，北邻热玉乡南至拉孜乡，西邻都瓦乡东至洛隆县中亦乡、俄西乡，境内全部为山地，地势为西南高东北低，最高海拔4900米，最低海拔3900米，平均海拔4300米，气候复杂多样，太阳辐射强，昼夜温差大，干湿季分明，春冬干旱严重，属高海拔山区，具有高原性气候特点，气温年差较小，日差较大，天气变幻急剧。全乡总面积417平方公里，下辖6个行政村14个自然村，2017年年底户籍农牧业人口524户2751人。2016年，我乡根据县扶贫办定的规模进行了总量控制，并按照年人均纯收入3311元以下的标准顺利识别出贫困农户267户1231人，2016实现脱贫58户274人；2017年在2016年基础上再识别，确定建档立卡267户1207人，新增贫困户4户15人，清理3户13人。2018年上半年，按照上级要求开展精准扶贫工作回头看，我乡重新对全乡建档立卡户进行了动态调整，调整后2016年脱贫57户286人；全乡建档立卡贫困户共有268户1293人建档立卡的贫困户，2018年实现脱贫207户1000人，计划4户7人在2019年实现脱贫摘帽，2018年我乡贫困发生率为0.26%。

作为一名身处扶贫工作最前线的乡级扶贫专干，我坚持自律并严格要求自己，积极学习上级组织培训的工作内容，认真领会扶贫工作会议精神，发扬不怕苦、不怕累的帮扶精神，主动参加到户帮扶工作，切实实践习总书记"小康路一个都不能掉队！"的承诺，将不落一人挂在心上，一心为贫困户排忧解难，以赤诚的情怀和无言的行动，"确保脱贫攻坚工作成效经得起实践和历史检验"。

一是做好本职工作。依靠熟练的计算机技术、良好的工作作风及高尚的思想品质，端正的服务理念、服务意识，改善帮扶态度营造互相信任、互相尊重、互相理解、互相帮助的干群关系，不断努力工作，时时做好本职工作。二是坚持舆论导向，加强扶贫工作宣传力度。认真贯彻落实习总书记"六个精准""五个一批"精准扶贫精准脱贫新思想，完成习总书记精准脱贫"改进脱贫攻坚动员和帮扶方式，扶持谁、谁来扶、怎么扶、如何退，全过程都要精准，努力提供更多更好的帮扶计划，促进扶贫政策宣传进村入户、家喻户晓。三是坚持"数据统计"，加强统计数据质量。统计工作是一项业务性强、工作量大、苦差事多的工作，我从不含糊每一个数据，为领导的决策提供可靠依据。通过开展基础信息排查、入户走访核查、贫困户人口信息采集等进一步提高基础信息统计意识，加强基础信息统计建设，规范统计工作日常管理。

自工作以来，我一直保持着良好的职业道德、严谨的工作态度及高度的责任心，无论上班还是休息，贫困户的需要第一，随叫随到。此外，自己还非常重视贫困户的每一次上访，在和贫困户聊天时，关注贫困户的心理变化，坚定不移地始终保持亲切的笑脸。一个鼓励的眼神、一句温暖的问候语、一个拉手的细心动作本身就是一味对症良药。从自己做起，从点滴做起，视每一位贫困户如亲人，从而赢得了贫困户的理解、支持与尊重，减少了贫困户上访时的纠纷发生。每次入户走访，我从来不把自己当成客人，而是以村为家，以贫困户为亲人，很快就适应了环境，投入到工作中，从而成为了精准扶贫、精准脱贫的排头兵，各项工作做前、做实、做细，并且探索出很多的方法都可供其他村借鉴。

在一次走访入户时了解到贫困户布洛卡，因房屋破旧，土方裂开常年漏雨。在得知这一情况后，我积极向乡主要领导和驻村工作队汇报，经研究乡主要领导一致同意将该户上报为危房改造户，在县委、县政府的大力支持下，布洛卡一家纳入到2016年易地搬迁户，在易地搬迁新房子面前，布洛卡那被岁月雕刻皱纹的脸露出了久违的笑容。

我在平时工作中，待人真诚，勤劳朴实，时刻为贫困户着想，认真做好上级布置的每一个任务，按时保质完成。力求在贯彻党的扶贫方针、政策和上级精神时不走样，并结合实际创造性地抓好落实。积极学习现代管理知识，不断更新、完善自我，力求使自己高质量完成领导干部的工作要求。在贫困户眼中、在领导眼中树立了良好的扶贫专干形象。

在今后的工作中，我将更加努力，坚持自律，默默奉献，取信于民，在竞争中求生存，在竞争中求发展，在自己的本职工作中，争创一流，再攀高峰。一年多以来，我和乡里扶贫小组风雨无阻地用脚步丈量着民情，用真心换取着民心，为马武乡贫困户早日脱贫贡献着自己的一份力量。

（边坝县马武乡扶贫专干 达瓦吉宗）

全面统筹,全力探索扶贫路

我是边坝县草卡镇格吉村党支部书记。作为村党支部书记,我凭着对党的忠诚和对村民的挚爱,带领全村农牧民群众艰苦奋斗、克服困难,走上致富之路,被当地农牧民群众称为带领群众发展经济的"领头雁"。

要脱贫教育先行

我时刻谨记着"扶贫先扶智"这句话,把抓教育转观念贯穿于驻村工作的始终,主动教育各家各户群众,特别是青少年要努力学习,及时将适龄儿童送入学校,接受教育。为了达到这一目的,我领导乡村干部群众积极落实奖惩责任制,有效地调动群众对草卡教育的大力支持,为群众的素质整体提高打下了坚实的基础。在我和其他村委干部长期不懈地努力下,草卡镇格吉村的教育扶贫取得了良好的效果,自2013年来,格吉村的入学率达到100%。

在帮扶群众致富的过程中,我深深感到掌握科技知识的重要性。农牧业发展,科技先行,这是走致富之路的必然趋势。为此,我认为必须让群众换换脑子、改变观念,摒弃过去认为从事生产不需要科学技术的陈旧观念。我与村委会其他干部一道,不断地引导村民们逐步掌握科技知识,增强致富本领,改变生产方式。为将科普知识和学科生产的观念灌输到全村每一个牧民群众意识之中,我积极利用自身所学的科技知识这一优势,将学习的理论知识和科学技术知识与身边的典型事例相结合进行大力宣讲。这种现身说法的宣传果然奏效。通过普及科普知识,不断提高牧民的科学素质,逐渐改变了农牧民的传统观念。同时,我还领导乡村干部,积极开展科技普及,以身先示范的方式组织农牧民学习先进的种植、养殖技术,增强牧民群众的种植、养殖技能,以此来增强农牧民发展经济、脱贫致富的能力。在我和其他村委会干部的不懈努力下,脱贫致富的观念和科学生产的观念已被广大农牧民接受。村民们思想观念的转变,为他们脱贫致富创造非常重要的主观条件。

为民寻找致富路

"要发展就要有目标,要发展就要团结。村民信任我,我也要对得起村民",我时常将这句话挂在嘴边。作为村党支部书记,我时刻关注群众的心声和愿望。为此,我时常走家串户,了解民情,集中民智,了解群众的心声。然后根据实际情况,制定相应的解决问题的办法。我定时召集"两委"班子成员商议、研究村民致富项目、基础设施建设等问题。在带领乡亲们致富的同时,积极衔接上级部门,争取各方力量来帮助村民脱贫致富。在我的筹划下,村里先后设定了村通路、低保扶贫、蔬菜基地建设、养鸡场成立、藏家乐促建等产业扶贫项目。之后,我带领其干部和村民,开始着手实施这些项目。经过不懈地努力,我领导群众于2014年成立了格吉村农牧民施工队、建立了蔬菜种植基地,并建设边坝县第一家格吉村藏式农家乐。这些全村村民参与的集体经济,以入股和分红的方式增加了村民的收入,让全村58户村民经济收入得到了全面的提高。2016年年底,村集体经济达到150万左右,平均每家每户集体分红达3万元左右。格吉村的生活水平和质量有了质的飞跃,村民的精神风貌也焕然一新,对未来充满了美好的憧憬。

稳定压倒一切

自任村主任、支部书记以来,我始终坚持贯彻"稳定压倒一切"的指导思想,将符合村情、民情的《村规民约》,发放到各家各户,鼓励、教育牧民群众做遵纪守法的好村民;同时,我坚决要求村民们不得赌博酗酒、不得参与迷信活动及邪教组织,不得涉嫌违法犯罪。我要求村干部制定相关规定,并严格按照规定办事,如果发现有违规现象,要向村委会报告。为了达到预期效果,我领导村"两委"成员及党员,以签名的形式向全村人民承诺,带头遵守有关规定,争做村中移风易俗的带头人。

我始终积极动员村"两委"干部严格执行综治各项制度。在敏感时期,每天安排4人,由村"两委"成员轮流带队,做好义务值班巡逻工作,排查化解各类矛盾纠纷,有力维护了社会稳定。结合农村矛盾纠纷排查工作的特殊性和复杂性,我牵头成立了矛盾纠纷排查工作领导小组,依照相关的法律法规和道德规范,在做好矛盾纠纷排查调解工作的同时,注重把握和坚持"二急、三缓、三稳"的处理原则,先后调解矛盾纠纷多起,收到了良好的效果,有力地维护了格吉村社会面的稳定,受到了广大群众的好评。在我和其他村干部的严格管理下,格吉村的风气也有了很大的改善,如今的村内已形成崇尚科学、文明、健康、向上的良好社会风气,格吉村物质文明和精神文明实现了双丰收。

凭着踏实的苦干精神、务实的工作作风,我多次受到上级组织的表彰。2012年,我被评为边坝县优秀共产党员、优秀村干部和草卡镇优秀共产党员;2013年获得昌都市级"先进双联户"荣誉称号;2014获得边坝县十大优秀青年;2016年获得昌都市先进驻村工作队队员称号。面对这些骄人的成绩,我没有骄傲,依然时刻用一个优秀党员的标准,严格衡量和约束自己的行为,不断增强党的观念,加强党性修养,按照党章的规定履行自己的言行;严格遵守党的纪律,以新时期保持共产党员先进性的具体要求鞭策自己。

(边坝县草卡镇格吉村党支部书记 次旺顿珠)

明确方向，对症下药促脱贫

2020年，我被市委组织部选派为贡觉县莫洛镇查雄普村第九批驻村工作队队长。在贡觉县委、县政府和莫洛镇的领导和关心下，在查雄普村"两委"和驻村工作队员的帮助支持下，我始终聚焦新时代驻村"七项重点任务"，紧紧围绕"全面建成小康社会、巩固脱贫攻坚成果、维护基层和谐稳定"和基层党建工作全面"提档升级"的奋斗目标，突出思想引领和政治引领，确保了脱贫攻坚收官之年各项工作的扎实开展。

俗话说"理论知识是实践的基础"，在驻村工作期间我始终做到先学一步、悟深吃透，始终以习近平新时代中国特色社会主义思想和党的十九大精神为指引，把习近平总书记关于扶贫工作系列重要论述作为开展驻村帮扶工作的重要法宝，坚持向书本学习、向实践学、向群众学、向当地干部学习，为脱贫攻坚工作提供了强大的思想武器，并以此引领广大群众解放思想，与时俱进，把智力富起来，做足做深做好"扶贫先扶志"这项工作。召集村"两委"班子成员，集中五次学习了十九大及十九届二中、三中，尤其是四中全会精神，让村"两委"成员进一步领会了十九大系列精神实质。在此基础上，通过集中宣讲、入户宣讲、微信宣讲平台推送等方式，就2018年的全国"两会"精神进行全方位解读，让广大群众聆听到党中央的时代最强音，教育引导群众深刻认识中国共产党的领导是西藏各族人民过上幸福生活的根本保证，牢牢站稳了脱贫攻坚思想阵地，全面丰富了农牧民群众脱贫致富奔小康的理论，增强开展驻村帮扶工作的底气，做到党的政策家喻户晓、党的恩情深入人心，为打赢脱贫攻坚战夯实了思想基础、理论基础、群众基础。

同时，按照总书记指出的"要把扶贫开发同基层组织建设有机结合起来，真正把基层党组织建设成带领群众脱贫致富的坚强战斗堡垒"的要求，紧紧依靠莫洛镇党委，将查雄普村党员全部编入虫草采挖期间成立的临时党支部，充分发挥基层党组织的战斗堡垒作用和党员干部的先锋引领作用，为美丽乡村建设和打赢脱贫攻坚战提供了坚强有力的保证；以整治党员信教问题为抓手，着力强化对查雄普村全体党员的日常教育管理，将党员信教问题纳入"三会一课"教育和主题党日内容，时时讲、事事讲，严明党员不得信教、参加宗教活动的纪律要求，要求党员必须摘下手上的佛珠，不再进入佛堂念经，彻底认清十四世达赖的反动本质，珍惜来之不易的幸福生活。积极按照开展"四讲四爱"和昌都市农牧区基层党组织"遇事八个不糊涂和关键时刻八个起作用"活动的总体安排部署，我在驻村工作期间紧密结合查雄普村实际情况，通过集中教育、入户讲解、发放宣传资料、微宣讲等方式积极开展"四讲四爱"和党员"遇事八个不糊涂和关键时刻八个起作用"活动，坚定了查雄普党员群众感党恩、听党话、跟党走的信心和决心。

结合"两不愁三保障"冲刺清零和"大清查大起底大整顿"专项行动推进驻村帮扶工作全面开展。我通过走村入户、深入调查、查漏补缺的方式，多次深入查雄普村38户，尤其是9户建档立卡户家中，详细了解脱贫攻坚各项政策落实情况，及时补充完善脱贫资料60余处，更改错误10处，圆满完成国家第三方抽查检验工作，并自筹资金对村民进行节前慰问，向群众发放爱心包裹40包，并及时为2人申报了临时救助，帮其渡过难关；认真开展各类基础数据统计工作，更新查雄普村人口基础数据，确保人口数据真实、鲜活，统计更新了查雄普村38户群众的医保参保的个人信息，及时宣传了新的医保政策，报销比例，确保了查雄普村群众户户都参保；统计更新了查雄普村0至18岁100名学生的基本信息，尤其是2019年退学的邓珠次仁同学，经过耐心教育重新走进学校课堂，为下一步控辍保学奠定了基础；统计更新了22名残疾人基本信息，形成了《查雄普村基本情况》《查雄普村各类政策依据资料》《查雄普村驻村工作资料》和《查雄普村维稳工作资料》四本台账，简单明了准确地反映查雄普村实际情况，确保了底数清情况明，为准确分析查雄普村致贫原因、精准制定帮扶措施奠定了基础；全面查勘查雄普村696亩耕地，鼓励村民扩大生产，科学种田，做到应种尽种，争取肥料2000余袋，网围栏2000余米，继续耕种饲草300亩，预计为每户群众增收2000余元，新增青稞种植面积100余亩，新增青稞良种种植面积185亩，秋季增产10000余斤，为2020年的粮食丰收群众增收奠定了基础；为拓展群众的增收渠道，结合查雄普村实际成立了查雄普劳务输出合作社和运输车队，引导群众利用农闲时间积极外出务工，通过自己的辛勤劳动致富增收，以成立合作社的方式，增加群众创收能力。目前通过劳务输出合作社，已组织群众6人外出务工，运输车队依法依规运输砂石1000余方，预计为群众增收4万余元；在贡觉县委组织部的大力支持下，争取到了中国光大银行拉萨分行党建精准扶贫捐赠项目一个，投入资金15万元，修建LED宣传屏幕一块，为查雄普村党建宣传增添了新的平台。自修建完成后，为群众播放爱国影片4场次，并坚持每日播放一首爱国歌曲，让群众在家中就能听到党的声音，在深化脱贫攻坚收官之年各项工作的基础上，全方位巩固了脱贫攻坚成果。

脱贫摘帽不是终点，而是新生活、新奋斗的起点，驻村工作任重道远，在今后的工作中，我将不忘初心，牢记使命，以饱满的热情、充沛的动力，投身于查雄普村脱贫工作中，坚决啃下脱贫攻坚"硬骨头"，坚决打赢脱贫攻坚战，决胜全面建成小康社会，共享全面小康社会。

（贡觉县莫洛镇查雄普村驻村工作队队长　何志林）

凝聚力量，用心创建幸福村

2020年1月，我受组织委派担任贡觉县相皮乡查然村第九批驻村工作队队长。在市县强基办、相皮乡党委政府的指导和支持下，我充分发挥驻村工作队队长职责和党员先锋模范作用，领导和团结驻村工作队以村支部引领为核心，以缺氧不缺精神、艰苦不怕吃苦的姿态，以功成不必在我的境界和功成必定有我的担当，紧紧围绕新时代干部驻村"七项重点任务"，切实抓好基层党建、脱贫攻坚、突显社会治理、维护基层稳定等方面取得了显著成效，查然村各项经济发展和长治久安取得了明显进步。

夯实基层党建，凝聚思想共识

我带领驻村工作队以新时代干部驻村七项重点任务为切入点，以"传帮带"为着力点，以抓促学凝聚思想共识，多措并举夯实基层党组织建设。一是先后6次召开支部会，研究谋划基层党建工作，明确查然村基层党建工作阶段性目标、任务和措施，完善《"三会一课"制度》《党员联系群众制度》《村干部分析研判细则》等16项职责制度。二是以"传帮带"为抓手，按照"1+N+N"原则，定期组织村干部学习七项重点任务知识，组织农牧民党员集中学习20余次，覆盖260余人，深入群众中开展"四讲四爱"、法制宣传等教育活动14次，进一步提高基层党员干部和农牧民群众思想认识，不断加强基层党组织建设。三是协助村"两委"开展自纠自查，建立问题清单，明确问题整改责任人，压实工作责任，不断补短板强弱项，切实建强村级党组织，夯实基层组织堡垒，为后续工作的开展铺垫了良好的基础。

突出政法治理，化解矛盾保稳定

开展走访调研有方向。我带领驻村工作队第一时间到县乡强基办和乡党委政府了解学习基本工作和政策，提高驻村工作业务水平和能力。随后走访慰问了查然村"双联户"户长、退休老干部、老党员、建档立卡户和低保特困户，对查然村进行了广泛深入调研摸底，全面准确掌握村情民意。在前期调研的基础上，我积极协助村"两委"理清驻村工作思路，制定工作计划，为确保全年驻村工作顺利开展打下坚实基础，获得了驻村工作队和村"两委"的支持和肯定。

常态化治理显成效。我带领驻村工作队突出社会综合治理理念，积极构建维稳工作体系，完善工作机制，开展宣传教育，狠抓工作落实，实现了"三稳定"、"三不出"和"四无"等目标。先后平稳度过了"两节"、三月敏感期、全国"两会"、"萨嘎达瓦"、虫草采挖期等重要节点，期间未发生一起矛盾冲突和群体性事件。

团结干部防疫尽职责。2020年新冠肺炎疫情发生后，我带领查然驻村工作队积极开展疫情防控，依托村"两委"干部、双联户户长、村医建立疫情监控"三道防线"，制定疫情防控方案及疫情预案，严格执行巡逻制度并开展防疫宣传。疫情期间，我带领查然村驻村工作队张贴发放宣传单300余份，口罩200余只并对11名外来返乡人员进行居家隔离14天，每天进行体温观测并上报乡政府。2月17日我带领查然村党支部在家党员自发为武汉捐款1900元，4月14日，查然村在家党员用降半旗并默哀3分钟的方式缅怀在疫情防控战役中牺牲的英雄和逝世的同胞，我牢记公安民警的职责和一名共产党员的初心，带领驻村工作队团结党员干部和群众用零病例零感染零外出的成绩保障了查然村群众的生命安全，为全国抗击新冠肺炎疫情贡献了微薄之力。

化解重大矛盾显担当。相皮乡查然村富康砂石厂，因和承包商口头协商有关事项未签订任何正规合同，最终账目不清各执一词，导致村民越级上访，并于2017年停产至今。村民议论纷纷、谣言四起并对村委会甚至乡政府不信任，造成矛盾隐患延续至今。为化解这一长期的矛盾，我带领驻村工作队与村民逐个谈话，加强法制宣传，做思想工作。通过多次教育引导，全体村民集中至村委会，召开全村会议，一致签订承诺书并按手印，表示砂厂之前的任何纠纷都既往不咎。我第一时间将村民希望砂厂复工的意愿和承诺书上报乡政府，至此，查然村原有砂厂纠纷得到了解决。

以公仆初心办实事，助力民富村美

修电铺路惠民生。我带领驻村工作队不等不靠，及时将电路安全隐患上报乡政府并协调贡觉县电力公司实地勘察，团结村干部共同组织实施抢修，为村民节约了电力抢修费用约4.2万元，有效排除了困扰村民多年的用电安全隐患。为拓宽查然村入村道路，方便消防车进出，我带领驻村工作队与村"两委"班子实地勘察研讨，制定道路拓宽建设方案，同时与村"两委"做好村民思想工作，促成全村村民一致同意集资建设，与村干部一起同吃同干，身体力行投入到道路建设中去，截至2020年10月，查然村宽4米长342米的入村道路已建成并通车，入村道路的修建成功避免了原有入村道路悬崖上掉头错车的安全隐患，保障了消防车辆的进出通道为村民防火安全提供了保障，成了方便村民出行的安全路，致富路。

修建便桥聚民心。我带领驻村工作队和村"两委"，积极组织发动当地老百姓修桥铺路，方便查然村群众日常出行。目前，在我的努力协调下，中铁七局免费提供了价值4500元的水泥5吨和价值21000元的工字钢3根，并免费提供技术指导。大庆结束后桥梁将会开始建设。

多渠道增收保民富。我带领驻村工作队积极协调各个工地，销售本村沙石原料共计1002方，为村集体增收30000多元。在春耕期间，积极向上级相关部门协调青稞良种9000斤，并及时分发给查然村村民，促成每亩增收400余斤。多方协调促成12亩蔬菜大棚投资计划，保障群众"足不出村"就能免费学习蔬菜种植技术，并实现每亩年增收1000元。利用本村荒地积极协调乡党委政府申请饲草种植项目，推动查然村15户（其中7户为建档立卡户）种植饲草，推动每户年增收2000余元。我在实地调研中发现本村部分青壮年闲在家中无所事事，"等、靠、要"思想严重。在积极劝说村民主动就业，摆脱传统观念、乡土观念束缚的同时，驻村队通过上网、看报纸、发动身边同事朋友等，多方寻找就业信息。截至目前，已帮助2名村民到昌都市中铁十七局的工地做小工，月薪6000元，包吃住；4名村民到昌都市本地企业"雪岩泉"送水，月薪保底5000元，目前均已就职。

（贡觉县相皮乡查然村第九批工作队队长 泽仁顿珠）

深入群众，点点滴滴为扶贫

2014年12月，根据觉恩乡党委、政府的安排部署，我很荣幸地成为觉恩村选派第一支部副书记，并兼任驻村工作队副队长一职。我深知这份荣誉的背后肩负更多的是一份责任，这里不仅有领导的信任，还有觉恩村全村1494名群众的期盼。我自己暗暗下定决心，一定要脚踏实地地完成好这份使命，让全村群众认可我、信任我、支持我，共同在觉恩村"两委"的领导下，让觉恩村有新变化、新发展，争做优秀新农村的典范。

要开展好工作，就必须先与群众真心实意地交朋友，把群众当自己的亲人来对待，才能倾听到他们内心深处的想法，也才能得到他们的真心拥护和全力支持。因此，上任以来，我骑着摩托车冒着夏日的骄阳、冬天的严寒，坚持每周都去全村7个组转转、去44户贫困户家中看看，去各组长和村干部家中商讨和倾听他们在经济发展、生态文明建设、全村和谐稳定等方面的意见和建议；同时，向他们详细讲解党的各项惠民政策和精准扶贫相关知识。去田间地头和群众家中的次数多了，群众对我的态度也就变了，他们不再认为我是下基层只会走秀的大学生，不再认为我是吃不了苦的城镇人，也不再认为我是只说不做的纸上谈兵的人。因为我每次与他们交谈，我都将他们的意见和建议认真地记录下来，回去后仔细琢磨，并协同村"两委"提出相应可行的工作措施。

如何实现觉恩村群众增收致富，特别是让全村44户217名建档立卡贫困人口与丁青县一起在2017年年底前如期脱贫，一直是我与觉恩村"两委"和驻村工作队努力的主要方向。按照县委县政府和乡党委政府关于精准扶贫工作的部署和要求，我与觉恩村

"两委"及驻村工作队一方面向群众面对面、点对点讲路线方针、说优惠政策、传致富信息，鼓励群众紧紧抓住精准扶贫的有利时机，坚决摒弃"等、靠、要"思想，上下一心，群策群力打赢脱贫攻坚战。另一方面，我们深入群众家中、田间地头，开展调研并了解群众所思所想，并及时到丁青县各有关部门请示汇报工作，坚持从本村实际出发，积极争取项目、资金支持。

2016年，通过与村"两委"多次调研并积极争取，在丁青县委县政府的关心关怀下，在觉恩乡党委、政府的直接领导下，在自治区新闻出版广电局的无私援助和丁青团县委的大力支持下，建设了总投资15万元的觉恩村诚心青年馒头店项目，实现了觉恩村集体经济发展零的突破。2016年12月15日，觉恩村集体经济诚心青年馒头店正式营业。丁青县副县长提宝次仁同志专程到现场为诚心青年馒头店正式营业剪彩，并授予"青年创业示范基地"称号。为扩大馒头店经营范围，我带领2名操作人员到丁青县城学习藏面、藏式炒菜等烹饪技术。目前，初步估算，诚心青年馒头店年均可为村集体增收10万元左右。

觉恩村具有耕地肥沃，适合种植的有利资源，2016年4月，我与觉恩村"两委"及驻村工作队积极向丁青县农牧局争取，在觉恩村试种了4万斤的高原红土豆、1万斤的藏碗日和8万斤的蓝青稞。在种植期间，我们多次向县农牧局申请专业技术人员到田间地头开展种植知识科普，并定期派出科技特派员到种植区观察农作物长势。在2016年9月28日的县展销会上，高原红土豆、蓝青稞搬上了展台，并赢得了广大群众的一致认可，也得到了丁青县委、政府领导的高度评价。为鼓励更多村民参与土豆种植，我们举行了红土豆收购资金兑现仪式，对2016年村民试种的红土豆按照每斤4元的价格收购，现场为村民兑现土豆收购资金4.71万元，使群众看到了种植红土豆带来的实实在在的经济效益，进一步提高了群众参与土豆种植的积极性，取得良好的发动效果。

在试种红土豆成功的基础上，为在觉恩村大规模推广种植高原红土豆，努力打造觉恩村红土豆品牌，我们一方面积极向上级部门汇报相关情况和争取政策上的支持与帮扶，另一方面协助觉恩乡政府进行土豆销售的市场推广工作。2019年，在丁青县委县政府的高度重视下，在县农牧局和觉恩乡乡委乡政府的大办支持下，土豆种植项目成功落地觉恩村。为让24万斤土豆种植实现效益最大化，觉恩村驻村工作队联合村"两委"深入群众家中开展土豆种植发动工作，帮助群众寻找收入差距、细算致富账。通过努力，成功将全村土豆种植面积扩大到1200亩。

24万斤土豆种子全部发放到群众手中后，觉恩村土豆种植工作全面铺开。在种植过程中，为确保土豆栽种质量，我们积极配合丁青县农牧局，组织群众先后开展了两次集中技术培训。在培训现场，就土豆栽种过程中需要注意的问题向群众做了详细说明。随后，通过觉恩乡党委、政府，聘请了一名技术人员深入田间地头手把手向群众传授栽种技术，现场查找并纠正栽种过程中存在的问题。同时，按照觉恩乡党委、政府要求，我们让每个村"两委"委员联系一个组督促土豆种植工作。目前，土豆种植工作已全面完成。村"两委"与驻村工作队正协调相关市场，以求拓宽全村土豆等农作物产品的销售渠道。

（丁青县觉恩乡觉恩村选派支部书记 次仁罗布）

不畏艰险，扶贫路上勇担当

我叫德青卓玛，自2015年担任约巴乡扶贫专干以来，我始终坚持实事求是的原则，在平凡的工作岗位上，力求做到不断追求进步，始终以一名普通共产党员的标准严格要求自己，踏实做事、诚恳做人，努力为脱贫攻坚贡献自己的一份微薄的力量。

在刚接手脱贫攻坚工作初期，由于卡若区2016年必须脱贫摘帽，我作为一名扶贫专干内心是惶恐不安的，生怕因为自身相关知识缺乏，导致工作失误。虽然因为担心工作做不好，怕给卡若区拖后腿，想要放弃，但我都咬咬牙坚持了下来。

约巴乡全乡共有建档立卡贫困户206户910人，每户户档48项，每一项少则三四页，多则20多页，一式四份，算下来需处理的材料达19.8万页，平均每名专干需要处理66000份材料。为了保证材料准确无误，全乡材料还需经过4~5次的审核和修改，辛苦可想而知。

根据区扶贫攻坚指挥部关于进一步复核建档立卡贫困户信息的通知，我和约巴其他乡组织专干再次走村入户调查复核。由于约巴乡离市区较远，属于北部偏远乡镇，道路交通条件特别差，给走村入户带来了比较大的困难，特别是部分自然村未通公路，入户调查全靠摩托车代步，现在回想起当时的入户调查时的危险情景，我仍心有余悸。那是在2016年10月，在玉来行政村入户调查时，由于该自然村未通公路，只能靠摩托车，刚下过一场大雪，在路况极差厚近十厘米的雪里，艰难地前行，旁边是大约16米深的山崖，摩托车途中摔倒了两次，特别是第二次摔倒导致我脚踝受伤。当时我坐在雪地上，心中很是委屈，眼泪止不住地流了出来，心里特别想念家。正在我特别迷茫的时候，江拥洛追书记，焦急地来到我身边，先是询问了我身体情况，看到我受伤的脚踝，特别心疼地问我有没有大碍。然后我们坐在路旁边短暂地休息片刻，由于路况太差，我们步行了近8公里的山路到建档立卡贫困户家中完成了复核工作。

贫困户信息复核完后，我本以为扶贫工作进行了一大半，可以松口气了。却不知在建立信息卡时，才是真正的挑战。在信息卡录入中发现很多村上报信息存在错误，如：年龄、性别、户主关系、身份证号码、名字，一度让我们苦不堪言，在信息卡核实中，由于时间紧、任务重，我们两个专干内心都是焦急、烦躁的。用了三天两夜时间才把信息卡矫正完成。当上报完信息卡的一瞬间，整个人好像瘫了一样。

在工作开展期间，为了赶上全区的工作进度，我经常在乡扶贫办和区扶贫办之间辗转，经常熬夜工作。在最忙的一段时间里，我与另外一名扶贫专干平均每天只能睡 4~5 个小时，忙起来根本顾不上吃饭。由于精准扶贫工作数据量大，材料众多，而且办公人员严重不足，我与其余两名扶贫专干经常在区脱贫攻坚指挥部忙全乡的精准扶贫材料。2018 年 9 月的时候，区扶贫攻坚指挥部给约巴乡下发了生态岗位名额，这是实实在在的惠民政策。我接到通知的当天，就通知各驻村工作队上报生态岗位名单。但由于那几天刚好停电，大部分驻村工作队都未及时上报。到需要上报区脱贫攻坚指挥部的时候，由于部分村未及时上报，区指挥部一天一个电话的催。乡领导一天三遍地问，压力压得我都快喘不过气，每天只要听到电话响，全身每处神经都紧张起来。就连晚上做梦都梦到叫我报生态岗位名单，某一天吓醒后，自己一个人坐在床上哭。

第一次走进我的帮扶户拉日村拉措家中的时候，看到拉措家中寥寥无几的家具和简陋的房屋，我的心情无比沉重。在和拉措交谈时，开始的时候他总是畏畏缩缩的。通过交流谈心，我发现拉措一家人口多，拉措本人又体弱多病，全家虽然有 3 个劳动力，但没有任何致富技术，没有致富门路，家中生活一直过得比较清贫，导致拉措心里严重缺乏自信，在邻里之间始终抬不起头，家中两个儿子每天都无所事事。回到家中，我彻夜难眠，拉措一家的生活状况，一直在我脑海里浮现。经过一晚的思索，第二天我将走访所掌握的情况，第一时间和乡领导汇报，并讲述了我对拉措一家脱贫致富的初步规划和构想。和乡领导沟通完后，我再次来到拉措家中的时候，我就我自己的想法和乡领导的意见与拉措一家进行了沟通。首先为了解决缺少致富技术的问题，让大儿子次丁扎西到拉日村民族手工培训基地学习手工艺打造技术。其次通过生态岗位解决家中其余劳动力就业问题。最后通过异地搬迁工程，帮助拉措建设了新房。现在，拉措一家每每出现在乡政府和村委会时，脸上都是挂着灿烂的笑容。最近一次到他家中走访时，他滔滔不绝地讲述这两年来他家中发生的翻天覆地的变化，购买了什么电器、家具。现在村里组织的各种活动会议，他总是积极参与，通过精准扶贫、定点帮扶工作，让拉措又重新找回了自信，两年来，通过拉措一家的共同努力，现在家中的日子过得是蒸蒸日上。拉措一家也如期脱贫摘帽。

2017 年 8 月底的时候，母亲高血压复发需要住院治疗，作为女儿，我十分想第一时间赶到老妈身边尽孝；但此时离自治区脱贫验收只有不到两个月时间，全乡上下干部都在夜以继日、攻坚冲刺，作为扶贫专干，这个时候怎么能离开工作岗位。我含着泪给家人打电话，让姐姐到母亲病床前替我尽孝。直到 11 月中旬做好全部的验收准备，才请了假回家看望母亲。

脱贫验收时，我的心情是忐忑不安的，由于我们宣传工作不到位，导致有一户建档立卡户家中未实事求是地做好迎检工作，结果我乡迎检工作出现纰漏，我的内心是自责不已。在等待检查结果期间，我是焦虑的，甚至有点恐慌。直到11月底听说卡若区已经脱贫摘帽，我内心五味杂陈。想想两年多以来的付出，想想两年多以来的种种心酸，我的眼眶里又一次流出泪。但这次不是委屈的泪，不是伤心的泪，而是幸福的热泪。这两年来，为了精准扶贫工作，我付出了我的热情、我的努力和我的青春。接到脱贫通知后，我感觉到一切都是值得的，我为我能参与精准扶贫工作而感到自豪。

（卡若区约巴乡扶贫专干 德青卓玛）

坚守一线，永葆真情为脱贫

我叫郑义，是一名90后退役军人。自到地方任职以来，我始终不忘党和部队的培养，坚守退役不褪色的军人崇高品格。2014年年底，脱贫攻坚工作伊始，我就自愿申请到条件艰苦的约巴乡约俄村担任村扶贫第一书记。之后的六年里，我牢记使命重托，一直奋战在扶贫的第一线，为约巴打赢脱贫攻坚添砖加瓦，贡献力量，用行动履行了一名共产党人的初心使命。

2014年年底，带着组织的重托，带着对人民的深厚感情，我背着一卷铺盖就到了约巴乡约俄村，正式任职扶贫第一书记。为尽快适应农牧区生活，赢得村民的支持，与村民融在一起，我坚持吃住在村。每天骑着摩托车走访群众，进门入户搞调研，了解民情、倾听民意、纾解民困。我多次到村里的老干部、老同志、困难户家中，逐个与他们促膝谈心，请他们提意见、出主意。用一个月的时间，我遍访全村4个自然村，足迹覆盖全村69户，对村里每家每户的情况都了然于心。这样，我迅速和群众"打成一片"，适应了新岗位，进入了新角色，同时也发现了许多问题。群众对村委的工作有很多不满意的地方：路不平、灯不亮、水不通，雨天"水泥"路，晴天扬灰路。为此，我深感肩上责任重大。

抓基层建设凝聚合力

作为约俄村的选派第一书记，我始终把基层党建作为驻村扶贫的首要任务，用我自己的话说就是"既然戴上了书记的帽子，党建工作就是本职所在，抓党建促脱贫，我责无旁贷"。在我的带领下，约俄村支部的党组织生活不再只是流于形式，"三会一课"制度，支部党员大会、支部委员会、党小组会有了更加丰富的内涵，我利用党课的形式向支部党员宣讲党的宗旨，学习党的历史。每月固定日期以志愿服务群众的形式开展主题党日活动，提高党员的党性修养。在脱贫攻坚重大事项决策过程中严格落实"四议两公开"工作制度，充分听取每位党员的不同意见，同时在脱贫攻坚工作中根据每位党员的不同特点和个人长处，给每位党员设岗定责。这一措施调动了支部党员干事创业的热情，凝聚起了支部抓脱贫攻坚工作的强大合力，自发主动配合支部，抓好脱贫攻坚成为了支部党员的共识。任职的第一年里，在我的带领下，约俄村党建工作搞得有声有色，村里的气氛越来越好。

改善基础设施补齐短板

通过前期走访调查、深入分析，我了解到，村里基础设施不完善，是制约约俄村发展的短板。所以，自扶贫工作开展以来，我把水、电、路、房、网等基础设施建设作为约俄村扶贫工作的重中之重。

2015年，为解决群众饮水问题，我发挥部队优良作风，主动克服工作困难，带头组织群众上山挖渠铺管，修建村居生活用水引水工程，直接解决了全村2个自然村30余户群众的饮水问题。2016年，在我的带领下，经过村"两委"和村民代表大会研究通过后，利用为民办实事经费10万元，组织全村青壮年群众投工投劳，为西吉、曲那两个自然村修通了入村道路，彻底改变了两个自然村26户群众人扛牛驮的历史。为改变贫困群众生活，突破发展瓶颈，借着脱贫攻坚易地扶贫搬迁政策，我积极上报项目，协调用地，带领驻村工作队先后深入群众家中150余次，对居住在较偏远且不愿离乡离土的25户贫困户做了大量的思想工作，最终均同意搬迁。在安置房建设过程中，我坚持每天到施工现场检查施工，确保安置房建设质量没有问题。易地搬迁房屋全部完工，房屋质量达标，达到入住条件，群众陆续搬迁入住。2017年，我积极与上级部门协调，申报修建约俄村入村道路建设项目。施工中，由于群众的不理解，占地和路线选择矛盾并存，施工进度一再拖延。我带领驻村工作队反复登门"游说"，多次上门协商，凭着"愚公移山"的精神，解决了施工过程中的重重难题。约俄村泥泞的道路陆续硬化，一条进出约俄的3米宽的柏油路修建完工。

在我进驻约俄村的这几年里，约俄村的村容村貌焕然一新，路平、灯亮、水通，基础设施逐步完善，真正让农牧民群众感受到了实实在在的实惠。

智志双扶拔除穷根

约俄村有4个自然村，总人口433人，是卡若区偏远的村之一，曾是自治区级贫困村。驻村以来，我经过认真地入户调研分析，总结出约俄村最深层的致贫原因是思想懈惰。不管是因病还是因残，大部分贫困户都是具备基本劳动生产能力的，但仍然存在"等、靠、要"的思想。因此，我一直认为加强党的建设，建强支部，发挥支部战斗堡垒作用，大力实施"智志"双扶，激发村民的内生原动力，调动村民脱贫的积极性，才是长期稳定解决约俄村贫困的根本。

为进一步激发后进贫困户的自我脱贫意识，我还在村里设置了"光荣榜""加油榜"，来激励先进脱贫户从思想上、行动上帮助落后贫困户，让贫困户看到脱贫的希望和美好。为转变贫困群众"等、靠、要"思想，摆脱对虫草的依赖，我要求支部党员发挥先锋模范作用，带头外出务工，采取分步分批次逐步转变的思路，优先引导思想先进的青年劳动力转变观念，鼓励他们外出务工增加收入，同时给予他们就业信息和就业技能上的帮助，不断引导青壮年树立"勤能致富、利用自己勤劳的双手创造美好生活"的理念。据统计，我在驻约俄村的几年里，在村支部的共同努力下，约俄村累计输出劳动力达60余人，务工120余人次，累计务工增收达30余万元，农牧民群众"等、靠、要"思想也在逐步转变。

我始终重视教育工作，把发展教育作为拔除穷根，防止贫困代际传递的根本手段。任职初期，面对群众对教育工作不重视，不理解，不接受的局面，我没有退缩，我极力配合上级开展控辍保学工作，带领驻村队员挨家挨户给家长做思想工作，现身说法，耐心讲解教育的重要意义，克服个人困难，自筹资金奖励优秀学生。任职期间，我时常把教育工作记在心上，挂在嘴边，逢会必谈教育，逢人必说教育，通过努力群众对教育的认识和重视程度有了质的提高，在全村农牧民群众中形成了主动抓教育、比学赶超的良好社会氛围。

勇挑重担奉献基层

脱贫攻坚战役冲锋号吹响以来，我始终坚守共产党人的初心使命，时刻冲锋战斗在条件最为艰苦的脱贫攻坚第一线，多次主动请求担任村选派第一书记。2014年至2017年担任约巴乡约俄村选派第一书记期满后，2018年，我又主动报告补充到约巴乡脱贫攻坚任务最为艰巨的乃通村选派第一书记的岗位上。在不同岗位任职期间，我始终爱岗敬业、勤勤恳恳、任劳任怨，工作成效得到了群众和组织的一致认可。2015年，我被评为自治区级"优秀驻村工作队队员"；2016年，我被评为昌都市级"优秀驻村工作队队员"；2018年，同时被昌都市和卡若区两级授予"优秀村党支部第一书记"荣誉称号。2020年，在约俄村群众的一致请求下，我肩负重托，再次来到约俄村，担任了约俄村第一书记。而这一次，重新回到这片熟悉的土地上，我对约俄村的脱贫和下一步发展有了更深刻的思考和规划。

（昌都市卡若区约巴乡约俄村选派第一书记 郑义）

牢记使命，一心为民谋福祉

1999年，我的人生新际遇在卡若镇卡若村拉开帷幕。从副村长到村长，再到支部书记，我始终把带动群众致富，加快卡若村发展作为自己为党工作的最高标准，积极发挥党员先锋模范带动作用，为卡若村各项事业快速发展做出了突出贡献，受到了上级党组织的充分肯定。2004年，我被评为"第二届全区村民自治区工作先进个人"，2011年被评为"昌都县优秀共产党员"、2014年被评为"卡若镇优秀共产党员"、2015年被评为"2013—2014年度森林防火暨行政管理先进个人"，2015年11月被授予市级"先进双联户"等荣誉称号。我被看作是种养业的技术能手，是优秀的村党组织干部，更是带领群众致富的"领头羊"。

抓班子带队伍，敢为致富上的"领路人"

卡若镇卡若村坚持以党建引领发展，把夯实基础、筑牢堡垒作为立村之本、发展之基，按照"五个好"目标要求，以及"选对一个人、配强一班人、振兴一个村"的理念，积极选优配强村"两委"班子，真正把那些思想解放、能带领群众增收致富的优秀青年力量选拔进"两委"班子。为了凝心聚力，作为村党支部书记，我率先垂范，带领群众跑运输、找项目，搭建致富门路，破解发展难题；身体力行、大胆实践，先后成立农牧民施工队、运输队；开办砂石厂、碎石场，引导群众多种经营、拓宽致富渠道。卡若村群众在沐浴党的阳光雨露的同时，乐享社会主义新农村美好生活。由于在新农村建设中表现突出，2016年12月，我被选拔为乡镇公务员。

抓学习强素质，争做政治上的"明白人"

为扎实做好新形势下的农村基层工作，我始终保持着清醒的头脑，牢固树立"四个意识"，坚定理想信念，站稳政治立场、增强政治定力，自觉地在思想上、行动上同以习近平同志为核心的党中央保持高度一致；坚决拥护党的纲领，贯彻党的决议，执行党的部署，遵守党的纪律，做政治上的"明白人"，坚持把"做事先做人，万事勤为先"作为自己行为准则，深钻细研，与时俱进认真学习党的路线、方针、政策并积极发挥"传、帮、带"作用；带领村"两委"班子成员共同学习，着力加强班子综合理论水平；同时，定期组织班子成员召开班子会议，专题研究全村的基层党建、经济发展、社会稳定、民生改善等重大问题，定期公示村党支部的决定决议，自觉接受群众监督；制订党支部议事规则，党支部、村委会班子成员岗位职责，加大村务公开力度，制订村财务公开制度，使村委各项工作做到有规可依，有章可循，让权力在阳光下运行。党的十九大以来，我以身作则、率先垂范，主动学习党的十九大精神，带领村"两委"班子反复收看收听习近平总书记的报告，钻研新时代中国特色社会主义思想，组织党员同志讨论，把党的十九大精神和村情、社情、民情结合起来，探索出具有实效性的发展之路。

抓民心树新风，成为发展上的"带头人"

"聚精会神抓基础，一心一意谋发展"。我始终立足卡若村情实际，狠抓民生改善、实事为群众。2012年，为全身心扎实做好村组织工作，我自断"财富路"，毅然决然卖掉自己的运输车，一心扑在村组织建设上。2014年，我先后自掏腰包，投工投劳为2户贫困户盖房子。2016年，我不畏艰难险阻，带领村委一班人分组划片，逐村、逐户、轮流上阵宣传、做思想工作，发动亲朋好友劝解，就精准扶贫易地搬迁工作进行深入宣传讲解，更是不顾家人强烈反对，主动让出自家3亩多耕地修建了八宝广场，以身作则、率先垂范，有效解决了易地搬迁前期工作存在的系列问题和困难。2017年，为壮大村集体经济发展，进一步巩固精准扶贫、精准脱贫成果，我带领广大群众建设卡若扶贫生态农业体验园，起早贪黑、披星戴月载着体验园的瓜果蔬菜前往市区售卖。通过示范引领、榜样带动，易地搬迁后的卡若·北京新村精神文明、邻里和睦、村容整洁、文明谦让、社会和谐的新风尚逐渐形成。

抓经济促发展，当好群众的"贴心人"

在工作中，我始终践行"全心全意为人民服务"宗旨，以"搬得出、稳得住、能致富"为出发点和落脚点，充分发挥党员的先锋模范作用，以"思想帮扶、支部引领"为突破口，积极组织村"两委"班子及成员，把想干事、能干事、会干事、干成事的农牧民党员组织培养成宣讲队，深入群众开展宣讲工作。我常常向人民群众宣传中央、区党委、市委、区委的各项惠民利民好政策、区内外脱贫致富先进典型，引领群众树立不等不靠、苦干实干的思想，进一步帮助建档立卡贫困户理清发展思路，激发建档立卡贫困户"要我富"变成"我要富"的强烈致富欲望；搭架子、铺路子，先后帮助建档立卡贫困29户114人转移就业，实现人均增收4500元。同时，抢抓发展机遇，在若巴温泉大酒店、昌都市经济开发区建设及高争水泥厂等项目的建设上，组建劳务输出队、车辆运输队等，在有效改善农牧民群众生产生活条件的同时，加快经济发展步伐，让农牧民群众真正实现了"好房子、好习惯、好生活、好幸福"的目标。

现如今的卡若村，村容村貌整洁靓丽、基础设施建设不断改善、生态环境不断优良，农牧民人均纯收入不断提高，是典型的社会主义新农村。我也将会继续将自己的满腔热情倾入卡若村，带领大家通过自己的勤劳来获取幸福生活。

（卡若镇卡若村原党支部书记、主任　布嘎）

脱贫有我，青春无悔

我叫达嘎巴珠，中共党员，2017年1月参加工作，任江达县卡贡乡扶贫专干。三年来，从开始的懵懵懂懂，到一名合格的乡扶贫专干；从学习写简报、填写表格，到能够做好千头万绪的扶贫工作；从人生地不熟，到在这个地方有了自己的朋友，我慢慢地融入了这个地方，爱上了这个地方。

记得刚参加工作的第一个月，我就遇上了2017年年底的人口动态调整。由于地处偏远地区，卡贡乡群众的思想要落后很多：比如孕妇没有到医院生产的意识，很多小孩没有出生证明，自行接生；群众不重视上户问题，很多小孩三四岁了才上户口等情况。在市委、市政府、县委、县政府和乡党委政府的坚强领导下，我和同事通过走村入户，进行摸底排查，开展了多次政策宣传，总算圆满地完成了调整工作。2017—2020年，为了确保扶贫数据精准，无数个日夜，我跟同事和驻村工作队一起，到各户家中反复核对、反复确认。当地的老百姓文化水平较低，很多户都理不清自身的收入。为了确保脱贫成效经得起党和人民的检验，各结对帮扶人每季度都要进行政策宣传，了解收入情况；我和同事以及各驻村工作队，对辖区内所有的建档立卡贫困户进行了反复走访，一对一帮助其理清自身收入，了解存在的困难，及时因户调整对应的政策，确保所有建档立卡贫困户脱真贫、真脱贫，减少返贫风险，切身体会到了什么叫做精准扶贫"重在精准，难在精准"。

印象最深的时间段是2018年，为了不拖全县后腿，力争实现2018年全乡脱贫摘帽，从2018年年底起，我就未休假，以严的要求，实的作风，跟同事一起脚踏实地的逐户进行宣传排查；对问题户、脱贫困难户，结合其家庭情况，逐户进行思想教育、政策宣传，帮助他们理清脱贫思路，制定脱贫措施。将生态岗位、社会兜底、易地搬迁、产业扶持等政策落实到184户783名建档立卡贫困家中。临近检查时，我得了重感冒，头昏脑涨、连续发了三天的烧，但为了确保第三方检查不出岔子，不拖全县全乡的后腿，我仍然咬牙坚持，白天不敢吃药，怕瞌睡影响工作效率，只能是每晚临睡前吃个药坚持下去。幸好，功夫不负有心人，卡贡乡通过了国家第三方检查和各级工作的检查，2018卡贡乡顺利地实现了脱贫摘帽。我感觉自己的一切付出都是值得的。

整改工作是巩固提升以来最重要的工作，为了切实将国家、区、市、县发现的问题及时整改到位，做到有则改之无则加勉。我和同事一起，在乡党委政府的坚强领导下，认真学习文件精神,与各驻村工作队形成合力,对标发现的问题清单进行全面的自查整改,全面参与了卡贡乡精准扶贫所有的整改工作,圆满完成了各项整改任务。

乡镇工作特殊的地方在于,工作的地方即住的地方,下班的概念很模糊。只要有事,只要群众需要,就得时刻做好服务。经常性大晚上有事紧急集合,也经常回去休息了,又得返回工作岗位给群众办事,虽然很累,但是也很充实。

作为一名党员,牢固树立四个意识,发挥好带头作用,是我义不容辞的责任,在工作中,虽然也存在很多的不足,但我一直不断地自我反省和自我学习,争取做好党委、政府安排的工作,做一名合格党员。当我看到一家家贫困户在我们的帮助下,拔了穷根、走上了致富之路,我就感到无比的欣喜和自豪。三年的心血没有白流;三年的努力没有白干;三年的执着终见成效。几年来,我用脚步默默地丈量着自己心路历程,撒播的更是一路的爱。

(江达县卡贡乡扶贫专干 达嘎巴珠)

持之以恒,齐心协力为扶贫

我叫张欢,2016年7月参加工作,主要负责结对帮扶工作。为使人人参与精准扶贫,形成精准扶贫无"局外人"的扶贫状况,我在对比江达县干部人数与贫困户户数后,决定采取"4321"方式进行结对帮扶,将参与帮扶的所有在编干部职工与江达县贫困户形成一对一精准结对帮扶,组织全县干部参与,实现结对帮扶全覆盖。

不少人说:"你就负责个结对帮扶,有什么难的""只是安排干部职工去帮扶而已"等。虽然结对帮扶没有很难,但负责全县的结对帮扶工作并非别人口中的那么容易。干部职工方面存在调离工作岗位、家庭突遭变故、家里有长期病号等致使无能力尽到帮扶责任的情况;贫困户方面存在对帮扶人不满意、 户分多户、迁户等情况,以上均会导致帮扶终止。我始终坚持无论大事还是小事,只要自己是认为办得好的,就坚定地去办,保持结对帮扶"大稳定、小调整"原则,非常有耐心地及时与干部、群众沟通协调,了解情况后进行调换、新增或消除等。

简单的送钱送物仅仅解决眼前的困难,未从根源解决问题。授之以鱼,不如授之以渔,才能解决长远问题。干部职工在帮扶中需长远为贫困户谋划,引导帮扶对象努力转变思想观念,增强自我"造血"功能,实现由"要我脱贫"向"我要脱贫"的思想转变,进一步强化帮扶对象内生动力。为此,我起草下发了《江达县关于进一步凝聚各方力量助力脱贫攻坚的实施意见》《关于进一步做好干部结对帮扶工作的通知》等指导性文件，为干部帮扶提供切实可行的帮扶措施。对未及时开展结对帮扶或存在结对帮扶仅完成任务、完成次数但实际效果不太理想的干部职工，我及时与他们联系沟通，督促其尽快开展帮扶；对多次督促仍未开展的干部职工，通知单位领导采取谈心谈话的方式了解情况并解决问题。

扎实的基础工作是干好工作的前提，因户因人分析致贫原因，理清工作思路，开展有针对性的帮扶是结对帮扶的前提。我主动与县委办、扶贫办衔接，在江达县成立由县级领导任组长，各县（直）各单位分别组成的13个"组团式"帮扶团；与乡镇主要领导对接，形成由乡干部包村、村干部包户的层层帮扶机制。各"组团式"帮扶团领导多次带队深入乡镇、村居，认真开展摸底调查，根据各单位工作重点及人员分工，分阶段分批次深入结对帮扶户家中走访调查研究。通过与结对帮扶户面对面交流，确立了总体帮扶工作思路和帮扶措施，解决帮扶户实际问题。

我深知自身理论知识的匮乏，主动翻阅学习中央、区、市下发的各类精准扶贫相关文件。为将自己的知识与人分享，使干部群众更好地开展结对帮扶，我与扶贫办联合编写了一本书——《扶贫政策》，经各部门审核无误，发予结对帮扶干部职工人手一本，确保随时随地翻阅，了解掌握各项政策。此外，要求在以后的结对帮扶时，指导贫困户遇到问题该找哪个单位哪个部门，对贫困户提出的问题能围绕国家政策做出相应合法的解答。对文化程度低、识字数目少的贫困户开展宣讲，使其了解社会兜底、学生教育、异地搬迁、产业带动、结对帮扶的真正意义。

要脱贫致富，必须发动群众、依靠群众、强化宣传教育，激发群众积极主动性，才能收到良好成效。我主动配合县委宣传部、县委党校、县司法局、县人民医院，不定期开展宣讲、培训，用脱贫致富案例启发群众、引导群众、激励群众，着力转变群众"等、靠、要"思想，加强群众致富信念、帮群众理清致富思路。扶贫先扶智，我积极配合县教育局，针对有适龄儿童的贫困户建立相应结对帮扶花名册，确保帮扶干部所帮扶户中适龄儿童按要求入校接受教育，同时在今后的帮扶中，督促其假期结束后按时返校。

2020年3月以来，为加大对全江达县监测户（339户2086人）、边缘户（14户63人）的动态监测工作，严防返贫致贫，按照帮扶要求，将监测户、边缘户分配给县科级干部。之后，我积极做好跟踪随访，及时与乡镇、扶贫办、帮扶干部了解帮扶情况及被帮扶户近况，对未及时开展帮扶的加强督促，对执行帮扶不力或群众满意度不高的人员及时调换并取消年底评优资格。

榜样的力量是无穷的。为使全县党员干部更加准确的掌握精准扶贫和结对帮扶重点工作任务，发挥党员干部在脱贫攻坚工作中先锋模范作用，促使全县党员干部积极投身脱贫攻坚主战场。我在深入调研、统筹协调的基础上，制定详细的计划，将干部结对帮扶工作与"党员干部进村入户交朋友""党员到社区报到服务""中国扶贫日"等活动有机结合，做到相辅相成，相得益彰，进一步丰富结对帮扶模式。

为巩固脱贫成果，达到"四不摘"要求，对已脱贫的贫困户仍保留结对帮扶。感恩之心，人皆有之，经了解已脱贫的群众、观念转变的群众，已经完全把结对帮扶干部当成自家人，交心谈话，互帮互助。同时，他们还说现在住上了好的房子，有国家的好政策，有中国共产党的领导，有党员干部的关心问候，日子过得很是幸福。群众不再是挣钱要物的贫困人，他们坚持依靠自己的双手劳动致富，为党、为国出力，纷纷争做新时代整洁、干净、卫生、勤劳的新公民。

形成合力，助推帮扶。"众"人的事业需要每个人的参与，我广泛动员社会各界力量积极参与精准扶贫，及时与"组团式"帮扶团、县工会、驻江部队、乡（镇）个体工商户及在江企业等沟通联系，争取各方面帮扶物资、资金、项目等。截至2020年年底，天津、河南、成都等社会各界爱心人士；中国工商银行、自治区公安厅、西藏宏安建设有限公司、中铁十四局、市民政局、县宣传部等单位及个人通过援助江达县产业项目、捐赠衣物、生活用品等方式为江达县提供帮扶折合人民币共234.21余万元。

四年多以来，我与帮扶干部沟通帮扶措施，了解掌握帮扶情况，依靠自己的耐心和双手更好地为帮扶出谋划策。我先后组织江达县全体干部职工为全县贫困户提供帮扶资金874余万元，开展政策宣讲及感恩教育15566场次，技能培训3291人次，理清发展思路2615条。真正做到同心攻坚，齐心协力，人人参与脱贫攻坚。

（江达县县委组织部　张欢）

后记

　　一分耕耘一分收获，敢于追梦、勇于追梦、终会圆梦！在决战决胜脱贫攻坚的伟大历程中，你我他都是局内人、亲历者、见证者；在精准扶贫、精准脱贫的伟大实践中，昌都儿女梦想成真。在昌都市历史性消除绝对贫困的历史丰碑上，镌刻着广大干部群众的团结与智慧、辛劳与汗水、经验与成就。回眸我和我的扶贫故事，上下同心、尽锐出战、精准务实、开拓创新、攻坚克难、不负人民的精神历历在目；"地崩山摧壮士死，然后天梯石栈相勾连"的感人画面久久回荡在藏东大地。昌都人民坚信：这片热土上的每一个扶贫故事都将永载史册。

　　用众力则无敌于天下，用众智则无畏于圣人。《我和我的扶贫故事》真实地再现了一大批感人至深的事迹。他们中，有身处领导岗位的人民公仆，有企事业和援藏单位的领头雁，有农牧民致富带头人，有村第一书记等基层干部，也有广大矢志不渝走出贫困的脱贫户。正是这样一群奋斗者，在脱贫攻坚的伟大征程中，坚持不同群体标准不降、力度不减、干劲不松，以敢为人先、勇立潮头、干在实处的勇气和担当，迈着感党恩、听党话、跟党走的坚定步伐，在雪域高原创造了脱贫攻坚奔小康的人间奇迹。风雨之后方见彩虹，这群奋斗者永远是昌都人民的铿锵玫瑰，历史将铭记她们；那一幕幕感天动地的脱贫攻坚往事，将被时刻传唱。

　　征实则效存，徇名则功浅，括囊咎誉，盖言慎也。为了将昌都儿女在脱贫攻坚中的感人事迹记录下来，《我和我的扶贫故事》编写组周密策划、起早贪黑、行万里路，走遍昌都市沟沟坎坎，历经采访、座谈，科学论证，实事求是、精益求精地整理汇编了本书。在本书的写作过程中，编写组无时无刻都感动于书中每位主人公的感人事迹。可以说，本书中所收录的扶贫事例，既是昌都儿女脱贫攻坚感人事迹的真实写照，更是对编写组心灵的一次洗礼与净化。当然，由于本书编写组学识有限，瑕疵难免，不尽之处，敬请读者谅解。

　　民感桑林雨，云施李靖龙。感谢昌都市《我和我的扶贫故事》材料收集组，特别感谢昌都市扶贫办贾国庆、梁帮磊、何端敏、张万祥等同志对本书编写的大力支持和通力配合。感谢西藏自治区扶贫办蒲正学处长、西藏民族大学马宁教授、四川大学唐柳教授、西北师范大学周文杰教授、中国科学院地理科学与资源研究所余成群研究员、西藏农牧学院兰小中教授、西藏农牧学院孙自保教授等为本书撰写提出了宝贵意见和建议。最后，特别感谢昌都市各级领导对编写组的充分信任，西藏民族大学党委对本书编写工作的高度重视和大力支持。

禄树晖

2021 年 10 月于咸阳